Heinrich Hannover
Elisabeth Hannover-Drück
Politische Justiz 1918–1933

Allen, die vergeblich für
eine bessere Justiz gekämpft haben

Heinrich Hannover
Elisabeth Hannover-Drück

Politische Justiz
1918–1933

Mit einem Vorwort von
Joachim Perels

Lamuv Verlag

CIP-Kurztitelaufnahme der Deutschen Bibliothek

Hannover, Heinrich:
Politische Justiz: 1918–1933 / Heinrich Hannover;
Elisabeth Hannover-Drück. Vorw.: Joachim Perels. –
Bornheim-Merten : Lamuv Verlag, 1987.
 ISBN 3-8877-125-4

NE: Hannover-Drück, Elisabeth

**Bitte fordern Sie unser Gesamtverzeichnis an,
das wir Ihnen kostenlos zusenden.**

1. Auflage, Oktober 1987
© Copyright Lamuv Verlag,
Martinstraße 5, D-5303 Bornheim-Merten, 1987

Alle Rechte, insbesondere das Recht der Übersetzung, der
Vervielfältigung und Verbreitung, vorbehalten. Kein Teil des Werkes darf in
irgendeiner Form (durch Fotokopie, Mikrofilm oder ein anderes Verfahren)
ohne schriftliche Genehmigung des Verlages reproduziert oder unter
Verwendung elektronischer Systeme verarbeitet, vervielfältigt oder
verbreitet werden.

Umschlaggestaltung: Klaus Staeck/Gerhard Steidl
Gesamtherstellung: Steidl, Göttingen
ISBN 3-88977-125-4

Inhalt

Joachim Perels: Vorwort zur Neuauflage — 9

Einleitung — 13

Die Richter — 21
KAISERLICHE RICHTER IN DER DEMOKRATISCHEN REPUBLIK — 21
DIE VERTRAUENSKRISE DER JUSTIZ — 25
DIE LAIENRICHTER — 28
DAS POLITISCHE BEWUSSTSEIN DER RICHTER — 30

Militär gegen Arbeiterschaft — 35
NOSKES SCHIESSERLASS VOM 9. MÄRZ 1919 — 35
ABRAHAMSON UND WALLMANN — 39
ZIGARRENHÄNDLER MÜLLER — 41
DIE HELDENTATEN DES VIZEWACHTMEISTERS MARKUS — 42
ERSCHIESSUNG VON JUGENDLICHEN — 42
DER ZEUGE NOSKE — 44
DER FALL MARLOH — 45

Die Bayerische Räterepublik — 53
DER WEISSE SCHRECKEN IN BAYERN — 54
URTEILE GEGEN RÄTEREPUBLIKANER — 63
DER GEISELMORD-PROZESS — 68

Der Kapp-Putsch und seine Folgen — 76
DER KAPP-PUTSCH — 76
ERSCHIESSUNGEN VON ARBEITERN — 77
ZWEIERLEI VERSORGUNGSRECHT — 80
EINE VERPASSTE CHANCE DER DEMOKRATIE — 83
DER WEISSE SCHRECKEN IM RUHRGEBIET — 87
DIE KAPP-AMNESTIE — 93
FREIKORPS AULOCK — 95
DER MECHTERSTÄDTER ARBEITERMORD — 98

Politischer Mord	105
GAREIS, NIEKISCH, AUER	106
DER ERZBERGER-MORD	107
DIE ERMORDUNG VON WALTHER RATHENAU	112
DAS BLAUSÄUREATTENTAT AUF SCHEIDEMANN	124
DAS ATTENTAT AUF MAXIMILIAN HARDEN	129
DAS ATTENTAT AUF WAGNER	132
DIE ORGANISATION CONSUL	135
Der Hitler-Prozeß	145
Fememord	152
DIE BAYERISCHEN FEMEMORDE	152
DER FEMEMÖRDER RUDOLF HÖSS UND MARTIN BORMANN	154
DIE FEMEMÖRDER EDMUND HEINES	157
DIE FEMEMORDE DER SCHWARZEN REICHSWEHR	159
DER FALL GRÖSCHKE	162
DER FALL GÄDICKE	166
DIE BELEIDIGTE REICHSWEHR	169
KAMERAD FAHLBUSCH	173
Landesverrat	176
DER FALL QUIDDE	178
DER FALL KÜSTER/JACOB	181
CARL VON OSSIETZKY	186
DER FALL BULLERJAHN	192
Der Jorns-Prozeß	200
Justiz gegen Kommunisten	215
MAX HÖLZ	216
DER TSCHEKA-PROZESS	219
GESINNUNGSJUSTIZ	228
DIE »ROTE HILFE« UND IHR STAATSGEFÄHRDENDES KINDERHEIM	233
Justiz gegen Literatur und Kunst	238
DER FALL GÄRTNER	239
DER »LITERARISCHE HOCHVERRAT«	244
DER FALL KLÄBER	246
DER FALL GEORGE GROSZ UND EIN GEGENBEISPIEL	250
STAATSGEFÄHRDENDE MUSIK	254
NOTWEHR GEGEN »HINKEMANN«	256
DAS PISCATOR-VERBOT	258

DIE JUSTIZ IM SPIEGEL DER FILMZENSUR	261

Republikfeindschaft und Antisemitismus 263

Justiz und Nationalsozialismus 274
GEWALTIDEOLOGIE UND »LEGALITÄT« 274
HITLERS LEGALITÄTSEID 277
DAS BOXHEIMER DOKUMENT 281
DER KURFÜRSTENDAMM-POGROM 283
DER STURM AUF DAS »ROTE« PREUSSEN 291
    DER EINBRUCH IN DIE BEAMTENSCHAFT 291
    PAPENS STAATSSTREICH VOM 20. JULI 1932 294
DER MORD VON POTEMPA 301

Anhang 311
ANMERKUNGEN 311
LITERATURVERZEICHNIS 326

Über die Autoren 330

Hinweis:
Die Alters- und Personalangaben des Buches sind bezogen auf das Jahr 1966, in dem es zum ersten Mal erschienen ist.

Vorwort zur Neuauflage

Die Neuauflage des Buches von Heinrich Hannover und Elisabeth Hannover-Drück* kommt zur rechten Zeit. Die mittlerweile schon klassische Analyse der Politischen Justiz der Weimarer Republik ist in ihrer umfassenden Blickrichtung, in ihrer Anschaulichkeit, vor allem aber in ihrer Interpretation bis heute nicht übertroffen, auch wenn manche Einzelprobleme der Weimarer Justiz durch die rechtsgeschichtliche Forschung, aber auch durch die Neupublikation zeitgenössischer Arbeiten – vornehmlich der von Emil Julius Gumbel – eine detaillierte Behandlung erfahren haben.
Der diesem Buch zugrundeliegende kritische Bezugsrahmen, der die konservative bis reaktionäre Einäugigkeit der Politischen Justiz der ersten deutschen Republik systematisch an den Tag bringt, steht im Gegensatz zu der in letzter Zeit einsetzenden »nationalen Umdeutung« der jüngsten deutschen Geschichte. In einer umfassenden konservativen Gegenbewegung werden die in großen Teilen der historischen und politischen Wissenschaft gewonnenen Einsichten, daß die Sicherung der bürgerlichen Gesellschaft in Deutschland seit der Weimarer Republik verstärkt auf autoritäre Mechanismen des Staatsapparats angewiesen ist, negiert oder sogar subtil gerechtfertigt. Die Mitverantwortung der Oberschichten für die seit den zwanziger Jahren zunehmenden rechtsstaatswidrigen politischen Herrschaftsformen geraten aus dem Blick. Neben den im »Historikerstreit« sichtbar gewordenen Versuchen, die Rolle der traditionellen Eliten im Dritten Reich zu rehabilitieren und die Ermordung der europäischen Juden zu relativieren, erfahren auch die Entstehungsbedingungen des NS-Systems in neueren Arbeiten eine unkritische Deutung. Die auf die Überwindung der Weimarer Republik gerichtete Position der Hauptgruppen der Privatwirtschaft wird legitimiert. Gleichzeitig rückt der Anteil der Justiz an der Zerstörung der ersten Republik in ein anderes Licht.
Es wird behauptet, daß die Weimarer Justiz durch die angeblich überscharfe Kritik der liberalen und sozialistischen Autoren zu ihrer Haltung gleichsam wider Willen gedrängt worden sei. Diese These kehrt das Verhältnis von Ursache und Wirkung um. Die schon im Kaiserreich geprägten rechtsorientierten Wertvorstellungen der meisten Richter existierten ganz unabhängig von der Kritik an der Weimarer Justiz.
Nur aus vorgängigen politischen Festlegungen ist die für die

---
* erstmals 1966 erschienen

Weimarer Judikatur charakteristische Bevorzugung rechter und die Benachteiligung linker Täter erklärbar. Hugo Sinzheimer hat dies so ausgedrückt: »Warum wird bei Kommunisten das Bewußtsein der Rechtswidrigkeit ohne weiteres bejaht, bei Nationalisten aber verneint? In diesen ... Feststellungen ... kommt das verschiedene politische Werturteil zum Ausdruck ... Was hier zur Anwendung kommt, ist nicht Recht, sondern politische Sympathie und Antipathie.«

Die strukturelle Ungleichbehandlung beruht auf einem rechtstechnischen Mechanismus, durch den die Bindung an das für alle Individuen in gleicher Weise geltende Gesetz ausgehöhlt wird. Dieser Mechanismus, der den meisten politisch relevanten Entscheidungen der Weimarer Justiz zugrunde liegt, besteht darin, die Anknüpfung an unrechtskonstituierende, in den gesetzlichen Tatbeständen fixierten äußeren Handlungen weitgehend zu suspendieren: nicht primär die Tat ist Gegenstand der juristischen Wertung, sondern die jeweilige Gesinnung des Täters. Auf der Grundlage dieser – vermutlich nicht einmal bewußten – Weichenstellung kann je nach der politischen Präferenz der Richterschaft die eigene politische Gesinnung positiv, die abweichende liberale, demokratische, sozialistische und kommunistische Gesinnung negativ sanktioniert werden. Das aber führt dazu, daß – weil wesentlich über die innere Einstellung, nicht aber über das äußere Geschehen judiziert wird – prinzipiell rechtmäßiges Verhalten für rechtswidrig erklärt werden kann, rechtswidriges Verhalten aber durch einen »vaterländischen« oder »völkischen« Gesinnungsbonus gerechtfertigt erscheint oder mindestens milder beurteilt wird.

Die Wirksamkeit des antirepublikanischen Gesinnungsprivilegs zeigt sich in den vielfältigen, in diesem Band scharfsinnig analysierten Entscheidungen. Nur wenige seien, als knapper Beleg, herausgegriffen: Den am Kapp-Putsch beteiligten Offizieren werden Pensionsansprüche gewährt, den Hinterbliebenen eines Arbeiters aber, der gegen die Putschisten kämpfte, wird ein Rentenanspruch versagt; das Republikschutzgesetz, das die Ausweisung eines wegen Hochverrat verurteilten Ausländers vorsah, wird auf Hitler, da er »deutsch« denke und fühle, nicht angewandt, die alltägliche Funktionärstätigkeit von Kommunisten aber wird grundsätzlich als hochverräterisch qualifiziert; antisemitische Hetzparolen bleiben dank spitzfindiger Distinktionen straffrei, künstlerisch-pazifistische Kritik an der institutionellen Kirche aber – wie Grosz' Bild »Christus mit der Gasmaske« – gilt als Verletzung religiöser Empfindungen; die Aufdeckung von Rechtsbrüchen des Staatsapparats wird nicht etwa geschützt, sondern – gerade wegen der republikanischen Einstellung der »Täter« – zum Gegenstand von Landesverratsprozessen gemacht.

Da die Politische Justiz der Weimarer Republik zur Auflösung der für alle in gleicher Weise geltenden Rechtsordnung beiträgt, ist der Sieg der nationalsozialistischen Gegenrevolution in bestimmter Beziehung auch ein Sieg jenes überwiegenden Teils der Justiz, der in seiner Rechtsprechungspraxis vor 1933 die nun zum offiziellen Staatsinhalt erklärten Diskriminierungsregeln zu Lasten der politischen Linken in gewissem Maße schon vorweggenommen hatte.

Die Aufarbeitung der Politischen Justiz von Weimar ist nicht bloß von historischem Interesse. In der Auseinandersetzung mit ihr wird die gegenwärtige Aufgabe einer Justiz, die sich als Garant und nicht als Gegner der Demokratie begreift, positiv deutlich. Durch das republikanische Engagement der Verfasser stellt sich der aktuelle Bezug des Weimarer Lehrstücks von selbst ein.

Hannover, Juni 1987   Joachim Perels

Einleitung

»Die Geschichte der Strafrechtspflege in der Weimarer Republik ist bis jetzt ungeschrieben geblieben; deutsche Historiker und Juristen sind offenbar wenig geneigt, einen so ›umstrittenen‹ Gegenstand zu ergründen«, schrieb Otto Kirchheimer 1965 in seinem großen Werk über die »Politische Justiz«[1]. Eine Historikerin und ein Jurist legen hier den ersten Versuch eines Gesamtüberblicks vor, der die *politische Justiz* der Weimarer Republik an einigen typischen Fällen veranschaulichen soll. Den Begriff ›politische Justiz‹ haben wir im weitesten Sinne verstanden und uns für berechtigt gehalten, alles einzubeziehen, was den Zusammenhang zwischen Justiz und Politik verdeutlichen konnte.
Unsere Darstellung stützt sich auf eine umfassende Sichtung des veröffentlichten Materials, wobei wir insbesondere auch Prozeßberichte und Kommentare in Tageszeitungen sowie die Protokolle des Reichstags herangezogen haben. Aus räumlichen Gründen konnten wir nur einen Teil des von uns erarbeiteten Materials für unsere Darstellung verwerten. Wir mußten weglassen oder kürzen, was schon andere Autoren in Teildarstellungen gebracht haben;[2] wir mußten auswählen, wo Gleichartiges in ermüdender Fülle zur Verfügung stand. Wir haben unsere Aufgabe weniger darin gesehen, bisher Unbekanntes aus Archiven und alten Akten vorzustellen, als vielmehr das Erscheinungsbild der politischen Justiz, wie es sich dem interessierten Zeitgenossen jener Jahre bieten mußte, der Vergessenheit zu entreißen.
Allerdings ist der Zeitgenosse, dem wir über die Schulter schauen, nicht nur Leser einer Tageszeitung – schon gar nicht ein auf die Lektüre eines konservativen ›vaterländischen‹ Blattes beschränkter Zeitungsleser –, sondern einer, der auch die in kleiner Auflage erschienenen Dokumentationen und Berichte über die politische Justiz, insbesondere aber ›Die Justiz‹ gelesen hat, die seit 1925 erscheinende Zeitschrift des Republikanischen Richterbundes, Veröffentlichungen also, die sich in leidenschaftlichem Engagement für die freiheitlichen Prinzipien der demokratischen Staatsverfassung mit einer reaktionären republikfeindlichen Justizpraxis kritisch auseinandersetzten.
Die Kenntnis dieses Schrifttums war leider für den durchschnittlichen Zeitgenossen der Weimarer Republik keineswegs selbstverständlich. Der Republikanische Richterbund, der seit seiner Gründung im Jahre 1922 sich um die Stärkung des demokrati-

schen Staatsgedankens unter den vorwiegend monarchistisch oder doch jedenfalls nationalistisch und konservativ eingestellten Juristen bemühte, hat – zusammen mit der Vereinigung sozialdemokratischer Juristen – nie mehr als 400 Mitglieder gehabt – gegenüber 12 000 Mitgliedern des Deutschen Richterbundes und des Preußischen Richtervereins. Die ›Justiz‹ hat, obwohl Männer wie Gustav Radbruch, Hugo Sinzheimer, Ernst Fraenkel, Robert M. W. Kempner, Emil J. Gumbel, Theodor Lessing, Wilhelm Hoegner und viele andere, die heute als Repräsentanten des ›anderen‹, des demokratisch gesinnten Deutschlands gelten, zu ihren Mitarbeitern gehörten, nie die praktische Bedeutung erlangt, die den anderen juristischen Fachzeitschriften zukam, die sich auf die ›unpolitische‹ Erörterung ›reiner Rechtsprobleme‹ und juristische Begriffszergliederung in einer Zeit beschränkten, in der die Verteidigung oder Erringung demokratischer Rechtspraxis die vordringlichste Aufgabe der Juristen hätte sein müssen. Man hielt es für ein Merkmal strenger Wissenschaftlichkeit, ›unpolitisch‹ zu sein. Verachtungsvoll und mit offen erklärter Feindseligkeit standen die vermeintlich unpolitischen, konservativen Juristen jener um die ›Justiz‹ und den Republikanischen Richterbund gescharten kleinen Gruppe von Berufskollegen gegenüber, die sich zu dem Grundsatz bekannten, daß in einem republikanischen und demokratischen Deutschland auch die Rechtspflege nur demokratischen und republikanischen Geistes sein könne.
Da die juristischen Fachzeitschriften – mit Ausnahme der ›Justiz‹ – sich der Aufgabe entzogen, die Praxis der Gerichte nicht nur unter begriffsjuristischen Gesichtspunkten, sondern vom Standpunkt demokratischer Staatsgesinnung aus zu würdigen, fand die Justizkritik vorwiegend in demokratischen und liberalen bürgerlichen Tageszeitungen[3] – ›Frankfurter Zeitung‹, ›Vossische Zeitung‹, ›Berliner Tageblatt‹, usw. – und der Linkspresse – ›Vorwärts‹ (SPD), ›Freiheit‹ (USP) und ›Rote Fahne‹ (KPD) – statt. Einen kleineren Kreis von Intellektuellen erreichten die zuletzt von Carl von Ossietzky herausgegebene ›Weltbühne‹ und die von Leopold Schwarzschild und Stefan Großmann geleitete Wochenschrift ›Das Tagebuch‹, Zeitschriften, die in glänzend geschriebenen Feuilletons immer wieder die republikfeindliche Justizpraxis anprangerten.
Wir haben versucht, anhand von zeitgenössischen Presseberichten und Parlamentsprotokollen die politische Justiz im Spiegel der öffentlichen Meinung zu zeigen. Die ausgeprägte Differenzierung der politischen Meinungen sowohl im Reichstag als auch in der Presse jener Jahre gibt einer solchen Untersuchung ihren besonderen Reiz. Wir bedauern sehr, auch hier aus Raumgründen nicht durchgehend das ganze Meinungsspektrum der Presse und der Parteien mitteilen zu können. Unsere Darstellung mußte auch hier Schwerpunkte bilden, die als typisch gelten können und die

Erkenntnis vermitteln sollen, daß die politische Justiz der Weimarer Republik zumeist die Zustimmung der republikfeindlichen Rechten hatte und von dem demokratisch gesinnten Teil der Bevölkerung – von den Deutschen Demokraten (Theodor Heuss) und der Linken des Zentrums (Joseph Wirth) bis zu den Sozialisten, von der ›Frankfurter Zeitung‹ bis zum ›Vorwärts‹ – heftig kritisiert wurde.
Erst den Nationalsozialisten gelang es, die Justiz gewissermaßen ›rechts zu überholen‹. Ihr Kampf gegen die ›rote Justiz‹ galt nicht, wie die Kritik der demokratisch Gesinnten, wirklichen Mißständen, wie etwa der einseitigen Tendenzjustiz gegen links, sondern sie griffen die Justiz gerade dort an, wo sie rechts und links mit gleichem Maßstab aburteilte, wo sie sich einer ›blutigen Objektivität‹ schuldig machte und ihre ›vaterländische‹ Aufgabe verkannte, eine politische Waffe gegen den Bolschewismus zu sein. Die einzige ›justizkritische‹ Veröffentlichung, die in Richterkreisen größere Verbreitung und Zustimmung gefunden hat, war das unter dem Pseudonym Gottfried Zarnow erschienene Buch »Gefesselte Justiz« des Proviantamts-Inspektors Ewald Moritz, eine von sachlichen Unrichtigkeiten wimmelnde Schmähschrift, deren Polemik sich gegen die preußische Justizverwaltung, gegen demokratisch gesinnte Richter und gegen wirklich oder angeblich korrupte Politiker der republikanischen Parteien richtete.[4] Der ›Völkische Beobachter‹ druckte dieses Machwerk, beginnend mit dem 6./7. Januar 1931, unter der Überschrift »Rote Justiz am Pranger« ab.
Interessanter und sachlich fundierter sind einige Darstellungen der politischen Justiz aus der Sicht nationalistischer Verteidiger, vor allem die der Rechtsanwälte Prof. Dr. Grimm und Dr. Rüdiger Graf von der Goltz. Während sie die einseitige Judikatur gegen Republikaner und Kommunisten nicht als problematisch empfinden und daher gar nicht erwähnen, entzünden sich ihre Leidenschaften an der Verurteilung nationaler und nationalsozialistischer Männer, deren kriminelle Handlungen als vaterländisch verdienstvoll deklariert, deren Verurteilung durch deutsche Gerichte als Verbeugung vor einer feindlichen Macht diffamiert werden (Goltz: »Tributjustiz«). Selbst das menschliche Leben ist für diese Verfasser nur ein relativer Wert. Maßstab der Beurteilung einer Tat ist ihnen nicht das Recht, sondern das vermeintliche Interesse des Vaterlandes, eine Betrachtungsweise, die in den nazistischen ›Rechtsgrundsatz‹ ausmünden mußte: »Recht ist, was dem Volke nützt.« Grimms Veröffentlichungen bieten manches interessante dokumentarische Material. Seine zur Verteidigung der Fememörder entwickelte Theorie vom »Handeln aus Vaterlandsliebe« als Schuldausschließungsgrund war nur die konsequente Offenlegung von Motiven, die unbewußt manches Fehlurteil getragen haben dürften.

Von kommunistischer Seite sind einige sachlich fundierte Beiträge zur Justizkritik geleistet worden,[5] eine Folge der Tatsache, daß die Kommunisten zu den Opfern der politischen Justiz gehörten. Insoweit hat sich seit Weimar bis heute nicht viel geändert. Geändert hat sich aber die Unbefangenheit, mit der damals Sozialdemokraten und Liberale für die – von ihnen politisch bekämpften – Kommunisten Partei ergriffen haben, wenn die politische Justiz sie im Vorgriff auf Hitlers KZ-Methoden wegen revolutionärer Meinungsäußerungen hinter Zuchthausmauern brachte. Vielleicht ist hier einer der Gründe dafür zu suchen, daß so wenig Neigung besteht, das Thema der politischen Justiz der Weimarer Republik anzugehen. Die Methode, Geschichte je nach Bedarf umzuschreiben und historische Personen auf- oder abzuwerten, wird allgemein als typisches Merkmal stalinistischer Unfreiheit des Geistes belächelt. Wer die Justizgeschichte der Weimarer Zeit darstellen will, erkennt sehr bald, daß er überall in Gefahr steht, Tabus zu verletzen, die unser eigenes politisches Bewußtsein begrenzen. Die Kommunisten aus dem politischen Gespräch auszuschließen, mag eine Frage politischer Zweckmäßigkeit sein, sie aus der Geschichte zu verbannen und ihren Beitrag zur soziologischen Erklärung des Versagens der Justiz zu verschweigen, wäre ein Akt stalinistischer oder faschistischer Unwissenschaftlichkeit.

Nur allzu wenig Raum konnten wir Beispielen konservativer Kritikabwehr geben. Eine Analyse ihrer typischen Gedankenverbindungen anhand von Beispielen aus der Weimarer Zeit wäre eine reizvolle und lehrreiche Aufgabe. Vor allem kehrt der Vorwurf immer wieder, daß Kritik an der Justiz die Autorität des Staates untergrabe – ein Relikt antidemokratischen Denkens, dem der Staat als Obrigkeit und nicht als ein von den Staatsbürgern gerade auch durch kritische Meinungsäußerungen mitzugestaltendes Wesen erscheint. Soweit sich demokratisch gesinnte Juristen an der Justizkritik beteiligten, schlug ihnen das gleiche Argument in der Form des Vorwurfs, ›das eigene Nest zu beschmutzen‹, entgegen – bis auf den heutigen Tag ein beliebtes Argument derjenigen, die weniger das Nest als den Schmutz darin verteidigen wollen. Eine große Rolle spielte auch die Behauptung, die demokratische Linke wolle die Justiz politisieren, ein Vorwurf, der von der Selbsttäuschung der Konservativen ausging, daß sie selbst ›unpolitisch‹ seien. Die Formen konservativer Antikritik sind nicht minder aufschlußreich als der politische Standort der Justizkritiker einerseits, der Justizkonformisten andererseits.

Schon damals bediente sich die konservative Kritikabwehr der bequemen Methode, Opposition als kommunistisch oder – was damals noch möglich war – als jüdisch zu diffamieren, ein Vorwurf, der ihre Wirkung in ›vaterländischen‹ Kreisen von vornherein aufhob. Schon damals huldigten konservative Gemüter einem Irrationalismus, der es ihnen ersparte, Schrifttum, das als marxistisch oder jüdisch ›verseucht‹ galt, überhaupt zur Kenntnis zu nehmen, geschweige denn, sich mit ihm auseinanderzusetzen. Soweit ersichtlich, hat nie ein Gericht es für nötig befunden, sich etwa mit Professor Liepmanns Rechtsgutachten »Kommunistenprozesse« ernsthaft zu beschäftigen. Bezeichnend war, daß das von uns benutzte Exemplar der äußerst gründlichen und informierenden — aber von einem Kommunisten verfaßten — Schrift »Deutsche Sondergerichtsbarkeit 1918-1921« von Felix Halle, das in einer Stuttgarter Bibliothek aufgetrieben wurde, noch nicht aufgeschnitten war; das Buch ist 1922 erschienen, wir waren nach 43 Jahren die ersten Leser dieses Exemplares.

Das größte Verdienst um die Aufklärung der Öffentlichkeit über das Versagen der Justiz der Weimarer Republik hat ein Mann, der weder Jurist noch Politiker war, der Mathematiker Prof. Dr. Emil Julius Gumbel*. Er veröffentlichte 1921 eine Broschüre »Zwei Jahre Mord«, in der er unter Angabe genauer Tatsachen und Namen den Beweis führte, daß seit dem 9. November 1918 in Deutschland *314 von Rechts begangene Morde* mit insgesamt *31 Jahren 3 Monaten Freiheitsstrafe und einer lebenslänglichen Festungshaft* geahndet wurden, die insgesamt *13 von Links begangenen Morde* jedoch zu *8 Todesurteilen, 176 Jahren und 10 Monaten Freiheitsstrafe* geführt haben.** Prof. Dr. Gustav Radbruch, damals sozialdemokratischer Reichstagsabgeordneter, überreichte das Buch dem Reichsjustizminister im Juli 1921 mit der Aufforderung, den einzelnen Fällen nachzugehen und dem Reichstag über das Ergebnis seiner Untersuchung Auskunft zu geben. Die Justizverwaltungen von Preußen, Bayern und Mecklenburg erstatteten auf Veranlassung des Reichsjustizministers ausführliche Berichte, die Gumbels Darstellung Seite für Seite im wesentlichen bestätigten, doch kam es, obwohl Radbruch zwischenzeitlich selbst zweimal (im Herbst 1921 und 1923) Justizminister wurde, nicht zu einer Veröffentlichung der vom Justizministerium auf Grund der Berichte zusammengestellten Denkschrift. Sie wurde dem Reichstag lediglich in einem Exemplar vor-

---

* Prof. Dr. Emil Julius Gumbel, 1891 in München geboren, Professor für Mathematische Statistik, habilitierte sich 1923 an der Universität Heidelberg. Emigration zunächst nach Frankreich, später in die USA. Professuren in Lyon und New York, seit 1953 an der Columbia-Universität. Nach dem Zweiten Weltkrieg Gastprofessuren an Universitäten und Instituten in Berlin (West), London, Delft, Paris, Zürich, Tokio, Kyoto, Manila, Bangkok, Hamburg (1964–1965). Er starb am 10. 9. 1966 in New York.

** Die endgültigen Zahlen (nach Gumbel: Vom Fememord zur Reichskanzlei, S. 46):

Politische Morde, begangen von	Rechtsstehenden	Linksstehenden
Ungesühnte Morde	326	4
Teilweise gesühnte Morde	27	1
Gesühnte Morde	1	17
Gesamtzahl der Morde:	354	22

gelegt, erschien jedoch nicht als Reichstagsdrucksache – wegen der »ungeheuren Kosten und der gebotenen Sparsamkeit«, wie im Justizministerium argumentiert wurde. Gumbel ließ daraufhin auf seine Kosten eine Abschrift von dem einzigen vorhandenen Exemplar der Denkschrift des Reichsjustizministers anfertigen und veröffentlichte diese sensationelle Dokumentation des Unrechts, die eine konservative Verwaltungsbürokratie der deutschen Öffentlichkeit vorenthalten wollte, im Mai 1924.
Es ist heute kaum zu ermessen, wieviel persönlicher Mut dazu gehörte, in einem Staat, in dem der politische Mord ungesühnt Opfer um Opfer forderte, die Mörder von rechts und ihre Hintermänner beim Namen zu nennen. Gumbel gehörte, wie Walter Fabian, der ihn als junger Student persönlich kennenlernte, schreibt, »zu den leider so wenigen Menschen in Deutschland, die Zivilcourage hatten«[6].
1929 veröffentlichte Gumbel zusammen mit Berthold Jacob und Ernst Falck eine abschließende Darstellung der politischen Morde der Weimarer Republik unter dem Titel »Verräter verfallen der Feme«, ein erschütterndes Zeitdokument, das die von der Justiz geförderte Umkehrung der das menschliche Leben schützenden Moral- und Rechtsbegriffe eindringlich aufzeigte. Gumbels letzte, 1932 erschienene Veröffentlichung während der Weimarer Republik: »Laßt Köpfe rollen«, war eine klarsichtige Einschätzung des Gewaltcharakters der nationalsozialistischen Bewegung.
Neben Gumbels Büchern, die auf umfassenden eigenen Ermittlungen beruhen, gab es eine Reihe von Sammelwerken und Einzeldarstellungen. Hervorzuheben ist die von der Liga für Menschenrechte herausgegebene Denkschrift »Das Zuchthaus – die politische Waffe; 8 Jahre politische Justiz«, in der eine Fülle dokumentarischen Materials und kommentierender Darstellungen zusammengetragen ist. Gumbel, Robert Kempner und Kurt Grossmann waren an dieser Dokumentation beteiligt. Aber die, die es anging, lasen weder diese kritischen Schriften noch die ›Justiz‹ noch die liberalen oder sozialistischen Tageszeitungen, es sei denn ›in amtlicher Eigenschaft‹, um Strafverfahren und Verbotsverfügungen gegen sie zu veranlassen.
Bis zum heutigen Tag ist es nicht möglich, im Gespräch zwischen konservativen Apologeten der politischen Justiz und deren Kritikern eine gemeinsame Sprache zu finden. Für Konservative gilt noch immer der Satz: Der Zweck heiligt die Mittel. Und weil man sich der Richtigkeit des Zweckes – nämlich des Zweckes, den Kommunismus zu bekämpfen – gewiß zu sein glaubt, überhört man die Kritik an den Mitteln. Für die Weimarer Republik hat die Geschichte darüber hinaus gelehrt, daß auch der Zweck nicht heilig war: Den braunen Garden hat nicht die Linke, sondern eine Rechte den Weg bereitet, die das ›Vaterland‹ gegen den

Bolschewismus zu verteidigen glaubte und die um dieses ›höheren Zieles‹ willen Gewalt und Unrecht legalisierte.
Die Kausalitätsreihen, die zum 30. Januar 1933 hinführen, sind mannigfaltig. Auch die Kommunisten, auch die Sozialdemokraten und überhaupt alle Demokraten, die ihre Republik nicht entschieden genug gegen den Feind, der rechts stand, verteidigt haben, stehen darin. Aber den Zusammenbruch des Staates von Weimar als Rechtfertigung für die politische Strafjustiz von heute heranzuziehen, ist ein Stück konservativer Dialektik, mit der sich das schlechte Gewissen der Mitschuldigen unzulänglich zu bemänteln sucht. Die fast ausschließlich gegen Kommunisten gerichtete politische Strafjustiz unserer Tage findet nicht zuletzt ihre psychologische Erklärung in diesem schlechten Gewissen und dem Bedürfnis, einen noch Schuldigeren zu finden. Sicher wird unbewußt auch das Bedürfnis eine Rolle spielen, jedenfalls *eine* Freund-Feind-Stellung der eigenen Vergangenheit – nämlich die antikommunistische – nachträglich als richtig bestätigen zu können.
Wir konnten nur ausnahmsweise Parallelen zur Spruchpraxis des 3. (politischen) Strafsenats des Bundesgerichtshofs und der politischen Strafkammern aufzeigen, so daß dem Leser, der diese Rechtsprechung nicht kennt, mancher aktuelle Bezug verborgen bleiben wird. Die Aufgabe, Gemeinsamkeiten und Unterschiede zwischen damals und heute herauszuarbeiten, war nicht nebenher zu bewältigen. Der Kenner der Materie wird mitunter betroffen sein, die Ursprünge des Geistes wiederzuerkennen, aus dem noch heute in Bonn Gesetze gemacht und in Karlsruhe und bei den politischen Strafkammern der Landgerichte Urteile gesprochen werden.
Wir haben dieses Buch insbesondere für junge Leser geschrieben, die – ebenso wie wir – nicht bewußt miterlebt haben, wie es zum nationalsozialistischen Unrechtsstaat gekommen ist. Das heute herrschende Geschichtsbild der letzten 50 Jahre haben Mitschuldige geprägt. Wir Jüngeren müssen dafür sorgen, daß wenigstens die nächste Generation die ganze Wahrheit begreift. Die Mörder von Potempa sind, wenn sie den Krieg überlebt haben, heute 58 bis 72 Jahre alt. Auch die SA-Leute, die im September 1931 auf dem Berliner Kurfürstendamm Juden zusammengeschlagen haben, dürften noch unter uns sein: der Älteste müßte heute 64, der Jüngste 48 Jahre alt sein. Der einstige Gerichtsassessor Dr. Best, Verfasser des Boxheimer Dokuments, ist heute, nachdem er es zwischendurch zum SS-Brigadeführer und Reichsbevollmächtigten für Dänemark gebracht hatte, Justitiar eines großen Industrie-Konzerns im Ruhrgebiet. Der Oberleutnant a. D. Paul Schulz, wegen Anstiftung zum Fememord zum Tode verurteilt, ist heute Fabrikdirektor in Neustadt a. d. Hardt,[7] der mutmaßliche Anstifter des Mordes an Rosa Luxemburg und Karl

Liebknecht, Major a. D. Pabst, wohnt in Düsseldorf. Auch die Studenten, die jene in den Straßengräben bei Mechterstädt gestorbenen Arbeiter auf dem Gewissen haben, sind, soweit sie beamtete Juristen geworden sind und den Krieg überlebt haben, erst in unseren Tagen in Pension gegangen, als Rechtsanwälte, Wirtschaftsjuristen oder Ärzte könnten sie heute noch praktizieren. Sie alle gehören der Generation an, die heute noch das politische Bewußtsein der Deutschen prägt – diesseits und jenseits der Zonengrenze. Es ist begreiflich, daß sie nach einem Geschichtsbild suchen, das sie entlastet. Die geschichtliche Wahrheit war selten so unbequem wie heute.

Besser als die Geschichte der Hitler-Zeit selbst kann deren Vorgeschichte deutlich machen, daß die physische Vernichtung der politischen Linken und der Juden nicht das Werk einzelner Verbrecher, sondern die Verwirklichung einer Gesinnung war, die von breiten Schichten des Bürgertums getragen wurde. Der Nationalsozialismus ist nicht über Nacht gekommen. Er ist auch nicht über Nacht verschwunden.

Wir möchten auch an dieser Stelle allen danken, die unsere Arbeit unterstützt haben, den Mitarbeitern der Bremer Staatsbibliothek, des Zeitungsarchivs der Berliner Humboldt-Universität und der Bücherei des Bremer Landgerichts, sowie allen, die uns mit Auskünften und Hinweisen geholfen haben. Ein ganz besonderes Verdienst um unser Buch haben sich Herr Prof. Dr. E. J. Gumbel und Herr Rechtsanwalt Dr. Robert M. W. Kempner erworben, die das gesamte Manuskript gelesen und auf Grund ihrer subtilen Sachkenntnis kritisch durchgearbeitet haben.

Die Richter

KAISERLICHE RICHTER IN DER DEMOKRATISCHEN REPUBLIK

Eine konsequente Demokratie, deren Vorkämpferin seit einem halben Jahrhundert die Sozialdemokratische Partei gewesen war, schien die »Rechtsprechung durch vom Volk gewählte Richter« zu erfordern (so ausdrücklich das Erfurter Programm der SPD von 1891). Aber das Prinzip der ›Unabhängigkeit der Richter‹, historisch als Unabhängigkeit gegenüber dem absoluten Herrscher verstanden, wandte sich nach dem Zusammenbruch des Kaiserreiches im November 1918 gegen das zum Souverän des Staates gewordene Volk.
Erich Kuttner*, sozialdemokratischer Abgeordneter im Preußischen Landtag und Redakteur des ›Vorwärts‹, schrieb 1921 in seiner Broschüre »Warum versagt die Justiz?«, nachdem er die segensreiche Wirkung des Prinzips der Unabsetzbarkeit des Richters gegenüber der Willkür des Monarchen hervorgehoben hat:[1]
Für die heutigen Verhältnisse bedeutet aber die Unabsetzbarkeit und Unversetzbarkeit der Richter etwas ganz anderes. Sie bedeutet, daß wir gezwungen sind, den *rückständigen Justizapparat des alten Systems* genau so zu übernehmen, wie ihn dieses hinterlassen hat. Selbst die in demokratischen Dingen hundert Jahre länger als wir geschulten Franzosen sind der Ansicht gewesen, daß in *solchen* Situationen die Unabsetzbarkeit der Richter *kein unantastbares Dogma* sein kann. Nach dem Sturz des Bonapartismus im Jahre 1870 hat die französische Republik, die keineswegs radikal regiert war, die richterliche Unabsetzbarkeit *für drei Jahre aufgehoben*. Die deutsche Republik von 1918 ist viel milder verfahren. Sie hat lediglich den Beamten, die glaubten, die Fortführung ihres Amtes in der Republik nicht mit ihrem Gewissen vereinbaren zu können, freigestellt, unter voller Wahrung ihrer materiellen Rechte aus dem Dienst auszuscheiden. In Preußen haben von diesem Recht nach Angabe des preußischen Innenministers nur 0,15 Prozent der Richter (etwa 1 auf 700) Gebrauch gemacht, dagegen 10 Prozent der höheren Verwaltungsbeamten. Die große Masse der Richter ist also im Dienst der Republik geblieben, obwohl sie ihr innerlich feindlich gesinnt ist.

Schon in einer Verordnung vom 16. November 1918 hatte die vorläufige Regierung der Republik sich zum Prinzip der ›Unabhängigkeit‹ des Richters bekannt, und der sozialdemokratische Justizminister Landsberg versicherte im Reichstag, daß er nicht

* Kuttner ist 1942 im Konzentrationslager Mauthausen ermordet worden (Horst Göppinger: Der Nationalsozialismus und die jüdischen Juristen, S. 135)

eine Minute im Amt bleiben werde, wenn er sehen sollte, daß von irgendeiner einflußreichen Seite die Unabhängigkeit der Richter angerührt werde. Demokratisch gesinnte Politiker und Juristen priesen die Unabhängigkeit und Unabsetzbarkeit der Richter als »das köstlichste Gut, das wir bisher in der gesamten Gerichtsverfassung besessen haben« und nannten es »eine glatte Selbstverständlichkeit, daß die gelehrten Richter zur absoluten Wahrung ihrer Unabhängigkeit unabsetzbar sein müssen«. Als der Abgeordnete Dr. Cohn in der Nationalversammlung beantragte, dem Reichstag die Oberaufsicht über die Rechtspflege anzuvertrauen, blieb er mit seiner Stimme allein. Hugo Preuß bezeichnete diesen Vorschlag als ein Mittel, »aus dem parlamentarischen Rechtsstaate die Willkürherrschaft eines Konvents zu machen«[2]. Man war sich also von der äußersten Rechten bis zum linken Flügel der Sozialdemokratie einig, daß in der Justiz ›alles beim alten‹ bleiben müsse. In der revolutionären Stunde des November 1918 erwies sich, daß der Glaube an ein ideales Prinzip stärker war als alle geschichtliche Erfahrung. Man ›glaubte‹ plötzlich an eine ›Unabhängigkeit‹ des Richters, die man jahrzehntelang als trügerischen Schein, als Selbsttäuschung einer in Wahrheit von ihrem spezifischen Klassenbewußtsein und den Interessen ihrer Klasse abhängigen Richterschaft gekennzeichnet hatte. Karl Liebknecht, damals noch Sprecher der im kaiserlichen Deutschland nach Kräften unterdrückten Sozialdemokraten, hatte am 3. Februar 1911 im preußischen Abgeordnetenhaus gesagt:[3]

Wenn wir behaupten, daß im allgemeinen unsere Justiz in dem Durchschnitt der Erscheinungen als eine Klassenjustiz bezeichnet werden kann, so ist das weit entfernt, obwohl uns diese Unterstellung gern gemacht wird, von dem Vorwurf der bewußten Rechtsbeugung. Es ist die Charakterisierung einer Erscheinung, die sich aus den schroffen Gegensätzen ergibt, die die verschiedenen Klassen in vieler Beziehung einander verständnislos gegenüberstehen lassen.

In einer öffentlichen Versammlung in Stuttgart am 23. August 1907 hatte Liebknecht von den vier Richtungen gesprochen, in denen sich Klassenjustiz äußere:[4]

Zunächst in der Prozeßführung selbst. Wir erleben es täglich, daß Angeklagte der ›besseren Stände‹, die vor Gericht mit einem guten Rock erscheinen, schon in der Verhandlung ganz anders behandelt werden, als wenn es sich um arme Teufel, Arbeiter oder sozialdemokratische ›Halunken‹ handelt ...

Sodann in der einseitigen Auffassung des Prozeßmaterials und in der einseitigen Würdigung des Tatbestandes ...

Drittens manifestiere sich die Klassenjustiz in der Auslegung der Gesetze und viertens »in der außerordentlichen Härte der Strafen gegen politisch und sozial Mißliebige, besonders gegen Sozialdemokraten«. Andererseits zeige sich die Klassenjustiz auch »in der großen Milde und dem wohlwollenden Verständnis für

die Angehörigen der herrschenden Klassen, wenn sie einmal Objekte der Justiz werden«.
Karl Liebknechts Reden zum Justizetat waren eine ständig wiederholte Anklage gegen die Justiz. Erich Kuttner hatte in seinem 1913 erschienenen Buch »Klassenjustiz« eine Fülle von Beispielen für die Volksfeindlichkeit der Justiz des kaiserlichen Obrigkeitsstaates geboten. Kaiser Wilhelm II. hielt es für selbstverständlich, daß die Justiz die Aufgabe habe, Sozialdemokraten zu verfolgen, und erteilte ihr demgemäß Zensuren wie die folgende, die sich auf eine Disziplinarbestrafung des Bürgermeisters von Kolberg bezog, der den Sozialdemokraten einen städtischen Saal zur Verfügung gestellt hatte:*
Von ganzem Herzen wünsche ich den Herren vom Gericht Glück zu dem mannhaften und richtigen Urteil in der Kolberger Sache. Möge der klare Spruch auch jeden Schatten eines Zweifels bei meinen Untertanen beseitigen helfen, wie sie sich der alles negierenden und alles umstürzenwollenden, daher außerhalb der Gesetze stehenden gewissenlosen Rotte gegenüber zu verhalten haben, die noch eben den hehren Namen des deutschen Volkes im Ausland mit Kot besudeln halfen und deren Einfluß nur solange währt, als bis der Deutsche sich wie ein Mann zu ihrer Vernichtung zusammenschart.[5]
Die Sozialdemokratische Partei, zu deren Vernichtung Wilhelm die in seinem Namen judizierenden Richter angespornt hatte, besaß 1918 die Macht, darüber zu entscheiden, ob die kaiserlichen Richter im Amt bleiben oder ob sie – entsprechend der alten sozialdemokratischen Forderung – durch vom Volk gewählte Richter ersetzt werden sollten. Aber als die demokratische Republik Wirklichkeit wurde, war von alledem nicht mehr die Rede. Dem »Ich kenne keine Parteien mehr« von 1914 folgte das »Wir kennen keine Klassenjustiz mehr« von 1918. Das Bekenntnis zur ›Unabhängigkeit‹ und Unabsetzbarkeit der kaiserlichen Richter breitete Vergessen über ihre einseitige, den Interessen der Mächtigen des alten Staates dienende Judikatur. Die SPD nutzte ihre Macht nicht; die Richter blieben.
Damit fiel ein wesentlicher Teil der Staatsgewalt der jungen Republik an Kräfte, die ihr, trotz aller eiligen Loyalitätsbeteuerungen, feindlich gegenüberstanden. Was für Richter waren es, die sich die Republik durch das Bekenntnis zur ›Unabhängigkeit‹ des Richters erhielt?
Der Beruf des Richters und des Staatsanwalts war im kaiserlichen Deutschland schon wegen der außerordentlichen Länge der Ausbildung einer kleinen Schicht des wohlhabenden Bürgertums vorbehalten. Dem drei- bis vierjährigen Studium – das selbstverständlich nur den Absolventen einer höheren Lehranstalt offenstand – folgte eine mindestens drei-, meistens vierjährige Re-

* Telegramm Wilhelms II. an den Präsidenten des Preußischen Oberverwaltungsgerichts vom 2. August 1896.

ferendarzeit, und nach Bestehen des zweiten Staatsexamens eine Assessorenzeit von durchschnittlich 5 bis 10 Jahren Dauer. Dann erst konnte der Jurist – er war inzwischen 35 oder gar 38 Jahre alt – mit einer bezahlten Richterstelle rechnen (Anfangsgehalt 300 Mark), während der Staat seine Dienste als Referendar und Assessor (ausgenommen die mit 200 Mark monatlich honorierte Vertretung eines Richters) unentgeltlich in Anspruch nahm. Erich Kuttner hat die Ausbildungs- und Erziehungskosten eines kaiserlichen Richters mit 30 000 bis 50 000 Mark geschätzt und daran die Feststellung geknüpft, »daß eine solche Karriere nur für Personen durchzuhalten ist, die über ein sehr großes väterliches Vermögen verfügen«[6]. Der preußische Staat verstärkte dieses Auswahlprinzip noch durch die Forderung, daß der Referendar einen »standesmäßigen Unterhalt« von mindestens 1500 Mark jährlich nachweisen und einen Betrag von 7500 Mark in bar hinterlegen mußte. Ernst Fraenkel*:
Der Qual einer derartigen Probezeit hat sich niemand ausgesetzt, der das damalige Staats- und Gesellschaftssystem nicht auch innerlich bejahte. ... Durch diese lange Wartezeit war der Kreis derer, die Richter werden konnten, eng umgrenzt. Die Richter der Vorkriegszeit rekrutierten sich aus dem gehobenen Mittelstand, aus den Söhnen von Richtern und sonstigen Beamten. Kaufmannssöhne, die dem Richterberuf zustrebten, assimilierten sich rasch in der von ihnen als höher empfundenen Atmosphäre. Seltener gingen die Söhne des hohen Adels oder des industriellen und agrarischen Reichtums in die Justiz. Diese zogen die militärische, die diplomatische Laufbahn vor, wurden lieber Verwaltungs- als Gerichtsjuristen. Das war kostspieliger und galt als vornehmer.[7]
Auch noch während der Ausbildungszeit ergab sich ausreichend Gelegenheit, politisch Unbequeme auszuscheiden. Erich Kuttner:[8]
Ein mißliebiger Referendar kann ohne jedes gesetzlich geregeltes Verfahren kurzerhand aus dem Justizdienst entlassen werden. Ja, er braucht trotz bestandenen Examens nicht einmal angestellt zu werden, falls dies der Behörde nicht paßt. So wurden z. B. die Söhne Karl und Theodor des verstorbenen Wilhelm Liebknecht in den neunziger Jahren einfach zurückgewiesen, als sie sich als Referendare meldeten, obwohl sie selber sich noch gar nicht politisch betätigt hatten, und es bedurfte erst einer Intervention des liberalen Kultusministers Falk, um ihre Anstellung durchzusetzen.
Über den weiteren Weg des kaiserlichen Juristen berichtet Ernst Fraenkel:[9]
Der Weg zur sozialen Geltung, die Karriere, ging über den Reserve-

---

* Prof. Dr. Ernst Fraenkel, geb. 1898, verfaßte seit Oktober 1931 die ›Chronik‹ in der »Justiz«, war noch bis 1938 in Berlin als Anwalt tätig und emigrierte dann nach den USA. Dort Studium des amerikanischen Rechts und Eintritt in den Staatsdienst. 1952 Dozent an der Deutschen Hochschule für Politik in Berlin, seit 1953 ordentlicher Professor der Wissenschaft von der Politik an der Freien Universität Berlin.

offizier. Die höheren Posten in der Justizverwaltung — die Gerichtspräsidien — wurden fast ausschließlich mit solchen Juristen besetzt, die jahrzehntelang Staatsanwälte gewesen waren. Staatsanwälte aber sind — im Gegensatz zum Richter — abhängige Beamte, an die Weisungen der vorgesetzten Behörde gebunden. So gelangten auf die höheren Posten nur solche, die als Reserveoffiziere und Staatsanwälte gehorchen gelernt hatten.

Über die Abstufung des gesellschaftlichen Ansehens der Justizberufe sagt Friedrich Karl Kaul:[10]
Der Dienst bei der Staatsanwaltschaft, obwohl oder wahrscheinlich viel eher weil sie an Weisungen ›von oben‹ gebunden war und insofern in ihrer Tätigkeit einen Abglanz der obersten Autorität versinnbildlicht, galt für vornehmer als die richterliche Tätigkeit ... Der ›freie Beruf‹ des Rechtsanwalts ... genoß innerhalb der juristischen Berufssparten das geringste Ansehen.

Die für obrigkeitsstaatliches Denken typische unterschiedliche Bewertung der Justizberufe nach dem Grad ihrer Nähe zur Obrigkeit mag zudem gefördert worden sein durch den Umstand, daß jüdische Juristen, denen der Zugang zur Richterschaft und zur Staatsanwaltschaft grundsätzlich verwehrt wurde, in der Anwaltschaft relativ stark vertreten waren, so daß sich dem antidemokratischen das antisemitische Vorurteil des konservativen Bürgertums zugesellte. Karl Dietrich Bracher[11] bescheinigt der Anwaltschaft, daß sie »eine Stütze demokratischer Rechtspraxis in der Weimarer Republik gewesen« ist und daß dabei besonders jüdische Rechtsanwälte hervorgetreten sind. Demgegenüber schrieb Ernst Fraenkel vom Richter:[12]
»Im Namen des Königs« hatte er seine Urteilssprüche gefällt ... Nun soll er »Im Namen des Volkes« Recht sprechen, des Volkes, in dessen Verachtung er groß geworden ist ... Das gesamte Beamtentum des alten Regime war monarchistisch, aus Erziehung, Überzeugung, Tradition. Der Richter war außerdem Monarchist aus innerer Notwendigkeit. Kein Zweig des Beamtentums hat sich daher auf die neuen Verhältnisse schwerer umzustellen vermocht als die Justiz.

Aus Kreisen der Richterschaft selbst wurden ›Umstellungsschwierigkeiten‹ energisch bestritten; man erklärte die Staatsform für eine Formsache und glaubte ehrlich, einer Rechtsidee zu dienen, die irgendwo droben in den Sternen zu sein schien. Die Richter waren sich ihrer eigenen Befangenheit nicht bewußt, ihre Ungerechtigkeit war naiv unschuldig.

DIE VERTRAUENSKRISE DER JUSTIZ

Wie es tatsächlich um die demokratische Gesinnung der Richter bestellt war, zeigte sich aber in der Praxis ihrer Rechtssprüche, die eine schwere ›Vertrauenskrise der Justiz‹ heraufbeschwor.

Die demokratisch gesinnten Teile der deutschen Öffentlichkeit wurden alarmiert durch Urteile, deren gemeinsames, sich immer wiederholendes Merkmal die einseitige Gesetzesanwendung gegen links und die lässige Verfolgung und milde Beurteilung der Taten von rechts war. In der deutschen Öffentlichkeit dämmerte die Erkenntnis, daß die richterliche Unabhängigkeit zum »Geßlerhut einer absterbenden Zeit« geworden war, »die sich mit Hilfe dieses ihres Wahrzeichens noch am Leben erhalten möchte«.[13]
Alfred Delmar schrieb im Juni 1929 in der ›Justiz‹:[14]
Der Grundsatz der richterlichen Unabhängigkeit droht nach und nach zu einer fixen Idee zu erstarren. Man untersucht nicht mehr den Zweck, den die richterliche Unabhängigkeit verfolgt, man fragt nicht mehr danach, ob das mit der Unabhängigkeit erstrebte Ziel auch wirklich erreicht wird, man begnügt sich einfach damit, an den Grundsatz zu glauben, so etwa wie an eine Offenbarung geglaubt wird. Vielen gilt der Grundsatz der richterlichen Unabhängigkeit als ein unantastbares Glaubensdogma, das anzugreifen schon als unverzeihliche Sünde erscheint... Man hat aus dem Grundsatz der richterlichen Unabhängigkeit einen Götzen gemacht, der uns allmählich zu beherrschen anfängt.
Delmar forderte als Grundsatz über die Stellung der Richterschaft im demokratischen Staat: »Unabhängigkeit gegenüber der Verwaltung, Abhängigkeit gegenüber der Volksvertretung.« Zweck dieser Unabhängigkeit sei im demokratischen Staat »eine Rechtsprechung, die mit dem Willen des Volkes übereinstimmt«[15]. Infolge seiner Unabsetzbarkeit könne der Richter »die ihm vom Volke verliehene Gewalt zu politischer Justiz mißbrauchen, ohne daß das Volk in der Lage ist, sich gegen einen solchen Mißbrauch zu wehren«[16]. Demgegenüber war für Oberreichsanwalt Ebermayer die richterliche Unabhängigkeit die Hüterin bestehender Machtverhältnisse:[17] »Wenn wir sie einmal los sind, dann gnade uns Gott.«[18]
Jetzt war wieder von ›Klassenjustiz‹ die Rede, ein Vorwurf, der keineswegs nur von kommunistischer Seite erhoben wurde. Ein Rechtsanwalt, der sich den Ausdruck ›Klassenjustiz‹ zu eigen machte, wurde für diese Äußerung vom Ehrengerichtshof für deutsche Rechtsanwälte disziplinarisch belangt. In der Entscheidung vom 23. 6. 1923 heißt es:[19]
Die Behauptung der Klassenjustiz ist sowohl vom Richterstand als dem Volke stets als einer der schlimmsten Vorwürfe aufgefaßt worden, der den Richtern gemacht werden kann. Es liegt darin der Vorwurf einer mehr oder minder bewußten und gewollten verschieden schärferen Anwendung des Rechts gegenüber den Angehörigen des Arbeiterstandes als gegenüber anderen Ständen. In den Parlamenten und vor allem in den Volksversammlungen ist jene Behauptung ein politisches Schlagwort, geeignet, das Vertrauen in die Rechtsprechung schwer zu erschüttern.

Aber der Ausdruck ›Klassenjustiz‹ enthielt gar nicht den Vorwurf *bewußter* Rechtsbeugung.
So fragt Sinzheimer,[20] nachdem er entsprechende Beispiele aufgezählt hat:
Warum wird bei Kommunisten das Bewußtsein der Rechtswidrigkeit ohne weiteres bejaht, bei Nationalisten aber verneint? In diesen tatsächlichen Feststellungen, nicht in der Anwendung der Norm, kommt das verschiedene politische Werturteil zum Ausdruck. Ein solcher zwiespältiger Zustand der Justiz ist unerträglich. Mit Rechtsanwendung hat eine solche Justiz es nicht mehr zu tun. Was hier zur Anwendung kommt, ist nicht Recht, sondern politische Sympathie und Antipathie. Dies alles spielt sich, wie wir annehmen, nicht in der Sphäre des Bewußtseins ab. Jene tatsächlichen Feststellungen werden durch ein unkontrolliertes richterliches Unterbewußtsein geschaffen.
Über die Richter, die in der Monarchie das Sozialistengesetz angewendet haben, sagt Ernst Fuchs:[21]
Gutgläubig waren jene Richter der 80er Jahre so gut wie die heutigen. Der Befangene ist sich fast nie seiner Befangenheit bewußt. *Wissentliche* Rechtsbeugungen kommen in Deutschland so gut wie gar nicht vor. Gerade das *gutgläubige Affektdenken* ist bei uns die große Gefahr.
Der Oberreichsanwalt a. D. Ebermayer verteidigte 1930 in der ›Deutschen Allgemeinen Zeitung‹ die Richterschaft des Reichsgerichts gegen Vorwürfe, die Theodor Wolff* im ›Berliner Tageblatt‹ erhoben hatte:[22]
Ich war selbst nahezu 25 Jahre am Reichsgericht tätig, teils als Richter, teils als Oberreichsanwalt, und ich kann nur nach bestem Wissen und Gewissen versichern, daß man nie daran gedacht hat, in politischen Prozessen nach rechts und nach links mit verschiedenem Maß zu messen. Man hat seinerzeit die Teilnehmer am Kapp-Putsch, am Rathenau-Mord, am Attentat auf Scheidemann mit dem gleichen Nachdruck verfolgt, wie kommunistische Hochverräter, und wenn von diesen mehr ›zur Strecke gebracht wurden‹ als von der anderen Seite, so lag es einzig und allein an ihrer größeren Aktivität.
Dazu schrieb ›Das Tagebuch‹ am 26. 7. 1930:[23]
Der frühere Oberreichsanwalt enthüllt, ohne es zu wissen, die Seele des Reichsgerichts. Sie *denken* dort nicht daran, die Halbgötter in den roten Roben, links und rechts verschieden zu messen. Sie *tun* es nur! Unbewußt, ahnungslos, selbstverständlich. Da kommt kein leisester Zweifel auf, daß sie das Richtige tun, wenn sie die Angeklagten von links zu Dutzenden in die Gefängnisse und Festungen setzen – und die von rechts nicht einmal auf die Anklagebank ... Sie denken dort nicht daran, Unrecht zu tun, denn sie wissen nicht, was sie tun.

---

* Theodor Wolff, Chefredakteur des ›Berliner Tageblatt‹, emigrierte später nach Frankreich, wurde nach der totalen Besetzung Frankreichs durch die Deutschen 1942 in Nizza verhaftet, in das Konzentrationslager Dachau, dann nach Oranienburg deportiert, wo er nach Vernehmung durch die Gestapo verstarb (Varian Frey, Surrender of Demand; zitiert nach einer Mitteilung von Prof. Gumbel).

DIE LAIENRICHTER

Die Justizkritik richtete sich nicht nur gegen die Berufsjuristen, sondern ebenso gegen die Laienrichter, die als Schöffen oder Geschworene für viele Fehlsprüche verantwortlich waren. Ernst Emil Schweitzer schrieb in seinem Kommentar zur Denkschrift des Reichsjustizministers:[24]

Zugegeben, daß die Urteile der gelehrten Richter in Strafsachen schlecht sind — aber die Schwurgerichte urteilen noch schlechter. ...Geschworene waren es, die im Harden-Prozeß[25] die deutsche Rechtsprechung vor der Welt bloßstellten. Geschworene waren es, die in Berlin einen Kommunisten aus politischer Leidenschaft zu Unrecht zum Tode verurteilten; die drei gelehrten Richter waren es, die von ihrem Recht Gebrauch machten und durch einstimmigen Beschluß das Geschworenenurteil als ein zuungunsten des Angeklagten ergangenes Fehlurteil aufhoben. Geschworene waren es, die rechtsrevolutionäre Mörder der Kapp-Tage freisprachen.

Wenn man davon ausgeht, daß nach dem Gesetz — von bestimmten Ausnahmen abgesehen — jeder, der das 30. Lebensjahr überschritten hatte und seit zwei Jahren in der betreffenden Gemeinde wohnte, in die sogenannte Urliste für das Schöffenamt aufgenommen wurde, scheint alles, was über die Auswahl und Ausbildung, über die klassenbedingte Befangenheit der Berufsrichter gesagt wurde, hier nicht zuzutreffen, so daß nach einer anderen Begründung für das Versagen der Laienrichter zu suchen wäre.

Eine genauere Untersuchung zeigt jedoch, daß auch die Laienrichter nur eine bestimmte Bevölkerungsschicht repräsentierten. Rudolf Olden[26] und Erich Kuttner[27] sind der Frage nachgegangen, *wer* denn eigentlich als Schöffe oder Geschworener herangezogen wurde. Olden* schreibt:[28]

Allen, die gelegentlich Verhandlungen der Strafgerichte beiwohnen, ist wohl schon aufgefallen, daß die Schöffen und Geschworenen meistens den sogenannten ›besseren‹ Ständen angehören. Nur selten ist unter den Laien auf der Richterbank ein Mann oder eine Frau zu sehen, die der Arbeiterschicht angehören. Da wir in einer Republik leben, deren Verfassung besagt, daß alle Deutschen vor dem Gesetz gleich sind, daß Männer und Frauen grundsätzlich dieselben staatsbürgerlichen Rechte und Pflichten haben, und daß öffentlich-rechtliche Vorrechte oder Nachteile der Geburt oder des Standes aufzuheben sind, so scheint dem gelegentlichen Gerichtssaalbesucher seine Wahrnehmung befremdend und seltsam. Er glaubt wohl, sich entweder zu

* Dr. Rudolf Olden, Rechtsanwalt, Mitarbeiter der „Justiz" des „Berliner Tageblatt" und der „Weltbühne", Vorstandsmitglied der Liga für Menschenrechte. Emigrierte nach Hitlers Machtergreifung zunächst nach England. Nach Ausbruch des Zweiten Weltkrieges sollte er mit einer Reihe deutscher Emigranten, die von der englischen Regierung in Schutzhaft gehalten worden waren, nach Kanada abgeschoben werden. Das Schiff, auf dem sich Rudolf Olden mit seiner Frau befand, wurde torpediert, und Olden ist mit vielen anderen Passagieren ertrunken (nach Mitteilungen von Professor Dr. Walter Fabian und Günter Berkhahn).

täuschen, oder aber, daß er vielleicht zufällig gerade zu einer Verhandlung gekommen ist, in der die Zusammensetzung des Gerichtshofs so wenig der Zusammensetzung des deutschen Volkes entspricht.
Olden und Kuttner weisen an Hand von konkreten Schöffen- und Geschworenenlisten nach, daß die Arbeiterbevölkerung vom Laienrichteramt praktisch ausgeschlossen war. Kuttner[29] teilt z. B. die vollständige Geschworenenliste des Schwurgerichts Bartenstein (Ostpreußen) für das Jahr 1921 mit. Sie enthält:

10 Rittergutsbesitzer	1 Majoratsbesitzer
1 Rittergutspächter	1 Stadtgutsbesitzer
4 Gutsbesitzer	1 Oberinspektor
1 Mühlenbesitzer	5 Besitzer
1 Fabrikbesitzer	2 Kaufleute
1 Administrator	1 Stellmachermeister

Für die vorangegangene Schwurgerichtsperiode des gleichen Bezirks zählt Kuttner 30 Geschworene auf, von denen 20 Ritterguts- und Gutsbesitzer (bzw. Rittergutspächter) sind, während sich unter den restlichen 10 neben Direktoren, Administratoren und dergleichen auch »ein ganzer Arbeiter« befindet. Kuttner:[30] Es muß aber doch wohl im Kreise Bartenstein Arbeiter geben, denn gerade dieses Schwurgericht hat ein außerordentlich hartes Urteil gegen elf streikende Arbeiter gefällt, die wegen Landfriedensbruches zu Zuchthausstrafen von 12 – 15 Monaten verurteilt wurden, nachdem die Geschworenen mildernde Umstände versagt hatten.
Rudolf Olden[31] zählt Geschworenen- und Schöffenlisten der Jahre 1924-1926 aus Berlin und einigen Provinzstädten auf. Man findet dort naturgemäß weniger Gutsbesitzer, dafür aber Fabrikanten, Kaufleute, Offiziere a. D., Studienräte, Handwerksmeister und andere Berufe des gehobenen Bürgertums, unter 110 Laienrichtern aber nur einen einzigen Arbeiter! In Halle tagte 1921 ein Schwurgericht, dessen Geschworenenliste unter 30 Geschworenen einen einzigen Arbeiter nannte.[32] Und das in einem der industriereichsten Bezirke Deutschlands!
Wie konnte es trotz der demokratischen Grundsätzen durchaus entsprechenden Zusammensetzung der Urliste zu einer solchen Benachteiligung der Arbeiterschaft kommen? Die Urliste ging vom Gemeindevorsteher, der sie eine Woche zu jedermanns Einsicht auslegte, zum Amtsgericht. Unter dem Vorsitz eines Amtsrichters trat dann ein aus sieben von den Vertretungskörperschaften der Gemeinden gewählten Vertrauenspersonen und einem von der Regierung bestimmten Verwaltungsbeamten bestehender Ausschuß zusammen, der aus der Urliste die Jahresliste, also die während der Sitzungsperiode gebrauchten Laienrichter, auswählte. Tatsächlich aber wurde diese Jahresliste schon vorher von dem gesetzlich mit der ›Zusammenstellung der Ur-

listen des Bezirks‹ beauftragten Amtsrichter zusammengestellt, so daß den Ausschußmitgliedern nur die Streichung ihnen zufällig bekannter ungeeigneter Schöffen und Geschworenen übrigblieb. Nach welchen Gesichtspunkten mochte nun ein Amtsrichter die Auswahl von beispielsweise 3000 Namen aus einer Liste von 20 000 Namen treffen? Unmöglich konnte er alle 20 000 oder auch nur 3000 Personen kennen. Es blieb die Berufsbezeichnung als einziges Kriterium. Rudolf Olden berichtet über eine Äußerung des für Landgericht I und Amtsgericht Berlin-Mitte zuständigen Amtsrichters:[33]
Es wird selbstverständlich auf die politische Gesinnung des einzelnen keinerlei Rücksicht genommen. (Das wäre auch schon deshalb nicht möglich, weil die Parteizugehörigkeit ja in der Urliste nicht enthalten ist.) Wir haben auch unter unseren Schöffen und Geschworenen eine Anzahl von Arbeitern, allzu viele können es aber nicht sein; denn Arbeiter pflegen sich über den Stundenausfall, der durch die Entschädigung nicht wettgemacht wird, zu beschweren. Ebenso geht es oft auch mit den Frauen. Es werden natürlich auch Arbeiterinnen Laienrichter. Wenn aber in der Liste steht Haushaltungsvorstand, dann nehme ich diese Frau lieber, als wenn da steht Arbeiterin, weil eine Arbeiterin oder Arbeitersfrau nicht so lange ihrer Arbeit oder ihrem Haushalt entzogen werden soll wie eine Frau, die ein Dienstmädchen hält.

DAS POLITISCHE BEWUSSTSEIN DER RICHTER

Wie erschien nun die Welt den Gesellschaftsschichten, denen die Berufs- und Laienrichter der Weimarer Republik entstammten, und inwiefern unterschied sich dieses Weltbild von dem der ›Arbeiterklasse‹?
Seit dem Scheitern der bürgerlichen Revolution von 1848, insbesondere aber in der Ära Bismarck war der liberale Freiheitsgedanke des beginnenden 19. Jahrhunderts immer mehr einem Autoritätsdenken gewichen, das Unterwerfung unter die Obrigkeit des militärischen und bürokratischen Apparats als gute Staatsgesinnung betrachtete. Diesem Autoritätsdenken mußte der Anspruch des mit der Industrialisierung entstandenen Proletariats auf wirtschaftliche (Sozialisierung) und politische (Demokratisierung) Gleichberechtigung als Staatsfeindschaft schlechthin erscheinen, weil ihm staatliche Wirklichkeit nur in den bisherigen wirtschaftlichen und politischen Herrschaftsformen vorstellbar war. Dem Bewußtsein des Proletariats hingegen erschien die herrschende Gesellschaftsordnung in wachsendem Maße als eine ungerechte Ordnung, deren Änderung eine sittlich begründete politische Aufgabe, nach marxistischem Dogma darüber hinaus ein historisch zwangsläufiger Entwicklungsvorgang sei. Konservative Bewahrung und revolutionäre Veränderung des Be-

stehenden waren die beiden gegensätzlichen Leitprinzipien bürgerlichen und proletarischen Denkens und Handelns. Das Recht stand für das Bewußtsein der bürgerlichen Schichten auf ihrer Seite: wer konnte zweifeln, daß die Bewahrung des ökonomischen wie des politischen Besitzstandes gegenüber der »alles umstürzenwollenden, daher außerhalb der Gesetze stehenden gewissenlosen Rotte« rechtens sei. Für das Bewußtsein der proletarischen Schichten war es demgegenüber eine Forderung des Rechts, die Ungerechtigkeit der bestehenden Herrschaftsverhältnisse zu beseitigen. Es gab, mit anderen Worten, in weiten Bereichen des geschriebenen Rechts kein einheitliches Rechtsbewußtsein mehr. Ein mit dem Ziel einer Verbesserung der Löhne geführter Streik zum Beispiel mußte vor einem mit Unternehmern und Angehörigen der bürgerlichen Schichten besetzten Gericht eine grundsätzlich andere Beurteilung erfahren als vor einem mit Arbeitern besetzten. Was dem einen Gericht als gutes Recht erschien, mußte das andere ebenso selbstverständlich für einen Rechtsbruch halten. Aber es hat damals – vom Münchener ›Revolutionstribunal‹ abgesehen – niemals Gerichte gegeben, in denen Arbeiter in der ihrem Bevölkerungsanteil entsprechenden Anzahl mitgewirkt hätten. Und darum kennzeichnete das Wort Klassenjustiz einen objektiven Zustand, der die Arbeiterschaft in der demokratischen Republik, für die sie jahrzehntelang gekämpft hatte, einer ähnlich einseitigen Gesetzesanwendung unterwarf, wie sie im kaiserlichen Obrigkeitsstaat dem antidemokratischen Herrschaftsprinzip entsprochen hatte. Es war eine bittere Erkenntnis der Arbeiterschaft und ihrer Führer, daß in ›ihrem‹ Staat, in der ursprünglich als sozialistisch bezeichneten Republik Richter aus der im November 1918 entmachteten Gesellschaftsschicht durch eine im antidemokratischen Geiste praktizierte Rechtsprechung den Willen des demokratischen Gesetzgebers paralysieren konnten. Die Rechtsprechung blieb für die Arbeiterschaft ein Instrument des Klassenkampfes in den Händen von Vertretern einer Gesellschaftsschicht, die ihr Richteramt nach wie vor ihrer Zugehörigkeit zu dieser Gesellschaftsschicht verdankten, nicht aber, wie es dem demokratischen Prinzip entsprochen hätte, die Bevölkerung in ihrer Gesamtheit repräsentierten.
Auch das Wesen der Gesetze suchten die Köpfe der deutschen Linken, die damals Karl Marx noch nicht verleugneten, weniger im Nebel idealistischer Vorstellungen als vielmehr in ihrer Herrschaftsfunktion. Emil Julius Gumbel schrieb:[34]
Gesetze sind nicht freie Erzeugnisse des menschlichen Geistes, die sich dem ewigen klassenlosen Ideal der Gerechtigkeit in stets wachsender Verbesserung nähern. Ebensowenig sind sie Richtlinien, auf denen sich die Machtverhältnisse aufbauen. Sie sind vielmehr zeitbedingte Erzeugnisse der jeweiligen Herrschaftsverhältnisse, und ihr Zweck ist, diese zu sichern.

Gumbel denkt in diesem Zusammenhang besonders an die Strafvorschriften gegen Landesverrat, »die zu den schärfsten Waffen der herrschenden Klasse gehören«. Tatsächlich enthüllt sich aus der Rechtsprechung zum Landesverratsparagraphen ein außenpolitisches Weltbild, das in reaktionären nationalstaatlichen Vorstellungen wurzelte und nichts von der internationalen Solidarität der Arbeiterbewegung, aber auch nichts von der Gedankenwelt des Pazifismus wußte. Für die Richter der Weimarer Republik hatte der Landesverratsparagraph seinen alten Sinn behalten, die jederzeitige militärische Kampfbereitschaft des Staatsapparates gegen ›treulose‹ Volksgenossen zu schützen. Ihrem Bewußtsein blieb verschlossen, daß die in dieser Gesetzesinterpretation vorausgesetzte Treuebindung zu einem beliebig verfaßten Nationalstaat für viele Staatsbürger längst anderen Loyalitätsverhältnissen gewichen war.[35] Für die Arbeiterschaft und für die bürgerlichen Pazifisten waren die nationalstaatlichen Grenzen längst nicht mehr die Scheidelinie zwischen Freund und Feind. Das aufgeklärte Proletariat sah im Kapital den internationalen Klassenfeind, zu dessen Bekämpfung es die internationale Solidarität aller Arbeiter anstrebte (»Proletarier aller Länder vereinigt euch!«). Das Ja der sozialistischen Parteien zu den Kriegsanstrengungen von 1914 ließ die Internationale zerbrechen, Treue zum Nationalstaat wurde zum Verrat am internationalen Proletariat. Auch die internationale pazifistische Bewegung reichte sich über die Staatsgrenzen hinweg die Hand, in dem Bestreben, den Frieden durch Überwindung der Rüstung und des ihr zugrunde liegenden militanten Denkens zu sichern. Sie geriet dadurch notwendig in Konflikt mit einer Richterschaft, der die Treue zu imperialistischen nationalen Zielsetzungen als selbstverständlich galt. Der fiktive Charakter der im Landesverrat vorausgesetzten Treuebindung an den Staat trat besonders deutlich hervor, als die Richter des Reichsgerichts demokratisch gesinnten Staatsbürgern mit Freiheitsstrafen die Einsicht aufzwingen wollten, daß die geheimen Rüstungen der Reichswehr und die zu ihrer Tarnung vorgenommenen Manipulationen dem Wohl des Reiches entsprächen. Hier ging es ganz einfach um die Durchsetzung bestimmter höchst fragwürdiger Machtinteressen, denen die in der Verfassung festgelegten demokratischen Freiheitsrechte mündiger Staatsbürger weichen mußten, weil eine im autoritären Denken befangene Richterschaft es so wollte.

Die Justizkritik mündete immer wieder in den Satz: ›Wir wollen andere Richter!‹ Aber die Stunde Null vom November 1918 war ungenutzt versäumt worden, und eine verpaßte Revolution läßt sich nicht zu beliebiger Zeit nachholen. Belehrt durch bittere Erfahrungen legte der SPD-Vorstand 1934 im Prager Exil die Fehler der Vergangenheit und die Grundsätze für eine Erneuerung des demokratischen Staates nieder:[36]

... Daß sie den alten Staatsapparat fast unverändert übernahm, war der schwere historische Fehler, den die während des Krieges desorientierte deutsche Arbeiterbewegung beging. Die neue Situation schließt jede Wiederholung aus.

In den Grundsätzen für eine künftige Stunde Null forderte das Prager Manifest:

Aufhebung der Unabsetzbarkeit der Richter, Besetzung aller entscheidenden Stellen der Justiz durch Vertrauensmänner der revolutionären Regierung. Grundlegende Umgestaltung der Justiz durch Verstärkung des Laienelements.

Militär gegen Arbeiterschaft

Das Ende der Weimarer Republik bestätigte die Richtigkeit des Wortes »Der Feind steht rechts«. Von Philipp Scheidemann in der Sitzung der Nationalversammlung am 7. 10. 1919 geprägt, hatten Gewerkschaften und Sozialdemokraten es nach dem Kapp-Putsch im März 1920 als Kampfruf aufgenommen; historische Dauer verdankt es aber erst der großen Reichstagsrede des Reichskanzlers Dr. Wirth nach der Ermordung Walther Rathenaus im Juni 1922. Das Wort erhält seinen tieferen Sinn durch die Tatsache, daß der Wechsel der Staatsform im November 1918 wesentliche Teile der Staatsgewalt in den Händen der Kräfte beließ, die sie bisher im Dienste und im Geiste des monarchischen Obrigkeitsstaates verwaltet hatten und der Demokratie (der Volksherrschaft!) feindlich gegenüberstanden. Die Hierarchien des militärischen Apparats und der Verwaltungsbürokratie wurden ebenso unverändert übernommen wie die Justiz; sie blieben Fremdkörper im demokratischen Staate, die sich durch »Kooptation« Gleichgesinnter ergänzten und demokratische Kräfte hinausdrängten. Reichswehr, Verwaltungsbürokratie und Justiz waren die drei Säulen der Konterrevolution, gegen die die demokratisch gesinnte Mehrheit des Volkes anderthalb Jahrzehnte vergeblich Sturm lief, nachdem sie im November 1918, als die Staatsgewalt Niemandsland war (Paul Levi), es versäumt hatte, den Staatsapparat zu übernehmen, ihn zu demokratisieren.
Eine besondere Tragik liegt darin, daß es ausgerechnet die Führer der größten und ältesten deutschen Arbeiterpartei waren, die sich schon im November 1918 mit den Mächten von gestern verbündeten, weil sie glaubten, nur so der ›kommunistischen Gefahr‹ begegnen zu können. Im Januar 1919 begann mit den Morden an Rosa Luxemburg und Karl Liebknecht die »Blutlinie« der Gewalt, mit der im Zeichen des Antikommunismus die privatkapitalistische Gesellschaftsordnung – und damit die Konzentration wirtschaftlicher und politischer Macht in Händen, die keiner demokratischen Kontrolle unterliegen – verteidigt wurde.

NOSKES SCHIESSERLASS VOM 9. MÄRZ 1919

Für die Erschießungen, von denen nachfolgend die Rede sein soll, nahmen die Täter den berüchtigten Schießerlaß Noskes vom

9. März 1919 als ›Rechtsgrundlage‹ in Anspruch. Um die blutige Abrechnung, die militärische Verbände auf dieser ›Rechtsgrundlage‹ mit der Arbeiterschaft hielten, und die Einschätzung ihrer Bluttaten durch die Justiz richtig zu würdigen, ist ein Blick auf die Motive des ›Gesetzgebers‹ Noske erforderlich, der sich nicht auf den unmittelbaren Anlaß des Schießbefehls beschränken darf. Eine solche Analyse zeigt nämlich eine bemerkenswerte Übereinstimmung der in traditionell militärfreundlicher und arbeiterfeindlicher Bewußtseinshaltung verharrenden Justiz mit den Auffassungen dieses aus dem Arbeiterstand hervorgegangenen Politikers.
Gustav Noske ist eine Schlüsselfigur zum Verständnis der Geschichte der Weimarer Republik. Als er Anfang November 1918 im Auftrage der SPD nach Kiel gekommen war, um die Matrosenrevolte in geordnete Bahnen zu lenken, hatten die revolutionär gestimmten Matrosen ihn mit Begeisterung empfangen und zum Gouverneur gewählt. Aber ihre Erwartung, der bekannte Sozialdemokrat, der so lange der Stimme des unterdrückten Volkes im Reichstag Ausdruck gegeben hatte, werde sich zum Führer der revolutionären Bewegung machen, wurde enttäuscht. Noske sah die politische Aufgabe seiner Partei nach dem Zusammenbruch des kaiserlichen Deutschland darin, die Ordnung aufrechtzuerhalten. Ordnung aber war für ihn – ebenso wie für seine Parteifreunde Ebert und Scheidemann – die Verhinderung revolutionärer Ereignisse. In den Arbeiter- und Soldatenräten, die sich spontan überall im Reich bildeten, kündeten sich Elemente einer neuen gesellschaftlichen Ordnung an, in der die in traditionalistischem Denken befangenen führenden Männer der SPD eine Gefahr für die herkömmliche staatliche Ordnung witterten. Dabei sicherte die starke Stellung der SPD in der Arbeiterschaft und unter den Soldaten ihr, wie die Zusammensetzung der Räte zeigte, in diesen Gremien den entscheidenden Einfluß, so daß sie gerade über die Räte die Entwicklung zum bolschewistischen Extrem durchaus unblutig hätte verhindern können.[1] Ebenso fand der Gedanke einer ganz neu zu bildenden republikanischen Truppe, der nach dem vollständigen Zusammenbruch der militärischen Gewalt nahelag, in Noske einen entschiedenen Gegner. Auch hier geisterten Schreckbilder von einer ›Roten Armee‹ in den Köpfen herum und verhinderten neue, der revolutionären Situation angemessene Lösungen. Statt dessen vertraute die SPD-Führung dem Offizierskorps der kaiserlichen Armee, ebenso wie sie den kaiserlichen Richtern vertraute, und überantwortete damit einen wesentlichen Teil staatlicher Macht den Gewalten, die der jungen Republik feindlich gegenüberstanden. Sie schuf damals freiwillig die Machtverhältnisse, denen sie sich später anpassen mußte. Das war freilich keine auf nüchterner Situationsanalyse beruhende bewußte Entscheidung, die die folgenden

Machtverschiebungen vorausgesehen hätte, sondern entsprang einem durchaus unmarxistischen, von Gefühlswerten bestimmten Denken, das sich in einem jahrzehntelangen Prozeß der Anpassung an den monarchischen Obrigkeitsstaat herausgebildet hatte. Auch Noske war nicht bösartig, sondern blind. Seine autobiographische Darstellung »Von Kiel bis Kapp« verrät eine traditionsgebundene Hochachtung vor Offizieren, kaiserlichen Hoheiten und anderen Stützen des vergangenen Regimes, die, in Verbindung mit der wiederholt zum Ausdruck kommenden Geringschätzung gegenüber den oft unbeholfenen Ansätzen demokratischer Selbstregierung des Volkes, sein verhängnisvolles Bündnis mit den Mächten des alten Staates psychologisch verständlich macht.
Im Januar 1919 hatte Noske den Oberbefehl über die zur Bekämpfung der Spartakus-Unruhen aufgebotenen Truppen übernommen. Noske berichtet:[2]
In ziemlicher Aufregung, denn die Zeit drängte, auf der Straße riefen unsere Leute nach Waffen, stand man im Arbeitszimmer Eberts umher. Ich forderte, daß ein Entschluß gefaßt werde. Darauf sagte jemand: »Dann mach' du doch die Sache!« Worauf ich kurz entschlossen erwiderte: »Meinetwegen! Einer muß der Bluthund werden, ich scheue die Verantwortung nicht!« ...
Arthur Rosenberg schreibt in seiner »Geschichte der Weimarer Republik«:[3]
Jetzt begingen Noske, Ebert und Scheidemann den entscheidenden Fehler. Sie hätten sich in erster Linie auf die sozialistisch-demokratischen Truppen stützen müssen, die in Berlin in der Bildung begriffen waren ... (Die Regierung) hätte es nicht nötig gehabt, die Gefangene der militärischen Gegenrevolution zu werden ... Nach dem 13. Januar war noch die Möglichkeit gegeben, ein demokratisches Heer in Deutschland zu schaffen. Aber schon nach einigen Wochen konnte man sehen, daß die Entwicklung ganz anders lief. Die Offiziere der alten Armee stellten immer neue Freikorps auf, die Ansätze der demokratischen Truppenteile ließ man verkümmern, und bald hatte die deutsche Republik ein gegenrevolutionäres, von kaiserlichen Offizieren geführtes Heer.
Die Januarkämpfe des Jahres 1919 sind die entscheidende Wendung der deutschen Revolution, denn damals wurde die Offensivkraft der radikalen Arbeiterschaft gebrochen ... Ein geistreicher Kritiker hat treffend die Januarereignisse als die Marneschlacht der deutschen Revolution bezeichnet.
Hatten schon die Gewalttaten der Truppen anläßlich der Januarkämpfe – insbesondere die Morde an Rosa Luxemburg und Karl Liebknecht – die Regierung in unversöhnlichen Gegensatz zu großen Teilen der Arbeiterschaft gebracht, so wurde dieser Gegensatz noch vertieft durch Geschehnisse während der Märzunruhen, die durch einen von den Berliner Arbeiterräten beschlossenen Generalstreik ausgelöst wurden. Bei diesen Unruhen

gab es etwa 1200 Tote, von denen ein nicht abzuschätzender Teil auf das Konto des Schießbefehls geht, den Noske in seiner Eigenschaft als Inhaber der vollziehenden Gewalt erlassen hatte. Der unmittelbare Anlaß jenes verhängnisvollen Schießbefehls war eine von der Gardekavallerie-Schützendivision lancierte Falschmeldung über angebliche Greuel der Spartakisten in Lichtenberg.
Die Spartakisten führen zurzeit ihre Absicht, sich in Lichtenberg zu verschärftem Widerstand zu rüsten, aus. Das Polizeipräsidium wurde von ihnen gestürmt und sämtliche Bewohner, mit Ausnahme des Sohnes des Polizeipräsidenten, auf viehische Weise niedergemacht.4
Die ›B. Z. am Mittag‹ hatte schon am 9. März auf Grund einer von »einer militärischen Befehlsstelle übermittelten eidlichen Aussage von fünf Soldaten« gemeldet, daß 60 Kriminalbeamte und viele andere Gefangene erschossen worden seien; dabei wurden »Gefangene, die sich zur Wehr setzen wollten, teilweise von vier bis fünf Spartakisten gehalten, während der sechste ihnen mit der Pistole zwischen die Augen schoß«. Das ›Berliner Tageblatt‹ brachte am 10. März eine Mitteilung des Regierungsrats Doyé vom Innenministerium, wonach 57 Polizisten erschossen worden seien. Die ›Vossische Zeitung‹ meldete in Übereinstimmung mit der rechtsstehenden Presse sogar 150 Ermordete. Tagelang gingen blutrünstige Schilderungen durch die ganze deutsche Presse und beeinflußten die öffentliche Meinung nachhaltig gegen die Spartakisten. Alle diese Meldungen waren erlogen. Auf seiten der Polizei hatte es lediglich zwei Tote bei einer Schießerei gegeben. Das erfuhr die Öffentlichkeit aber erst am 14. März.
Die folgenschwere Irreführung der Öffentlichkeit (und des Inhabers der vollziehenden Gewalt!) war dadurch erleichtert worden, daß die von der Gardekavallerie-Schützendivision ausgestreute Falschmeldung tagelang unwidersprochen blieb. Noske hatte drei wichtige oppositionelle Presseorgane (›Freiheit‹, ›Rote Fahne‹ und ›Republik‹) auf Grund der ihm verliehenen Vollmachten verboten.
Noskes Schießbefehl lautete:5
Die Grausamkeit und Bestialität der gegen uns kämpfenden Spartakisten zwingen mich zu folgendem Befehl: Jede Person, die mit den Waffen in der Hand gegen Regierungstruppen kämpfend angetroffen wird, ist sofort zu erschießen.
Außerdem erließ die Gardekavallerie-Schützendivision selbständig einen Befehl, nach dem auch Leute erschossen werden sollten, in deren Wohnungen Waffen gefunden würden, ohne daß der Nachweis einer Teilnahme am Kampfe notwendig sei.
Gumbel kommentiert:6
Die beiden Erlasse gehen weit über das Preußische Belagerungsgesetz vom 4. Juni 1851 hinaus. Denn danach entscheidet über einen Angeklagten ein aus zwei Zivilrichtern und zwei dem Hauptmannsrang angehörigen Offizieren bestehendes Kriegsgericht. Bei Todesurteilen

ist die Bestätigung des Oberbefehlshabers nötig, außerdem liegt eine Frist von 24 Stunden zwischen Urteil und Vollstreckung. Hier aber liegt die Entscheidung über Leben und Tod vollkommen im willkürlichen Ermessen einzelner Personen.
Noske war nicht der Mann, dem Gewaltanwendung, die der Aufrechterhaltung der Ordnung diente, Skrupel bereitete. Das Prinzip der Gewalt verwarf er nur dort, wo es der alten gesellschaftlichen Ordnung gefährlich werden konnte, während er gegenüber seinen Klassengenossen selbst dort bedenkenlos Gewalt gebraucht hat, wo sie sich durch Kompromisse hätte vermeiden lassen. Nur anderthalb Jahre dauerte der Weg dieses Mannes vom triumphalen Anfang in Kiel zum verhaßtesten Mann, zum »Bluthund« und »Arbeiterverräter«, den seine eigene Partei fallenlassen mußte. Noske hat diese Entwicklung als seine persönliche Tragik empfunden, der niemand hätte entrinnen können, dem damals die Aufgabe ›Ordnung zu schaffen‹ zugefallen wäre. Sein politisches Bewußtsein und seine Phantasie waren zu begrenzt, um die Möglichkeiten zu erkennen, die im Anfangsstadium der deutschen Republik offenstanden. Er hat nie begriffen, daß sein Bekenntnis zur ›Ordnung‹ und zu ihrer gewaltsamen Aufrechterhaltung ein Griff ins Rad der Geschichte war, der mitgeholfen hat, es in die Barbarei zurückrollen zu lassen.

ABRAHAMSON UND WALLMANN

E. J. Gumbel hatte in seiner Broschüre »Zwei Jahre Mord« auch zwei von dem zum Freikorps Lützow gehörenden Leutnant Czekalla ausgeführte Erschießungen geschildert.[7] Bei dem einen Opfer handelte es sich um einen Rentner von über 60 Jahren namens Abrahamson, der im Hof seines Hauses erschossen worden war, weil bei einer Haussuchung Waffen gefunden worden waren, die er nicht angegeben hatte. Wegen des gleichen ›Verbrechens‹ mußte der Klempnermeister Wallmann in einem Pferdestall der Alexanderkaserne sein Leben lassen.
In beiden Fällen spielte der Noskesche Schießerlaß eine Rolle. Im Falle Abrahamson berief Czekalla sich auf die allgemein erteilten Befehle, die dem Sinne nach dahin gelautet hätten, daß erschossen werden sollte, wer auf Befragen den Besitz von Waffen verneine, bei dem aber doch Waffen gefunden würden. Im Falle Wallmann erklärte der Vorgesetzte Czekallas, Rittmeister v. Oertzen, der bestritt, die Erschießung angeordnet zu haben, er habe seinen Offizieren immer nur gesagt, sie sollten nach dem Noskebefehl handeln. Der Führer des Freikorps, Major v. Lützow, bekundete – laut Denkschrift –, daß er es bei der damaligen Lage für glaubhaft halte, daß Czekalla den Noskebefehl in dem von ihm angewandten Sinne ausgelegt habe.

Czekalla wurde wegen Totschlags, v. Oertzen wegen Anstiftung hierzu angeklagt. In der Hauptverhandlung am 16. 10. 1922 wurde der schon erwähnte Befehl der Gardekavallerie-Schützendivision vom 10. März 1919 verlesen:[8]
Leitsatz: Wer sich mit Waffen widersetzt oder plündert, gehört sofort an die Mauer. Daß dies geschieht, dafür ist jeder Führer mitverantwortlich.
Ferner sind aus Häusern, aus welchen auf die Truppen geschossen wurde, sämtliche Bewohner, ganz gleich, ob sie ihre Schuldlosigkeit beteuern oder nicht, auf die Straße zu stellen, in ihrer Abwesenheit die Häuser nach Waffen zu durchsuchen; verdächtige Persönlichkeiten, bei denen tatsächlich Waffen gefunden werden, zu erschießen.
Noske wurde in der Hauptverhandlung als Zeuge gehört und erklärte:[9]
Ich habe auch von diesem Befehl gehört: er deckt sich ja nur zur Hälfte mit meinen Anordnungen. Es besteht kein Zweifel daran, daß jeder Offizier berechtigt war, Waffenträger zu erschießen. Dafür trage ich die moralische Verantwortung. Bei der Heftigkeit der damaligen Kämpfe und der bestialischen Art und Weise, mit der viele Soldaten niedergemacht worden sind, war natürlich die Erregung unter den Truppen groß. Nach ehrlicher Prüfung muß ich auch heute sagen, daß vieles, was heute in ruhigen Zeiten grauenhaft wirken mag, damals doch von einem ganz anderen Gesichtspunkt aus betrachtet werden mußte.
Die Denkschrift des Reichsjustizministers berichtet abschließend:[10]
Die Geschworenen verneinten entsprechend dem im wesentlichen auf diese Zeugenaussagen gestützten Antrage der Staatsanwaltschaft die Schuldfragen, so daß das Gericht zur *Freisprechung* beider Angeklagten kam.
So bedenklich der Noskesche Schießerlaß auch war, die Erschießung von Menschen, denen nichts weiter vorgeworfen werden konnte, als Waffen verborgen und deren Besitz abgestritten zu haben, deckte er ganz offensichtlich nicht. Auf die Anklagebank gehörte der Offizier, der jenen Befehl der Gardekavallerie-Schützendivision zu verantworten hatte, auf den Czekalla glaubte sich berufen zu können. Er war der vielhundertfachen Anstiftung zum Totschlag, wenn nicht zum Mord schuldig. Aber bevor die Justiz der Weimarer Republik einen höheren Offizier mit der Verantwortung für Mord und Totschlag belastet hätte, lud sie die Schuld auf einen sozialdemokratischen Politiker ab. Natürlich kam es auch nicht etwa zu einer Anklage gegen Noske, da er als Inhaber der vollziehenden Gewalt bereits Gefilden zugehörte, in denen man von ›Übernahme der Verantwortung‹ sprechen kann, ohne ernstlich befürchten zu müssen, für verantwortungsloses Handeln bestraft zu werden. So verflüchtigte sich auch die Schuld an den Verbrechen, durch die der Rentner Abrahamson und der

Klempnermeister Wallmann ihr Leben verloren, auf dem Wege von Noske über die Gardekavallerie-Schützendivision zu Leutnant Czekalla in ein Nichts.
Richter, die bereit gewesen wären, das menschliche Leben auch dann zu schützen, wenn höhere Offiziere leichtfertig darüber verfügen, hätten hier zu einem Schuldspruch kommen müssen.

ZIGARRENHÄNDLER MÜLLER

Als der Leutnant Baum sich auf einer nächtlichen Streife befand, trat ein Unbekannter an ihn heran und sagte: »Herr Leutnant, lebt der Zigarrenhändler Müller noch? Wenn Sie den kriegen, erschießen Sie ihn, den habe ich zweimal hinter den Barrikaden gesehen!« Baum erkundigte sich bei dem Fremden, ob er den Müller mit der Waffe in der Hand gesehen habe. Der Fremde erwiderte: »Ich habe Familie, Herr Leutnant, mehr kann ich nicht sagen!« und entfernte sich.
Baum begab sich nun mit 10 Mann in das Zigarrengeschäft. Müller war gerade beim Rasieren und kam mit eingeseiftem Gesicht aus dem Hinterzimmer. B. durchsuchte die Wohnung. Es wurden weder Waffen noch Munition gefunden, dagegen brachte man acht Straßenpläne von Berlin, einen Ausweis des Polizeipräsidenten Eichhorn (unterschrieben von Braun), eine Mitgliedskarte der U.S.P.D., 140 Broschüren: Was will Spartakus? und ein eingestelltes Fernglas zum Vorschein.
Der Leutnant sagte zu Müller: »Sie agitieren ja für die Unabhängigen, Sie haben acht Karten mit verdächtigen Punkten. Ich habe von anderen gehört, Sie haben auf uns geschossen. Verabschieden Sie sich von Ihrer Frau. Es ist meine Pflicht, Sie jetzt zu erschießen!«
Die Frau und Tochter schrien laut auf und brachen in Tränen aus.[11]
Leutnant Baum faßte das stillschweigende Verharren des Müller als Schuldbekenntnis auf und ließ ihn auf den Hof führen. Müller verrichtete ein Gebet, wurde dann an die Wand gestellt und erschossen. In der Denkschrift des Reichsjustizministers wird der Sachdarstellung Gumbels nicht widersprochen. Das »eingestellte Fernglas« erweist sich als ein Opernglas. Auch wird das von Gumbel mitgeteilte Ergebnis der Militärgerichtsverhandlung gegen Leutnant Baum (Berliner Tageblatt vom 1. 6. 1920) bestätigt. Es heißt in der Denkschrift:[12]
Das Militärgericht hat Baum freigesprochen, weil er den Befehl des Reichswehrministers Noske so aufgefaßt habe, als ginge seine Befugnis auch dahin, Personen zu erschießen, die nicht er selbst, sondern Dritte mit den Waffen in der Hand gegen Regierungstruppen kämpfend anträfen. Dieser Irrtum sei ein solcher über eine außerhalb des Strafrechts liegende militärdienstliche Vorschrift, ihren Inhalt und ihre Tragweite und somit, da er nicht auf Fahrlässigkeit beruhe, beachtlich gewesen. Nach der Ansicht des Militärgerichts ist ferner Baum auf

Grund der ihm glaubhaft erscheinenden Angabe der Zivilperson der Überzeugung gewesen, daß Müller gegen Regierungstruppen gekämpft habe. Das Urteil ist rechtskräftig. Eine Wiederaufnahme kommt nicht in Frage.

Dazu der Berliner Rechtsanwalt Dr. Ernst Emil Schweitzer:[13]

Der Leutnant Baum konnte sich darüber nicht im Zweifel sein, daß der Befehl Noskes ihn unmöglich dazu berechtigen könne, einen Menschen lediglich deshalb zu erschießen, weil dieser »revolutionäre Schriften« besitze, und weil er ihm von einer unbekannten Person denunziert worden war. Daß dies kein Betreffen auf frischer Tat ist, und in keiner Weise durch den Befehl Noskes gedeckt wird, leuchtet jedem vernünftigen Menschen ohne weiteres ein.

Nicht so dem Militärgericht.

DIE HELDENTATEN DES VIZEWACHTMEISTERS MARKUS

Der Vizewachtmeister Markus vom Freikorps Lützow hatte am 12. März 1919 Befehl, die Lange Straße in Berlin abzusperren. Mit 25 Mann schritt er die Straße ab unter dem wiederholten Rufe: »Straße frei! Fenster zu!«

Letzteres rief er auch der aus einem Fenster im dritten Stock des Hauses Nr. 13 heraussehenden zwölfjährigen Schülerin Helene Slovek zu. Diese schloß sofort das Fenster und trat zwischen dieses und die Gardine. Trotzdem schoß Markus durch die Scheibe und tötete das Kind durch einen Kopfschuß. Den auf der entgegengesetzten Straßenseite gehenden 72jährigen Fliesenleger Becker tötete er durch Brustschuß. Dieselbe Kugel traf als Querschläger die in der Eingangstüre eines Ladens im Hause Nr. 12 stehende unverehelichte Dale. Daß Markus auf letztere gezielt oder sie auch nur gesehen hat, bzw. daß er hätte voraussehen müssen, er werde sie treffen, ist für nicht erwiesen erachtet worden.

In den Fällen Becker und Slovek ist gegen ihn, der insgesamt 20 Monate in Untersuchungshaft gesessen hat, Anklage wegen Totschlags erhoben worden. Die Geschworenen haben jedoch die Schuldfragen verneint. Das freisprechende Urteil ist rechtskräftig.[14]

ERSCHIESSUNG VON JUGENDLICHEN

Auch der folgende Fall hat – jedenfalls nach seiner offiziellen juristischen Erklärung – nichts mit Noskes Schießerlaß zu tun, sondern gehört zu den Fällen, in denen ein ›Angriff‹ oder eine ›Flucht‹ als Vorwand der Erschießung diente. Und doch ist auch hier die Kausalität jener ›legalen‹ Vollmacht an das Militär, kurzerhand über Tod oder Leben von Menschen entscheiden zu dürfen, unverkennbar. Gumbel:[15]

Am 10. März kamen zu dem jungen Kurt Friedrich (16 Jahre) seine beiden Freunde Hans Galuska (16 Jahre) und Otto Werner (18 Jahre) in die Wohnung der Mutter des Friedrich, am Schlesischen Bahnhof, zu Besuch. Alle drei Jungen hatten sich nie mit Politik beschäftigt. Sie waren kaum beisammen, als 8 Regierungssoldaten auf Grund einer Denunziation ankamen. Sie durchsuchten die Wohnung, ohne daß ihnen auch nur ein einziges belastendes Stück in die Hände gefallen wäre. Darauf erklärten sie die drei Jungen für verhaftet und führten sie ab. Die letzten Worte, die Kurt Friedrich sagen konnte, waren: »Mutter, meine Papiere sind in Ordnung, ich habe nichts auf dem Gewissen.«

Die Mutter begab sich in die Schule in der Andreasstraße, wo Reinhardtruppen lagen, und sah, wie die drei Jungen abgeführt wurden und schrecklich heulten. Der befehlshabende Offizier ließ die Frau nicht zu Worte kommen. Am 12. März, nach zwei schrecklichen Tagen des Wartens, erhielt Frau Friedrich von Bekannten die Nachricht, Hans Galuska läge im Leichenschauhaus. Sie fand dort die drei jungen Freunde als Tote wieder. Sie waren am 11. März als »unbekannt« eingeliefert worden. Kurt Friedrich hatte einen Kopf- und Hüftschuß. Die neuen Stiefel waren ihm gestohlen. Hans Galuska hatte ebenfalls zwei Schußwunden, darunter eine an der Stirn, und mehrere Verletzungen durch Schläge. Es fehlten ihm: Hut, Kragen, Krawatte, Ulster, Jackett und Stiefel. Otto Werners Gesicht war beinahe unkenntlich, außerdem war der eine Arm völlig zerschossen, so daß anzunehmen, daß er ihn vors Gesicht gehalten.

In der Denkschrift des Reichsjustizministers[16] heißt es, daß die Jungen »wegen Verdachts spartakistischer Umtriebe festgenommen und dem Gerichtsoffizier im Freikorps Lützow vorgeführt« worden seien. Sie seien dann in einem Raum des Polizeipräsidiums untergebracht worden, in dem sich noch andere Gefangene befunden hätten. Für die folgenden Vorgänge beruft sich die Denkschrift auf die Aussagen einer einzigen Person, des Fahrers Bartelt, mit der Begründung, daß sich trotz öffentlicher Aufforderung keine Tatzeugen gemeldet hätten. Bartelt will von einem der Gefangenen von hinten angefallen und gewürgt worden sein. Er habe den Angreifer mit seinem Revolver erschossen. Beim Verlassen des Raumes seien die Gefangenen ihm gefolgt und durch die Tür gedrungen. Eine Anzahl sei auf dem Flur wieder ergriffen worden, während es anderen gelungen sei, bis zum Ausgang zu gelangen, wo zwei von ihm und mehreren anderen Soldaten erschossen worden seien. Dazu in der Denkschrift:[17]

Es ist gegen ihn (Bartelt) Voruntersuchung wegen Totschlags geführt worden. Auf Antrag der Staatsanwaltschaft ist er aber durch Beschluß vom 24. Oktober 1922 außer Verfolgung gesetzt worden. Seine Angaben, daß er in Notwehr und gegenüber den Flüchtlingen in Erfüllung seiner Pflicht gehandelt habe, waren nicht zu widerlegen.

In Ermangelung von Zeugen versprach somit die Erhebung der Anklage keinen Erfolg.

Schweitzer zählt die Verdachtsmomente zusammen, die das Gericht zur Eröffnung und Durchführung des Hauptverfahrens hätten zwingen müssen. Er verweist auf die Unwahrscheinlichkeit der Einlassung des Bartelt, Widersprüche zwischen seiner Aussage und einem Schreiben des Heeresabwicklungsamtes, die auf eine früher andere Darstellung hindeuten, auf den Umstand, daß Bartelt sich offenbar, da die Ermittlung seines Aufenthalts zunächst nicht möglich gewesen und erst den Bemühungen der Staatsanwaltschaft »schließlich geglückt« ist, verborgen gehalten hat. Wer waren die anderen Gefangenen? Sollte wirklich keiner mehr als Zeuge zu ermitteln gewesen sein? Oder waren sie – entgegen der Darstellung Bartelts – *alle* niedergemacht worden? Sonderbar ist es auch, daß ausgerechnet diese drei völlig unpolitischen Jungen, die bei ihrer Abführung schrecklich geheult haben, zu Gewalttätigkeiten geschritten und einem Soldaten nachgestürmt sein sollten, der gerade einen Menschen mit dem Revolver erschossen hatte. Vor allem aber spricht der Zustand, in dem die Mutter des Kurt Friedrich ihren Sohn und seine Freunde im Leichenschauhaus wiedergefunden hat, gegen die Glaubwürdigkeit der Darstellung des Bartelt.

Der Beschluß, den Bartelt ohne Durchführung einer Hauptverhandlung außer Verfolgung zu setzen, »widerstreitet dem Strafprozeßverfahren aller kultivierten Staaten«.[18]

DER ZEUGE NOSKE

Kam es zur Durchführung einer Hauptverhandlung gegen Angehörige des Militärs, denen willkürliche Erschießungen vorgeworfen wurden, so vernahm man regelmäßig Gustav Noske als Zeuge über die Tragweite seines Schießerlasses. Zwar war dies an sich eine Sachverständigenfrage, über die kein Gericht sonst Beweis erheben würde, aber es hatte sich offenbar herumgesprochen, daß Noske alle Maßnahmen des Militärs selbst dann deckte, wenn sie über seinen Schießerlaß hinausgingen. »Entscheidend war der Effekt, die Methode nebensächlich«, sagte Noske, als er 1926 im Verfahren gegen die Verantwortlichen der Perlacher Morde (vgl. S. 58 ff.) zeugenschaftlich vernommen wurde.[19]

Bezeichnend für die militärfreundliche und – man muß wohl sagen: – arbeiterfeindliche Haltung Noskes war seine Antwort auf die Frage, ob ein Unterschied zwischen demjenigen zu machen sei, der mit der Waffe in der Hand im Kampfe betroffen werde, und demjenigen, der nur eine Waffe im Besitz habe. Noske erwiderte, man müsse bei allem, was damals geschah, annehmen, daß die Offiziere das taten, was der militärischen Situa-

tion nach ihrer Auffassung entsprach. Also eine Beweisregel zugunsten des Militärs und zuungunsten der erschossenen Arbeiter, nach der Noske auch in seinem Buch »Von Kiel bis Kapp« unbewußt verfährt. Ist von Maßnahmen gegen Offiziere die Rede, so vermutet er die Schuld auf seiten der ›Meuterer‹ (gemeint sind revolutionäre Matrosen):
Nicht eine Spur von Beweis ist dafür beigebracht worden, daß auch nur in einem einzigen Falle Offiziere oder Kapitulanten den Meuterern Widerstand geleistet haben.[20]

Geht es um die Tötung von Arbeitern, so liegt für Noske die Beweislast umgekehrt:
Einige Verhaftete, die nach Berlin ins Gefängnis übergeführt werden sollten, wurden erschossen, weil sie nach Angabe der Begleitmannschaft einen Fluchtversuch machten. Ein Beweis vom Gegenteil ist nicht erbracht.[21]

Geschah Offizieren ein auch nur geringfügiges Unrecht, so war Noske tief betroffen. So berichtet er von einem Soldatenrat, der ihm »durch die Verhaftung einer Anzahl von Offizieren, die ohne jeden Grund, lediglich auf Geschwätz hin, von ihm veranlaßt worden war, eine recht ärgerliche Stunde bereitet« habe.[22] Wiederholt bezeugte er, daß Offizieren und Soldaten, die von dritter Seite als Rotgardisten bezeichnete Gefangene erschossen oder erschießen ließen, nicht das Gefühl zu haben brauchten, etwas zu tun, was sie eines Tages wegen Mordes auf die Anklagebank brächte. Man kann sich gerechterweise nicht über die zahlreichen Fehlsprüche der Gerichte empören, ohne auch Gustav Noskes zu gedenken.

DER FALL MARLOH

Am 3. Dezember 1919 begann vor dem Kriegsgericht der Reichswehrbrigade III in Berlin der Prozeß gegen Oberleutnant Otto Marloh. Zur Verhandlung stand der sogenannte ›Matrosenmord in der Französischen Straße‹. Am 11. März 1919 waren auf Befehl Marlohs 29 Angehörige der Volksmarinedivision anläßlich eines Löhnungsappells willkürlich erschossen worden. Auch dieser Vorfall ging auf Noskes Schießerlaß zurück.
Die Volksmarinedivision war eine der wenigen republikanischen Einheiten, die sich im November 1918 zum Schutz der Republik in Konkurrenz zur alten Armee gebildet hatten. Ebert hatte die Matrosen nach Berlin geholt; bald aber wurde der Regierung, die sich mit der OHL verbündet hatte, eine revolutionäre Truppe wie die Volksmarinedivision als Störer von Ruhe und Ordnung unbequem. Man suchte sich der Geister, die man gerufen, wieder zu entledigen. Bereits im Dezember schuf ein Übergriff der Matrosen den Anlaß, altgediente Fronttruppen gegen die VMD zu

Hilfe zu rufen. Am Morgen des 24. Dezember traten Teile der Gardekavallerie-Schützendivision zum Sturmangriff gegen das Quartier der Matrosen im Berliner Schloß und Marstall an. Der Kampf wurde unentschieden beigelegt, Mißtrauen und Feindschaft aber blieben bestehen. In den folgenden Wochen verhielt sich die VMD ruhig; die ursprünglich revolutionäre Truppe war von zahlreichen Arbeitslosen unterwandert worden, die die Anstellung bei der Division nur als ein Versorgungsverhältnis betrachteten. So ist es zu erklären, daß die Matrosen in den Januarkämpfen sich nicht auf die Seite des Proletariats schlugen, sondern neutral blieben, und dem von oben gelenkten Abbau ihrer Kader keinen Widerstand entgegensetzten. Am 6. März wurde die Division, ›um ihre Treue zu erproben‹, zur Unterstützung der Regierungstruppen gegen Plünderer eingesetzt. Bei dieser Aktion wurde ein Matrose erschossen, ein anderer schwer verletzt, und zwar, wie man Grund hatte anzunehmen, von Regierungstruppen. Daraufhin lief ein Teil der Matrosen zu den Aufständischen über, die anderen legten die Waffen nieder und gingen nach Hause.

Damit hatte die VMD aufgehört zu bestehen, es mußten nur noch die nötigen Formalitäten abgewickelt werden. Für den 11. März 1919 war deshalb in den Diensträumen der Division in der Französischen Straße 32 noch ein letzter Löhnungsappell angesetzt worden, bei dem auch die noch im Besitz der Matrosen befindlichen Ausrüstungsgegenstände eingesammelt und eine ordentliche Entlassung durchgeführt werden sollten.

In der Hauptstadt des Reiches herrschte das Standrecht; wieder einmal kämpften Regierungstruppen gegen Spartakisten. Am 9. März war der Schießerlaß Noskes ergangen, am 10. der noch weitergehende Befehl der Gardekavallerie-Schützendivision, der für den Nachmittag des 10. und für den 11. März Geltung haben sollte.

Am 10. März hatte Oberst Reinhard* von General Lüttwitz den Befehl erhalten, den Löhnungsappell zu verhindern und möglichst viele Gefangene zu machen.[23] Es handle sich in Wahrheit um eine Neuaufstellung der Volksmarinedivision mitten im Aufstand. Mit der Durchführung des Lüttwitzschen Befehls wurde der junge Oberleutnant Marloh beauftragt. In der Morgenfrühe des 11. März besetzte er mit 50 Mann das Haus in der Französischen Straße. Marloh trug Zivil, damit ihn die Matrosen für einen Zahlmeister halten sollten. Ab 8 Uhr herrschte in der Französischen Straße ein lebhaftes Kommen von Matrosen, die ihre Löhnung abholen wollten, aber aus dem Gehen wurde nichts mehr: Wer das Haus einmal betreten hatte, wurde verhaftet.

---

* Die Brigade Reinhard unter ihrem Oberst Reinhard gehörte zur Gardekavallerie-Schützendivision und unterstand wie diese dem Befehl des Reichswehr-Gruppenkommandos Berlin, General Lüttwitz.

Bald standen die Gefangenen mit erhobenen Händen in Doppelreihen die Treppen hinauf; aber noch immer wurden von unverdächtig aussehenden Zivilisten neu ankommende Matrosen, die zögerten, das Haus zu betreten, das so ›unheimlich still‹ wirkte, hereingelockt: »Beeilt Euch nur, die Löhnung wird schon ausgezahlt!«[24] Im Hause entstand allmählich eine prekäre Situation. Ursprünglich war geplant gewesen, die Gefangenen ins Zellengefängnis Moabit zu transportieren, aber niemand hatte damit gerechnet, daß sich im Lauf des Vormittags 300 Marosen einfinden würden. Marloh und seinen Leuten war in den überfüllen Räumen angesichts der Übermacht von Matrosen nicht mehr wohl in ihrer Haut. Von den Gefangenen dachte aber keiner an Aufruhr. Jeder hoffte, durch Wohlverhalten seine Haut zu retten.
Trotzdem schien es Marloh um 11 Uhr angezeigt, telefonisch von der Brigade Unterstützung anzufordern. Oberst Reinhard hatte aber im Moment keine Leute zur Verfügung und ließ deshalb Marloh durch Leutnant Schröder folgendes mitteilen:
Marloh solle von der Waffe Gebrauch machen, die beste Unterstützung sei die Kugel. Oberst Reinhard mache Marloh für rücksichtsloses Durchgreifen verantwortlich.[25]
Dieser Befehl Reinhards war nicht sehr konkret. Zunächst ordnete Marloh an, es dürfe kein Wort gesprochen und keine Bewegung gemacht werden. Schon früher waren 13 besonders verdächtige Matrosen aussortiert und in eine Dunkelkammer gesperrt worden; ein Teil von ihnen hatte sich der Verhaftung widersetzt, die anderen hatten Waffen bei sich gehabt, aber auch die nötigen Waffenscheine. Jetzt begann Marloh nach neuen Gesichtspunkten die Leute noch einmal durchzumustern: Wer intelligent aussah und Marlohs physiognomischem Kennerblick als potentieller Rädelsführer verdächtig schien, wurde genauso ausgesondert wie der, der durch gute Kleidung, Schmuck oder Uhr in die Augen fiel und nach Marlohs Überzeugung ein Plünderer sein mußte. Auf irgendwelche Erörterungen über die Herkunft der Wertsachen ließ Marloh sich nicht ein.
Auf diese Weise wurden 80 Mann ausgemustert. Was Marloh mit ihnen beabsichtigte, bleibt offen. Er behauptete vor Gericht, er habe nicht daran gedacht, jemanden erschießen zu lassen, bis sein Vetter, Leutnant Wehmeyer, ihm gegen Mittag eine neue Instruktion überbrachte: Oberleutnant von Kessel, der als direkter Vorgesetzter Marlohs von Oberst Reinhard ebenfalls für energisches Durchgreifen in der Französischen Straße verantwortlich gemacht worden war, hatte Wehmeyer folgende Anweisung für Marloh mitgegeben:
Bestellen Sie Marloh, daß Oberst Reinhard sehr wütend sei, weil er zu schlapp sich verhalte; von der Waffe müsse ausgiebig Gebrauch gemacht werden, und wenn 150 erschossen würden. Alles, was er erschießen könne, solle er erschießen, da die Unterstützung noch län-

ger auf sich warten lassen würde. Oberst Reinhard wisse auch gar nicht, wo er mit den ganzen Leuten hinsolle.[26]
Marloh erwiderte: »150 Mann erschießen? Du bist wohl verrückt?«... »Ich wollte nur 30 Mann nehmen«,[27] erklärte Marloh vor Gericht, aber wie diese auswählen? Eine Untersuchung war an Ort und Stelle nicht möglich: »ich hätte losen können...«[27] Besser kann man die durch die Blutbefehle heraufbeschworene willkürliche Verfügungsgewalt über Leben und Tod gar nicht kennzeichnen.
Jetzt erschien Hauptmann Gentner von der Reichsbankwache, der von den Vorgängen Kenntnis erhalten hatte. Ihm war ein Zug der Volksmarinedivision zum Schutze der Reichsbank unterstellt gewesen und er erklärte Marloh, daß er sich für diese Leute absolut verbürgen könne; sie seien auf Anordnung der Gardekavallerie-Schützendivision ordnungsgemäß entlassen und auch im Besitz entsprechender Ausweise. Nach einigem Hin und Her gestattete Marloh, daß Gentner die Männer der Reichsbankbesatzung aus den 80 Gefangenen im Hofzimmer aussuchte; es waren 50 Leute, die alle gültige Ausweise bei sich trugen. Weitere Versuche Gentners, auch für den Rest der gefangenen Matrosen einzutreten, scheiterten aber am Widerstand Marlohs. Er erklärte Gentner, er habe bindende Befehle, es herrsche Standrecht.
Auf Gentners Bemerkung: »Es ist gut, daß ich noch rechtzeitig gekommen bin«, soll Marloh, wie ihm der Vorsitzende vorhielt, geantwortet haben:
Es ist schade, Herr Hauptmann, daß Sie gekommen sind, sonst hätte ich die Schweinehunde alle erschießen lassen.[28]
Damit erscheint Marlohs Darstellung, daß er entgegen dem Befehl »nur 30 nehmen« wollte, in einem anderen Licht. Es ist auch nicht sehr glaubwürdig, daß Marloh sich schon auf die Zahl 30 festgelegt hatte und daß, nachdem er widerstrebend dem Hauptmann Gentner das Ausmustern der Reichsbankbesatzung gestattet hatte, von den 80 genau noch 30 übrig waren. Wäre Gentner nicht erschienen, so wären vermutlich alle 80 erschossen worden.
Die Würfel waren gefallen. Marloh gab den 30 Todeskandidaten den Befehl zum Erschießen nicht bekannt, »um nicht unmenschlich zu sein«. Die Ahnungslosen wurden in den Hof geführt und von 15 Schützen unter dem Kommando des Offiziersstellvertreters Panthor mit Schnellfeuer zusammengeschossen. Die Leichen wurden ausgeraubt, wer noch Leben zeigte, bekam den Gnadenschuß. Vom Vorsitzenden befragt, was er zu diesem Auftrag gesagt habe, erklärte Panthor, er habe diese Verbrecher und Landesverräter »herzlich gern« totgeschossen.
Einer der 30 Matrosen, Hugo Levin, hatte die Exekution überlebt und war als Verwundeter vor Reinhard geführt worden. Reinhard erklärte ungerührt:
Na, dann muß er eben auch erschossen werden.[29]

Da aber ein Gerichtsoffizier die Unschuld Levins beteuerte, wurde der Verwundete ins Lazarett eingewiesen. Als Levin vor Gericht seine grauenvollen Erlebnisse schilderte, entstand im Saal, wo sich die Angehörigen der erschossenen Matrosen befanden, starke Bewegung, die sich zu vernehmlicher Entrüstung steigerte, als Reinhards kaltschnäuzige Bemerkung zitiert wurde. Der Vorsitzende hielt es in diesem Moment für angebracht, das Publikum in scharfen Worten darauf hinzuweisen, daß hier doch kein »Theater« sei.

Marloh erstattete eine schriftliche Meldung über die Erschießung, die er auf Wunsch seiner Vorgesetzten noch zweimal abändern mußte, so daß schließlich drei verschiedene Tatberichte bestanden. Zunächst blieb Marloh unbehelligt, aber im Mai begann sein Vorgesetzter von Kessel davon zu sprechen, daß Marloh im vaterländischen Interesse fliehen müsse, und machte die Sache immer dringender. Als die ›Freiheit‹ am 27. Mai in ihrem Artikel »Gute Zeiten für Mörder« den Fall Marloh aufgriff, entschloß sich der Widerstrebende doch zur Flucht. Am 2. Juni erging Haftbefehl, aber Marloh war schon, durch Kessel mit Geld und falschen Papieren versehen, aus Berlin verschwunden. Er kehrte jedoch bald wieder zurück, da ihm das Geld ausgegangen war. Als in Verhandlungen mit von Kessel die geforderte Summe von 500 000 Mark nicht bewilligt wurde, zog Marloh es vor, zu bleiben und die gerichtliche Klärung seines Falles herbeizuführen.

Wäre Marlohs wortgewaltiger Onkel, der protestantische Pfarrer Rump, nicht als Zeuge vor Gericht erschienen, wären also die Militärs unter sich geblieben, so wäre zweifellos aus Kameraderie so manches mit dem Mantel des Schweigens bedeckt worden, was Rump rücksichtslos zur Sprache brachte. Durch seine Aussage wurde vor allem von Kessel aufs schwerste kompromittiert. Hauptmann von Kessel habe behauptet, so erzählte Pastor Rump vor Gericht, auf das mit der Erstattung eines Gutachtens über Marloh beauftragte Medizinalkollegium sei von höchster Stelle in dem Sinne eingewirkt worden, daß Marloh für geisteskrank erklärt werden solle. Weiter habe von Kessel gesagt, Kriegsgerichtsrat Meyer, der die Anklage vertrat, und der Gerichtsherr wären heilfroh, wenn Marloh fliehen und dadurch eine Verhandlung unmöglich machen würde. Zu seinem Mitarbeiter Leutnant Wehmeyer solle Kessel am Tage nach Pfingsten geäußert haben, es werde langsam Zeit, »dem Meyer die Akten zu klauen; aber wir wollen sie ruhig noch etwas dicker werden lassen«.[30] Vorsitzender: »Haben Sie das im Scherz gesagt? Damit ist die Sache erledigt.«

Der Vorsitzende hatte wohl noch nie etwas von Mordakten gehört, die bei einer militärischen Dienststelle plötzlich ›unauffindbar‹ waren, auch nichts davon, daß der erste wahrheitsgemäße Tatbericht Marlohs bei von Kessel verschwunden war. Aber

alle Versuche des Vorsitzenden, Kessel goldene Brücken zu bauen, konnten die Situation nicht mehr retten. Als Kessels Äußerung, »in meiner Aussage ist vieles falsch und ich habe sie doch beschworen«,³¹ zitiert wurde, erbrachte Marloh den Nachweis, daß sein Vorgesetzter tatsächlich einen Meineid geleistet hatte. Und das alles im ›vaterländischen Interesse‹!
Von Kessel hatte sich und Marloh eingeredet, all ihre unlauteren Machenschaften seien gerechtfertigt, um einen Skandalprozeß zu verhindern, der den Neuaufbau der Militärmacht stören und Noske und Reinhard kompromittieren würde. Marloh konnte sich diesen Überlegungen nicht verschließen und meinte:
Ohne Oberst Reinhard und Noske hätten wir den Bolschewismus in Deutschland. Das kann ich nicht verantworten.³²
›Vaterländisches Interesse‹ und ›Kampf gegen den Bolschewismus‹, das waren die beiden absoluten Werte, die zu einer völligen Pervertierung von Moral und Ehrbegriff geführt hatten.
Welche Rolle spielte nun Oberst Reinhard, von dem die entscheidenden Befehle ausgegangen waren, im Prozeß? Getreu der Verpflichtung des Vorgesetzten, für seine Untergebenen einzutreten, erklärte er dem Gericht ohne Zögern:
Zur Entlastung Marlohs muß ich sagen, daß es sich um die VMD handelte, die den ganzen Aufstand angezettelt hatte und in der sich zahlreiche Verbrecher befanden...³³
Der Zeuge Müller sprach es klar aus: Dies sei der Geist, aus dem heraus die Ermordung Wehrloser möglich werde, und führte im einzelnen aus:
Die oberen Dienststellen der Brigade Reinhard hätten mit allen Mitteln die Offiziere und Mannschaften beeinflußt, um sie mit Haß gegen alle Truppen zu erfüllen, die nicht der Brigade Reinhard angehörten. Die Brutalitäten, die bei der Erschießung in der Französischen Straße unleugbar vorgekommen seien, seien auf diesen Haß der beeinflußten Mannschaften zurückzuführen.³⁴
Hier unterbrach der Vorsitzende den Zeugen scharf mit dem Hinweis, daß dies Plädoyerausführungen seien. Oberst Reinhard hatte diese Schützenhilfe des Vorsitzenden nicht nötig. Er machte aus seiner Gesinnung, die Müller angeprangert hatte, auch in seiner weiteren Aussage kein Hehl:
Seine erste Reaktion auf die Nachricht von dem Löhnungsappell sei die gewesen, daß es doch eine ungeheure Frechheit bedeute, wenn Überläufer sich für den Kampf gegen die Regierung noch löhnen ließen. Nach dem telefonischen Hilfeersuchen Marlohs hatte Reinhard in großer Erregung geäußert, eigentlich gehöre die ganze Gesellschaft – die Matrosen nämlich – an die Wand, es solle aber streng nach den Befehlen von Noske und Lüttwitz verfahren werden.
Warum aber war in dem letzten, mit Hilfe des Staatsanwalts Weißmann aufgesetzten Tatbericht gar kein Hinweis mehr auf

die Erlasse von Noske und Lüttwitz enthalten, geschweige denn auf die Befehle, die Reinhard und Kessel an Marloh gegeben hatten und die schon aus dem zweiten Bericht eliminiert worden waren? Im ersten, von Marloh mit Hilfe des Staatsanwalts Zumbroich abgefaßten Bericht waren diese Befehle wörtlich wiedergegeben, und Zumbroich erklärte auch in der Kriegsgerichtsverhandlung, daß er Marloh für völlig gedeckt gehalten habe.[35] Mit diesem Bericht war aber Kessel nicht einverstanden gewesen. Dazu Marloh:

Mitte März hat mir Oberleutnant Kessel erklärt, daß im Staatsinteresse aus meinem ersten Bericht der Hinweis auf die Befehle meiner Vorgesetzten wegfallen müsse. Das müßte ich im vaterländischen Interesse auf mich nehmen.[36]

In der zweiten, von Kessel inspirierten Fassung war nun zu lesen, daß Marloh die Erschießung auf Grund des Noske-Erlasses aus eigenem Entschluß angeordnet habe. Aber auch für Noske war es nicht angenehm, wenn die Erschießung, die in Berlin begreiflicherweise große Empörung hervorgerufen hatte, an seinem Namen hängenblieb. So entstand der dritte Bericht unter Mitwirkung von Staatsanwalt Weißmann und Oberst Reinhard. Staatsanwalt Weißmann erklärte, Marloh sei damals völlig verstört gewesen, während Oberst Reinhard sich zu erinnern glaubte, daß Leutnant Marloh »recht vergnügt« gewesen sei und »sich in dem gehobenen Bewußtsein getaner Pflicht«[37] befunden habe.

Als Marloh den neu abgefaßten Bericht unterschreiben sollte, hatte sich folgende Szene abgespielt: Marloh in großer Erregung:

Herr Oberst, es ist eine große Lumperei, aber ich tue es im vaterländischen Interesse. Und Oberst Reinhard hat ihm auf die Schulter geklopft und gesagt: »Beruhigen Sie sich doch, Marloh, die Sache ist ohne Bedeutung ... Ich trete selbstverständlich für meine Offiziere ein, sie dürfen mich aber nicht als ihre Befehlsstelle hinstellen.«[38]

Die »große Lumperei« bestand darin, daß in dem dritten Bericht auch vom Noskeschen Schießerlaß nicht mehr die Rede war, Marloh also als Alleinverantwortlicher dastand; dafür hatte ihm Staatsanwalt Weißmann Handeln in Notwehr bescheinigt.

Der Vorsitzende mußte sich wohl oder übel mit dem eigenartigen Umfrisieren der Tatberichte befassen und so oder so eine Erklärung dafür finden. In zielstrebiger Befragung führte er Oberst Reinhard an den Punkt, an dem er ihn haben wollte. Der Oberst, der vorher viel von Befehlen gesprochen hatte, gewinnt plötzlich eine neue Erkenntnis: Er habe keine bindenden Befehle gegeben, sondern nur eine »Gefechtsanleitung«,[39] wenn er sich so ausdrücken dürfe. Deshalb habe in dem Bericht auch nichts von den Befehlen der Vorgesetzten gestanden.

Mit dieser Aussage Reinhards war allen Beteiligten geholfen. Kessel hatte eben auch nur eine Gefechtsanleitung weitergegeben

und Marloh hatte diese dann fälschlich für einen Befehl gehalten. Gumbel hat unter der Überschrift »Die Technik des Freispruchs« dieses gern geübte Verfahren auf den klassischen Nenner gebracht:
Wenn der Mörder und der Verlauf der Tat genau bekannt ist, so entwickelt sich folgende juristische Komödie: Ein Offizier hat einen Befehl gegeben, der dahin aufgefaßt werden konnte, Spartakisten sind zu erschießen. Der Untergebene erschießt Menschen, die er für Spartakisten hält, und wird freigesprochen, weil er in dem Glauben sein könnte, auf Befehl zu handeln... Gegen den Offizier wird aber nicht eingeschritten. Denn der Befehl hat entweder nicht so gelautet oder, wenn er so gelautet hat, dann war er eben kein Dienstbefehl. Der »Spartakist« ist natürlich tot. Schuld ist ... das Karnickel.[40]
Das Urteil fiel dann auch entsprechend grotesk aus. Am 9. Dezember wurde Marloh von der Anklage des Totschlages freigesprochen, aber wegen unerlaubter Entfernung vom Dienst zu drei Monaten Festung und wegen Benutzung gefälschter Personalpapiere zu 30 Mark Geldstrafe verurteilt. In der Urteilsbegründung heißt es u. a.:
daß die Erschießungen objektiv unberechtigt waren, daß die Matrosen, die mit Waffen kamen, gültige Waffenscheine besaßen, daß keine Plünderer dabei waren, daß die Lage Marlohs nicht so bedrohlich war, daß er zum Waffengebrauch berechtigt war, daß er jedoch glaubte, einen Dienstbefehl vor sich zu haben.[41]
Marloh wurde sofort auf freien Fuß gesetzt.* Gegen Hauptmann von Kessel wurde ein Verfahren wegen Meineides eingeleitet, das mit Freispruch endete. Den Hinterbliebenen wurde eine Rente verweigert, da die Erschießungen ein »Akt der Strafvollstreckung« gewesen seien; den meisten wurde jedoch eine größere Abfindungssumme ausbezahlt.[41]
In der sozialistischen Presse wurde das Urteil scharf gerügt und wieder einmal die Aufhebung der Militärgerichtsbarkeit gefordert. Vielfach wurden Vergleiche zwischen dem ›Matrosenmordprozeß‹ und dem ›Münchener Geiselmordprozeß‹ angestellt, der im September stattgefunden hatte. Während in Berlin der verantwortliche Offizier freigesprochen und die ausführenden Organe gar nicht angeklagt worden waren, hatte man in München sämtliche an der Erschießung auch nur entfernt Beteiligten zum Tode verurteilt. Es hatte sich eben bei den Tätern um Rotgardisten gehandelt.

---

* Im Dritten Reich wurde Marloh zum Strafanstaltsdirektor in Celle ernannt. Am 31. 1. 1935 wurde das Verfahren vom Kommandantur-Gericht Frankfurt/Oder wieder aufgenommen. Marloh wurde freigesprochen (Mitteilung von Prof. Gumbel).

Die Bayerische Räterepublik

In Bayern war am 7. April 1919 die Räterepublik proklamiert worden. Unter seinem ersten Ministerpräsidenten Kurt Eisner hatte der Volksstaat Bayern eine Sonderentwicklung innerhalb des Reiches genommen. Eisner hatte seine Regierung auf Parlament und Räte gestützt und dabei den Räten ein starkes Übergewicht verliehen. Allmählich wurde aber im Zuge der allgemeinen gegenrevolutionären Entwicklung auch in Bayern der Widerstand gegen die Räte stärker. Eisner mußte Wahlen zum Landtag ausschreiben, die seiner USP eine vernichtende Niederlage brachten. Noch ehe Eisner den Landtag eröffnen und seine Ämter niederlegen konnte, wurde er am 21. Februar 1919 von dem Grafen Arco-Valley ermordet. In dieser Krise fehlte die starke Persönlichkeit, die das Steuer des führungslosen Staates hätte in die Hand nehmen können. Mitte März endlich gelang es, eine Regierung unter dem Mehrheitssozialisten Hoffmann einzusetzen, die aber ohne Macht blieb. Das durch die Ermordung seines Führers radikalisierte Proletariat drängte auf die Errichtung einer Räterepublik. Selbst die Regierung Hoffmann, die sich nicht völlig in die Isolierung drängen lassen wollte, schien zunächst geneigt, sich an der Räterepublik zu beteiligen. Sie distanzierte sich aber im letzten Moment und floh nach Bamberg, um von dort den Widerstand gegen München zu organisieren.
Die Räterepublik stand von vornherein auf zu schwachen Füßen. Zuerst wurde sie nur von der USP und den Anarchisten getragen (sogenannte 1. Räterepublik), am 14. April übernahmen die Kommunisten die Führung (sogenannte 2. Räterepublik). Eine Rote Armee wurde aufgestellt, eine Rote Garde sollte die Polizei ersetzen. Ende April näherten sich die von der Reichsregierung geschickten Freikorps und Bayerischen Freiwilligenverbände der Stadt. Über den Auseinandersetzungen, ob man mit Hoffmann verhandeln oder die Revolution bis zum bitteren Ende verteidigen solle, brach die Räteregierung auseinander.
Am letzten Tag vor dem Einmarsch der Regierungstruppen wurden im Luitpold-Gymnasium in München zehn dort als Geiseln gefangen gehaltene Personen von Rotgardisten erschossen. Diese als »Geiselmord« in die Geschichte eingegangene Hinrichtung hatte furchtbare Folgen: Sie lieferte den am 1. Mai in München einrückenden »Weißen Garden« den Vorwand zu einem Blutbad, dem vermutlich über 1000 Menschen zum Opfer gefallen sind.

›Pardon wird nicht gegeben‹, lautete die Parole, die Major von Unruh, der Generalstabschef des Korps von Oven, für die Kämpfe zur Niederschlagung der bayerischen Räterepublik ausgegeben hatte. Major Schulz, ein Offizier des bei diesem Feldzug beteiligten Freikorps Lützow, erläuterte diesen Grundsatz bei einer Offiziersbesprechung wie folgt: »Meine Herren, wer es jetzt nicht versteht oder wer es mit seinem Gewissen nicht vereinbaren kann, hier nur harte Arbeit zu leisten, der soll lieber gehen. Lieber ein paar Unschuldige mehr an die Wand, als nur einen einzigen Schuldigen gehen zu lassen.« Der Bericht des Staatskommissars für die öffentliche Ordnung vom 28. 8. 1919, dem dieses Zitat entnommen ist, fährt dann fort: »In dunkler Rede, aber für alle Anwesenden doch verständlich, gab Major Schulz einige Beispiele, wie man sich bei diesem Vorgehen decken kann. Er sagte ungefähr: ›Meine Herren, Sie wissen ja selbst, wie Sie es machen müssen. Sie nehmen den Betreffenden beiseite, erschießen ihn und geben Fluchtverdacht oder tätlichen Angriff an.‹« Nach diesem Mordrezept wurde in München und Umgebung verfahren; weiße Truppen und ortsansässige Bürger arbeiteten sich in die Hände. Haß gegen die Spartakisten war das Band, das in diesem Falle Bayern und Preußen vereinigte. Die Truppenverbände hatten sich zum Teil erst in aller Eile, speziell zum Kampf gegen die Räterepublik, aus fanatischen Gegnern des Bolschewismus formiert. Dazu kam die ›ungeheure Erregung‹, auf deren Konto so viele Ermordungen geschoben wurden, bei einer Truppe, die irregulären, nicht uniformierten Einheiten gegenüberstand und von jedem Zivilisten annahm, er werde im nächsten Moment aus einer Dachluke oder einem Kanalschacht auf sie feuern.

Überdies war der Noskesche Schießbefehl für die Eroberung Münchens noch einmal ausdrücklich erneuert worden. In einer Proklamation der Truppenkommandeure und der bayerischen Regierung hieß es:

Wer den Regierungstruppen mit der Waffe in der Hand entgegentritt, wird mit dem Tode bestraft ... Jeder Angehörige der Roten Armee wird als Feind des bayerischen Volkes und des Deutschen Reiches behandelt.[1]

Mit einer solchen Formulierung war der Willkür Tür und Tor geöffnet. Auch der Befehl der Gardekavallerie-Schützendivision vom 10. März 1919 (vgl. S. 38), wonach Waffenbesitz zum sofortigen Tode führte, schien unter diesen Umständen erneuert; jedenfalls wurde danach verfahren. Verhaftung war ja in jenen Tagen schon fast gleichbedeutend mit einem Todesurteil, denn Hunderte von Gefangenen sind ›auf der Flucht erschossen‹ oder im Gefängnis niedergemacht worden. Was aber konnte die Bürger Bayerns bewegen, ihre Hand zu einer solchen Treibjagd auf

›Spartakisten‹ zu reichen? Die Räteregierung hatte sich nicht, wie man die Öffentlichkeit glauben machen wollte, mit einer ungeheuren Blutschuld befleckt. Es steht einwandfrei fest, daß außer den 10 Geiseln nur noch zwei Personen während der Rätezeit ein gewaltsames Ende gefunden haben, beide selbst Revolutionäre, über deren Tod man sich weiter nicht erregt haben wird. Auch die Schuld an den Kämpfen um München kann man nicht allein der Räteregierung zuschieben. Sie hatte, eigentlich vom ersten Tag ihres Bestehens an, immer wieder versucht, mit der Regierung Hoffmann in Verhandlungen zu treten. Erst in den letzten Apriltagen waren die Verhandlungen endgültig gescheitert. Ernst Toller, der in der Räterepublik eine führende Rolle spielte, schreibt: »Die mächtigen Generale wollten keine Verständigung.«[2] Es sollte wieder einmal ein Exempel statuiert werden.
Freilich war das Leben während der 3½ Wochen der Räteherrschaft unsicher; willkürliche Haussuchungen, Verhaftungen und vor allem Plünderungen durch unkontrollierbare Horden standen auf der Tagesordnung, und die Räteregierung hatte nicht die Macht, dem zu steuern. Lebensmittel und Bargeld waren knapp, die Wirtschaft kam fast völlig zum Erliegen. Im ganzen bot die Räteherrschaft trotz unzähliger Proklamationen und Verordnungen ein Bild der Ohnmacht. Die Münchner Bürger und die Bauern auf dem Lande sehnten naturgemäß ein Ende dieses Zustandes und die Wiederherstellung von Ruhe und Ordnung herbei. Vorher mußten sie aber die Erfahrung machen, »daß der rote Schrecken harmlos und gutartig ist gegen den weißen« (Ricarda Huch).
In einem »Amtlichen Communique«, veröffentlicht in den ›Münchner Neuesten Nachrichten‹ vom 10. Juni 1919, wird die Zahl der Todesopfer der Münchner Kampftage mit 557 angegeben. Diese Zahl war viel zu tief gegriffen. Gumbel[3] spricht von 1000 Toten, Hoegner[4] sogar von 1100. Das »Amtliche Communique« war auch insofern bemerkenswert, als dort neben Gefallenen und standrechtlich Erschossenen eine Rubrik der »tödlich verunglückten« Anhänger der Räterepublik aufgeführt war. Gumbel bemerkte dazu:
Den größten Teil, wenn nicht alle tödlich Verunglückten wird man zu den Ermordeten rechnen müssen ...[5]
nämlich alle die Personen, die weder im Kampf gefallen noch standrechtlich erschossen worden waren. Einige Beispiele mögen verdeutlichen, wie sich solche tödlichen Unglücksfälle abzuspielen pflegten.
Gustav Landauer, bekannt als anarchistischer Dichter, leidenschaftlicher Humanist und Pazifist, war in der ersten Räterepublik Volksbeauftragter für Volksaufklärung. Er hatte sich von den Machthabern der zweiten Räterepublik distanziert, weil
es nur noch zum geringen Teil mein Werk, das Werk der Wärme und

des Aufschwungs, der Kultur und der Wiedergeburt ist, das jetzt verbreitet wird.[6]
Als dieser Mann am 2. Mai in das Gefängnis Stadelheim eingeliefert wurde, empfing ihn die Soldateska mit den Rufen: »Der Hetzer! Der muß weg! Derschlagts ihn!« Zunächst gelang es dem Begleitkommando, Landauer vor dem nachdrängenden Haufen notdürftig zu schützen,
als plötzlich ein Offizier von rückwärts nachkam und dem Zug zurief: ›Halt, der Landauer wird sofort erschossen!‹ ... Um die gleiche Zeit erschien der durch seine Kleidung (Sportanzug) auffallende Gutsbesitzer und Major a. D. Freiherr von Gagern ... Er fragte Landauer, wer er sei, und schlug ihm, als dieser seinen Namen nannte, mit der Reitpeitsche unter gleichzeitigen Beschimpfungen ins Gesicht. Dies war das Zeichen für eine allgemeine Mißhandlung des Landauer ... Die Bemühungen ... Landauer zu schützen, waren angesichts der Übermacht vergeblich.[7]
Als Landauer zusammengeschlagen am Boden lag, gaben drei Soldaten, darunter der Ulan Diegele, Schüsse auf Landauer ab. Die Leiche wurde ausgeplündert, die Uhr nahm Diegele an sich.
Die Persönlichkeit des Offiziers, der die Erschießung angeordnet hatte, konnte, obwohl nahezu 100 Personen im Ermittlungsverfahren vernommen waren, ebensowenig wie die Soldaten, die den ersten und dritten Schuß abgegeben haben, ermittelt werden. Diegele hatte sich wegen Totschlags, Körperverletzung und Hehlerei ... zu verantworten. Das Gericht hielt es für erwiesen, daß ein Offizier die sofortige Erschießung Landauers angeordnet hatte, und Diegele daher annehmen durfte, daß ... die Tötung im Sinne dieses Befehls gelegen habe. Es sprach ihn von der Anklage des Totschlages frei, verurteilte ihn aber wegen eines Vergehens der gefährlichen Körperverletzung und eines Vergehens der Hehlerei zur Gesamtgefängnisstrafe von fünf Wochen. Gegen Freiherrn von Gagern wurde eine Geldstrafe von 500 Mark festgesetzt.[7]
Das war die groteske Sühne für die Ermordung Gustav Landauers: 5 Wochen Haft für die Wegnahme einer Uhr, und eine Geldstrafe für einen Offizier, der durch sein unglaublich rohes Vorgehen gegen einen Wehrlosen die Mißhandlungen und die Tötung Landauers erst ausgelöst hatte.
Der Kommandant der Roten Armee, Rudolf Egelhofer, wurde in der Residenz eingeliefert und dort im Keller gefangen gehalten. Am 3. Mai morgens um 6 Uhr sollte er in die Stadtkommandantur zum Verhör gebracht werden.
Als Egelhofer in Begleitung der beiden Soldaten das Wachlokal verlassen hatte, wurde von einer Menschenmenge, die sich um den Transport angesammelt hatte, der Versuch gemacht, ihn seiner Begleitmannschaft zu entreißen. Während der wachhabende Offizier, um dies zu verhindern, die Wache alarmierte, fiel aus der Menge heraus ein Schuß, durch den Egelhofer tödlich getroffen wurde. Wer den

Schuß abgegeben hat, ließ sich nicht ermitteln. Das von den Militärbehörden eingeleitete Ermittlungsverfahren wurde... am 4. Dezember 1919 eingestellt.[8]
Dieser Bericht erinnert in fataler Weise an die Darstellung, die im Januar 1919 von der Gardekavallerie-Schützendivision über das Ende von Karl Liebknecht und Rosa Luxemburg gegeben worden war. Auch damals sollte eine anonyme Menschenmenge schuld sein an den brutalen Mißhandlungen und dem Verschwinden von Rosa Luxemburgs Leiche.
Der Fall des Gymnasiallehrers Horn:
Am Abend des 2. Mai 1919 war der als Spartakist verdächtigte Professor Karl Horn... festgenommen und in das Gefängnis Stadelheim verbracht worden. Nach seiner Vernehmung... wurde er wieder entlassen und... in seine Wohnung zurückgeleitet. Am Morgen des 3. Mai wurde er... erneut festgenommen und zunächst in das Haus Tegernseer Landstraße 98 verbracht... Leutnant Dinglreiter ordnete dort die Überführung nach Stadelheim an. Auf dem Wege dahin wurde Horn von einem der ihm zu seiner Begleitung beigegebenen Soldaten von rückwärts erschossen. Die Persönlichkeit dieser drei Soldaten hat sich nicht feststellen lassen ... Das Ermittlungsverfahren mußte am 25. Februar 1920 eingestellt werden. Die Leiche wurde von der Witwe und dem 9jährigen Sohn auf der Straße gefunden.
Gumbel bemerkt dazu:
Im Fall Horn wird behauptet, daß Georg Gruber, der den Mord mit ansah, bei der Konfrontierung den Unteroffizier Rannetsperger nicht wiedererkannt habe. In Wirklichkeit wurde Rannetsperger dem Gruber in hoher blauer Mütze und blauer Friedensbluse vorgeführt. Darauf erklärte Gruber: »So wie er vor mir steht, war er es nicht«, und verlangte, Rannetsperger solle ihm in Felduniform mit Stahlhelm vorgeführt werden. Dies geschah jedoch nicht, da Rannetsperger erklärte, am kritischen 2. Mai die Friedensuniform getragen zu haben. Diese Behauptung ist vollkommen unglaubwürdig, da alle Soldaten damals Felduniform und Stahlhelm zu tragen hatten. Danach war also die Identität Rannetspergers mit dem Täter... nicht ausgeschlossen...[9]
Der Fall Horn kam am 12. Februar 1923 im Reichstag zur Sprache.[10] Dr. Rosenfeld teilte dem hohen Hause mit, die Schadensersatzklage der Witwe sei mit der Begründung abgewiesen worden, Horn habe die Gefahr, gewaltsam getötet zu werden, selbst herausgefordert, denn er sei Mitglied der USP gewesen und habe in der Rätezeit einen Vortrag über die Revolutionierung der Bildung gehalten. Da Horn zu jenem Kreis von Leuten gehört habe, der die Bevölkerung aufgehetzt und dadurch mittelbar die Ausschreitung der Soldaten selbst erzeugt habe, liege eigenes Verschulden des Getöteten vor.[11]
Über den Fall der Maria Kling bemerkt die Denkschrift lapidarisch:

Die am 3. Mai erschossene Maria Kling hatte am gleichen Tage Angehörigen der roten Truppen ... während des Kampfes mit einer Roten-Kreuz-Fahne Winkerzeichen gegeben.
Eingehender schildert Gumbel den Fall:[12]
Sie kam vor ein Standgericht, wurde auf Grund von Zeugenaussagen von Regierungstruppen freigesprochen und sollte am 4. Mai entlassen werden. Als der Vater sie morgens abholen wollte, war sie schon nach Stadelheim abgeführt. Augenzeugen bekunden, daß sie dort als Zielscheibe verwendet wurde. Zuerst wurde sie ins Fußgelenk, dann in die Wade, dann Oberschenkel, zuletzt in den Kopf geschossen. Eine Verhandlung gegen die Täter fand nicht statt. Denn bei der Aufhebung der Militärgerichtsbarkeit waren die Akten ›verloren‹ gegangen.
Auch zwölf Einwohner des Dorfes Perlach waren in jenen blutigen Maitagen im Keller des Münchener Hofbräuhauses erschossen worden. Ihre Namen waren dem Leutnant Poelzing, der in Perlach für ›Ruhe und Ordnung‹ zu sorgen hatte, auf einem Zettel, dessen Urheber nie mit Sicherheit festgestellt worden ist, als ›Unruhestifter‹ mitgeteilt worden. Poelzing ließ sich von dem Perlacher Pfarrer Hell, dessen Ehefrau die Truppen beim Freikorps Lützow telefonisch angefordert hatte, bestätigen, daß die auf dem Zettel genannten Personen zur Gefolgschaft des »Kommunisten« Ludwig aus Perlach gehörten. Später stellte sich heraus, daß Pfarrer Hell überhaupt nur drei der aufgeschriebenen Personen persönlich kannte. Als Poelzing ihm erklärte, daß diese Leute wohl kaum mit dem Leben davonkommen würden, erhob er keinen Einspruch, vielmehr erzählte er einem Kommissar der Gendarmerie-Station von diesem Gespräch mit dem anerkennenden Zusatz: »Die Lützowleute machen kein Federlesens; sie stellen die Leute an die Wand.« Die Ehefrau eines der Opfer hatte den Pfarrer aufgesucht und ihn gebeten, für die Freilassung der Verhafteten zu sorgen. Hell erwiderte darauf, er kenne die Leute nicht, er könne gar nichts machen. Außer dem »Kommunisten« Ludwig, der niemals der Kommunistischen Partei, sondern vielmehr der USP angehört hatte, wurden von Poelzing zwei Arbeiter, zwei Hilfsarbeiter, ein Gußarbeiter, ein Schreiner, ein Former, ein Maurer, ein Eisenbahnarbeiter, ein Distriktstraßenwärter und ein Korbmacher festgenommen und ohne Standgerichtsurteil erschossen. Keiner der Erschossenen war – obwohl auch das ihre Erschießung selbstverständlich nicht gerechtfertigt hätte – Kommunist, einige waren Sozialdemokraten, andere hatten sich politisch überhaupt nicht betätigt; keinem der Erschossenen war eine Beteiligung an irgendwelchen Kampfhandlungen nachzuweisen.
Das Feuerkommando gab der Vizewachtmeister Prüfert, der zur Zeit der Tat von fünf deutschen Staatsanwaltschaften wegen verschiedener Verbrechen und Vergehen gesucht wurde.
Poelzing kam später wegen Kraftwagendiebstahls in Untersu-

chungshaft. Aber wegen der Erschießung von zwölf »Proletariern« hatten beide keine Unannehmlichkeiten zu befürchten.
Bis September 1920 schleppte sich das Verfahren in der Zuständigkeit der Militärgerichtsbarkeit hin. Das Gericht der Reichswehrbrigade 3 (Berlin) beauftragte ausgerechnet das Freikorps Lützow mit der Untersuchung. Dort verschwanden die Akten zum ersten Mal. Sie waren angeblich am 21. 10. 1919 an das Bezirkskommando Charlottenburg übersandt worden. Ein »Bezirkskommando Charlottenburg« gab es überhaupt nicht. Nachdem preußische und bayerische Dienststellen wiederholt auf Beschleunigung des Verfahrens gedrängt und darauf hingewiesen hatten, wie mißlich das Verschwinden der Akten sei, wurden diese schließlich ›rekonstruiert‹. Aber bald darauf verschwanden auch diese neuen Akten. In einem Erlaß des Oberbefehlshabers beim Gruppenkommando I, General von Bergmann, heißt es:
Die Erscheinung dürfte auch dort aufgefallen sein, daß gerade in derartigen Sachen die Zahl der Fälle sich mehrt, in denen Akten in Verlust geraten. Aus den beigefügten Abschriften bedarf es nunmehr erneut der Rekonstruktion des Verfahrens. Es wird gebeten, dies zu veranlassen, und die Angelegenheit zumal auch im Hinblick auf die den preußischen und bayerischen Stellen bereits erwachsenen Unannehmlichkeiten derart bewachen lassen zu wollen, daß ein drittes Mal die Vorgänge nicht an unkontrollierter Stelle verlorengehen können, und daß das Verfahren mit möglichster Beschleunigung durchzuführen gesucht werde.[13]
In dem Ermittlungsverfahren gab es zunächst gar keine Beschuldigten, sondern es wurde als Verfahren gegen ›Unbekannt‹ geführt, und die Täter wurden als Zeugen vernommen.
Man brauchte ein Jahr, um einen einzigen ›Zeugen‹, nämlich den Leutnant Poelzing, zu vernehmen. Als er leugnete, legte der Kriegsgerichtsrat Dr. George seiner vorgesetzten Dienststelle die Akten vor mit dem Bemerken: »weitere Ermittlungen (sind) nicht möglich.«[14]
Nach Aufhebung der Militärgerichtsbarkeit wurde das Verfahren von der Staatsanwaltschaft beim Landgericht München I übernommen. Sie »bezeigte gleichfalls großen Eifer, aber noch größere Geduld«, wie der Münchener Rechtsanwalt Dr. Philipp Loewenfeld berichtet. Bis es schließlich zu einer Verhandlung gegen Poelzing und Prüfert vor dem Münchener Schwurgericht kam, vergingen noch über 5 Jahre – sie endete mit Freisprüchen!
Der Angeklagte Poelzing antwortete auf die Frage seines Verteidigers, Rechtsanwalt Dr. Alsberg, ob die Ausrede einer ›Erschießung auf der Flucht‹ damals gang und gäbe gewesen sei: »Das war die Regel, um Erschießungen hinterher zu rechtfertigen.« Alsberg: »Hat man die Erfahrung gemacht, daß die Sache sofort ad acta gelegt wurde, wenn man mit dem Märchen von der ›Meuterei‹ kam?« Poelzing: »Jawohl.« Der Angeklagte Prüfert berief sich auf einen Befehl des Poelzing, dieser auf einen Befehl

des Majors Schulz (»Legen Sie die Schweine um!«), dieser wiederum auf den Schießbefehl Noskes.
Das freisprechende Urteil vom 20. 1. 1926 wurde, nachdem das Reichsgericht die Revision der Staatsanwaltschaft verworfen hatte, rechtskräftig.
Die Perlacher Morde sollten die Justiz jedoch noch einmal beschäftigen. Als der ›Sozialdemokratische Pressedienst‹ sich im Januar 1926 mit der Rolle des Pfarrers Hell in der Perlacher Mordsache befaßte, kam es zu einer Privatklage des Pfarrers gegen mehrere Presseredakteure. Sie wurden vom Amtsgericht München zu Geldstrafen von 2000 bzw. 1000 Mark verurteilt.
Die sozialdemokratischen Redakteure sind tatsächlich die einzigen Personen, die wegen der Erschießung der zwölf Perlacher Arbeiter bestraft wurden.[15]
Der ›weiße Schrecken‹ gipfelte und überschlug sich in der Niedermetzelung von 21 katholischen Gesellen am 6. Mai. Diese Bluttat führte das blinde Wüten gegen Spartakisten ad absurdum: Auf eine bloße Denunziation hin, daß es sich um Spartakisten handle, waren 21 Angehörige eines katholischen Gesellenvereins, bürgerliche junge Leute also, treue Söhne ihrer Kirche, auf fürchterliche Weise umgebracht worden. Dieser ungeheuerliche Fehlgriff muß eine schlagartige Ernüchterung bewirkt haben. Vermutlich ist damals in manchem Kopf die Erkenntnis gedämmert, daß auch unter den Hunderten von Erschlagenen der Vortage nicht nur ›todeswürdige Spartakisten‹ waren, ja, daß selbst ein Spartakist ein Recht auf Leben hat und Furcht vor Mißhandlungen und dem Tode fühlt, genau wie ein katholischer Geselle: Mit den 21 Personen am 6. Mai endet jedenfalls die Rubrik der ›tödlichen Unglücksfälle‹.
Am 6. Mai fand eine Versammlung von katholischen Gesellen zur Besprechung von Theaterangelegenheiten statt. Sie wurde als spartakistisch denunziert. Auf Grund eines Befehls des Hauptmanns Stutterheim wurden die Gesellen durch eine Patrouille unter Führung des Offiziersstellvertreters Priebe verhaftet, weil ein Versammlungsverbot existierte. Hauptmann von Stutterheim musterte die Verhafteten auf der Straße. Die Leute schrien, sie seien unschuldig, er sagte, das gehe ihn nichts an, und ließ es zu, daß die Leute furchtbar mißhandelt wurden. Die Gefangenen wurden in den Keller des Hauses Karolinenplatz 5 eingeliefert. Die Soldaten, zum Teil in angetrunkenem Zustand, trampelten auf den Gefangenen herum, stießen sie wahllos mit dem Seitengewehr nieder und schlugen derartig um sich, daß ein Seitengewehr sich verbog und das Hirn herumspritzte. So töteten sie 21 Leute und plünderten dann die Leichen aus. Sie glaubten ein Recht dazu zu haben, da ihnen ... erklärt worden war, wenn sie einen Spartakisten sähen, sollten sie gleich von der Waffe Gebrauch machen. Ein Soldat meldete sich denn auch dienstlich von der Erschießung der 21 Spartakisten zurück ...

Am 25. Oktober 1919 wurden der Soldat Jakob Müller und der Vizefeldwebel Konstantin Makowski wegen Totschlags zu je 14 Jahren Zuchthaus, Otto Grabasch zu einem Jahr Gefängnis verurteilt. Wegen Beraubung der Leichen wurde der Husar Stefan Latosi mit zehn Jahren Zuchthaus bestraft. Gegen die verantwortlichen Offiziere der Gardedivision wurde kein Verfahren eingeleitet.[16]
Aus der Denkschrift ergibt sich noch Folgendes:
... Von einem der Überlebenden war ... gegen den Hauptmann von Alt-Stutterheim der Vorwurf erhoben worden, daß er es pflichtwidrig unterlassen habe, gegen die von ihm wahrgenommenen Ausschreitungen einzuschreiten. Das deswegen eingeleitete Ermittlungsverfahren hat diesen Vorwurf widerlegt. Hauptmann von Alt-Stutterheim ... eilte, als er ... auf die Mißhandlungen der Gefangenen aufmerksam wurde, herbei und suchte sowohl durch geeignete Anweisungen an die Bedeckungsmannschaft, wie dadurch, daß er die andrängenden Soldaten mit gezogener Pistole zurücktrieb, für den Schutz der Gefangenen gegenüber der tobenden Menge zu sorgen. Er hatte mit seinen Maßnahmen zunächst auch Erfolg ... und begab sich erst, nachdem er sich überzeugt hatte, daß die Gefangenen in den von Husaren bewachten Hof des Prinz-Georg-Palais gebracht worden waren und er sie sonach für geborgen halten konnte, in das Törringsche Palais, um dort seinem Bataillonsstab den Vorfall zu melden.[17]
Das Ermittlungsverfahren gegen von Stutterheim wurde eingestellt. Gumbel bemerkt dazu, auch mit einem Hinweis auf die völlige Disziplinlosigkeit der zusammengewürfelten Soldatenhaufen, die von den Offizieren oft nur mühsam von Ausschreitungen abgehalten werden konnten, und diese Ausschreitungen dann doch begingen, sobald der Offizier den Rücken gekehrt hatte, sei das Vorgefallene nicht zu entschuldigen. Eine auf ihren guten Ruf bedachte Truppe hätte solchen Ungehorsam im Felde sofort hart aburteilen müssen, dann wären auch die Täter zu ermitteln gewesen. Daß dies nicht geschehen sei, lasse in manchen Fällen auf eine stillschweigende Duldung schließen.
Ohne viel Befehle oder ausdrückliche Nennung des Namens weiß der Soldat, wo er Mordfreiheit hat. Und in dieser bewußten Lockerung der Disziplin ist die schwere Mitschuld der Offiziere zu erblicken. Denn diese Lockerung zerstört die einzige Rechtfertigung, die das Militär überhaupt hat, den Begriff der unbedingten Verantwortlichkeit.[18]
Dies sind einige wenige Beispiele aus der Überfülle des Materials. Die »Denkschrift des Reichsjustizministers« stellt 215 Tötungen dar. Mit erschreckender Monotonie wird fast immer wieder der gleiche Sachverhalt geschildert. Gumpel bemerkt dazu:
Nimmt man die Angaben der Denkschrift für richtig, so stellt sich der normale bayerische Fall demnach etwa folgendermaßen dar:
N. N. wurde am soundsovielten Mai aus seiner Wohnung auf Grund der Denunziation einer unerkannt gebliebenen Zivilperson von unbe-

kannt gebliebenen Soldaten auf Befehl eines unerkannt gebliebenen Offiziers geholt und auf unbekannt gebliebene Weise umgebracht.[19]
Und aus unbekannt gebliebenem Grund, so möchte man hinzufügen; denn die Fälle, in denen sich kein Mensch erklären konnte, warum die Betreffenden verhaftet und hingerichtet wurden, sind zahlreich und eigentlich die erschütterndsten. Nur in 22 Fällen wird Teilnahme am Kampf als Grund für die Erschießung angegeben. Scheidet man diese als ›rechtmäßig‹ aus, so bleiben 193 Fälle übrig. Waffenfunde in der Wohnung, Denunziationen, daß aus dem Haus geschossen worden sei, frühere kommunistische Tätigkeit, Fluchtversuche, das sind die immer wiederkehrenden todeswürdigen Verbrechen. Über die »Fluchtversuche« braucht man kein Wort zu verlieren. Die Erschießungen wegen Waffenbesitz nennt Gumbel »vollkommen illegal«, denn
nach dem Einmarsch der Truppen bestand vielfach noch gar keine Möglichkeit, die Waffen abzuliefern, schon deswegen, weil jeder, der mit einer Waffe über die Straße ging, ja Gefahr lief, nach den bekannten Befehlen erschossen zu werden.[20]
Wenn aus dem Waffenbesitz auf eine Zugehörigkeit zu der Roten Armee geschlossen worden war, so stellte auch das keinen legalen Tötungsgrund dar. Die bayerischen Volksgerichte pflegten später die Zugehörigkeit mit einer ganz kurzen Haftstrafe zu ahnden.[21]
Und was die Denunziationen betrifft, so blieb natürlich keinem der Angeschuldigten Zeit und Gelegenheit, seine Unschuld zu beweisen.
Zu der Trauer um die Ermordeten kam für die meisten Hinterbliebenen die wirtschaftliche Not. Wie ein Hohn wirken die Begründungen, mit denen in vielen Fällen die Gewährung einer Rente vom Tumultschadenausschuß abgeschlagen wurde:
Der Hilfsarbeiter Josef Sedlmaier war weder Angehöriger der Roten Armee, noch hatte er an Kämpfen teilgenommen. Sein Gewehr, das er als Mitglied der Arbeiterwehr besaß, hatte er am 27. April abgeliefert. Ein Leutnant Möller ließ ihn am 2. Mai verhaften, »weil er mir nicht beweisen konnte, daß er sein Gewehr wirklich schon am 27. April abgeliefert habe«. Sedlmaier wurde einer »Standgerichtskommission« unter Vorsitz eines Hauptmanns vorgeführt und anschließend erschossen. Schriftliche Aufzeichnungen über das standgerichtliche Verfahren wurden nicht gemacht. Der betreffende Hauptmann erklärte: »Ich habe in den ersten Tagen des Mai ... soviel Verhaftungen vornehmen lassen, daß ich mich unmöglich auf die Namen ... besinnen kann.«[22] Auch konnte er nicht angeben, ob Sedlmaier ihm vorgeführt oder schon vorher auf der Flucht erschossen worden war. Ein Verfahren gegen Möller wurde eingestellt; gegen die anderen Beteiligten, die in diesem Falle alle bekannt waren, wurde nichts unternommen. Der Tumultschadenausschuß billigte der Witwe und den beiden minderjährigen Kindern eine kleine

Rente zu. Das Reichswirtschaftsgericht hob den Beschluß auf und wies den Anspruch auf Entschädigung mit folgender Begründung ab:
Zunächst ist der Schaden in keinem Falle durch offene Gewalt verursacht. Denn die vollstreckende militärische Stelle hat... stets amtliche Befugnisse ausüben wollen. Selbst ein Mißbrauch... von Amtsbefugnissen kann niemals als offene Gewalt angesprochen werden...[23]

Wenn die Denkschrift wegen der schwierigen Ermittlungen davon spricht, daß »leider einige Fälle ungesühnt« bleiben müßten, so weist Gumbel nach, daß außer der Ermordung der katholischen Gesellen, hinter denen die allmächtige Bayerische Volkspartei stand, keine der 172 erwähnten Mordtaten eine Sühne gefunden hat. Dieses Fehlen jeder Sühne stelle eine positive Aufforderung zu weiteren politischen Morden dar, und so seien auch alle organisierten politischen Morde der frühen zwanziger Jahre von Bayern ausgegangen.[24]

URTEILE GEGEN RÄTEREPUBLIKANER

Die führenden Leute der Räterepublik, die nicht dem Blutbad der ersten Maitage zum Opfer gefallen waren, wurden im Sommer 1919 von Standgerichten abgeurteilt. Es ist aufschlußreich, zu vergleichen, welches Strafmaß die einzelnen traf und mit welchen Begründungen man zu sehr unterschiedlicher Beurteilung des bei allen angenommenen Verbrechens des Hochverrats kam. Man wollte nicht die Tat ahnden, sondern den Täter treffen, um so härter, je gefährlicher er schien. Das machte einige Kunstgriffe nötig. Wenn man aber die entscheidende Tathandlung des hochverräterischen Umsturzes einmal auf den 7. und einmal auf den 14. April datierte, konnte man alle treffen, die man treffen wollte.

Das härteste Urteil fiel gegen Leviné. Eugen Leviné kämpfte als Student in der russischen Revolution von 1905. Er wurde nach Sibirien verbannt, flüchtete über Asien nach Europa und studierte in Deutschland Nationalökonomie. 1918 wandte er sich der Spartakusgruppe zu und wurde im März 1919 von der Berliner KPD-Zentrale nach München geschickt, wo er rasch entscheidenden Einfluß in der Partei gewann. Da die KPD sich nicht bei der Ausrufung der ersten Räterepublik beteiligt, sondern erst nach dem Putsch der Republikanischen Schutztruppe am 14. April die Macht übernommen hatte, konnte man die Kommunisten eigentlich nur der Beihilfe zum Hochverrat anklagen, worauf als Höchststrafe 15 Jahre Zuchthaus standen. Im Falle Leviné vertrat das Gericht aber die Auffassung, die erste Räterepublik sei nur eine Auflehnung gegen die Regierung gewesen, der Hochverrat

habe erst mit der Aufrichtung der 2. Räterepublik begonnen. Leviné wurde wegen eines Verbrechens des Hochverrats zum Tode verurteilt. Aus den Gründen:
Durch das vorläufige Staatsgrundgesetz vom 17. März 1919 wurde für den Freistaat Bayern eine Verfassung geschaffen. Das Ministerium Hoffmann erhielt vom Landtag die Regierung übertragen. Vom 4. auf den 5. April trat der revolutionäre Zentralrat zusammen, um die rechtmäßige Verfassung zu stürzen und die Räterepublik auszurufen gegen den Widerspruch des Leviné. Das Ministerium Hoffmann verlegte seinen Sitz nach Bamberg unter ausdrücklicher Wahrung seiner Rechte. Der Landtag wurde aufgelöst. *Die Ausrufung der Räterepublik war nur eine Auflehnung gegen die fortbestehende verfassungsmäßige Regierung*... In der Nacht vom 13. auf den 14. April suchte ein Teil der Münchener Garnison der rechtmäßigen Regierung wieder zum Siege zu verhelfen. In diesem Zeitpunkt begann die positive Tätigkeit Levinés. Er führte die Ausrufung der Räterepublik herbei, auf seinen Antrag bildete sich ein Vollzugsrat und ein Aktionsausschuß, er veranlaßte den Generalstreik, das Proletariat wurde bewaffnet, die rote Armee organisiert. Leviné forderte wiederholt zum stärksten Widerstand auf, ... zahlreiche Unternehmungen der roten Armee fanden statt, um die kommunistische Herrschaft durch Waffengewalt auszudehnen. Alle diese Maßnahmen hatten den Endzweck der Überleitung der gesamten rechtlichen und wirtschaftlichen Verhältnisse in den kommunistischen Staat. Leviné hat dafür die volle Verantwortung ausdrücklich übernommen. Die Handlungsweise begründet ein Verbrechen des Hochverrats. Leviné war ein fremder Eindringling in Bayern, dessen staatsrechtliche Verhältnisse ihn nicht im geringsten bekümmerten. Sein Ziel verfolgte er ohne jede Rücksicht auf das Wohl der Gesamtbevölkerung, obwohl er wußte, daß dem Lande der innere Friede dringend notwendig war. Bei seinen hohen Geistesgaben überblickte er die Tragweite in vollstem Maße. Wer in solcher Weise mit dem Schicksal seines Volkes verfährt, bei dem steht fest, daß seine Handlung aus einer ehrlosen Gesinnung entsprungen ist. Aus diesem Grunde wurden dem Angeklagten mildernde Umstände versagt. Das Gericht erachtete vielmehr strengste Sühne als dringendstes Gebot der Gerechtigkeit. Gemäß Art. 3 des Kriegszustandsgesetzes erkennt das Gericht aus diesen Gründen auf Todesstrafe.[25]
Leviné zeigte vor Gericht eine stolze und männliche Haltung, die ihm auch bei politischen Gegnern Sympathien eintrug. Trotz zahlreicher Protestkundgebungen in ganz Deutschland wurde das Urteil am 6. Juni 1919 vollstreckt.
Wollte das Gericht Männer treffen, die nur in der ersten Räterepublik mitgearbeitet hatten, dann hatte der hochverräterische Umsturz natürlich schon am 7. April stattgefunden.
Der Schriftsteller und Anarchist Erich Mühsam wurde wegen Hochverrats zu 15 Jahren Festungshaft verurteilt. Aus den Urteilsgründen:

Mühsam hat sich durch seine Tätigkeit bei Aufmachung der ersten Räterepublik als das treibende Element erwiesen... Bei all seiner Tätigkeit war er sich bewußt, daß die *Durchführung der Räterepublik nur gegen den Willen der Regierung Hoffmann und mit Gewalt zu erreichen war*... Mühsam hat es somit unternommen, in Gemeinschaft mit anderen die durch das vorläufige Staatsgrundgesetz vom 17. März 1919 geschaffene Verfassung des Freistaates Bayern gewaltsam zu ändern... Bei Mühsam ist nicht festgestellt worden, daß seine Handlungsweise aus ehrloser Gesinnung entsprungen ist; so werden ihm auch mildernde Umstände zugebilligt; denn er hat zeitlebens in ehrlicher Überzeugung, wenn auch mit einem an psychopathischen Zustand grenzenden Fanatismus, die Durchführung seiner Ideen verfochten. Die Beweiserhebung aber hat ergeben, daß Mühsam während der ganzen Revolutionszeit einen höchst verderblichen Einfluß auf die an sich erregten Massen in skrupelloser Weise ausgeübt hat. Die Verhängung der Höchststrafe ist daher geboten.[26]

Rechtsanwalt Dr. Wadler wurde wegen Beihilfe zum Hochverrat zu 8 Jahren Zuchthaus verurteilt. Aus den Urteilsgründen:
Wadler hat zunächst die Räterepublik in mehreren Versammlungen propagiert und hat sie, ... persönlich gefördert. Er beteiligte sich an der Ausrufung der Räterepublik, ... wurde Volkskommissar für das Wohnungswesen... Auch Wadler war sich bewußt, daß die Räterepublik sich nur gegen den Willen der Regierung Hoffmann und mit Gewalt durchsetzen kann; ... Durch seine Handlungsweise hat Wadler den Gründern der Räterepublik durch Rat und Tat wissentlichen Beistand geleistet und sich damit des Verbrechens der Beihilfe zu einem Verbrechen des Hochverrats schuldig gemacht...
Die Handlungsweise Wadlers ist aus ehrloser Gesinnung entsprungen. Er hat nach dem Beweisergebnis sich jeweils auf die Seite geschlagen, auf welcher ihm... Hochkommen in Aussicht stand. Er hat nach der Novemberrevolution die größte Arbeiterfreundlichkeit zur Schau getragen und sich als Führer an die Spitzen der Arbeitermassen herangedrängt. Bei den großen geistigen Fähigkeiten... des Angeklagten ist der nach Ausbruch der Revolution nach außen in Erscheinung getretene Gesinnungswechsel... nicht auf ehrliche Überzeugung wie bei Mühsam zurückzuführen, sondern auf das Bestreben, die jeweils gegebene Lage zu seinen Gunsten auszunützen... In diesem Verhalten des Wadler hat das Gericht eine ehrlose Gesinnung erblickt... Es sind daher 8 Jahre Zuchthaus schuldangemessen. Auch werden dem Angeklagten Wadler... die bürgerlichen Ehrenrechte auf die Dauer von 10 Jahren aberkannt...[27]

Der Arbeiterrat Fritz Soldmann und der Bräugehilfe Georg Kandlbinder wurden von der Anklage wegen eines Verbrechens des Hochverrats freigesprochen.
Aus den Urteilsgründen:
In Rücksicht gegen Soldmann und Kandlbinder konnten mit Sicherheit ausreichende Tatsachen nicht festgestellt werden, die den Schluß

rechtfertigen, daß die Absicht der Angeklagten dahin ging, die bestehende Verfassung mit Gewalt zu ändern ... Es wird daher im Zweifel zugunsten der ... Angeklagten entschieden; sie werden freigesprochen.[28]
Toller gibt dazu folgenden Kommentar:
Betrachten wir die Fälle Soldmann und Kandlbinder ... (Hier) lag wohl nur eine der vielen Denunziationen vor, glaubt der Leser. Aber Soldmann war offizieller Volkskommissar in der Räterepublik gewesen. Kandlbinder war gemeinsam mit dem später zu 10 Jahren Festung verurteilten August Hagemeister nach Würzburg gefahren, hatte dort wie Hagemeister für die Räterepublik agitiert, entging der Verhaftung, die Hagemeister schon in Würzburg traf, fuhr nach München zurück und betätigte sich eine Woche lang als aktives Mitglied des Zentralrates der Räteregierung. Nur genoß der eine den Vorzug, nicht der KPD oder der USP anzugehören, den andern hielt das Gericht für harmlos.
Mühsam erhielt 15 Jahre Festung, ganz gewiß nicht wegen seiner Tätigkeit in der ersten Räterepublik. Wer bezweifelt, daß im Urteil auch Mühsams frühere Tätigkeit berücksichtigt war?
Wadler: Ihm diktierte das Gericht 8 Jahre Zuchthaus zu, weil seine Handlungsweise ehrloser Gesinnung entsprungen sei. Das Gericht nahm ehrlose Gesinnung an, weil Wadler ... offensichtlich seine Gesinnung gewechselt habe. Denn, was Wadler faktisch getan hat, konnte das furchtbare Urteil nicht stützen ... Nicht nur in Juristenkreisen herrschte allgemein die Auffassung, daß Wadler so hart verurteilt wurde, weil er, der frühere Offizier, er, der Angehörige bürgerlicher Schicht, sich offen zur Arbeiterklasse bekannt hatte.
Nach dem Dargelegten braucht wohl nicht besonders ausgesprochen zu werden, daß die anderen sozialdemokratischen und bauernbündlerischen Mitglieder des Zentralrates der ersten Räterepublik (etwa fünfzehn!) gar nicht erst unter Anklage gestellt wurden.[29]
Die kommunistischen Arbeiter August Hagemeister und Fritz Sauber[30] waren, genau wie Kandlbinder, mit Zustimmung der Minister der Regierung Hoffmann ausgezogen, um im Lande für die Ausrufung der Räterepublik zu werben. Beide wurden in Würzburg, wo Hagemeister eine Rede gehalten hatte, verhaftet – die Würzburger Räterepublik hatte nur zwei Tage bestanden. Gegen beide beantragte der Staatsanwalt die Todesstrafe; das Standgericht verurteilte beide zu je 10 Jahren Festung.
Der Strafvollzug gegen die Teilnehmer an der Münchener Räterepublik fand, soweit sie zu Festung verurteilt waren, in Niederschönenfeld statt. Dort erlitt Hagemeister Anfang Januar 1923 einen schweren Herzkrampf; der Anstaltsarzt Dr. Steindle erklärte aber, Hagemeister sei ein Simulant. Fünf Tage später erfolgte ein einstündiger rasender Schmerzanfall, der Hagemeisters Freunde das Schlimmste befürchten ließ – nun sprach der Arzt von einer leichten Rippenfellentzündung. Da es in der Festung

keine Krankenstube gab, wurde Hagemeister in eine ungeheizte Einzelzelle verlegt, wo er auch den wohltätigen Beistand befreundeter Gefangener entbehren mußte. Hagemeisters Frau, die am 9. Januar Besuchserlaubnis bekam, wurde vom Vorstand, Staatsanwalt Hoffmann, mit den Worten empfangen: »Na, jetzt ist er krank, der Revolutionär! Als es 1918 gegen den Staat ging, war er nicht krank!« Frau Hagemeister wandte sich ans Justizministerium mit der dringenden Bitte, ihren Mann in ein Krankenhaus zu bringen, worauf er als Festungsgefangener ein Recht hatte. Das Gesuch wurde abgelehnt mit der Begründung, Hagemeister sei nicht so schwer krank. Immerhin ließ man ihm in Niederschönenfeld soviel Fürsorge angedeihen, daß man eine leere Granathülse an sein Bett stellte; daran sollte er mit einem Messer klopfen, wenn er Hilfe brauche. Am 16. Januar wurde Hagemeister morgens in seiner Zelle tot aufgefunden. Seine Kraft hatte nicht mehr ausgereicht, um Lärm zu schlagen.

Einer von Toller gegen den Anstaltsarzt erstatteten Anzeige wegen fahrlässiger Tötung wurde nicht stattgegeben.

Der Schriftsteller Ernst Toller war als Freiwilliger an die Front gegangen, das Erlebnis des Krieges hatte ihn zum Pazifisten gemacht. Im November 1918 wurde Toller von Eisner nach München berufen. Der junge Dichter arbeitete eng mit Eisner zusammen und schloß sich unter dessen Einfluß der USP an. Er wurde zum Zweiten, dann zum Ersten Vorsitzenden des Zentralrates der Arbeiter-, Bauern- und Soldatenräte gewählt und war in dieser Eigenschaft der führende Mann in der ersten Räterepublik. Beim Putsch der Republikanischen Schutztruppe entging er durch Zufall der Verhaftung. In der zweiten Räterepublik wurde der neugewählte Zentralrat von Kommunisten beherrscht. Toller war zunächst ohne Amt, wurde dann aber zum Heerführer an der Dachauer Front gewählt und leitete den Sturmangriff auf Dachau. Er legte das Truppenkommando am 26. April nieder, weil er der Meinung war, daß der hoffnungslose Kampf gegen die Übermacht der Weißen abgebrochen werden müsse. Am 27. April traten die kommunistischen Führer zurück, eine »bodenständige Regierung« unter Toller, Männer und Klinghöfer wurde gebildet, die Verhandlungen mit Hoffmann suchte, von diesem aber schroff abgewiesen wurde. Die faktische Macht lag beim Kommandanten der Roten Armee, Egelhofer. Tollers ganzes Bestreben ging in den letzten Tagen dahin, unnötiges Blutvergießen zu vermeiden. Vom 1. Mai ab hielt Toller sich in München verborgen, Anfang Juni wurde er verhaftet.

Gegen Toller wurde vor demselben Standgericht verhandelt, das Leviné zum Tode verurteilt hatte. Die Sorge, daß Toller ein gleiches Schicksal drohen könnte, bewegte seine Freunde im In- und Ausland. Thomas Mann, Max Halbe, Björn Björnson bezeugten vor Gericht, daß Tollers Dichtungen »stärkstem Ethos entsprin-

gen«, daß Tollers sittliche Persönlichkeit dieselbe sei in ihren literarischen und politischen Manifestationen.[31] Warme Fürsprache legte auch der Preußische Innenminister Wolfgang Heine bei General von Oven für Toller ein:
... Wenn Toller auch zeitweise die Rätetruppen in München geführt hat, so kann man ihm doch nicht die Schuld an den blutigen Ereignissen beimessen. Toller ist während der kurzen Zeit seines Kommandos immer des Glaubens gewesen, alles gütlich schlichten zu können. Daß dies sein Glaube war, ... ist jedem, der Toller kennt, begreiflich. Toller ist ein unverwüstlicher Optimist und Friedensgläubiger, und verwirft jede Gewalt ...[32]
Soviel Protektion von prominenter Seite ließ das Gericht nicht unbeeindruckt: Das Urteil gegen Toller lautete auf 5 Jahre Festung.
Die Praxis der Gerichte wird vollends decouvriert, wenn man Folgendes erfährt: Zu dem Sozialdemokraten Ernst Niekisch, der zur USP übertreten wollte, kam ein offiziöser Herr in die Schutzhaftzelle und bedeutete ihm, man werde ihn nicht vor Gericht stellen und verurteilen, wenn er erkläre, daß er nach wie vor der Sozialdemokratischen Partei angehöre. Niekisch ging auf dieses Angebot nicht ein, er wurde mit zwei Jahren Festung bestraft.[33]
Was also bei dem einen Räterepublikaner ein todeswürdiges Verbrechen schien, wurde dem anderen als ein verzeihlicher Irrtum zugute gehalten, vorausgesetzt daß er das richtige Parteibuch in der Tasche hatte.

DER GEISELMORD-PROZESS

Die härtesten Urteile aber fielen gegen die sogenannten Geiselmörder, von denen zunächst 16 vor Gericht gestellt wurden. Im folgenden ist versucht worden, aus den Prozeßberichten der Tagespresse[34] ein möglichst klares Bild der Vorgänge vom 30. April 1919 herauszuschälen.
Das Luitpold-Gymnasium in München war noch in den letzten Tagen der Räterepublik ein fester Stützpunkt der Roten Armee, wo man besonders wichtige Gefangene sicher unterzubringen glaubte. Am 26. April wurden sechs Mitglieder der Thule-Gesellschaft, einer völkischen Vereinigung, die Pflege des reinen Germanentums und Antisemitismus auf ihr Panier geschrieben hatte, ins Luitpold-Gymnasium eingeliefert. Man hatte in den Räumen der Thule-Gesellschaft gefälschte Stempel der Räteregierung gefunden und vermutet, daß mit diesen Stempeln Spionage getrieben, Personen aus München herausgeschleust und Requirierungen durchgeführt worden waren. Nach der Festsetzung der Thuleleute wurde ein Flugblatt in der Stadt verbreitet, daß man »hochgestellte Fälscher und Plünderer, reaktionäre Diebe«[35] ver-

haftet habe. Zu diesen sechs Personen kamen am 29. April zwei kriegsgefangene Husaren von den weißen Truppen und ein Angehöriger des Freikorps Regensburg, ein Freiherr von Teuchert, der auch Beziehungen zur Thulegesellschaft hatte. Am 30. April wurde noch ein Professor Berger eingeliefert, der wegen einer Bemerkung über ein Plakat der Räteregierung verhaftet worden war. Diese zehn Personen wurden mit anderen im Gymnasium gefangengehalten. Man war in jenen Tagen sehr schnell bei der Hand mit Haftbefehlen, viele Verhaftete wurden aber auch sehr schnell wieder entlassen. Das für die Aburteilung zuständige Revolutionstribunal war keineswegs so fürchterlich, wie sein Name vermuten ließ. Es war aus Vertretern aller sozialistischen Parteien zusammengesetzt und in seinen Urteilen so milde, daß ein kommunistischer Chronist der Räterepublik äußert, das Revolutionstribunal habe diese Schutzmaßnahme des revolutionären Proletariats in eine Justizkomödie verkehrt.[36]

Im Gymnasium war die vierte Abteilung der Roten Armee, bestehend aus 800 Mann, einquartiert. Die meisten Rotgardisten erschienen aber nur zum Essenfassen und zum Löhnungsappell, am Abend waren manchmal nur noch 30 Mann anwesend. Daß am 30. April gerade Zahltag war, hat viele Soldaten mit in das Verhängnis gezogen, die sonst an diesem Tage das Gymnasium wahrscheinlich gar nicht betreten hätten. Viele dieser Leute waren erst in den letzten Apriltagen in die Rote Armee eingetreten, weil bekanntgegeben worden war, daß Arbeitslosenunterstützung nur an Rotgardisten ausgezahlt werde.

Unter dem zusammengewürfelten Haufen im Gymnasium versuchten der erste Kommandant Seidel, sein Stellvertreter Haussmann und der erste Zugführer Schicklhofer mehr oder weniger erfolglos eine gewisse Disziplin aufrechtzuerhalten. Das wurde immer schwieriger, denn in den letzten Tagen vor dem Einmarsch der weißen Truppen herrschte unter den Rotgardisten große Erregung. Man hatte durch Plakate bekanntgemacht, die auf München anrückende Garde-Kavallerie-Schützen-Division habe auf den Kopf eines jeden Rotgardisten einen Preis von 30 Mark und auf jeden Führer einen von 60 Mark ausgesetzt, gefangene Rotgardisten würden überall ohne weiteres erschossen. Die Lage der im Gymnasium Festgesetzten wurde jetzt bedrohlich. Ihre Aburteilung stand dem gemäßigten Revolutionstribunal zu, es wurden aber jetzt Stimmen laut, das Tribunal müsse endlich einmal ein Todesurteil fällen, sonst würden die Gefangenen »anderswo« abgeurteilt.[37]

In der Morgenfrühe des 30. April brachte ein Soldat ein Telegramm ins Gymnasium, aus dem hervorging, daß preußische Truppen die Stadt eingeschlossen und in Starnberg vier rote Sanitäter und einen alten Mann niedergeschossen hätten. Der roten Soldaten bemächtigte sich die Gewißheit, mit dem Rücken an der

Wand einem übermächtigen und erbarmungslosen Feind gegenüberzustehen.
Jetzt nahm das Verhängnis seinen Lauf. Seit Tagen war davon geredet worden, daß Geiseln erschossen werden müßten, eine »Resolution des ersten Infanterieregiments«[38] hatte sogar für jeden Gefallenen der Roten Armee den Tod von 5 Geiseln gefordert. Diesen Wahnwitz durchzuführen hatten sich sämtliche Befehlshaber der Räterepublik geweigert, aber solche Parolen waren doch nicht ohne Wirkung geblieben, man hatte sich mit dem Gedanken an Vergeltungsmaßnahmen vertraut gemacht. Jetzt schien der Tag der Rache gekommen. Als eine Ordonnanz den Befehl Egelhofers überbrachte, die beiden Husaren sofort zu erschießen, schickte man den Rotgardisten Kammerstetter zu Seidel, der sich noch in seiner Wohnung aufhielt. Seidel wich einer Entscheidung aus und sagte zu Kammerstetter: »Wenn du es machen kannst, kannst du es machen.« Kammerstetter gewann den Eindruck, daß die Erschießung ausgeführt werden solle.[39]
Ins Gymnasium zurückgekehrt, führte er auf Anweisung des Schicklhofer die beiden Husaren in den Hof vor die Wand. Schicklhofer und Haussmann holten inzwischen die Mannschaften für die Erschießung zusammen. Als sich der Rotgardist Joseph Widl sträuben wollte, wurde ihm erklärt, er werde auch an die Wand gestellt, wenn er den Gehorsam verweigere.[40]
Als Seidel im Gymnasium eintraf, waren die Weißgardisten schon tot. Vielleicht war es dem Kommandanten nicht unlieb, daß das blutige Geschäft in seiner Abwesenheit erledigt worden war. Auf Vorhaltungen sagte er nur, er könne die Husaren jetzt auch nicht mehr lebendig machen. Als Grund für die Erschießung gab er an, daß die beiden Husaren von der ›Noske-Garde‹ gewesen seien, sie sollten sogar eingestanden haben, an der Ermordung von Karl Liebknecht und Rosa Luxemburg beteiligt gewesen zu sein. Allerdings durchsuchte man erst die Toten nach belastenden Papieren, es fand sich aber nichts.
Auch die Vorgänge bei der Erschießung der 8 Gefangenen am Nachmittag konnten vom Gericht nicht völlig geklärt werden. Übereinstimmend sagten alle Zeugen aus, daß ein schriftlicher Befehl von Egelhofer überbracht worden sei. Ob dieser gefälscht war, wie ein Zeuge behauptete — oder ob Egelhofer auch mündlich im Gymnasium oder am Telefon den Befehl ausgesprochen hatte, konnte nicht geklärt werden. Fest steht soviel, daß ein von Egelhofer unterzeichneter Befehl vorlag, den die Leute im Gymnasium für echt halten mußten. Schriftlich oder mündlich war die Richtlinie gegeben worden: »Sucht Euch nur die Feinsten aus!«[41] Während Seidel im Kommandantenzimmer blieb und Löhnung auszahlte, wählte Haussmann die Todeskandidaten aus und ließ ihre Namen aufnotieren, dann wurden die Opfer in den Hof zur Richtstätte geführt.

Den Befehl, das Erschießungspeloton zusammenzustellen, erhielt Schicklhofer. Da gerade eine Abteilung des 2. Infanterie-Regiments von der Front kommend ins Gymnasium einrückte, wandte sich Schicklhofer zuerst an diese mit der Frage, ob sie gute Brust- und Kopfschützen seien, es müßten hier Geiseln erschossen werden. Ob die Fronttruppen bei der Exekution mitgewirkt haben, ließ sich im Prozeß nicht feststellen.
Als die ersten drei Gefangenen vorgeführt wurden, bezeichnete Haussmann sie als Plünderer. Er hatte den Befehl von Egelhofer in der Hand und sagte: »Das ist der Oberkommandobefehl und der muß vollstreckt werden.« Zwei der Ausgewählten, die schon in den Hof geführt worden waren, konnten noch in letzter Sekunde darlegen, daß sie keine Plünderer seien; sie wurden entlassen. Dem Prinzen von Thurn und Taxis gelang es, seine nochmalige Vorführung im Kommandantenzimmer zu erreichen. Er berief sich immer wieder darauf, daß er nicht der gesuchte Fürst, sondern ein armer Gehaltsempfänger sei. Seidel soll darauf geantwortet haben: »Von mir aus sind Sie frei, von mir aus werden Sie nicht erschossen, der Befehl kommt vom Oberkommando. Aber ich habe jetzt keine Zeit mehr.«[42] Es soll auch die Bemerkung gefallen sein: »Sie sind doch auch ein ›von‹«[43] — daraufhin wurde der Prinz, ohne daß eine Entscheidung ausgesprochen worden wäre, wieder abgeführt und erschossen.
Zwei Motive werden bei der Auswahl der Opfer deutlich: Einmal sollten es ›Kriminelle‹ sein, denen man strafrechtlich etwas nachweisen konnte, in diesem Falle also Plünderer; zum anderen wollte man möglichst viel Adelsnamen dabei haben, weil man der Meinung war, von diesen Leuten, insbesondere von ›Prinzen‹, gehe die Gegenrevolution aus.
Am 19. September 1919 begann vor dem Volksgericht in München der Geiselmordprozeß. Kümmerliche Gestalten saßen da auf der Anklagebank, 16 an der Zahl. Es fehlte der 2. Kommandant Haussmann, der am Nachmittag des 30. April die Opfer ausgewählt und die Erschießung geleitet hatte; er hatte Selbstmord begangen. Der Hauptangeklagte Seidel, der 1. Kommandant, wurde als ein Mann vorgestellt, der Lohnzettel gefälscht hatte. Vier der Angeklagten waren wegen Nerven- und Gemütsleiden in der kaiserlichen Armee dienstunbrauchbar gewesen, unter ihnen waren ein Epileptiker und ein Alkoholiker und Syphilitiker. Sieben von 16 Angeklagten waren unehelich geboren, 12 bei Ausbruch des Krieges noch minderjährig. Die Hälfte der Angeklagten war vorbestraft, andere stammten aus geordneten, bescheidenen Verhältnissen. In die Rote Armee waren fast alle nur eingetreten, weil sie arbeitslos waren, nur Seidel war schon vorher aktiv in der KP tätig gewesen.
Dieser Gruppe der Angeklagten, die zu bezeichnen, so meinte der Staatsanwalt, »wir Deutsche in unserem Vaterlande im Tier-

reich selbst keinen Vergleich finden können, so daß wir den Namen im Ausland entlehnen: Hyänen des Schlachtfeldes!«⁴⁴...
»Diesem Gelichter von Leichenfledderern«⁴⁴ stand die »Ehrentafel der erschossenen Geiseln«⁴⁴ gegenüber. Auf ihr waren verzeichnet ein Kriegsfreiwilliger, der schwerverwundete Pastorensohn Walter Nauhaus, der Gründer des Thule-Bundes in München und Bayern und der ehrwürdige Professor Berger, da waren ein Freiher von Teuchert, ein Leutnant von Seidlitz, ein Prinz von Thurn und Taxis, und was die Empörung natürlich aufs höchste steigern mußte, eine junge Gräfin, Hella von Westarp.
Wen wird es unter diesen Umständen wundern, daß die Verteidigung, besonders »Herr Rechtsanwalt Dr. Liebknecht aus Preußen-Berlin«⁴⁵, der Bruder Karl Liebknechts, einen schweren Stand hatte. Seine wiederholten Vorwürfe, daß der Vorsitzende die Zeugenvernehmung einseitig durchführe, wurden vom Landgerichtspräsidenten Aull mit der Belehrung quittiert, daß man ›hierzulande‹ ein derartiges Gebaren eines Verteidigers nicht gewohnt sei. Es sei ja auch, so konnte der Staatsanwalt frohlockend konstatieren, nicht ein Bayer unter den führenden Männern der Räterepublik gewesen. Das zielte auf Seidel. Zu seiner Charakterisierung fand der Staatsanwalt folgende Worte:
Der Weltkrieg hat uns diese hier landfremde Kraft aus dem Hafen Triest hierhergeführt... Seidel war nie Soldat... In jener Zeit, wo wir, alle die Millionen von Proletariern und Arbeitern im weiteren Sinne — ich zähle mich auch dazu — im Schweiße unseres Angesichtes die Ehre hatten, unseren Kohlrabi draußen hinzuhalten und nicht denunzierten und nicht Listen fälschten, da hat der Herr Handlungsgehilfe Fritz Seidel aus Chemnitz daheim nicht genug Lohn erhalten können...⁴⁶
Und mit Bezug auf ein Gesuch an den Ministerpräsidenten Hoffmann, in dem Seidel Reue bezeigt hatte:
Das ist der überzeugte kommunistische Diktator!... O du Judas Ischariot! So sieht dieser sogenannte Proletarier aus!⁴⁷
Dann werden die anderen Angeklagten mit beißender Ironie gekennzeichnet:
Schicklhofer, der Oberzugführer, hat als Kohlentrimmer auf vielen Fahrten sich die Welt besehen und hat die Syphilis und die Liebe zum Alkohol mitgebracht, die Körper und Geist allmählich zu zerstören drohen. Hesselmann, der den Kommandanten vertretende Herr Oberschreiber, der im abgetakelten Offiziersrock herumsteigt, der sich als großer Filmschauspieler dargestellt hat, hier als Heiratsschwindler entlarvt wurde, ist wegen Diebstahls mehrfach bestraft. Fehmer ist wegen Zuhälterei vorbestraft und so wohl besonders geeignet für den Vertrauensposten der Verpflegstation. Landstreicherei ist das Delikt des Schirmflickers Huber. Völkl ist wegen Diebstahls im Rückfall wiederholt vorbestraft. Pürzer ist ein Psychopath, und sogar der Herr Türsteher des Herrn Kommandanten, Schmittele, ist frisch von der Feld-

Strafkolonie bezogen. Wirklich eine famose Gesellschaft für die Ausübung von Kommandogewalt!...[48]
Was Wunder, nach dieser noch die Spitzen der Behörden umfassenden Auslese, wenn es im Gymnasium drunter und drüber ging... Rüd war der Ton, Ohrfeigen wurden ausgeteilt, die eingelieferten Gefangenen wurden vom Beginn der Verhaftung an bedroht mit dem Tode... Die beiden Husaren, aber auch die Gräfin und der greise Professor Berger werden roh und gemein behandelt und schamlos beschimpft und verhöhnt bis zu dem heiligen Augenblick, wo sie den schuldlosen Opfertod für das Bürgertum leiden müssen... Ein Dunghaufen in der Ecke die Hinrichtungsstätte! Welche Roheit![49]
Staatsanwalt Hoffmann ließ sein Plädoyer in dem alttestamentarischen Racheschrei gipfeln: »Das Blut der Unschuldigen schreit nach Sühne! Aug um Auge, Zahn um Zahn!«[50] Für den Tod von zehn Geiseln forderte Hoffmann den Tod von zehn Angeklagten. Man muß sich einige seiner Begründungen für den Antrag auf Todesstrafe ansehen:
Pürzer... ist ein geistig minderwertiger Mensch. Er hat sein Gewehr auf dem Hofe einem der Geiselschützen gegeben und nach der Erschießung zurückerhalten. Er hat mit dieser Tat... geprahlt und damit bekundet, daß er sein Gewehr freiwillig gegeben hat. Daher erklärt ihn der Staatsanwalt der Mittäterschaft schuldig.[51]
Der Angeklagte Hannes wird von Zeugen beschuldigt, die Gräfin erschossen zu haben, daher bedarf es keiner weiteren Beweise mehr, daß er Mittäter ist.[51]
Im Laufe des Verfahrens hatte sich gegen Hannes nichts weiter ergeben, als daß er der Erschießung zugesehen hatte und zwar von der Kantine aus, wo Freibier und Wein ausgeschenkt worden waren. Nachher hatte er in bezechtem Zustand Zeugen gegenüber behauptet, er habe auch mitgeschossen. Darauf ein Todesurteil zu gründen, wäre »ein Hohn auf alle Rechtsprechung«, wie der Verteidiger des Hannes sagte.
Der Matrose Riethmeyer, der selbst entschieden leugnet, mitgeschossen zu haben, steht unter starkem Verdacht der Mittäterschaft, Zeugenaussagen bestätigen, daß ein Matrose mit in der Schützenkette gestanden habe und daß Riethmeyer ihnen erzählt habe, er habe mitgeschossen. Ein weiterer Zeuge gibt an, den Angeklagten in der Nacht in der Müllerstraße gesehen zu haben. Der Staatsanwalt weist darauf hin, daß Verbrecher meistens zum Ort ihrer Tat hingezogen würden, und daß diese Beobachtung hier ihre Bestätigung finde.[51]
Diesem ›schlüssigen Beweis‹ steht die Tatsache gegenüber, daß sämtliche Zeugen bekundet hatten, der Matrose in der Schützenkette sei nicht Riethmeyer gewesen.
Wenn sich der Staatsanwalt so von der Welle des allgemeinen Vorurteils gegen die Angeklagten und des gefühlsmäßigen Abscheus vor der Tat tragen ließ, übernahm Rechtsanwalt Dr. Theodor Liebknecht die undankbare Aufgabe, den Geiselmord einmal

in Beziehung zu setzen zu dem, was von der Gegenseite im Kampf gegen Kommunisten schon alles geschehen war.
Die Kämpfe, die sich anderwärts abgespielt hatten, waren der Arbeiterschaft bekannt. Im Laufe dieser Kämpfe haben sich vielfach Vorgänge abgespielt, die Gegenstücke sind zu dem hier zur Aburteilung stehenden. Ich erinnere an die Erschießung der 32 Matrosen durch den Oberleutnant Marloh... Bis zum heutigen Tage ist der Mörder Marloh nicht abgeurteilt, und es wird ihm wohl nichts wesentliches passieren. In gleicher Weise sind in Berlin in einer Unzahl von Fällen Unschuldige erschossen worden... Zeitweise schoß man alle die nieder, die auch nur eine Mitgliedskarte der KPD oder der USP bei sich trugen. ... Der Vorsitzende meint, es sei eine Lüge gewesen, daß die Weißgardisten Befehl gehabt hätten, jeden Rotgardisten zu erschießen, aber das, was geschehen war, und das, was nachträglich geschehen ist, läßt den Glauben an eine solche Instruktion als wohl berechtigt erscheinen. Tatsächlich sind ja dann auch hier die Leute zu Hunderten erschossen worden. Ich erinnere an die Ermordung Landauers, ... an die Ermordung der katholischen Gesellen am Karolinenplatz, aber die Staatsanwaltschaft entschuldigt diesen Mord. Sie entschuldigt die Mörder damit, daß sie geglaubt hätten, Spartakisten vor sich zu haben. Daß sie damit gleichzeitig zugibt, wie begründet die Besorgnisse der Rotgardisten vor der anmarschierenden weißen Garde waren, verschlägt ihr nichts, ist sie doch sicher, daß diese Konsequenz im vorliegenden Prozeß nicht gezogen wird...[52] Wenn man hier urteilen will, muß man sich auf den Standpunkt der Angeklagten stellen. Sie waren der festen Überzeugung, daß sie nicht gegen die Ordnung, daß sie nicht gegen das Recht, sondern für das Recht, das neue Recht, für die errungene Freiheit kämpften. Sie glaubten fest an die Rechtmäßigkeit der Räterepublik, und demgemäß auch an die Rechtmäßigkeit des ihnen erteilten Befehls... und alle Beteiligten sind durch den Glauben an die Echtheit und Rechtmäßigkeit dieses Befehls strafrechtlich gedeckt...[53]
Das Urteil[54] lautete gegen Fritz Seidel und Schicklhofer zweimal auf Tod,
gegen Widl auf Tod – er hatte als einziger gestanden, mitgeschossen zu haben,
gegen Joseph Seidl auf Tod – auf Grund unbeeidigter Zeugenaussagen. – Er schrieb im Abschiedsbrief an seine Eltern: »Warum ich sterbe, weiß ich nicht... An diesem grauenhaften Mord bin ich Gott sei Dank nicht beteiligt...«,
gegen Fehmer auf Tod – auf Grund einer unbeeidigten Zeugenaussage,
gegen den schwachsinnigen Pürzer, der sein Gewehr ausgeliehen hatte, auf Tod.
Drei Angeklagte wurden freigesprochen, gegen die übrigen sieben erkannte das Gericht unterschiedslos auf die gesetzliche Höchststrafe von 15 Jahren Zuchthaus wegen Beihilfe zum Mord.

Das traf den Mann, der den Erschießungsbefehl überbracht, den Schreiber, der die Namen notiert hatte, vier anderen war nichts weiter nachgewiesen, als daß sie während der Hinrichtung anwesend waren und irgendwelche Sprüche gemacht – »die Schützen psychisch unterstützt« hatten, wie das Urteil formulierte.
Im zweiten und dritten Geiselmord-Prozeß wurden noch zwei Todesurteile und drei Zuchthausstrafen von je 15 Jahren ausgesprochen. Von den acht Hingerichteten waren nur vier überhaupt beschuldigt worden, mitgeschossen zu haben. – Der größte Teil der Geiselschützen konnte nicht ermittelt werden. Die hohen Zuchthausstrafen wurden jeweils fürs Zuschauen und für »die Bereitschaft, nötigenfalls selbst mitzuschießen« ausgesprochen.

Der Kapp-Putsch und seine Folgen

DER KAPP-PUTSCH

Im März 1920 holten die Kräfte der Gegenrevolution zu ihrem ersten großen Schlag gegen die junge, noch ungefestigte Republik aus. Schon im Laufe des Jahres 1919 waren innerhalb der Reichswehr konspirative Verbindungen zur Vorbereitung eines monarchistischen Putsches geknüpft worden. Besondere Aktivität entfaltete dabei Hauptmann Pabst, der bereits bei der Ermordung Rosa Luxemburgs und Karl Liebknechts seine Hände im Spiel gehabt hatte.* Den unmittelbaren Anlaß zur Auslösung des Putsches bildete die von der Reichsregierung beabsichtigte Auflösung der Freikorps, die im Baltikum einen abenteuerlichen »Krieg gegen den Bolschewismus« geführt und sich zu sehr an ihr Handwerk gewöhnt hatten, um den Rückweg ins bürgerliche Leben erstrebenswert zu finden. General von Lüttwitz weigerte sich, die von Noske angeordnete Auflösung der Marinebrigaden Ehrhardt und Löwenfeld durchzuführen, und ließ die Brigade Ehrhardt in Berlin einmarschieren. Sie wurde zu früher Morgenstunde von General Ludendorff am Brandenburger Tor begrüßt. Die Reichsregierung hatte wenige Stunden vorher Berlin verlassen und sich nach Dresden begeben, nachdem die Reichswehrführung (General von Seeckt) es abgelehnt hatte, ihren Schutz zu garantieren (»Reichswehr schießt nicht auf Reichswehr!«). In der Reichskanzlei installierte sich der Generallandschaftsdirektor Kapp als »Reichskanzler und preußischer Ministerpräsident« und begann, bedrängt von kaisertreuen Figuren, die bei der Ämterverteilung nicht zu spät kommen wollten, zu regieren. Auch General Ludendorff fehlte nicht bei den Kabinettssitzungen.
Die ›vaterländischen‹ Kreise hatten zu früh gejubelt. Nach vier Tagen brach der Spuk am Widerstand der republikanisch gesinnten Bevölkerung zusammen. Die Arbeiterschaft erkämpfte durch den von den Gewerkschaften und sozialdemokratischen Regierungsmitgliedern ausgerufenen Generalstreik einen Sieg über reaktionäres Militär, an den sich Konservative bis zum heutigen Tag nicht gern erinnern.
Reichskanzler Bauer (SPD) versicherte am 18. März 1920 vor der nach Stuttgart einberufenen Nationalversammlung:
Strengstes Gericht erwartet alle diese Reichsverderber... Wer Schuld trägt an dieser lebensgefährlichen Erschütterung unseres Staatswesens, darf der Sühne nicht entgehen! (Sehr wahr!)[1]

* vgl. das Kapitel ›Der Jorns-Prozeß‹.

Das angekündigte strenge Gericht wurde eine Farce. Ein Amnestiegesetz vom 4. 8. 1920 erklärte alle Teilnehmer des Kapp-Putsches für straffrei, die nicht zu den »Urhebern oder Führern des Unternehmens« gehörten – eine notwendige und vernünftige Regelung, wenn man nicht Tausende von untergeordneten Offizieren, Unteroffizieren und Soldaten vor Gericht stellen wollte. Nach Auffassung des Reichsgerichts gab es jedoch nur zehn Urheber und Führer des hochverräterischen Unternehmens, während alle anderen außer Verfolgung gesetzt wurden. Von diesen zehn Angeschuldigten konnten sieben (darunter Kapp, Pabst, Lüttwitz und Ehrhardt) ungehindert über die Grenze entkommen, so daß am Ende drei Männer auf der Anklagebank saßen: von Jagow, von Wangenheim und Schiele. Auch sie waren gegen Kaution mit der Untersuchungshaft verschont worden. Nur einer von ihnen (von Jagow) wurde verurteilt, nämlich zur gesetzlichen Mindeststrafe von fünf Jahren Festungshaft. Aus den Urteilsgründen des Reichsgerichts:

Bei der Strafzumessung sind dem Angeklagten, der unter dem Banne selbstloser Vaterlandsliebe und eines verführerischen Augenblicks dem Rufe Kapps gefolgt ist, mildernde Umstände zugebilligt worden.[1a]

Als die Herren erkannten, daß die Richter der Republik Hochverrat von rechts als Kavaliersdelikt behandelten, kamen sie nach und nach zurück, um ihre Pension einzuklagen und die Republik zum endgültigen Sturm reif zu machen.

ERSCHIESSUNGEN VON ARBEITERN

Während des Kapp-Putsches hatte der mit den Hochverrätern verbündete General von Lettow-Vorbeck die verfassungsmäßige mecklenburgische Regierung verhaften lassen und zur Terrorisierung der streikenden Arbeiterschaft auf Grund von Befehlen des Hochverräters General von Lüttwitz in Mecklenburg Standgerichte eingesetzt, denen republiktreue Arbeiter zum Opfer fielen.

Kapp hatte verordnet:

Die Rädelsführer, die sich der in der Verordnung zur Sicherung volkswirtschaftlicher Betriebe und in der Verordnung zum Schutz des Arbeitswesens unter Strafe gestellten Handlungen schuldig machen, desgleichen die Streikposten, werden mit dem Tode bestraft.

Diese Verordnung tritt am 16. 3. 1920, 4 Uhr nachmittags, in Kraft.

Der Reichskanzler
gez. Kapp[1b]

General von Lüttwitz hatte außerdem allen Truppenteilen telegraphisch folgende Bekanntmachung des ›Reichskanzlers‹ Kapp übermitteln lassen:

Bitte allen Führern und Unterführern bis herab zu den Gruppenführern in meinem Namen bekanntzugeben, daß ich jede entschlossene Dienstauffassung, auch wenn sie im Zwange der Not gegen einzelne bisherige Bestimmungen verstoßen sollte, unbedingt anerkenne und persönlich decke ...[1c]

Durch getreue Befolgung dieser Richtlinien zeichnete sich insbesondere das im März 1920 auf Veranlassung Lettow-Vorbecks in den Verband der meuternden Reichswehr aufgenommene Freikorps Roßbach aus.

Am Morgen des 18. März 1920 fand in Niendorf bei Wismar bei dem Tagelöhner Wilhelm Wittge eine Versammlung streikender Arbeiter statt. Es wurde beschlossen, wegen einer Lohnforderung bei dem Gutsbesitzer Baron von Brandenstein vorzusprechen. Dieser ließ aus Schwerin Militär kommen: Freikorps Roßbach, Reichswehrbrigade 9. In der Nacht fand bei Wittge eine Haussuchung statt. Anschließend wurde Wittge von den Soldaten mitgenommen. Einer sagte dabei zu Frau Wittge: »Nehmen Sie man gleich Abschied, in einer Stunde ist der Kerl eine Leiche!« Zusammen mit den Arbeitern Johann Steinfurth, Fritz Möller und Adolf Möller wurde Wittge vor das Gutshaus geschleppt. Baron von Brandenstein trat heraus, deutete auf Wittge und Steinfurth und sagte: »Das sind die Richtigen.« Die beiden wurden noch in der Nacht erschossen, nachdem ein aus dem Leutnant Bender, dem Vizefeldwebel Billerbeck und dem Gefreiten Zimmermann bestehendes ›Standgericht‹ sie zum Tode verurteilt und Roßbach die sofortige Vollstreckung des ›Urteils‹ angeordnet hatte. Herr von Brandenstein wurde am 18. 3. 24, am Jahrestag der Ermordung Wittges, Ministerpräsident des Freistaates Mecklenburg-Schwerin.[2]

Am gleichen 18. 3. 1920 leitete der Arbeiter F. Slomsky aus Karow in einer Gastwirtschaft im Dorfe Mecklenburg eine Versammlung streikender Arbeiter. Plötzlich fuhren mehrere Offiziere und etwa 60 Soldaten in ihren Autos vor und ließen die Arbeiter antreten. Der ebenfalls erschienene Rittergutsbesitzer Bachmann, bei dem Slomsky arbeitete, suchte die ›Rädelsführer‹ heraus. Slomsky wurde verhaftet und schrecklich mißhandelt, während Bachmann sich mit einem Offizier unterhielt.

Dann trat das gleiche ›Standgericht‹, dem schon Wittge und Steinfurth zum Opfer gefallen waren, zusammen und fällte folgendes ›Urteil‹:

Gemäß der Verfügung des Militäroberbefehlshabers Freiherr von Lüttwitz Nr. 15 (Ia Nr. 16313) wird der Arbeiter Slomsky, da er als Rädelsführer und mit der Waffe in der Hand zum Widerstand gegen die Truppe aufgefordert hat, mit dem Tode des Erschießens bestraft.[2a]

Slomsky wurde an seiner Wohnung vorbeigeführt, wo seine Frau und Kinder standen und schrecklich schrien. Kurz hinter dem

Dorfe wurde er erschossen. Die Leiche brachte man der Witwe ins Haus.
Die Staatsanwaltschaft in Schwerin/Mecklenburg stellte das Ermittlungsverfahren gegen die Mitglieder des ›Standgerichts‹ zunächst am 7. 10. 1920 mit der Begründung ein, daß der Tatbestand einer vorsätzlichen, bewußt rechtswidrigen Tötung nach Lage der Sache ausgeschlossen sei und eine fahrlässige Tötung unter den Amnestieerlaß vom 4. 8. 1920 (Kapp-Amnestie) falle.
Im Jahre 1922 wurde das Verfahren gegen die Mitglieder des Standgerichts, den Gerichtsoffizier (Leutnant Linzenmeier), den Zeugen Leutnant Meincke und den Oberleutnant Roßbach wieder aufgenommen und Eröffnung der Voruntersuchung wegen Mordes beantragt. Das Mecklenburgische Landgericht, Strafkammer I, lehnte diesen Antrag am 19. Januar 1923 ab. In der Begründung heißt es:
Die sämtlichen Angeschuldigten haben in den Tagen des sogen. Kapp-Putsches im März 1920 an einem gegen den Freistaat Mecklenburg-Schwerin und damit mittelbar gegen das Deutsche Reich gerichteten hochverräterischen Unternehmen mitgewirkt... Urheber und Führer des Unternehmens sind sie dagegen nicht gewesen... Aufgabe der Angeschuldigten, die einer militärischen Organisation, und zwar dem der Reichswehr angegliederten freiwilligen Sturmbataillon Roßbach angehörten, war es damals, den Widerstand, welcher den neuen politischen Machthabern des Kapp-Putsches bei Durchführung ihrer *Anordnungen zum Schutze der vorher bestehenden staatlichen Zustände* entgegengesetzt wurde, zu brechen... Demgemäß lag ihnen auch ob, die von der neuen sogenannten Kappregierung für strafbar erklärten Handlungen der *widerstrebenden Elemente* gegebenenfalls mittels gerichtlichen Verfahrens, sogenannten Standgerichten, zu ahnden...
Die *rechtliche Grundlage* für die Einsetzung und Zuständigkeit der Standgerichte am 18. März 1920 bildete der Zusatz des *damaligen Militäroberbefehlshabers von Lüttwitz* zu der Verordnung Nr. 19 des *damaligen Reichskanzlers* und der bekanntgegebene Befehl des Führers der Reichswehrbrigade 9 als auch für das Detachement Roßbach zuständigen höheren Militärbefehlshabers von Lettow vom 16. März 1920...3
Man beachte, daß der Hochverräter Kapp als »damaliger Reichskanzler«, die republiktreuen, gegen die Hochverräter streikenden Arbeiter jedoch als »widerstrebende Elemente« bezeichnet werden. Für die zur Brechung des Widerstandes der Arbeiterschaft gegen den Putsch eingesetzten ›Standgerichte‹ der Hochverräter wird allen Ernstes eine »rechtliche Grundlage« in Verordnungen der meuternden Generale gesehen.
Auf Beschwerde der Staatsanwaltschaft gegen den Beschluß des Mecklenburgischen Landgerichts vom 19. 1. 1923 ordnete das Oberlandesgericht Rostock die Eröffnung der Voruntersuchung an (Beschluß vom 24. 2. 1923). Nachdem das Verfahren sich

weitere viereinhalb Jahre hingezogen hatte, kam es am 27. 7. 1927 sogar zu einem Haftbefehl gegen Roßbach, Bender und Meincke. Dieser wurde jedoch auf Beschluß der Ferienstrafkammer Schwerin vom 18. 8. 27 mit der Begründung aufgehoben, daß die Erschießungen auf Grund eines Standgerichtsurteils erfolgt seien. Mit der gleichen Begründung wurden die drei Hauptverantwortlichen dieses Arbeitermordes am 18. März 1928 – also acht Jahre nach der Tat – durch Beschluß der Schweriner Strafkammer endgültig außer Verfolgung gesetzt. Gumbel, dem die Ermittlung dieses Falles zu verdanken ist, kommentiert bitter: »Die von einem Deserteur bestätigten Urteile eines von einem meuternden General zur Bekämpfung der Republik eingesetzten ›Standgerichts‹ werden damit als rechtsgültig anerkannt.«[4]

ZWEIERLEI VERSORGUNGSRECHT

Das Reichsversorgungsgericht hatte am 7. Januar 1925 darüber zu entscheiden, ob der Witwe eines Drehers, der sich an den Kämpfen der bewaffneten Arbeiterschaft gegen die Kapp-Truppen beteiligt hatte und hierbei tödlich verwundet worden war, eine Hinterbliebenenrente zu bewilligen sei. Der Ausschuß zur Feststellung von Entschädigungen für Aufruhrschäden in Kiel hatte der Witwe mit Bescheid vom 31. August 1921 eine Hinterbliebenenrente bewilligt. Gegen diesen Bescheid legte der Vertreter des Reichsfiskus Beschwerde ein mit dem Antrag, ihn aufzuheben und den Rentenanspruch der Witwe zurückzuweisen. Das Gericht stellt zunächst fest, daß die Kämpfe in Kiel, bei denen der Dreher den Tod gefunden hatte, als innere Unruhen im Sinne des Tumultschädengesetzes anzusehen seien. Es sei jedoch zu prüfen, ob bei dem Verstorbenen ein den Entschädigungsanspruch ausschließendes Verschulden vorliege.
Ein Verschulden wäre zu verneinen, wenn B. zur Teilnahme an dem Kampf berechtigt gewesen wäre oder sich insoweit in gutem Glauben befunden hätte.
Das Reichsversorgungsgericht verneinte sowohl die Berechtigung zur Teilnahme am Kampf als auch den guten Glauben. In der Begründung heißt es:
Die Berechtigung des B., mitzukämpfen, leiten seine Hinterbliebenen aus einer angeblichen Aufforderung der Reichsregierung her, den Kapp-Putsch niederzuschlagen. Der nach den erhobenen Ermittlungen allein in Frage kommende Aufruf lautet:

»Berlin, den 13. März 1920
Arbeiter, Genossen!
Der Militärputsch ist da. Die Marinedivision Ehrhardt marschiert auf Berlin, um eine Umgestaltung der Reichsregierung zu erzwingen. Wir weigern uns, uns diesem militärischen Zwange zu beugen. Wir haben

die Revolution nicht gemacht, um das blutige Landsknechtsregiment heute wieder anzuerkennen. Wir paktieren nicht mit den Baltikumverbrechern.
Arbeiter, Genossen! Wir müßten uns vor euch schämen, wenn wir anders handeln würden. Wir sagen Nein und nochmals Nein! Ihr müßt uns bestätigen, daß wir in eurem Sinne gehandelt haben. Jedes Mittel ist gerecht, um die Wiederkehr der blutigen Reaktion zu verhindern.
Streikt, legt die Arbeit nieder und schneidet dieser Militärdiktatur die Luft ab. Kämpft mit jedem Mittel um die Erhaltung der Republik. Laßt alle Spaltung beiseite. Es gibt nur ein Mittel gegen die Wiederkehr Wilhelms II.: Lahmlegung des Wirtschaftslebens, keine Hand darf sich mehr rühren, kein Proletarier darf der Militärdiktatur helfen, Generalstreik auf der ganzen Linie. Proletarier vereinigt euch!
Die sozialdemokratischen Mitglieder der Reichsregierung.
Ebert, Bauer, Noske, Schlicke, Schmidt, David, Müller.
  Der Parteivorstand der Sozialdemokratischen
  Partei Deutschlands.   Wels.«
Dieser Aufruf ist, soweit ermittelt, amtlich nicht veröffentlicht worden. Auf eine Anfrage des erkennenden Senats in einer früher entschiedenen Versorgungssache hat der Staatssekretär in der Reichskanzlei unter dem 3. Mai 1924 (Rk. 3373) dem Reichsversorgungsgericht Abschrift des oben wiedergegebenen Aufrufs mit der Hinzufügung übersandt, daß der Aufruf, wie aus ihm hervorgehe, nicht von der damaligen Reichsregierung erlassen sei. Soweit bekannt, hätten seinerzeit auch die sozialdemokratischen Mitglieder der damaligen Reichsregierung erklärt, daß ihre Namen ohne ihr Zutun unter den Aufruf gesetzt worden seien.
Die damals in Kiel kämpfende Zivilbevölkerung war also tatsächlich nicht von den maßgebenden Regierungsstellen zum Kampfe aufgefordert worden. Fraglich kann es nur sein, ob B. in dem guten Glauben handelte, einen Befehl der Reichsregierung auszuführen. Diese Frage hat der Senat verneint.
Zur Aufrechterhaltung der öffentlichen Ordnung ist die Polizei und notfalls das Militär berufen. Wenn auch zugegeben werden kann, daß in Zeiten der Staatsumwälzung die Annahme berechtigt sein mag, die Polizei oder das Militär vollziehen zeitweilig nicht den Willen der Reichsregierung, so muß stets von der Zivilbevölkerung verlangt werden, daß sie prüft, ehe sie sich an Kämpfen beteiligt, ob sie von der Regierung zum Kampfe aufgerufen worden ist. Es war im vorliegenden Falle aber für jedermann ohne Rechtskenntnis erkennbar, daß der oben wiedergegebene Aufruf, wie schon die Anrede und die Unterschrift ergibt, sich nur an einen enggezogenen und bestimmten Kreis der Bevölkerung wandte und nur von einer einzigen politischen Partei, aber nicht von der Regierung ausging. Es kann daher nicht unterstellt werden, daß B. beim Kampfe gegen das Militär in dem guten Glauben war, den Willen der Reichsregierung zu vollziehen. Der Glaube

eines Tumultbeschädigten, auf Grund des von den sozialdemokratischen Mitgliedern der Reichsregierung und von dem Parteivorstand der sozialdemokratischen Partei Deutschlands unterzeichneten Aufrufs vom 13. März 1920 zum Kampfe für die bestehende Verfassung berechtigt zu sein, schließt somit ein Verschulden im Sinne des § 5 des Tumultgesetzes und des § 254 des Bürgerlichen Gesetzbuches nicht aus. Ebensowenig ist ein Verschulden ausgeschlossen, wenn jemand ohne den Versuch, sich von Inhalt und Herkunft des Aufrufs irgendeine Kenntnis zu verschaffen, sich am Kampfe beteiligt, lediglich im Vertrauen auf die mehr oder weniger verbreitete Ansicht, ›die Regierung‹ habe zum Kampf aufgerufen. Da also dem B. der durch seine Tötung verursachte Schaden in vollem Umfange selbst zur Last fällt, mußte den Hinterbliebenen eine Entschädigung versagt werden. Demnach war entsprechend dem Antrag des Reichsfiskus der angefochtene Bescheid aufzuheben und der erhobene Anspruch zurückzuweisen.5

So sah also der »unvergängliche Dank des Vaterlandes« aus, den Reichskanzler Bauer am 18. März 1920 allen Helfern und Mitstreitern im Kampf gegen die Kapp-Putschisten ausgesprochen hatte.

Scheidemann hatte in derselben Sitzung der Nationalversammlung unter dem Beifall des gesamten Hauses ausgerufen:

Hut ab vor denen, die für die Freiheit gekämpft haben und für die Freiheit gestorben sind.6

Aber anderthalb Jahre später wendet sich der Vertreter des Reichsfiskus gegen den der Witwe eines im Kampf gegen die Hochverräter gefallenen Arbeiters bewilligten Rentenanspruch und findet bei den Juristen des Reichsversorgungsgerichts Unterstützung mit der Auffassung, daß jener Dreher B. aus Kiel an seinem Tode selber schuld sei, weil der Aufruf zum Kampf gegen die Hochverräter nicht von allen Mitgliedern der Reichsregierung unterzeichnet worden sei. Daß die Verteidigung der demokratischen republikanischen Staatsverfassung gegenüber Hochverrätern sich von selbst versteht, ohne daß es eines Aufrufes der (bei einem Putsch regelmäßig in ihrer Handlungsfreiheit beschränkten) Regierung bedarf, wollte in die Köpfe von Richtern nicht hinein, denen die Aufgabe zugefallen war, im Namen eines Volkes Recht zu sprechen, dessen politischen Willen sie innerlich ablehnten. Typisch für die obrigkeitliche Denkweise der Richter ist etwa der Satz, daß zur Aufrechterhaltung der öffentlichen Ordnung die Polizei und notfalls das Militär berufen sei, eine Feststellung, die der Bevölkerung eines demokratischen Staates das Recht absprechen will, notfalls auch gegen treulose Polizei und treuloses Militär die Staatsverfassung zu verteidigen. Im vorliegenden Fall hatte der Militärbefehlshaber in Kiel, Admiral von Levetzow, sich am 13. März 1920 hinter die Kapp-Regierung gestellt und den Posten des Oberpräsidenten und des Polizeipräsidenten mit seinen Anhängern besetzt. Die »Aufrecht-

erhaltung der öffentlichen Ordnung« der Polizei und dem Militär zu überlassen, hätte also hier bedeutet, die demokratische Staatsverfassung und die rechtmäßige Reichsregierung preiszugeben.
Nicht einmal den guten Glauben, rechtmäßig zu handeln, wollte das Reichsversorgungsgericht dem Dreher B. bescheinigen. Aber nie haben deutsche Gerichte gezögert, denen guten Glauben zu bestätigen, die unter Verstoß gegen elementarste Grundsätze der Menschlichkeit republikanisch gesinnte Arbeiter umgebracht haben. Auch jene Schweriner Strafkammer, die am 19. Januar 1923 über die Strafverfolgung der Mörder der Arbeiter Wittge, Steinfurth und Slomsky zu befinden hatte und dabei trotz allem Wohlwollen einige Schwierigkeiten mit den sachlich unzutreffenden und unhaltbaren Urteilsgründen des ›Standgerichts‹ hatte, trug keine Bedenken, den angeschuldigten Offizieren »guten Glauben« zuzubilligen:
Auch in ihrem ... guten Glauben sind die Angeschuldigten ... schwerlich zu widerlegen, mögen auch die Anordnungen ihrer vorgesetzten Dienststellen auf noch so ungesetzlichem und widerrechtlichem Boden gestanden haben.
Freilich, unter diesen Anordnungen fehlte keine Unterschrift. Daß es die Unterschriften von Hochverrätern waren, konnte für Richter, deren Sympathien nicht auf seiten der republiktreuen Arbeiter, sondern auf seiten der reaktionären Verfassungsfeinde standen, keine Rolle spielen.
Im Gegensatz zu den Hinterbliebenen des Drehers B., denen derselbe Staat, für den dieser Arbeiter sein Leben gelassen hatte, eine Rente streitig machte, konnten General von Lüttwitz und Herr von Jagow ihre Pensionsansprüche gegen denselben Staat, dessen Verfassung sie durch Hochverrat hatten stürzen wollen, mit Erfolg einklagen. Lüttwitz erhielt seine Pension rückwirkend vom Zeitpunkt des Kapp-Putsches, zum Teil sogar aufgewertet. Die Republik zahlte dem Hochverräter – vom Reichsgericht dazu verurteilt – jährlich 16 983 Mark.[7]

EINE VERPASSTE CHANCE DER DEMOKRATIE

Der völlige Zusammenbruch des Kapp-Putsches brachte noch einmal eine Sternstunde der deutschen Arbeiterschaft, die sich in einmütiger Geschlossenheit als die stärkste Macht im Staate erwiesen hatte. Wilhelm Hoegner* schreibt:[8]

* Prof. Dr. Wilhelm Hoegner, geb. 1887, in der Weimarer Republik als Staatsanwalt und Richter tätig. Von 1924 bis 1932 Mitglied der sozialdemokratischen Fraktion des Bayerischen Landtags, von 1930 bis 1933 auch Reichstagsabgeordneter. 1933 Auswanderung zunächst nach Österreich, 1934 in die Schweiz. Nach dem Zweiten Weltkrieg zweimal Bayerischer Ministerpräsident. Heute Vizepräsident des Bayerischen Landtags.

Die Solidarität der Werktätigen hatte über rohe bewaffnete Gewalt, über die Gestalten der Vergangenheit gesiegt... Das Offizierskorps der alten kaiserlichen Armee, das zum großen Teil gemeutert hatte, konnte keine Schonung erwarten. Seine Ausmerzung aus der Wehrmacht des Reiches schien eine Selbstverständlichkeit. Was nach der Revolution von 1918 nicht gelungen war, die Schaffung eines in der Hauptsache aus organisierten Arbeitern zusammengesetzten Volksheeres, mußte nunmehr gelingen. Zum ersten Male waren bewaffnete Arbeiter gegen Reichswehr siegreich gewesen, eine wohlorganisierte Arbeiterarmee war in kürzester Zeit aus dem Boden gestampft worden und hatte auch ohne Führung von Generalstäblern glänzende militärische Eigenschaften bewiesen. Noch einmal war in der Waage des Schicksals die Schale der Revolution niedergegangen, durch die Torheit der Gegner dem deutschen Proletariat noch einmal die große geschichtliche Stunde geschenkt.

Philipp Scheidemann sprach nur ein selbstverständliches Gebot der Stunde aus, wenn er in der Nationalversammlung am 18. März 1920 erklärte:

Wir verlangen die gründliche Säuberung der Reichswehr... Wir verlangen die Entlassung aller Offiziere, deren Loyalität gegenüber der Republik nicht außer Zweifel steht. Wir verlangen die Entwaffnung der Truppen, die gemeutert haben... Wir verlangen aber auch gründliche Auskehr in Zivilbehörden. Wer seiner monarchistischen Überzeugung wegen der Republik nicht loyal dienen kann, der mag gehen... Wir verlangen strengste Bestrafung der Verbrecher, die die Republik in so heimtückischer Weise aus dem Hinterhalt überfallen haben, die unser ganzes Wirtschaftsleben erschüttert und über das Volk neues Elend, neue Not und Tod gebracht haben, schärfste Bestrafung dieser Verbrecher in denkbar schnellstem Verfahren, sowie restlose Konfiskation ihrer Vermögen, das ist unsere Forderung...[9]

Aber die Männer, die in dieser historischen Stunde die Geschicke des deutschen Volkes leiteten, ließen auch ein zweites Mal aus Angst vor dem Kommunismus die Chance ungenutzt, die junge Republik aus den Händen ihrer Feinde von rechts zu befreien. Hoegner: »Auch die zweite geschichtliche Stunde des deutschen Proletariats wurde versäumt.«[10] Keines der Versprechen, zu denen die Reichsregierung und die Sprecher der demokratischen Parteien nach dem Sieg der Arbeiterschaft über die reaktionären Militärgewalten bereit waren und die im Bielefelder Abkommen* vom 23. März 1920 zwischen Vertretern der Regierungsparteien und den Gewerkschaften nochmals bestätigt worden waren, ist

---

* Die wichtigsten Punkte des Bielefelder Abkommens: Gründliche Reinigung der gesamten öffentlichen Verwaltungen von gegenrevolutionären Persönlichkeiten; Auflösung aller der Verfassung nicht treugebliebenen militärischen Formationen; sofortige Inangriffnahme der Sozialisierung der dazu reifen Wirtschaftszweige. Verhängnisvoll für die Arbeiterschaft war die Bedingung, alle Waffen sofort (also als Vorleistung) abzuliefern. Einzelne Verstöße gegen diese Bedingung boten den Vorwand, die wich-

eingelöst worden. Insbesondere war das Versprechen, die konterrevolutionären militärischen Einheiten aufzulösen und durch Formationen aus den Kreisen der zuverlässigen republikanischen Bevölkerung zu ersetzen, schon wenige Tage später, nachdem die Gewerkschaften im Vertrauen auf diese Zusicherungen den Streik abgebrochen hatten, nur noch ein Fetzen Papier. Verletzungen des Bielefelder Abkommens boten den Vorwand zu einem nach Lage der Dinge unerfüllbaren Ultimatum der Reichsregierung, dessen Ausführungsbestimmungen derselbe General v. Watter erlassen durfte, der nicht bereit gewesen war, sich in den Kapp-Tagen eindeutig für die legale Reichsregierung zu erklären. Am 2. April erfolgte unter seinem Oberbefehl der Einmarsch der Reichswehr in das Ruhrgebiet. Dieselben republikfeindlichen Reichswehrverbände, gegen die sich die deutsche Arbeiterschaft zum Schutze der Republik erhoben hatte, durften nunmehr zur »Wiederherstellung geordneter Verhältnisse« ihr Schreckensregiment über die republikanisch gesinnte Bevölkerung ausüben und sich für ihre Niederlage an einer entwaffneten Arbeiterschaft rächen. Im Ruhrgebiet, in Thüringen, in Mecklenburg, Schlesien und anderen Teilen des Reiches tobte sich der »weiße Schrecken« der sogenannten Regierungstruppen aus. Und die Justiz hielt eine juristische Nachlese dieses Trauerspiels, die alle, die in den Märztagen des Jahres 1920 die demokratische Republik gegen reaktionäre Militärgewalt verteidigt hatten, aufs tiefste erbittern mußte.
Offiziere der Reichswehr, als Hüter einer ›Ordnung‹, die dem konterrevolutionären obrigkeitsstaatlichen Bewußtsein der Richter und der dem Bürgerstand entnommenen Schöffen und Geschworenen näherstand als die sozialistische demokratische Ordnung, für die die Arbeiterschaft damals kämpfte, konnten sicher sein, daß die Justiz keine Möglichkeit ungenutzt lassen würde, um sie der nach dem Gesetz verwirkten Strafe selbst dann zu entziehen, wenn sie sich des Mordes oder Totschlags schuldig gemacht hatten. Wenn es hingegen um die Aburteilung von Widerstandskämpfern gegen verfassungsfeindliche Reichswehrverbände ging, arbeitete die Justizmaschinerie mit rigoroser Härte und Schnelligkeit – notfalls mit vorgedruckten Serienurteilen – und stopfte die unverzüglich verhafteten Arbeiter zu Tausenden in die überfüllten Gefängnisse. Im Bereich der Justiz, die im demokratischen Staat Dienerin und Vollstreckerin des im Gesetz zum Ausdruck kommenden Volkswillens sein sollte, fand gewisser-

---

tigste Zusage des Abkommens nicht einzuhalten: daß die Reichswehr nicht ins rheinisch-westfälische Industriegebiet einmarschieren werde. Auch das (nicht mit der Waffenablieferung verknüpfte) Versprechen, daß den Arbeitern, die an den Kämpfen teilgenommen hatten, keine »Nachteile oder Belästigungen wegen ihrer Teilnahme erwachsen« dürften, ist nicht eingehalten worden. – Der vollständige Text des Bielefelder Abkommens ist mitgeteilt bei Severing: 1919/1920 im Wetter- und Watterwinkel, S. 178 f.

maßen eine Umkehrung des Auftrags statt, der ihr von der Volksvertretung erteilt war. Wenn man die Reichstagsprotokolle jener Tage liest, in denen die reaktionären Töne der deutsch-nationalen Minderheit von dem einmütigen Bekenntnis der Koalitionsparteien und der Linken zu dem Kampf der Arbeiterschaft gegen die konservative Offiziersclique überdeckt werden, so glaubt man Zeuge einer Zeit zu sein, in der das deutsche Volk keine Sorge um den Sieg der Demokratie über die Mächte der Vergangenheit zu haben brauchte. Aber die Sitzverteilung in der Nationalversammlung täuschte über die wahren Machtverhältnisse im Lande. Die aus dem Obrigkeitsstaat unversehrt übernommene Militärhierarchie, die alte Verwaltungsbürokratie und die alte Justizapparatur, Mächte, auf die die sozialdemokratischen Revolutionäre von 1918 aus Furcht vor bolschewistischer Un-Ordnung nicht verzichten zu können glaubten, bildeten das Bollwerk, an dem sich der ehrliche revolutionäre Wille einer demokratisch gesinnten Arbeiterschaft brach. Wer von der Lektüre der Nationalversammlungsprotokolle und ihren freiheitlich-demokratischen Bekenntnissen zurückkehrt zur Wirklichkeit der Straße, wie sie sich in den Urteilssprüchen der Gerichte widerspiegelt, der glaubt, in einem ganz anderen Zeitabschnitt der deutschen Geschichte zu sein. Zwischen den Bewußtseinsinhalten der vom Volk gewählten Politiker und den Bewußtseinsinhalten der zwar »im Namen des Volkes« judizierenden, aber nach den Auswahlprinzipien des Obrigkeitsstaates bestellten Richter bestand ein Widerspruch, den man mit Ernst Blochs Begriff der Ungleichzeitigkeit des Gleichzeitigen kennzeichnen kann.
Otto Wels forderte in der Nationalversammlung:
Die zahllosen Verhaftungen von Arbeitern, die die Waffen nur ergriffen haben, um Demokratie und Verfassung gegen die Hochverräter zu schützen, müssen aufgehoben werden, die Standgerichtsurteile, das fordere ich, müssen annulliert werden. Straflosigkeit muß für alle Handlungen eintreten, die Gesetze verletzen, wenn sie im Kampf, als Gegenaktion gegen den Kappschen Hochverrat erfolgt sind. Nur so kann und wird Ruhe eintreten und das Vertrauen zur Demokratie und zur Regierung hergestellt werden. Das Volk muß die Überzeugung gewinnen, daß es unbedroht von Trägern der bewaffneten Macht friedlicher Arbeit nachgehen kann, daß die Waffen nur dazu dienen, um das Volk und die Demokratie zu schützen, nicht um Demokratie und Republik zu vernichten und in den Boden zu treten.[11]
Aus Otto Wels' Worten spricht die ehrliche Überzeugung, daß eine Regierung, die über eine so breite Basis verfügte wie die Weimarer Koalition, auch die Macht haben müsse, diese nach der Bloßstellung der Hochverräter und dem völligen Zusammenbruch ihres verfassungsfeindlichen Unternehmens nur noch selbstverständlicheren Forderungen auch durchzusetzen. Aber er hat ebenso wie seine Parteifreunde und Koalitionspartner die

Eigengesetzlichkeit der im obrigkeitlichen Geist verharrenden hierarchischen Machtblöcke der Reichswehr, der Verwaltungsbürokratie und der Justiz unterschätzt.

DER WEISSE SCHRECKEN IM RUHRGEBIET

Im Ruhrgebiet hatten sich während der Kapp-Tage spontan bewaffnete Arbeiterverbände gebildet, die sich zum Teil als »Rote Armee« bezeichneten oder von ihren Gegnern so bezeichnet wurden. Die im Ruhrgebiet stationierten Reichswehrverbände waren von dieser schnell zusammengestellten Zivilistenarmee überall vernichtend geschlagen oder vertrieben worden. Dabei war es selbstverständlich nicht nur von seiten der Reichswehr, sondern auch von seiten der Roten Armee zu Kriegshandlungen gekommen. Insbesondere hatte die Rote Armee Requisitionen von Lebensmitteln vorgenommen, die später als »Plünderungen« qualifiziert und strafrechtlich geahndet wurden. Der »weiße Schrecken« der Anfang April einrückenden Reichswehrverbände, die nunmehr eine in Erfüllung des Bielefelder Abkommens entwaffnete und desorganisierte Arbeiterschaft vorfanden, stellte jedoch alle Willkürhandlungen und Verbrechen, die unter der Herrschaft der Roten Armee begangen worden waren, bei weitem in den Schatten. Der Reichstagsabgeordnete Josef Ernst (USP) schildert eine Fülle von Verbrechen der Reichswehrverbände, die nie ein Richter gesühnt hat.
Ferner erschoß einrückende Reichswehr hier (in Haltern; d. Verf.) 12 Mann. Keiner dieser Leute war vor einem Kriegsgericht oder Standgericht abgeurteilt worden. Wahllos hatte man sie auf Grund irgendeiner Denunziation herausgegriffen. Sie wurden eine halbe Stunde weit zu einem Wäldchen geführt und in Reih und Glied aufgestellt. Nach abgegebener Salve auf die zwölf Unglücklichen blieb ein Mann unverletzt stehen. Der Leiter der Exekution fühlte ein menschliches Erbarmen und erschoß den Mann nicht. Er wurde zum Standquartier zurückgeführt und dem leitenden Offizier der Vorgang gemeldet. Auf Befehl dieser Bestie wurde der Mann abermals eine halbe Stunde Wegs zum Walde zurückgeschleppt und dort bei den anderen gleichfalls erschossen.
Nach namentlicher Aufzählung einer Reihe von willkürlichen Erschießungen, oft nach voraufgegangener schwerer Mißhandlung:
So wurde Mord auf Mord gehäuft, ohne daß je ein Staatsanwalt oder Militärgericht gegen die uniformierten Bestien vorging ... Nicht allein diese bestialischen Morde wurden verübt, auch Sittlichkeitsverbrechen ließ sich die Reichswehr zu Schulden kommen. Die Schwester eines Kommunisten wurde verhaftet und in der Zelle von einigen Reichswehrsoldaten vergewaltigt. Damit nicht genug. Als man das Mädchen mißbraucht hatte, trieb man ihm einen Gummischlauch in die Ge-

schlechtsteile. Auf Grund dieser grauenhaften Mißhandlung war das Mädchen monatelang in ärztlicher Behandlung.[12]
Ein Beispiel aus Recklinghausen:
Dort zwang man 7 Arbeiter, ihr eigenes Grab unter dem Gesang: »Üb immer Treu und Redlichkeit« zu schaufeln und erschoß sie.
Alle diese Verbrechen sind heute noch ungesühnt. Alle die Ermordeten hatten sich nichts zuschulden kommen lassen, nur daß ein Teil an den Kämpfen gegen Kapp teilgenommen hatte, genügte, um Mord auf Mord zu häufen.[13]
Carl Severing erklärte in seiner Eigenschaft als Reichskommissar für die Rheinprovinz und die Provinz Westfalen am 29. April 1920 im Preußischen Landtag, daß von den Reichswehrverbänden Leute, »die im Geruche des Bolschewismus oder Spartakismus standen«, in einer ganzen Reihe von Städten ohne Federlesen erschossen worden seien. Selbst Verwundete seien aus den Krankenhäusern herausgeholt, auf den Hof gelegt und erschossen worden. Von der Brigade Epp sind in mindestens 80 Fällen Arbeiter ohne Urteil erschossen worden. In Haltern nahm die Reichswehr nach ihrem Einmarsch 31 Angehörige der Bochumer Arbeiterwehr fest und erschoß sie, nachdem jeder seinen Namen hatte aufschreiben müssen, ohne Standgericht und ohne langes Verhör. Man zog zur Aufnahme der Personalien einen Standesbeamten zu, den man im Blutrausch fast mit erschossen hätte; man hatte ihn schon an die Wand gestellt. Vierzehn Kanalarbeiter, die sich aus Angst vor der Schießerei bei dem Kolonialwarenhändler Meis im Keller versteckt hatten, wurden von Reichswehrsoldaten aus dem Keller herausgeholt und zusammen mit Meis erschossen und erschlagen. Bei einer am 7. Juli 1920 durchgeführten Ausgrabung wurde festgestellt, daß bei zehn Leichen keine Schußwunden vorhanden, aber die Schädelknochen eingeschlagen und Hälse durchschnitten waren. Einige Leichen sind ohne Hosen und Schuhe begraben worden. Die Namen der verantwortlichen Offiziere wurden ermittelt. Da sie aber angeblich nicht zu finden waren, wurde das Ermittlungsverfahren von der Staatsanwaltschaft eingestellt.[14]
Nicht genug damit, daß konterrevolutionären Offizieren und Generälen die militärische vollziehende Gewalt über eine republikanisch gesinnte Arbeiterbevölkerung übertragen wurde, der die Republik ihren Sieg über die Militärrevolte im März verdankte. Durch Notverordnung des Reichspräsidenten vom 19. März 1920 – also zwei Tage nach der Niederringung des Militärputsches! – wurde auf Grund von Art. 48 der Weimarer Verfassung der Reichswehrminister ermächtigt, außerordentliche Kriegsgerichte und Standgerichte zu bilden. In § 5 der Verordnung heißt es:
Das Standgericht wird durch den Befehlshaber der mit der Bekämpfung der Unruhen betrauten Truppe gebildet. Es besteht aus drei unbescholtenen Personen, die über 20 Jahre alt sein müssen. Den Vorsitz

führt ein Offizier der Truppe... Das Urteil kann nur auf Todesstrafe lauten. Es unterliegt keinem Rechtsbehelf. Es bedarf der Bestätigung durch den Inhaber der vollziehenden Gewalt und wird nach der Bestätigung durch Erschießen vollstreckt.
Felix Halle[15] kommentiert:
In der Praxis sind diese Bestimmungen gleichbedeutend mit der Bevollmächtigung der konterrevolutionären Truppen zur willkürlichen Erschießung wehrloser Gefangener. In tatsächlicher Hinsicht ist zu bemerken, daß die Standgerichte im März 1920 in zahlreichen Fällen Erschießungen vorgenommen haben, die sich objektiv als Mord charakterisieren.
So wurde am 21. März 1920 in Köpenick der USP-Stadtverordnete Futran erschossen, der die Arbeiter und Teile der Bürgerschaft aus den in der Stadt liegenden Waffenbeständen zum Kampf gegen das putschende Militär ausgerüstet hatte. Es kam zum Kampf mit einem Potsdamer Jägerregiment, das mit dem Zeichen der Regierung Kapp am Helm, dem Hakenkreuz, anrückte. Als eine telefonische Rückfrage in Berlin ergab, daß die Truppen wieder zur Regierung Ebert hielten, gab Futran selbst den Befehl, die Waffen niederzulegen. Eine Zeitfreiwilligeneskadron zog kampflos in die Stadt ein, erklärte den verschärften Belagerungszustand und errichtete ein Standgericht. Gumbel berichtet:[16]
Futran, der sich so unschuldig fühlte, daß er sogar aufs Rathaus ging, wurde am gleichen Tage wegen der Delikte, die er vor Verkündung des Belagerungszustandes begangen haben sollte, zum Tode verurteilt. Im Protokoll, das in meinem Besitz ist, heißt es: »Gründe: Durch Zeugen und teilweise durch eigenes Geständnis des Angeklagten ist einwandfrei erwiesen, daß er das Haupt des kommunistischen Aufstandes gewesen ist, daß er eine Rote Armee organisierte und zu bewaffnetem Widerstande gegen die anrückenden Regierungstruppen aufgefordert habe. Ferner hat er die gefangenen Offiziere mit dem Tode durch Erschießen bedroht, sowie die verwundeten Gefangenen als Schwerverbrecher behandeln lassen. Das Urteil wurde sofort durch eine Gruppe der 4. Schwadron unter Führung des Leutnants Kubich im Hof der Bötzowbrauerei, Grünauerstraße, vollstreckt. Das Standgericht der 4. freiw. Eskadron, von Bebell, Kapitänleutnant; Hedal, Unteroffizier; Jacks, Freiwilliger; Kubich, Leutnant.«
Als die Standgerichte wenige Tage später (Erlaß des Reichspräsidenten Nr. 7411 vom 25. 3. 1920 und Verordnung des Reichspräsidenten Nr. 7438 – RGBl. I S. 557) wieder aufgehoben wurden, hatten sie schon genug Unheil angerichtet. Es blieb aber bei den sogenannten außerordentlichen Kriegsgerichten, die ebenfalls durch die Notverordnung vom 19. März 1920 eingerichtet worden waren. In der Reichstagssitzung vom 24. 1. 1921[17] bezifferte der Abgeordnete Remmele (KP) die Zahl der gegen Teilnehmer der Kämpfe im Ruhrgebiet erhobenen Anklagen mit

5755. Der Abgeordnete Ludwig (USP) berichtete in der Reichstagssitzung vom 29. Juli 1920,[18] daß annähernd 4000 Personen in Haft genommen worden seien, darunter Leute, die nur am Sicherheitsdienst beteiligt waren oder Lebensmittellager bewacht haben. Gegen 822 Personen waren in diesem Zeitpunkt – also zu einer Zeit, als noch kein einziger Teilnehmer des Kapp-Putsches zur Verantwortung gezogen war – bereits Urteile über insgesamt 919 Jahre Gefängnis und 168 Jahre Zuchthaus gesprochen. Dabei hatten einige Gerichte vorgedruckte Urteilstexte verwendet, die mit allgemeinen Ausführungen über den Charakter der Roten Armee begannen und mit zwei zur Auswahl (»Nicht Zutreffendes streichen!«) gestellten Strafzumessungserwägungen endeten.
Gegen die Urteile der außerordentlichen Kriegsgerichte gab es kein Rechtsmittel. Sie waren besetzt mit einem Vorsitzenden und zwei Beisitzern, die zum Richteramt befähigt sein mußten und von dem Inhaber der vollziehenden Gewalt ernannt wurden. Ihre Zuständigkeit bezog sich auf die wichtigsten Verbrechen und Vergehen.
Die durch Notverordnung des Reichspräsidenten legalisierte Standgerichtsbarkeit der Truppe, die mit einer von Ebert mit rückwirkender Kraft bestätigten Verordnung des Generals von Stoltzmann vom 13. März 1920 – erster Tag des Kapp-Putsches! – begonnen hatte und deren Abgrenzung zum schlichten Mord ohnehin in vielen Fällen flüssig war, setzte sich auch nach ihrer Aufhebung in einer Reihe willkürlicher und formloser Erschießungen fort, die nie eine Sühne gefunden haben. Der Abgeordnete Ludwig legte dem Reichstag am 29. Juli 1920[18] eine Liste von über 200 erschossenen Personen vor.
Zu den gegenrevolutionären Kapp-Truppen, die an der Arbeiterschaft Rache für die Niederlage der Märztage nehmen durften, gehörte auch das Freikorps Roßbach, das als Reichswehrbataillon Nr. 37 ins Ruhrgebiet einrückte. Am 7. April 1920 traf das Bataillon in Essen ein.[18a] Als dem Feldwebel Block auf der Straße der Maschinenschlosser Bergmann als Angehöriger der Roten Armee denunziert wurde, veranlaßte er dessen Festnahme. Auf dem Wege zum Rathaus wurde noch der 19jährige Bergarbeiter Rogowski festgenommen, nachdem einige Zivilisten gerufen hatten: »Herr Feldwebel, der muß an die Wand gestellt werden!« Beide wurden ins Rathaus gebracht, wo ein Leutnant Linzenmeier, der sich schon bei den Morden in Mecklenburg seine Sporen verdient hatte, als Gerichtsoffizier residierte. Als Grund der Verhaftung wurde – ohne jeden Beweis – angegeben, beide hätten an Plünderungen teilgenommen und gegen die Reichswehr gekämpft. Block führte beide zu Linzenmeier und zog sich in den Hintergrund des Zimmers zurück. Nach 15–20 Minuten rief Linzenmeier: »Sie sind zum Tode verurteilt! Feldwebel Block, treten

Sie vor und vollstrecken Sie das Urteil!« Block wandte ein, die Angaben seien nicht von ihm, sondern von Leuten auf der Straße, doch Linzenmeier erklärte: »Was ich weiß, genügt mir vollständig. Führen Sie die Leute auf den Hof und vollstrecken Sie das Urteil!« Block führte den Befehl aus und ließ die Leute erschießen. Gegen Block wurde am 23. 9. 1924 vor dem Schwurgericht Bielefeld wegen Totschlags verhandelt. Während der Staatsanwalt die Mindeststrafe (5 Jahre Zuchthaus) beantragte, sprach ihn das Gericht mit der Begründung frei, er habe angenommen, einen ihm erteilten Befehl eines Vorgesetzten auszuführen, und nicht gewußt, daß er ein Verbrechen beging. Ob den Richtern, die dieses Urteil sprachen, nicht die Beteuerungen der Münchener Geiselmörder in den Ohren geklungen haben mögen, daß sie auf Befehl gehandelt hätten? – Linzenmeier war schon 1920 verhaftet, gegen Kaution jedoch entlassen worden. Erst am 20. September 1927 konnte die Hauptverhandlung auch gegen ihn vor dem Bielefelder Schwurgericht stattfinden. Linzenmeier bestritt, die Erschießung der beiden Arbeiter befohlen zu haben, doch blieb der rechtskräftig freigesprochene Block bei seiner bestimmten Erklärung. Das Schwurgericht billigte Linzenmeier seine damalige Erregung »infolge der Verbrechen der Roten Armee und durch das Verhalten des einen der dem Angeklagten vorgeführten Gefangenen« als mildernde Umstände zu und stellte das Verfahren auf Grund der Kapp-Amnestie vom 4. 8. 1920 ein. Es hieß in dem Amnestiegesetz: »Von der Straffreiheit sind ausgeschlossen Verbrechen gegen das Leben (§§ 211, 212, 214 des Strafgesetzbuches).« Da der Totschlag unter mildernden Umständen (§ 213) nicht erwähnt wurde, folgerte das Gericht, daß dieses Verbrechen unter die Amnestie falle. Bei Tötungsdelikten, die von Anhängern der Rechten begangen wurden, fiel es den Gerichten nicht schwer, die mildernden Umstände zu finden, die die Angeklagten durch die Maschen des Gesetzes schlüpfen ließen. Ein von der Staatsanwaltschaft eingelegtes Rechtsmitel gegen die Entscheidung des Landgerichts Bielefeld wurde vom Strafsenat des Oberlandesgerichts Hamm am 1. 7. 1928 zurückgewiesen.
Wie leichtfertig demgegenüber Todesurteile gegen Arbeiter gefällt wurden, denen vergleichbare Verbrechen vorgeworfen wurden, möge der Fall Ebers zeigen, den Kurt R. Grossmann im ›Berliner Tageblatt‹ vom 6. 2. 1930 wie folgt geschildert hat:[19]
Ebers ist wegen Landfriedensbruch in Verbindung mit Verstoß gegen ReichsVO vom 3. Januar 1920 (sogenannte Ebert-Notverordnung) wegen Mordversuchs, Totschlagversuchs, Gefangenenbefreiung und wegen unbefugten Waffenbesitzes zum Tode und zu einem Jahr Zuchthaus verurteilt worden. Die Aburteilung erfolgte vor dem außerordentlichen Kriegsgericht in Essen.
Das Urteil, welches diesen Todesspruch begründet, ist ein unschätzbares historisches Dokument. Ebers ist nach dem Urteil am 18. März

1920, einen Tag vor dem Zusammenbruch der Kapp-Regierung, der Roten Armee in Gelsenkirchen beigetreten, die das Gericht als »Rote Horde« bezeichnet. Belastet wurde Ebers einzig und allein durch einen Franzosenspitzel namens Sinder, der später wegen Verrats erschossen wurde. Bei allen dem Verurteilten zur Last gelegten Straftaten, die er während eines Tages und einer Nacht begangen haben soll, war merkwürdigerweise immer dieser Spitzel Sinder zugegen. Sinder belastete Ebers auch mit der Ermordung eines Wachtmeisters Printz. Er behauptete, Ebers habe den Printz erschossen. Ebers forderte die Obduktion der Leiche, da dieser Printz gar nicht erschossen, sondern erstochen wurde! Das Gericht lehnte diesen Antrag ab und sagte im Urteil: »Die Art der Verteidigung des Angeklagten, das Bestreiten jeder schweren Straftat können nur darin bestärken, daß die Angaben des Zeugen den Tatsachen entsprechen!«

Der Totschlagversuch, wegen dessen Ebers verurteilt wurde, soll darin bestehen, daß er den Wachtmeister Reinke mit dem Gewehrkolben über den Rücken geschlagen habe. Da das Gericht wohl einsah, daß solche Dinge schon manchmal vorgekommen sind, ohne als Totschlagversuch gewertet zu werden, schrieb es: »Es kann keinem Zweifel unterliegen, daß der Angeklagte dem Wachtmeister hat den Schädel einschlagen wollen, wie es bei solchen Gelegenheiten Sitte ist!«*

Für die zahllosen Urteile gegen Angehörige der Roten Armee, die sich in den Tagen des Kapp-Putsches gebildet hatte, möge hier nur ein charakteristisches Beispiel aufgeführt werden. Vor dem Naumburger Sondergericht hatte sich die kommunistische Stadtverordnete von Halle, Hedwig Krüger, zu verantworten, die während der Märzunruhen Samariterdienste geleistet hatte. Felix Halle, der eine ganze Reihe von Fällen aus jener Terrorjustiz gegen links überliefert hat, berichtet:[20]

Es wurde in der Hauptverhandlung festgestellt, daß sie zusammen mit bürgerlichen Ärzten gearbeitet hat. Es wurde weiter bewiesen, daß sie ihre Dienste jedem gegeben hat, der zu ihr kam, den Angehörigen der Roten Armee ebenso wie den Schupomannschaften. Das Ausnahmegericht bestrafte sie, indem es begründete: wenn ein roter Soldat das Lazarett sah, in dem die Kommunistin tätig war, dann wurde sein Entschluß zum Kampf gegen die Regierung gestärkt; denn er sagte sich: ich werde, wenn mir etwas passiert, eine ordnungsmäßige Verpflegung und Behandlung bekommen. Es wurde also, sagte das Ausnahmegericht, mit der Samaritertätigkeit die Rote Armee unterstützt und damit der Hochverrat gefördert. Somit lag *Beihilfe zum Hochverrat* vor und die Genossin Krüger wurde für ihre Samariterdienste zu *fünf Jahren Zuchthaus verurteilt*.

---

* Ebers wurde zu lebenslänglichem Zuchthaus begnadigt, floh nach sechsmonatiger Haft nach Rußland und kehrte 1928 nach Deutschland zurück. Hier wurde er erneut zur weiteren Strafverbüßung in Haft genommen. Grossmann, damals Generalsekretär der Deutschen Liga für Menschenrechte, bemühte sich um seine Begnadigung, die endlich 1931 oder 1932 erfolgte (Mitteilung von Kurt R. Grossmann).

Hedwig Krüger hatte aber noch ein weiteres Verbrechen begangen: Sie hatte sich bei der Ausübung ihrer Samariterdienste eine irgendwo gerade hängende Schürze umgebunden, die ihr nicht gehörte. Nach ihrer Verhaftung beauftragte sie ihre Mutter, diese Schürze zu waschen und zu plätten und an die Eigentümerin zurückzusenden. Das Ausnahmegericht stellte fest: die Angeklagte habe zwar die Schürze nicht mit Gewalt genommen; aber in dem Hause, in dem die Schürze hing, seien rote Soldaten gewesen. Wenn sie die Schürze nehmen konnte, so nur deshalb, weil sie unter dem Schutze der Roten Armee stand, und weil die Eigentümerin der Schürze infolgedessen nicht den Mut hatte, die Schürze vorzuenthalten. Hedwig Krüger wurde daraufhin wegen *räuberischer Erpressung zu zwei Jahren Zuchthaus verurteilt*. Aus den beiden Strafen wurde eine Gesamtstrafe von *sechs Jahren Zuchthaus* gebildet.

DIE KAPP-AMNESTIE

Nicht nur Verhaftungen und Strafen trafen ganz einseitig und zumeist durchaus gegen den Sinn von Gesetzen, die dem Schutz des demokratischen Staates dienen sollten, demokratisch gesinnte Arbeiter und Bürger und zerbrachen ihren Willen, die Republik zu verteidigen. Auch die Amnestiegesetze, die zur Korrektur dieser Flut von Fehlurteilen notwendig waren, wurden gegen den erklärten Willen der Parlamentsmehrheit einseitig interpretiert, um das Gros der Kapp-Putschisten laufenzulassen, andererseits aber den proletarischen Verteidigern der Republik die Strafbefreiung vorzuenthalten. § 1 des Amnestiegesetzes vom 4. August 1920 lautete:
Für Straftaten, die zur Abwehr eines hochverräterischen Unternehmens gegen das Reich begangen worden sind, wird Straffreiheit gewährt.
Ferner wird Straffreiheit Personen gewährt, die an einem hochverräterischen Unternehmen gegen das Reich mitgewirkt haben, sofern sie nicht Urheber oder Führer des Unternehmens gewesen sind.
Straffrei sind auch Handlungen, die im Zusammenhange mit dem hochverräterischen Unternehmen oder seiner Abwehr begangen worden sind, sofern sie nicht lediglich auf Roheit, Eigennutz oder sonstigen nichtpolitischen Beweggründen beruhen.
Von der Straffreiheit sind ausgeschlossen die Verbrechen gegen das Leben (§§ 211, 212, 214 des Strafgesetzbuches) und die Verbrechen der schweren Körperverletzung (§§ 224 bis 226 des Strafgesetzbuches) und der Brandstiftung (§§ 306 bis 308, 311 des Strafgesetzbuches).
Das Gesetz enthielt schon als solches eine Ungerechtigkeit, indem es durch die Formel vom »gegen das Reich begangenen« Hochverrat ein Zugeständnis an die bayerische Regierung von Kahr enthielt, die die Teilnehmer der bayerischen Räte-

republik von der Strafbefreiung ausschließen wollte. Felix Halle[21] schrieb:
Die Fassung des Amnestiegesetzes vom 4. August 1920 bedeutet die beschämende Anerkennung, daß der Hochverrat gegen Bayern zurzeit ein schwereres Delikt ist als der Hochverrat gegen das Reich.
Aber die Anwendung des Amnestiegesetzes durch die Gerichte vertiefte diese Ungleichbehandlung von Hochverrätern der Rechten und solchen der Linken noch erheblich. Während das Reichsgericht den Teilnehmern des Kapp-Putsches bis zum Generals- und Ministerrang die ›Führer‹-Eigenschaft absprach, um sie amnestieren zu können, wurden Teilnehmer der gegen den Kapp-Putsch gerichteten Arbeiter- und Einwohnerwehren schon dann als Rädelsführer qualifiziert, wenn sie nur untergeordnete Funktionen ausgeübt hatten. Diese Interpretation setzte überdies voraus, daß die Kämpfe der Arbeiterschaft als selbständige hochverräterische Unternehmen (§ 1, Abs. 2) und nicht als »Abwehr eines hochverräterischen Unternehmens« (§ 1, Abs. 1) gewertet wurden. Ein bezeichnendes Beispiel dafür, wie die Gerichte bemüht waren, proletarischen Teilnehmern der Kämpfe im Ruhrgebiet die in erster Linie für sie gedachte Wohltat der Amnestie zu versagen, ist der Fall der kommunistischen Parteifunktionärin Rosi Wolfstein, den der Abgeordnete Remmele (KPD) in der Reichstagssitzung vom 24. 1. 1921[22] mitteilte. Diese wurde vom Landgericht Düsseldorf wegen Ausrufung der Räterepublik verurteilt. Die Anwendung des Amnestiegesetzes lehnte das Landgericht mit der Begründung ab, daß die Angeklagte Führerin des hochverräterischen Unternehmens gewesen sei. Diese Führereigenschaft sollte darin liegen, daß Frau Wolfstein auf dem Wahlvorschlag der kommunistischen Partei zur Reichstagswahl gestanden hatte. Das Oberlandesgericht gab auf das von der Angeklagten eingelegte Rechtsmittel zwar der Meinung Ausdruck, daß die Begründung des Landgerichts, die Angeklagte sei Führerin gewesen, unhaltbar sei, hielt die Verurteilung aber mit der neuen Begründung aufrecht, die Amnestie finde keine Anwendung, weil sich die Tat nicht »gegen das Reich« gerichtet habe. Plötzlich wurde das hochverräterische Unternehmen der Kommunisten im Ruhrgebiet, für das Tausende zu hohen Zuchthaus- und Gefängnisstrafen verurteilt worden waren, im Vergleich zum Hochverrat der Kapp-Leute, für den ein einziger verurteilt worden war, zu einer relativ harmlosen Angelegenheit erklärt, für die es nach der Logik dieser kommunistenfeindlichen Gesetzesinterpreten keine Strafbefreiung gab. Remmele sagte im Reichstag:
Wenn der Aufstand im Ruhrrevier im Anschluß an den Kapp-Putsch nicht als eine Straftat erachtet wird, die unter das Amnestiegesetz fällt, dann ist das Amnestiegesetz überhaupt für die Katze.[22]

FREIKORPS AULOCK

Bei politisch rechtsstehenden Angeklagten wurde eine Straffreiheit auf Grund des Amnestiegesetzes vom 4. 8. 1920 selbst in solchen Fällen angenommen, wo das Gesetz sie nach seinem eindeutigen Wortlaut ausgeschlossen wissen wollte. So sollte die Amnestie keine Anwendung finden für Handlungen, die »lediglich auf Roheit, Eigennutz oder sonstigen nichtpolitischen Beweggründen beruhen«.

Ein geradezu klassischer Fall von Rechts-Blindheit war die Anwendung der Amnestie auf Angehörige des Freikorps Aulock, die während des Kapp-Putsches die republikanisch gesinnte Bevölkerung in Schlesien terrorisiert und sich kaum glaublicher Roheitsdelikte schuldig gemacht hatten. Durch ein aufsehenerregendes Fehlurteil hob das Reichsgericht eine Entscheidung des Landgerichts Breslau auf, die der Justiz erstmalig die volle Zustimmung der demokratisch gesinnten Öffentlichkeit eingetragen hatte.

Am 13. März 1920, dem ersten Tage des Kapp-Putsches, war das Freikorps in Breslau eingerückt. Sogleich begannen Verhaftungen von Personen, die sich entweder im Besitz von Waffen befanden, mißfällige Äußerungen getan hatten oder im Verdacht der politischen Gegnerschaft gegen das Kapp-Regime standen. Die Festgenommenen wurden in das Gebäude des Generalkommandos eingeliefert und waren hier menschenunwürdigen, rohen Mißhandlungen ausgesetzt.

Ein Jahr später berichteten die Tageszeitungen über das vor einer Strafkammer des Landgerichts Breslau durchgeführte Strafverfahren gegen drei der beteiligten Freikorpsangehörigen (Walter, Biskup und Breffka). Am 5. März 1921 schrieb die ›Frankfurter Zeitung‹ (erstes Morgenblatt):

In der weiteren Beweisaufnahme werden die Angeklagten und das Freikorps Aulock noch schwerer belastet. Zu den Mißhandlungen wurden Gummiknüppel, Reitpeitschen, Koppelriemen, Handgranaten und Kochgeschirre benutzt. Die Mißhandlungen geschahen im Beisein der Offiziere, und zwar zum Teil, indem sie ausdrücklich gebilligt wurden mit den Worten: »Schlagt die Leute, wie ihr wollt, schlagt sie meinetwegen tot, aber sagen dürfen wir nichts.« Aulock selbst empfing einen ihm vorgeführten schwer mißhandelten Postgehilfen mit den Worten: »Hast Du schon Deine Abreibung erhalten?« Darauf wurde der Mann nach seiner Abführung nochmals geschlagen. Auch mehrere Offiziere haben sich persönlich an den Mißhandlungen beteiligt. Als ein Kriegsverletzter, der infolge einer schweren Beinverwundung nicht stehen konnte, um eine Stütze bat, rief einer der Angeklagten einem anderen zu, er solle dem Kerl ein Seitengewehr in das Gesäß stoßen, auf das er sich stützen könne. Den eingelieferten jüdischen Gefangenen hielt ein angetrunkener Leutnant politische

Vorträge darüber, daß nur die Juden an allem Unglück Schuld seien, und daß am nächsten Tage alle Juden erschossen werden würden...

Am 9. März 1921 meldete die ›Frankfurter Zeitung‹ (erstes Morgenblatt):
Das Material gegen die angeklagten Aulock-Soldaten nimmt einen immer größeren Umfang an, statt sich zu erschöpfen. In den Aussagen der Mißhandelten werden immer neue Opfer erwähnt, die dann zur Vernehmung geladen werden. Einige dieser Zeugen antworteten auf die Frage des Vorsitzenden, warum sie sich nicht gemeldet haben, daß sie das *Vertrauen zur Rechtsprechung verloren* hätten...

Eine Frau, die die Unschuld ihres plötzlich verhafteten Mannes beteuerte, wurde mit dem Kolben gestoßen, während ein Leutnant dazu rief: »Stoßt sie nieder!« Ein Offizier schrie auf einen verhafteten, der jüdischen Verbindung ›Thuringia‹ angehörigen Studenten, ein: »Auch Du Schwein, Du ein Akademiker. Ihr von der ›Thuringia‹ werdet morgen alle aufgehangen.« An diesem Studenten wurden blutige Striemen festgestellt. Ein Zeuge sagt aus, daß die Offiziere die rohen Handlungen eines Angeklagten, der ihm ins Gesicht spuckte, ihn mit der Faust schlug und mit Füßen trat, durch ermunternden Zuruf: »So ist's recht!« unterstützt haben. Ein Eingelieferter wurde so geprügelt, daß er bat, man solle ihn totschlagen.

Schon in ihrer Ausgabe vom 3. März 1921 (1. Morgenblatt) hatte die ›Frankfurter Zeitung‹ berichtet:
Die Angeklagten bestreiten jedes Verschulden. Sie wollen auch gar nicht gewußt haben, aus welchem Grunde sie zur Besetzung von Breslau herangezogen wurden. Einer von ihnen behauptet sogar, er habe Kapp für einen Bolschewisten gehalten.

Mit welcher Unverfrorenheit sich die Reichswehr zu diesen Banditen bekannte, ist einer Meldung der ›Frankfurter Zeitung‹ vom 9. März 1921 zu entnehmen:
Immer neues Material in nicht endender Fülle wird vorgebracht. Dann aber wird das Bild von der entsetzlichen Roheit der Angeklagten grotesk, als der Verteidiger die Mitteilung macht, daß soeben dem Angeklagten Walter vom Generalkommando die Dienstauszeichnung erster Klasse verliehen worden sei. Das ist etwas, wobei kultivierte Gesinnung nicht mehr mitkommt, und man hat den Eindruck, daß militärischer Dünkel hier Gericht und Zivil brüskieren wollte.

Das Gericht, dessen Vorsitzendem die ›Frankfurter Zeitung‹ schon während der Verhandlung eine sachliche und objektive Prozeßleitung bescheinigt hatte, verurteilte die Angeklagten wegen gefährlicher Körperverletzung in mehreren Fällen zu Strafen zwischen $2^{1}/_{2}$ und 4 Jahren Gefängnis. Eine Anwendung des Amnestiegesetzes vom 20. 8. 1920 lehnte das Gericht ab, da die Straftaten lediglich auf Roheit beruhten.

Die ›Freiheit‹ vom 15. 3. 1921 (Morgen-A.), das Blatt der Unabhängigen Sozialdemokraten, berichtete über das Urteil auf dem

Titelblatt in einem Hauptartikel mit der Überschrift: »Die Breslauer Menschenschinder verurteilt. Ein Ausnahmefall«:
Es ist, soviel wir wissen, der erste Fall, daß nach der Revolution ein deutsches Gericht gegen Verbrecher im Waffenrock ein Urteil gefällt hat, welches dem Rechtsempfinden des Volkes einigermaßen entspricht.
Die ›Frankfurter Zeitung‹ vom 15. 3. 1921 (Abendblatt) resümierte:
In der Beurteilung der Angeklagten war sich die gesamte Presse mit Ausnahme der ganz rechts stehenden Organe, die sich durch einen ehemaligen Aulock-Offizier Bericht erstatten ließen, einig. In diesem Prozeß, der mit außerordentlich angespanntem Interesse von der ganzen Bevölkerung verfolgt wurde, ist endlich einmal ein Urteil gefällt worden, das dem Volksempfinden entspricht. Freilich hätten neben den jetzt Verurteilten auch diejenigen auf der Anklagebank sitzen müssen, denen man die intellektuelle Urheberschaft jener Roheiten vorwerfen muß, und die durch Beispiel und Anfeuerung erst die Atmosphäre geschaffen haben, aus der diese Untaten entstanden sind. Das Gericht ist in seinen Ausführungen zum Amnestiegesetz der Ansicht des Staatsanwalts beigetreten, daß für den Zusammenhang eines Delikts mit der Politik nicht genüge, wenn dieses Delikt durch die Politik ausgelöst worden sei, sondern daß ein unmittelbarer Zusammenhang bestehen müsse. Man wird aus diesem rechtlichen Gesichtspunkt die Eröffnung des Verfahrens auch noch gegen die in der Beweisaufnahme schwer belasteten Offiziere erwarten müssen, deren Schuld angesichts ihrer besseren Schulbildung weit schärfer zu beurteilen ist, und deren Strafloslassung kein Verständnis finden könnte.
Vor dieser Gefahr wußte das Reichsgericht das Offizierskorps und die Reichswehr zu schützen, allerdings auf Kosten des Ansehens der Justiz. Auf die Revision der Angeklagten erklärte es die Kapp-Amnestie für anwendbar und stellte demgemäß das Verfahren ein. Die ›Frankfurter Zeitung‹ schrieb:
Diese rein schematisch-formalistische Entscheidung muß jedes gesunde Rechtsempfinden verletzen und ist nichts weniger als der Ausfluß einer Rechtsweisheit... Es waren nichtswürdige Roheitsakte, für die nach den gerichtlichen Feststellungen Roheit und nichts anderes als Beweggrund in Betracht gekommen sind. Es dient gewiß nicht dem Ansehen des Rechts, wenn es durch unnatürliche Auslegung zur Schützerin verabscheuungswerter Handlungen wird...
Die ›Freiheit‹ vom 23. 6. 1921 zitiert diese Äußerung des bürgerlichen Blattes und fügt hinzu, »daß *Arbeiter*, die in der Abwehr eines hochverräterischen Unternehmens Gefangene ›zur Abschreckung‹ halb zu Tode gemartert hätten, erstens nicht mit so milden Strafen belegt worden wären und zweitens von keinem Reichsgericht amnestiert worden wären«.

DER MECHTERSTÄDTER ARBEITERMORD

Auch in Thüringen hatte sich die Arbeiterschaft zur Verteidigung der republikanischen Verfassung gegen das putschende Militär erhoben. Generalmajor Hagenberg in Weimar, stellvertretender Kommandeur der Reichswehrbrigade 16, hatte eine Bekanntmachung folgenden Inhalts erlassen:
Die bisherige Reichsregierung ist zurückgetreten. Die Weisungen der *jetzigen Reichsregierung* (Kapp!) müssen im Interesse der *Ordnung* unbedingt befolgt werden.
Die Landesregierung in Gotha erließ am 13. 3. einen Aufruf an die Bevölkerung, sich mit allen Mitteln den Maßnahmen des Militärdiktators zu widersetzen. In dem Aufruf heißt es abschließend:
Wir verordnen mit Gesetzeskraft, daß sofort in allen Orten der Republik Gotha aus den Vertretern der Arbeiter- und Betriebsräte Verteidigungsausschüsse gebildet werden, welche die Aufrechterhaltung der öffentlichen Ordnung und Sicherheit durchzuführen und die Bevölkerung gegen die militärischen Aufrührer und gegen Mord und Plünderung zu schützen haben.
Am folgenden Tage rückte Reichswehr ein, die Regierung wurde für abgesetzt, die Landesversammlung für aufgelöst erklärt, ein Mitglied der Regierung vorübergehend verhaftet. Major Heims, Führer der Zeitfreiwilligentruppe, die den Handstreich gegen die Landesregierung geführt hatte, versuchte in einem Gespräch mit Vertretern aller Parteien, diese zur Bildung einer Koalitionsregierung zu bewegen. Ein Mitglied der abgesetzten Landesregierung fragte den Offizier, ob er zur Reichsverfassung oder zu Kapp stehe. Heims antwortete: »Die Verfassung geht mich nichts an, wir haben mit Politik nichts zu tun, wir führen die Befehle unserer vorgesetzten Instanz aus.«[23]
Auch der Bezirksbefehlshaber von Marburg, Freiherr von Schenck, weigerte sich am 14. März, eindeutig zu erklären, ob er zur legalen Reichsregierung oder zu Kapp stehe; er gehorche nur den Befehlen, die aus Kassel kämen. Dort aber saß General von Schöler, der zu Lüttwitz hielt. Erst nach dem schnellen Zusammenbruch des Kapp-Regimes standen sie alle wieder ›auf dem Boden der Verfassung‹. Derselbe Major Freiherr von Schenck, der am 14. März einem Hochverräter gehorchte, rief am 19. März zur Bildung einer Studentenwehr auf, die an den Thüringer Arbeitern, die gegenüber den Hochverrätern die Verfassung verteidigt hatten, furchtbare Rache nehmen sollte.
Aufruf an die Bevölkerung!
Das Vaterland ist in höchster Gefahr. In Thüringen ist Aufruhr, bewaffnete Banden durchziehen raubend und plündernd das Land. Dringende Hilfe ist daher nötig. Die Truppen in Marburg, einschließlich der Zeitfreiwilligen, werden in kürzester Zeit nach dort abtransportiert.

Alle Behörden und alle politischen Parteien, die auf dem Boden der Verfassung stehen, werden zur Mitarbeit an der Aufrechterhaltung der *Ruhe und Ordnung* aufgerufen. Jeder, der die Waffen führen kann, unter Zurückstellung alles Trennenden, verpflichtet sich in den *Dienst des Vaterlandes*. In der *Stunde der Not* müssen wir den Blick über den eigenen engeren Kreis auf *das Ganze* richten und unter Zurückstellung aller persönlichen Interessen den *gemeinsamen Zielen* zustreben.

Marburg, den 19. März 1920 gez. Freiherr von Schenck
  Bezirksbefehlshaber.[24]

Die studentischen Zeitfreiwilligen-Formationen zogen unter Musik mit Korporationsfahnen und Bändern in den Bürgerkrieg, »geleitet von den Worten eines Rektors, welcher den Geist von 1914 gegen eigene Volksgenossen heraufbeschwor«[25]. Sie fanden in Thüringen alles ruhig vor, aber in Ermangelung einer echten ›Feindberührung‹ verhafteten sie in Bad Thal auf Denunziation von Bauern, die während der Kapp-Tage schwarz-weiß-rot geflaggt hatten und Lebensmittelrequisitionen der Arbeiterwehr ausgesetzt gewesen waren, eine Anzahl von Arbeitern, an denen sie ihren vaterländischen Kampfeisen ausließen.

Der Leutnant Lemmer (später Reichstagsabgeordneter der Deutschen Demokratischen Partei; Bundesminister in den Regierungen Adenauer und Erhard) gehörte zu der Volkskompanie, die auf den Spuren der Marburger Zeitfreiwilligen nach Ruhla kam. Die Bevölkerung war sehr verschüchtert und aufgeregt — so berichtete er später als Zeuge vor Gericht —, als wir in Ruhla einzogen. Wir konnten uns das gar nicht erklären, aber bald gewannen die Leute zu unserer Volkskompanie Vertrauen, und wir erfuhren, daß tags zuvor Marburger Studenten in Bad Thal friedliche Bürger abgeführt und unterwegs erschossen hatten. Es waren darunter Familienväter mit vielen Kindern.[26]

Zwei der Erschossenen waren Brüder, deren Eltern bereits drei Söhne im Kriege verloren hatten. Vier oder fünf waren Vertrauensleute der USP, nur einer der Erschossenen hatte der Roten Armee angehört.

Der Prozeß gegen die Haupttäter fand in erster Instanz vor dem Kriegsgericht in Marburg, nach Aufhebung der Militärgerichtsbarkeit in zweiter Instanz vor dem Außerordentlichen Schwurgericht in Kassel statt. Auf der Anklagebank saßen vier Studenten der Rechtswissenschaft, neun Mediziner, ein Philologe. Es handelte sich, wie der Verteidiger, Rechtsanwalt Dr. Luetgebrune, an tiefeingewurzelte Vorurteile appellierend, zu Beginn seines Plädoyers vor dem Kriegsgericht sagte, um »anständige Menschen, um gebildete Menschen, um Akademiker«. Demgegenüber waren die von den Angeklagten erschossenen Arbeiter für konservative Gemüter eine »Bande aufständischer Spartakisten«, Angehörige

der »roten Horden«, »Spießgesellen der Bolschewisten«. Luetgebrune hatte sich in der Mentalität der Richter nicht getäuscht. Das Kriegsgericht, das vom 15. bis 19. Juni 1920 tagte, sprach alle Angeklagten frei.
Die Berufungsverhandlung vor dem Außerordentlichen Schwurgericht in Kassel begann am 14. Dezember 1920 und rollte das furchtbare Geschehen vom 25. März 1920 noch einmal auf.
Das Studentenkorps unter Führung des Fregattenkapitäns von Selchow hatte am 24. März das thüringische Dorf Sattelstädt erreicht. Von dort aus schickte von Selchow eine Abordnung von 60 Mann und einem Offizier nach Bad Thal und ließ 15 als Spartakisten denunzierte Personen verhaften. Mit dem Hinweis, sie sollten vor das Kriegsgericht in Gotha gestellt werden, wurden sie nach Sattelstädt gebracht. Nachdem die Festgenommenen eine Nacht im Spritzenhaus von Sattelstädt zugebracht hatten, mußten sie am frühen Morgen des 25. März am Schluß des Marschzuges zu zweit antreten. Der Jurastudent Heinrich Göbel wurde zum Führer des Gefangenentransportes bestimmt. Jetzt begann das furchtbare Martyrium der Gefangenen, über dessen volles Ausmaß nur die 14 angeklagten Studenten und deren Kumpane etwas hätten sagen können, da keiner der festgenommenen Arbeiter die achte Morgenstunde des 25. März 1920 überlebt hat. Auf einer Strecke von 2,7 km entlang der Straße von Sattelstädt nach Gotha lagen nach einer halben Marschstunde die Leichen der Arbeiter in Abständen verteilt. Der erste wurde in Höhe des Kilometersteins 14,4, der letzte beim Kilometerstein 11,7 erschossen. Schon diese Verteilung der Leichen über eine längere Strecke sprach gegen die Einlassung der Angeklagten, die Gefangenen seien auf der Flucht erschossen worden, denn spätestens nach den ersten Erschießungen mußten sich die übrigen Gefangenen über die Folgen und die Aussichtslosigkeit eines Fluchtversuchs im klaren sein; auch hätten sie, wenn sie überhaupt an Flucht dachten, dazu wohl am ehesten in dem Dorf Mechterstädt Gelegenheit gehabt, das sie passierten, als schon drei Arbeiter unterwegs erschossen worden waren. Auch der Obduktionsbefund und die Lage der Leichen sprach in einigen Fällen gegen eine Erschießung auf der Flucht.
Aber die Unwahrscheinlichkeit der Schutzbehauptung der Angeklagten folgt auch aus den Aussagen der Zeugen, die zusammengenommen das Bild einer planmäßigen Mordaktion ergeben.
Der Zeuge Prof. Hermelink, seinerzeit Führer der Volkskompanie Marburg, berichtete von einem Gespräch mit dem Studenten Metz, der nach seiner Rückkehr von dem thüringischen Unternehmen sehr bedrückt gewesen sei und ihm von einer Begegnung mit Göbels Gefangenentransport berichtet habe. Ein Zeitfreiwilliger habe u. a. gerufen: »Unsere Anatomie braucht Leichen.«[27]

Der Student Metz bestätigte als Zeuge:
Ich bin bei der 6. Kompanie gewesen, die auch Gefangene hatte. Als wir aus Mechterstädt heraus auf die Straße einbogen, stießen wir auf einen Trupp Gefangener mit Begleitmannschaften, die von der anderen Seite kamen. Es war das der Trupp, der von den Angeklagten geleitet wurde. Es erfolgten von beiden Seiten Zurufe; dem Sinne nach wurde uns zugerufen: Habt ihr auch Gefangene? Die werden nicht weit kommen! — Vorsitzender: War Ihnen bereits erzählt worden, daß Gefangene erschossen worden seien? — Zeuge: Das haben wir dort erfahren. Wir waren kurze Zeit weg, da fielen hinter uns Schüsse...[28]
Die Zeugen Arnold und Batz waren zunächst Gefangene einer anderen Kolonne und wurden vorübergehend dem Göbelschen Transport zugeteilt. Ihre Erlebnisse lassen ahnen, mit welchen Schikanen die letzte Lebensstunde der Opfer dieser Mordbuben ausgefüllt gewesen sein mag.
Sie bekamen Schläge und man suchte sie von der Straße zu stoßen. Sie mußten im Laufschritt Drillübungen machen und mit hocherhobenen Händen marschieren. Der Zeuge Arnold wurde von dem Angeklagten Göbel mit der Faust ins Gesicht geschlagen. Göbel riß ihm auch die deutsche Kokarde von der Mütze, schlug ihm mit der anderen Hand ins Gesicht und sagte: Solch ein Schwein darf die deutschen Farben nicht tragen! Arnold hatte nach seiner Aussage auch ein Brot unter dem Arm (er war bei der Besorgung von Lebensmitteln aufgegriffen worden; d. Verf.); das habe ihm Göbel weggeschlagen. Man habe ihnen, den Festgenommenen, auch zugerufen, sie sollten doch ausrücken; der Zeuge hatte das Gefühl, daß man sie habe von der Landstraße wegbringen und dann niederschießen wollen unter der Vorgabe, daß sie geflohen seien. Beide Zeugen haben beobachtet, wie zwei- bis dreihundert Schritt entfernt von ihnen ein Trupp Soldaten einige Zivilisten umringte. Einige Zeit danach wurde hinter ihnen geschossen, und sie sahen später, daß vier Gefangene auf der Straße lagen. Von einer Flucht hätte keine Rede sein können, denn die Leute hätten in einem Viereck nebeneinander gelegen.[28]
Ein Student Weber versuchte die Behandlung der Gefangenen zu beschönigen, ließ aber genügend Roheiten durchblicken:
Die Gefangenen benahmen sich nicht, wie sie sollten. Batz zeigte sich besonders störrisch. Sie machten falsch links- und rechtsherum kehrt. Das reizte Göbel, der von seiner Verwundung her sehr nervös ist. Er wies sie zurecht, aber nur mit der Hand, nicht mit dem Kolben. Er beschimpfte sie auch Spartakistenhunde...[29]
... Weiter wird eine Zeugin, eine alte Frau Wolf, vernommen, die mit bebender Stimme schildert, wie Göbel sie bedroht habe. Er hatte ihr den Gewehrkolben vor das Gesicht gehalten und rief: »Du altes Spartakistenbiest, ich schlage dich tot!« Nur dadurch, daß andere ihn zurückhielten, wurde er am Schlagen behindert. Sie selbst sei so unschuldig wie die liebe Sonne am Himmel.[30]
Ein Student Nölke bestätigte diese Angaben als Zeuge:

Göbel machte gegenüber der Frau auf dem Wagen drohende Bewegungen. Ich hatte den Eindruck, daß er zugestoßen habe. Mir ist aber gesagt worden, daß es nicht der Fall war. Der Kompanieführer gab dann Anweisung, die Gefangenen anständig zu behandeln.[31]
Leider kam dieser Einspruch des Kompanieführers nicht den Thaler Gefangenen zugute, die von der Kolonne weiter entfernt waren, so daß sich der Sadismus der Angeklagten bis zum bitteren Ende austoben konnte.
Besonders wichtig war die Aussage eines Zeugen Wagner, der als Unteroffizier in der Bagage gefahren und sich aus Neugierde nach vorn begeben hatte, als er die Schüsse hörte. Er bekundete, Mißhandlungen der Gefangenen gesehen zu haben. Ein Student Höhnemann habe ihm mitgeteilt, daß die Gefangenen von der Straße heruntergestoßen und planmäßig erschossen worden seien. Und schließlich hörte das Gericht noch eine Gruppe von Telegrafenarbeitern als Zeugen, die seinerzeit entlang der Straße Mechterstädt-Gotha Leitungen wiederherstellen sollten.
Bei Mechterstädt sahen sie zunächst zwei Leichen zehn Meter von der Straße liegen, etwas weiter zwei Leichen im Wassergraben an der Straße, dann vier Leichen 20 Meter von der Straße entfernt in Abständen von etwa 5 Metern. Als sie ein Stück weitergegangen waren, stießen sie auf einen Trupp von acht Gefangenen, die stillstanden und von einem Trupp Soldaten umgeben waren. Die Gefangenen hatten die Hände über dem Kopf und mußten »rechts-« und »linksum« machen und wurden angeschrien. Sie mußten auch auf Kommando die ausgestreckten Hände ineinanderschlagen. Als die Arbeiter eine Strecke gegangen waren, hörten sie hinter sich Schüsse, und bald darauf wurden sie überholt von den Zeitfreiwilligen ohne Gefangene. Auf Befragen sagten sie: »Die Gefangenen sind erledigt.«[32]
Der Bericht der Vossischen Zeitung vom 17. 12. 1920 (Morgen-A.) bringt aus der Aussage der Telegrafenarbeiter noch einige weitere Einzelheiten:
Sie schildern, daß einige Leichen so zerfetzt waren, daß man das Gesicht nicht mehr erkennen konnte. Einem Arbeiter ist aufgefallen, daß eine Leiche mit dem Kopf nach der Straße zu lag mit gefalteten Händen auf dem Rücken... Als wir ein Stück gegangen waren, stießen wir auf einen Trupp Soldaten, die etwa acht Gefangene umringten... Wir wurden schroff angewiesen, vorbeizugehen. Als wir kaum 200 Schritt gegangen waren, hörten wir Schüsse... Ein anderer Zeuge betont, daß die Soldaten nach dem Schießen singend vorbeikamen...
Am nächsten Tage meldeten die Zeitungen den erneuten Freispruch der Marburger Studenten.
...Der Vertreter der Anklage, Staatsanwalt Dr. Sauer, kam zu dem Antrag auf Freisprechung. Er trug alle Momente zusammen, die zur Entlastung der Angeklagten in Frage kamen. Den Belastungszeugen hat er zum großen Teil nicht Glauben geschenkt, nur den Telegraphen-

arbeitern glaubt er insoweit, als die Studenten nach dem Erschießen der Gefangenen singend abmarschiert sind. Er fand hierfür sehr scharfe Worte...
... Sollten sie (die Geschworenen) zu einem Schuldig kommen, dann bitte er sie, die mildernden Umstände zu bejahen.
Die beiden Verteidiger Luetgebrune / Göttingen und Dr. Müller / Hannover schlossen sich dem Antrag des Staatsanwalts an und beantragten ebenfalls in längeren Reden Freisprechung. Die Geschworenen brauchten nur kurze Zeit zur Beratung und sprachen die Angeklagten *nichtschuldig*, die sodann vom Gericht freigesprochen wurden. Die Kosten des Verfahrens wurden der Staatskasse auferlegt. Der Vorsitzende sprach zum Schluß den Geschworenen seinen Dank für ihre pflichttreue Hingabe bei der Ausübung ihres schweren und verantwortungsvollen Amtes aus.[33]

Die liberale bürgerliche und die Linkspresse griffen das Urteil und besonders den Staatsanwalt scharf an. So schrieb die ›Frankfurter Zeitung‹ vom 18. 12. 1920 (Abend-A.):
Das Drama von Mechterstädt hat auch durch das Urteil des Kasseler Schwurgerichts keine das Rechtsempfinden befriedigende Lösung gefunden... Der ungewöhnliche Vorgang, daß der Vertreter der Anklage in seiner Schlußrede selbst alles Entlastende zusammentrug und in den Vordergrund stellte, das Belastende dagegen nach Möglichkeit abschwächte, hat wohl den Ausschlag für diesen Wahrspruch gegeben, für dessen Zustandekommen auch die Zusammensetzung der Geschworenenbank von erheblicher Bedeutung war.

Als der kommunistische Abgeordnete Remmele am 24. 1. 1921 im Reichstag[34] ausrief: »Die Staatsanwälte waren bei diesen Verhandlungen nicht die Ankläger der Studenten, sondern die besten Verteidiger, die man sich überhaupt denken kann«, tönte es von der Rechten: »Und die Geschworenen?« Remmeles Antwort: »Die Geschworenen sind *Ihre* Klassengenossen.« Auch der sozialdemokratische Landtagsabgeordnete Erich Kuttner sah die Erklärung für den Fehlspruch des Schwurgerichts in der »rein kapitalistisch zusammengesetzten... Geschworenenbank«[35].

In dem Kommentar der Frankfurter Zeitung heißt es weiter:
Von dem Kasseler Staatsanwalt gilt das gleiche, was wir über den militärischen Anklagevertreter in Marburg sagten: die Anklagerede klang mehr nach Entschuldigung als nach Sühneforderung und ließ von Empörung über die Tat rein gar nichts erkennen... Der Staatsanwalt ist zu diesem Ergebnis (eines glatten Unschuldig; d. Verf.) auch nur dadurch gekommen, daß er die Aussagen der Belastungszeugen nicht gelten ließ. Er hütete sich freilich, direkt von einer Unglaubwürdigkeit dieser Zeugen zu sprechen, sondern er sprach nur von einem »Irrtum«. Ein merkwürdiger Irrtum von Zeugen, die ganz bestimmte Aussagen über eigene Erlebnisse gemacht haben... Wie kann man solche Aussagen als auf Irrtum beruhend einfach beiseiteschieben, und wie darf ein Staatsanwalt es wagen, diese Zeugen mit der Bemerkung

herabzuwürdigen, sie hätten ein Interesse, die Genossen zu rächen? Damit hat er indirekt die Bezichtigung des Meineids ausgesprochen, eine Bezichtigung, für die er auch nicht die Spur eines Anhaltspunktes beibringen konnte. Denn es ist einfach nicht richtig, daß die Entlastungszeugen durch nichts widerlegt worden seien, dagegen die Aussagen der Hauptbelastungszeugen in Zweifel gezogen werden müssen. Gerade umgekehrt sind die Aussagen der Hauptbelastungszeugen durch zahlreiche Umstände verstärkt worden, auch durch Bekundungen ganz Unbeteiligter, so der vernommenen Telegraphenarbeiter, die auch die Behauptung des Staatsanwalts, daß bei dem herrschenden Nebel nur auf 20 bis 30 Schritte zu sehen war, widerlegen, vor allem aber durch die Lage der Leichen selbst, die es kaum glaublich erscheinen läßt, daß es sich um die Erschießung Fliehender gehandelt hat. Es ist durchaus kein Beweis für einen wirklichen Fluchtversuch erbracht worden. Im Gegenteil sprechen sehr ernstliche Gründe dagegen, einmal weil dieser Versuch ganz aussichtslos gewesen wäre, vor allem aber weil es undenkbar erscheint, daß dann alle tödlich und so schnell getroffen worden wären, daß sie fast nebeneinander hinfallen. Und dazu kommt das Verhalten der Begleitmannschaft, die eilends weiterzog, ohne sich um die Getöteten zu bekümmern, ohne sofort Meldung zu erstatten und den Tatbestand festzustellen, was man doch als etwas ganz Selbstverständliches hätte erwarten können...

Dagegen heißt es in einem Kommentar aus der konservativen Rechtspresse:[36]

...*Unsere braven Jungens* sind freigesprochen worden. Es gibt eben noch Richter in Deutschland. Klar ist die Unschuld der Marburger Studenten erwiesen. Die gemeinen Verleumdungen haben den Linksradikalen nichts genützt. Keine der Verdächtigungen, die man unseren braven Zeitfreiwilligen anzuhängen wagte, hat sich als wahr erwiesen... Das Mißtrauen der Sozialisten gegen das Kriegsgericht hat sich als trügerisch erwiesen. Großes Wehklagen wird im roten Lager herrschen; fehlt es doch angesichts des Freispruchs an »Agitationsmaterial« gegen die »reaktionären Studenten«... Wir freuen uns herzlich über den Freispruch unserer Marburger Kommilitonen. Möchten sie vor weiteren Verleumdungen und Verdächtigungen bewahrt bleiben. Sie werden, dessen sind wir gewiß, auch fernerhin dem Vaterland so gute Dienste erweisen, wie in den Märztagen von 1920.

Politischer Mord

Die Weimarer Republik wurde in den Jahren von 1919 bis 1922 durch eine Serie politischer Morde erschüttert, deren Urheber in den aus den Freikorps und den Wehrverbänden hervorgegangenen ›vaterländischen‹ Geheimbünden saßen, und deren Opfer die besten Köpfe der jungen Republik waren. Vor allem die Sozialisten verloren fast alle wirklich bedeutenden Führer durch Mord. Bei der Verfolgung dieser aus vaterländischen Motiven begangenen Morde hat die Justiz völlig versagt. E. J. Gumbel, der aus privater Initiative die Ermittlungsarbeit geleistet hat, die an sich Sache der Staatsanwaltschaft gewesen wäre, schreibt:[1]
Die meisten politischen Morde sind von den Staatsanwälten überhaupt nicht verfolgt worden. Diese Begünstigung kann nur zum Teil ohne subjektives Wissen vor sich gehen. Die Morde können den Staatsanwälten schon aus den Zeitungen nicht unbekannt geblieben sein. Trotzdem das Legalitätsprinzip den Staatsanwalt verpflichtet, ein Verfahren einzuleiten, sobald ihm glaubwürdige Nachrichten von solchen Verbrechen zukommen, hat in vielen Fällen überhaupt kein Verfahren stattgefunden...
In den Fällen, in denen die Mörder angeklagt worden sind, bleiben die Prozesse — hierin besteht eine große Tradition — vollkommen erfolglos. Zwar wird der äußere Vorgang der Tat einigermaßen geklärt. Zwar kennt man die Täter; aber entweder können sie entweichen oder sie werden freigesprochen oder bald nach einer fiktiven Verurteilung aus der Haft entlassen. Die hinter den Mördern stehenden Mächte werden entweder überhaupt nicht bekannt oder zum mindesten nicht angeklagt. Schon ihre Namensnennung ist verpönt. Sie gehören nicht zur Sache. Immer haben die Gerichte bei der wichtigsten Aufgabe, der Aufdeckung der Hintergründe, versagt; immer wieder sind nur die ausführenden Organe angeklagt worden, immer wieder hat eine schützende Hand die Geldgeber und Anstifter gedeckt...
Die sozialistische Linke hatte ihre führenden Köpfe bereits 1919 verloren. Rosa Luxemburg, Karl Liebknecht, Kurt Eisner, Leo Jogiches*, Hugo Haase**, Heinrich Dorrenbach*** waren durch Mörderhand gefallen. Im Jahre 1921 setzte jedoch eine Folge von Attentaten ein, die einem eng begrenzten Personenkreis zugeschrieben wurden: der ›Organisation Consul‹ (abgekürzt: O. C.).

* Redakteur der »Roten Fahne« und Mitbegründer der KPD.
** Volksbeauftragter der USPD.
*** Führer der Volksmarinedivision.

GAREIS, NIEKISCH, AUER

Es begann mit der Ermordung des USP-Abgeordneten Gareis in München. Gareis hatte im Bayerischen Landtag die Einsetzung eines Untersuchungsausschusses bewirkt,[2] um festzustellen, ob sich eine Organisation zur gewaltsamen Beseitigung von Menschen gebildet habe. Schon waren ein Mord und ein Mordversuch an Verrätern geheimer Waffenlager ruchbar geworden, die Politische Polizei des Präsidenten Pöhner war mit in die Sache verwickelt. Die Empörung über das Vorgefallene war im Landtag zunächst allgemein, plötzlich aber begannen sich die bürgerlichen Parteien von dem Ergebnis der Ermittlungen zu distanzieren. Gareis brachte das mißliebige Thema der geheimen Waffenlager der Einwohnerwehren noch mehrfach im Parlament zur Sprache und galt deshalb in nationalen Kreisen als Vaterlandsverräter. Am 10. Juni 1921 wurde er nachts bei der Rückkehr von einer Versammlung vor seinem Haus erschossen.

Bei der Polizei ging am Tag darauf ein Brief ein, in dem sich ein gewisser Janos rühmte, »dem Gareis das Licht ausgeblasen«[2] zu haben. Als nächster komme Auer, der Führer der Münchener Sozialdemokratie, an die Reihe.[3]

Im Oktober 1921 wurde in Tirol ein Leutnant Schwesinger unter dem Verdacht verhaftet, Gareis ermordet zu haben. Seine Schriftzüge stimmten mit denen des Briefes überein; in seinem Besitz fand sich ein vom ungarischen Konsulat in München ausgestellter Paß auf den Namen Janos Schmidt. Bereits im März 1921 war Schwesinger in den dringenden Verdacht geraten, an einem Fememord beteiligt gewesen zu sein, dank des Eingreifens von Pöhner aber hatten er und seine Spießgesellen sich der Verhaftung durch die Flucht entziehen können. Schwesinger saß 14 Monate in Untersuchungshaft, ohne daß ein Verfahren gegen ihn eingeleitet worden wäre. Im Dezember 1922 wurde er ohne weiteres entlassen.

Nach neuesten Forschungen lag ein Verdacht, Gareis ermordet zu haben, auch gegen den späteren Rathenau-Mörder Erwin Kern vor, der damit noch mehr als bisher als zentrale Figur in der Aktionsgruppe Geheimorganisation Consul erscheint.[3]

Einige Tage nach der Ermordung von Gareis erhielt Frau Niekisch, die Gattin des im Jahre 1919 wegen Beteiligung an der Münchener Räterepublik zu 2 Jahren Festung verurteilten sozialdemokratischen Abgeordneten Ernst Niekisch*, einen Drohbrief,

---

* Niekisch veröffentlichte 1932 die Kampfschrift »Hitler — ein deutsches Verhängnis« und nach dem Krieg »Das Reich der niederen Dämonen«. 1937 wegen »Vorbereitung des Hochverrats« zu lebenslänglichem Zuchthaus verurteilt, wurde er im April 1945 als schwerkranker Mann (erblindet und gelähmt) aus dem Zuchthaus-Hospital befreit. Der Bundesgerichtshof versagte ihm Wiedergutmachungsleistungen, weil er vorübergehend der Volkskammer der DDR angehört hat (vgl. Joseph Drexel: Der Fall Niekisch, Köln 1964).

der die ganze Niedrigkeit der hinter vaterländischen Phrasen verborgenen Mördergesinnung enthüllt:
München, Sommersonnenwende 1921.
Warnung!
Nicht der Gattin einer menschgewordenen Pestbeule am deutschen Volkskörper, sondern der Mutter den dringenden Rat, sich mit Beschleunigung samt kompletter Familie aus Bayern verflüchtigen zu wollen. — Sollte Ihr Gatte die zeitliche Differenz 1919–1921 ignorierend hoffen, wiederum eine, den national empfindenden Teil des deutschen Volkes belästigende politisch prominente Rolle spielen zu können, so bekommt dieser wahnbefangene Schädling an deutscher Eiche nicht etwa bloß einen Denkzettel wie die Judenbuben Dr. Hirschfeld — dieser Schweinigel — oder Sänger und der geschniegelte Jesuitenhengst Erzberger, sondern gleich Liebknecht, Haase, Eisner und Gareis wird dieser Niekisch beim Auftreten im politischen Weichbilde Münchens nicht ab irato, sondern kaltblütig elegant abgeschossen wie ein Kölner Pfeifenkopf in einer Jahrmarktschießbude. Unerträglich widerwärtig sind vollends ganz und halbgebildete Schulmeister als politische Exaltatos. Hat Matt als pflichtbewußter Minister solche Schädlinge beruflich unschädlich zu machen, so ist es unsere Pflicht, — getragen von der Zustimmung des edeldenkenden Volksteils — dieselben physisch zu eliminieren. Das möge auch der hyperkluge Rattenfänger Auer beherzigen. Die Mutter ist gewarnt! Qui vivra verra.
i. A. Das »Schwarze Hundert«
Gau Südbayern4

Als Verfasser dieses Briefes gilt ein gewisser Leutnant Herbert Müller, der als Mitglied der O. C. persönlicher Adjutant von Kapitänleutnant Killinger war und somit zum engsten Kreis der Erzberger-Mörder und ihrer Gehilfen gehörte. (vgl. S. 111)
Die Prophezeiung, daß Auer als nächster drankommen sollte, erfüllte sich nicht ganz. Am 25. Oktober 1921 wurden auf Auer, der sich um Mitternacht auf dem Heimweg von einer Vorstandssitzung befand, Schüsse abgegeben, die er aber sofort erwiderte. In der Dunkelheit konnten die Täter unerkannt entkommen. Auer hatte sich durch Enthüllungen über die Selbstschutzverbände verhaßt gemacht.

DER ERZBERGER-MORD

Weltweites Aufsehen erregte im Sommer 1921 die Ermordung des Zentrumsabgeordneten Mathias Erzberger, der zu den bekanntesten und verhaßtesten Politikern seiner Zeit gehörte. Der Name Erzberger war im öffentlichen Bewußtsein mit drei historischen Ereignissen verknüpft, deren man sich in nationalen Kreisen nicht ohne Ressentiments erinnern konnte: Im Juli 1917 hatte Erzberger im Reichstag mit den Stimmen von Zentrum, Sozialdemo-

kraten und Fortschrittlern eine Friedensresolution eingebracht, die einen Frieden des Ausgleichs und der Verständigung ohne Annexionen forderte und damit einen scharfen Gegensatz zu den nach wie vor annexionistischen Zielsetzungen der Obersten Heeresleitung und alldeutscher Kreise bildete. Im November 1918 war Erzberger, damals Staatssekretär im Kabinett des Prinzen Max von Baden, mit der Führung der Waffenstillstandsverhandlungen in Compiègne betraut worden. Erzberger hat diesen »nationalen Leidensweg« als das Schwerste und Bitterste bezeichnet, was ihm in seiner amtlichen Tätigkeit auferlegt worden sei. Er führte seinen Auftrag zu voller Zufriedenheit Hindenburgs aus, dem er die Demütigung erspart hatte; aber das Odium, die Kapitulation herbeigeführt zu haben, heftete sich an Erzbergers Namen.
1919 setzte er sich in den heftigen Debatten in der Nationalversammlung von Anfang an für die Annahme des Versailler Vertrages ein und war unbesonnen genug, am Abend der Unterzeichnung in ein Gästebuch den schönen Vers zu schreiben: Erst mach dei Sach, dann trink und lach! Von der Friedensresolution über Compiègne bis zum Versailler Diktat ergab sich in den Augen von Erzbergers Feinden eine konsequente Linie von Landesverrat. Dazu kam der Haß, den er sich als Finanzminister der Republik durch scharfe Besteuerung der Besitzenden zugezogen hatte.
Ein erstes Ventil fand der Volkszorn in dem Beleidigungsprozeß, den Erzberger gegen Helfferich anstrengen mußte. Alle Anschuldigungen, die gegen Erzberger erhoben wurden, machte sich die leidenschaftlich beteiligte öffentliche Meinung zu eigen; daß Erzberger schließlich vollkommen rehabilitiert wurde, drang nicht mehr ins allgemeine Bewußtsein. Als der 20jährige ehemalige Fähnrich Oltwig von Hirschfeld Erzberger beim Verlassen des Gerichtsgebäudes auflauerte und ihn durch einen Pistolenschuß verletzte, reagierten weite Volkskreise mit schlecht verhehlter Genugtuung. Erzberger mußte zurücktreten und schied am Tage vor dem Kapp-Putsch aus der Regierung aus.
Im Sommer 1921 hatte Erzberger seine Rückkehr in die Politik angekündigt. Sofort begann wieder die Pressekampagne gegen ihn. Ausdrücke wie »Jesuitenhengst«, »Erzhure von Buttenheim«, »feistgefressener Lump«, »Urbild schmutziger Käuflichkeit« waren in gewissen Blättern Synonyme für Erzberger.[5]
Am 26. August 1921 wurde Erzberger in der Nähe von Griesbach im Schwarzwald auf einem Spaziergang von zwei Männern, die ihm und seinem Begleiter, dem Zentrumsabgeordneten Dietz, schon längere Zeit gefolgt waren, überfallen und durch 7 Schüsse getötet; Dietz wurde schwer verwundet.[6] Der badischen Staatsanwaltschaft gelang es bald, die Täter festzustellen. Es handelte sich um den Oberleutnant zur See Heinrich Tillessen und den ehemaligen Leutnant Heinrich Schulz. Schon seit Anfang August

waren sie auf den Spuren Erzbergers quer durch Deutschland gereist, hatten sich dann, nachdem sie ihr Opfer in Griesbach ausfindig gemacht hatten, in dem benachbarten Oppenau einquartiert und eine günstige Gelegenheit für die Tat ausgekundschaftet. Am Morgen des 26. August waren sie mit dem Postauto nach Griesbach gefahren und hatten dann die Verfolgung ihrer Opfer aufgenommen. Als Erzberger und Dietz den Rückweg antraten, sahen sie die Täter auf sich zukommen. Tillessen gab mehrere Schüsse auf Erzberger und einen auf Dietz ab; als er sein Pistolenmagazin leergeschossen hatte, trat Schulz in Aktion und folgte dem flüchtenden Erzberger, dem er schließlich aus nächster Nähe noch zwei Kopfschüsse beibrachte. Die Täter gingen auf Waldwegen nach Oppenau zurück und begaben sich nach einer Kaffeemahlzeit zum Bahnhof, um nach München zu fahren. Als die badische Polizei ihnen auf die Spur kam, tauchten beide unter. Tillessen wurde von Erwin Kern über die österreichische Grenze gebracht, Schulz blieb so lange in München, bis der Häuserblock, in dem er wohnte, von Polizei umstellt war. Ein Rechtsanwalt Müller, der die Täter zuvor schon mit US-Dollar für die Flucht ausgerüstet hatte, holte Schulz im letzten Moment praktisch unter den Augen der Polizei heraus; auch Schulz gelangte sicher nach Österreich und von da zusammen mit Tillessen nach Ungarn. Hier in Ungarn waren die Täter absolut sicher; weil man ihrer nicht mehr habhaft werden konnte, verliefen die im Zusammenhang mit dem Erzbergermord anhängig gemachten Verfahren im Sande.
Daß Schulz erst in allerletzter Sekunde aus dem Netz geschlüpft war, wurde damals nicht bekannt, aber man ahnte so etwas. Die Presse war voll von Meldungen über Unzuträglichkeiten zwischen badischer und bayerischer Polizei. Man vermutete allgemein, daß die Täter von unterrichteter Seite gewarnt worden waren. Hoegner teilt mit, daß die Münchner Polizei Schulz und Tillessen schriftlich zur Vernehmung vorgeladen habe, was natürlich der Aufforderung gleichkam, sich jetzt möglichst schnell aus dem Staube zu machen.[7]
Trotzdem war die Reise nach München für die badischen Beamten nicht vergebens. In der »Bayerischen Holzverwertungsgesellschaft«, wo Schulz und Tillessen beschäftigt gewesen waren, stießen die Beamten unvermutet auf das Wurzelgeflecht jener unterirdischen Verschwörung, aus dem der nationale Wahn nach der Ermordung von Erzberger noch viele andere verbrecherische Blüten treiben sollte.
Bei der Bayerischen Holzverwertungsgesellschaft handelte es sich um eine Nachfolgeorganisation der Marine-Brigade Ehrhardt, der die Mörder ebenso angehört hatten wie die übrigen Angestellten. Der steckbrieflich gesuchte Korvettenkapitän Ehrhardt lebte in München, was ein offenes Geheimnis war. Anfang August waren

Schulz und Tillessen von ihrem Vorgesetzten, Kapitänleutnant Manfred von Killinger, beurlaubt und mit einem Vorschuß versehen worden. Man kannte sich schon seit dem Kapp-Putsch, als Schulz und Tillessen in Killingers Offiziers-Sturmkompanie Aufnahme gefunden hatten. Killinger war auch nach der Tat noch mit den Mördern zusammengetroffen, hatte ihre Koffer bei sich untergestellt und die Postverbindung mit ihren Angehörigen aufrechterhalten; in seinem Büro fand sich dieselbe Munition, die auch bei der Tat verwendet worden war. Ganz offensichtlich hatte man es bei der Holzverwertungsgesellschaft mit der Geheimorganisation Consul zu tun, die damals durch einen sensationellen Fund der Polizei in den Mittelpunkt des öffentlichen Interesses gerückt war. Killinger und das gesamte Personal der Holzverwertungsgesellschaft, die alle aus den Freikorps kamen, wurden unter dem Verdacht der Beihilfe, Begünstigung und Mitwisserschaft verhaftet, bald aber wieder auf freien Fuß gesetzt. Anklage wurde nur gegen Killinger erhoben, aber auch dieser nur auf Indizien gestützte Prozeß endete am 13. 6. 1922 mit einem Freispruch.

Die Geflüchteten beeilten sich, vom sicheren Ungarn aus ihren in Verdacht geratenen Kameraden Beistand zu leisten. Unter dem Datum des 3. Oktober 1921 schrieben sie an die Staatsanwaltschaft Offenburg folgenden Brief:

Nachdem wir uns in Sicherheit befinden, ist es uns ein Bedürfnis, dem deutschen Volke eine Aufklärung über die Beseitigung Erzbergers zu geben. Wir waren nicht die Täter, wir waren lediglich Werkzeuge. Unsere Aufgabe bestand darin, ... die Spur auf uns zu lenken, ... daß den Tätern reichlich Zeit zur Flucht blieb ...

Auch soviel Aufklärung wollen wir noch geben, daß die Anweisungen zur Tat an uns aus rechtsrheinischen Zentrumskreisen gekommen sind, ebenso die recht erheblichen Geldmittel, ... All die Verhafteten ... sind völlig unbeteiligt ...

    gez. Heinrich Schulz gez. Heinrich Tillessen[7a]

Mit diesem Brief versuchten die Täter nicht nur die Spuren zu verwischen und ihren Fluchthelfern einen Gegendienst zu leisten, es sollte zugleich ein Keil in die Zentrumspartei, in der Erzberger nicht nur Freunde gehabt hatte, getrieben werden, um damit die innenpolitischen Spannungen weiter zu verstärken.

Der Prozeß gegen Killinger, der am 10. Juni 1922 in Offenburg begann, krankte von vornherein daran, daß das Gericht erst einmal den Versuch machen mußte, die Täterschaft von Schulz und Tillessen nachzuweisen, ehe man zu einer Verurteilung ihres Fluchthelfers kommen konnte.

Manfred von Killinger, Kapitänleutnant a. D., hatte am Kampf gegen die Münchner Räterepublik teilgenommen, dann in der Marine-Brigade Ehrhardt die Offizierssturmkompanie Killinger aufgebaut und mit dieser den Kapp-Putsch mitgemacht.

Vor dem Untersuchungsrichter hatte er über seine Tätigkeit in der OC ausgesagt:
Die Abteilung B, deren Vorstand ich war, war eine rein militärische Abteilung. Die OC erstreckte sich über ganz Deutschland. Meiner Abteilung unterstanden etwa 5 000 Mann.[8]

Hier taucht schon die Version von dem rein militärischen Charakter der OC auf, ein Vorbringen, das geeignet war, der Organisation weitgehenden Schutz vor übereifrigen Strafverfolgungsbehörden zu sichern. Im Verfahren leugnete Killinger, mit Schulz und Tillessen in einem anderen als dienstlichen Verhältnis gestanden zu haben, alle Verdachtsmomente gegen die OC wußte er zu verharmlosen. Auch über die finanziellen Zuwendungen an Schulz und Tillessen gelang die erhoffte Aufklärung nicht. Die Zeugen, unter denen sich sehr viele prominente Männer aus der OC wie Kapitänleutnant Karl Tillessen, Kapitänleutnant Kauter, Kapitänleutnant Hoffmann und die Leutnants Hartmut Plaas und Herbert Müller befanden, machten ausgiebig von ihrem Recht der Aussageverweigerung Gebrauch. Es kam bei diesen Vernehmungen nicht viel mehr heraus, als daß die Herren ihrer Meinung über Erzberger noch einmal in aller Öffentlichkeit ungeniert Ausdruck verliehen. Erzberger hätte vor den Staatsgerichtshof gehört, er habe Deutschland in den Sumpf geführt und sei ein gemeingefährlicher Schädling gewesen.[9]

Am 13. Juni 1922 endete der Prozeß mit einem höchst unbefriedigenden Ergebnis: Killinger wurde freigesprochen – neun Tage nach dem Attentat auf Scheidemann und elf Tage vor dem Mord an Rathenau. Es ist geradezu grotesk, daß all diese führenden Köpfe der OC der badischen Polizei damals schon genau bekannt und in das gegen die OC schwebende Verfahren wegen Geheimbündelei verwickelt waren, und daß trotz alledem ihre Anschläge auf republikanische Persönlichkeiten weitergingen. Unter vielen anderen hatte die Polizei auch die späteren Scheidemann-Attentäter Hustert und Oehlschläger in ihre Ermittlungen einbezogen, was die beiden nicht hinderte, den Anschlag auf Scheidemann auszuführen. Der Offenburger Staatsanwaltschaft, die gewillt war zuzufassen, wurde aber nicht die nötige und sonst auch übliche Amtshilfe zuteil. Die bayerischen Behörden machten Schwierigkeiten, als es um die Heranschaffung wichtigen Belastungsmaterials gegen Killinger nach Offenburg ging. Bayern bemühte sich eifrig, das Verfahren gegen die OC vor ein Münchener Gericht zu ziehen, und als der Offenburger Staatsanwalt den Rechtsanwalt Müller verhaften ließ, der Geld für Schulz und Tillessen nach Budapest gebracht hatte und sich als rechte Hand des Sanitätsrats Pittinger in der Landesleitung der Vereinigten Vaterländischen Verbände entpuppte, als damit der Zusammenhang zwischen OC und anderen rechtsradikalen Gruppen wie z. B. Oberland, Orgesch und NSDAP sichtbar würde, da brach in

München ein Sturm der Entrüstung los über die Bespitzelung durch landesfremde Polizeiorgane. Daß die Ermittlungen gegen die Erzbergermörder im Sande verliefen, das geht eindeutig auf das Konto der bayerischen Polizei und ihres Präsidenten Pöhner, der 1923 im Hitler-Prozeß diese Situation mit den klassischen Worten umreißen sollte: »Hochverrat ist das Geschäft, das ich seit 5 Jahren treibe.«
Schulz und Tillessen waren in Budapest bei der Aufgabe einer Depesche an Rechtsanwalt Müller erkannt und verhaftet, auf Anordnung des Oberstadthauptmanns Dr. Hetheny aber wieder freigelassen worden. Im Jahre 1924 wurden die beiden auf dem Gut des rechtsradikalen Führers Gömbös entdeckt und von einem nach Ungarn entsandten Kriminalkommissar verhaftet. Die ungarische Regierung lehnte aber die Auslieferung an das Reich ab, weil es sich um ein politisches Verbrechen handle, und begnügte sich damit, Schulz und Tillessen aus Ungarn auszuweisen.[10]
Tillessen, der nach dem Erlaß der Straffreiheitsverordnung vom 21. März 1933 ebenso wie Schulz nach Deutschland zurückgekehrt und zum Sturmbannführer h. c. avanciert war, stellte sich 1945 aus freien Stücken, um sein Gewissen durch ein Geständnis zu erleichtern. Am 28. Januar 1947 wurde er vom Landgericht Konstanz zu 15 Jahren Zuchthaus verurteilt, Schulz am 19. 7. 1950 durch das Schwurgericht Offenburg zu 12 Jahren Zuchthaus. 1952 wurde beiden auf dem Gnadenwege bedingte Strafaussetzung gewährt.[11]

DIE ERMORDUNG VON WALTHER RATHENAU

Am 24. Juni 1922 wurde Reichsaußenminister Rathenau auf der Fahrt ins Amt auf der Königsallee in Berlin erschossen. Ein Tatzeuge, der Bauarbeiter Krischbin, hat den Vorgang in der ›Vossischen Zeitung‹[12] geschildert:
Gegen 3/4 11 Uhr kamen aus der Richtung Hundekehle die Königsallee hinunter zwei Autos. In dem vorderen, langsamer fahrenden Wagen, der etwa die Mitte der Straße hielt, saß auf dem Rücksitz ein Herr; man konnte ihn genau erkennen, da der Wagen ganz offen war. In dem hinteren, ebenfalls ganz offenen Wagen, einem sechssitzigen, ... starkmotorigen Tourenwagen saßen zwei Herren in langen, nagelneuen Ledermänteln mit ebensolchen Lederkappen, die eben noch das Gesichtsoval freiließen. Die Königsallee im Grunewald ist eine sehr stark befahrene Autostraße, so daß man nicht auf jedes Auto achtet ... Dieses große Auto haben wir aber doch alle gesehen, weil uns die feinen Ledersachen der Insassen ins Auge stachen. Das große Auto überholte den kleineren Wagen, der langsamer, fast auf den Schienen fuhr, ... auf der rechten Straßenseite und drängte ihn stark nach links, fast an unsere Straßenseite hin. Als der große Wagen etwa um eine halbe

Wagenlänge vorüber war und der einzelne Insasse des anderen Wagens nach rechts herübersah, ob es wohl einen Zusammenstoß geben würde, bückte sich der eine Herr (Kern) nach vorn, ergriff eine lange Pistole, deren Kolben er in die Achselhöhle einzog und legte auf den Herrn in dem anderen Wagen an. Er brauchte gar nicht zu zielen, so nah war es, ich sah ihm ... direkt ins Auge. Es war ein gesundes, offenes Gesicht, wie man so bei uns sagt: so'n Offiziersgesicht. ... Da krachten auch schon die Schüsse ganz schnell, so schnell wie bei einem Maschinengewehr. Als der eine Mann mit dem Schießen fertig war, stand der andere (Fischer) auf, zog ab — es war eine Eierhandgranate — und warf sie in den anderen Wagen, neben dem er dicht herfuhr. Vorher war der Herr schon auf seinem Sitz zusammengesunken und lag auf der Seite. Jetzt hielt der Chauffeur an ... und schrie: »Hilfe, Hilfe!« Der fremde große Wagen sprang plötzlich mit Vollgas an und brauste ... ab. Das Auto mit dem Erschossenen stand inzwischen an der Bordschwelle. In dem gleichen Augenblick gab's einen Krach und die Eierhandgranate explodierte. Der Herr im Fond wurde von dem Druck ordentlich hochgehoben, sogar das Auto machte einen kleinen Sprung ... Der Chauffeur warf seinen Wagen wieder an, ein junges Mädchen stieg in den Wagen und stützte den bewußtlosen, wohl schon toten Herrn, und in großer Fahrt fuhr der Wagen ... zurück zur Polizeiwache.

Der Mord rief im demokratisch gesinnten Teil der deutschen Öffentlichkeit große Empörung hervor. Sie richtete sich gegen die völkisch-nationalen Kreise, deren Presse und Redner in unverantwortlicher Weise zum Mord gehetzt hatten. Man konnte damals auf den Straßen den barbarischen Vers hören:
Knallt ab den Walther Rathenau,
die gottverdammte Judensau!

Rathenau war aber nicht nur als Jude verfemt. Von seinen Standesgenossen unter den Großindustriellen wurde er wegen seiner Arbeiterfreundlichkeit mit Mißtrauen betrachtet, von den linken Parteien als Kapitalist abgelehnt. Aus seinen Feinden wurden Todfeinde, als er unter Reichskanzler Wirth, der ihn persönlich hochschätzte, in die politische Arena einziehen konnte. Er wurde 1921 Wiederaufbauminister und Anfang 1922 Außenminister, wohl wissend, daß ein solcher Posten für ihn lebensgefährlich war. Der von Rathenau konsequent verfolgte Kurs einer Erfüllungspolitik, die seiner Überzeugung nach den Siegermächten sehr schnell klar machen mußte, daß ihre Forderungen aus dem Versailler Vertrag nicht einzutreiben waren, gab der Rathenauhetze ebenso neue Nahrung wie der Abschluß des Rapallovertrages, von dem die einen glaubten, daß er die Westmächte zum Schaden für Deutschland verärgert und neues Mißtrauen gesät habe, während nationale Kreise in dem Vertrag mit Rußland den Anfang einer schleichenden Bolschewisierung erblickten.

Am 23. Juni, einen Tag vor Rathenaus Ermordung, hatte der deutschnationale Abgeordnete Helfferich im Reichstag eine leidenschaftliche Anklagerede gehalten gegen die offizielle Politik der Entspannung und Erfüllung, die mit dem Namen Rathenau in all ihren Stadien verbunden war. Mit der Skrupellosigkeit eines Mannes, der keine politische Verantwortung trägt, hatte Helfferich sich zum Sprachrohr der populären Ressentiments gemacht, den Glanz des Kaiserreiches der Ohnmacht der Republik gegenübergestellt, der Erfüllungspolitik die Schuld an der Geldentwertung und der Zerstörung des Mittelstandes zugemessen, Rathenaus vornehm-zurückhaltende Formulierungsweise als mangelnde Vaterlandsliebe angeprangert und in dem Ruf nach dem Staatsgerichtshof, vor den die Regierung gestellt werden müßte, den Gipfel seiner Haßtiraden erklommen.[13]

Als keine 24 Stunden später der Reichstag unter dem Eindruck des Mordes an Rathenau in höchster Erregung wieder zusammentrat, wurde Helfferich von der allgemeinen Empörung und dem Rufe: »Mörder! Handschellen für die Mörder! Ins Zuchthaus!« aus dem Saal getrieben.[14] Die Abgeordneten der äußersten Linken weigerten sich zunächst, zusammen mit den Deutschnationalen Platz zu nehmen, und auch die Reden dieses und des folgenden Tages ließen keinen Zweifel daran, daß nunmehr mit dem Schutz des republikanischen Staates und seiner Exponenten Ernst gemacht werden müsse.

»Die deutschvölkische Hetze zeigt ihre Erfolge«, rief der sozialdemokratische Abgeordnete Wels aus, »... es ist genug; bis hierher und nicht weiter.« Der Zentrumsabgeordnete Marx erklärte: »Wenn nach Lage der Dinge mit aller Entschiedenheit zum Schutze der Republik Stellung zu nehmen ist, so kann es niemand einer Regierung, die ernstlich vorgehen will, übelnehmen, wenn sich ihre Maßnahmen in erster Linie gegen die Rechte wenden.«[15] Den Höhepunkt bildete die Rede des Reichskanzlers Dr. Wirth:

... Niemals habe ich einen Mann edlere vaterländische Arbeit verrichten sehen als Dr. Rathenau. Was aber war nach der rechtsvölkischen Presse sein Motiv? Ja, meine Damen und Herren, wenn ich in diesem Briefe lese, daß natürlich die Verträge alle nur abgeschlossen sind, damit er und seine Judensippschaft sich bereichern können, (stürmische Pfuirufe, andauernde wachsende Erregung; — Rufe links: Lump! Schurke!) dann können Sie wohl verstehen, daß unter dieser völkischen Verheerung, unter der wir leiden, unser deutsches Vaterland rettungslos dem Untergang entgegentreiben muß.

Der Reichskanzler endete mit dem berühmtgewordenen Satz:

Da steht (nach rechts) der Feind, der sein Gift in die Wunden eines Volkes träufelt. — Da steht der Feind — und darüber ist kein Zweifel: dieser Feind steht rechts! (Stürmischer langanhaltender Beifall)[16]

In dieser Stimmung hatten die Abgeordneten des Reichstags wenige Stunden nach dem Mord eine Erklärung der Reichsregierung des Inhalts entgegengenommen, daß der Reichspräsident auf Empfehlung der Regierung eine Verordnung zum Schutze der Republik erlassen habe.
Otto Wels (SPD) mahnte schon am 25. Juni 1922:
Wir wissen, daß die Ausführung der Verordnung der Regierung das Entscheidende ist. Wir kennen die Schwierigkeiten, die in dem reaktionären Beamtenheer dem wirkungsvollen Schutz der Republik entstehen. (Zurufe links: Aufräumen mit der Gesellschaft!) An sie richte ich das Wort: wer der Republik nicht dienen will, der soll darauf verzichten, von ihr Gehalt und Einkommen zu beziehen, (wiederholte lebhafte Zustimmung links) der soll aus ihrem Dienst ausscheiden! ... Die Regierung muß sich klar darüber sein: der Glaube in den Arbeitermassen an ein rücksichtsloses Zugreifen gegen rechts ist gering ... Die Justiz in unserem Lande ist ein Skandal, der zum Himmel schreit! (Stürmische Zustimmung links) Die in ihr betätigte Reaktion unterwühlt die Grundfesten der Republik ...[17]
Seinen Befürchtungen trat der Reichsjustizminister, der Sozialdemokrat Dr. Radbruch*, entgegen:
Die Verordnung des Reichspräsidenten ist aus einer Notlage erwachsen, die durch Ausschreitungen und Kundgebungen rechtsradikaler Kreise entstanden ist. (Sehr wahr! links) Irgendwelcher Anlaß zu Befürchtungen linksradikaler Ausschreitungen liegt nicht vor. (Lachen bei den Deutschnationalen) Eine Verordnung, die sich auf bisher gar nicht vorliegende linksradikale Ausschreitungen mit erstrecken würde, würde mit dem Geist des Art. 48 der Reichsverfassung nicht in Einklang stehen, die eine bereits vorliegende erhebliche Störung der öffentlichen Ordnung fordert. Besorgnisse der Arbeiterschaft, daß auch diese Verordnung zwar gegen den Rechtsradikalismus gerichtet sei, aber nachher nach links angewendet werden würde, sind völlig unbegründet. (Widerspruch und Zurufe auf der äußersten Linken) Die Fassung »Gewalttaten gegen die republikanische Staatsform« ist nach eingehender Prüfung gewählt worden, um klarzustellen, daß rechtsradikale Gewalttaten gemeint sind. (Bravo! links und in der Mitte.)[18]
Die Verordnung wurde am 21. 7. 1922 durch ein Gesetz zum Schutze der Republik ersetzt (RGBl I. S. 585), durch das u. a. mit schweren Strafen bedroht wurde, »wer an einer Vereinigung oder Verabredung teilnimmt, zu deren Bestrebungen es gehört, Mitglieder einer republikanischen Regierung des Reichs oder eines Landes durch den Tod zu beseitigen« (§ 1). Die Strafbestimmungen konnten auf die Rathenaumörder keine Anwendung finden, da man den rechtsstaatlichen Grundsatz ›nulla poena sine

---

* Prof. Dr. Gustav Radbruch (1878–1949), Professor für Strafrecht und Rechtsphilosophie an den Universitäten Königsberg, Kiel, Heidelberg. Mitherausgeber der ›Justiz‹. Reichsjustizminister 1921/22 und 1923. 1933 aus politischen Gründen entlassen. 1945 in seine Heidelberger Professur wiedereingesetzt.

lege‹ (eine Tat kann nur bestraft werden, wenn die Strafbarkeit gesetzlich bestimmt war, bevor die Tat begangen wurde) damals noch streng beachtete. Aber der nach dem Republikschutzgesetz zu errichtende Staatsgerichtshof wurde zur Aburteilung der Rathenau-Mörder zuständig. Die Besonderheit dieses Gerichts bestand darin, daß es mit 9 Mitgliedern besetzt war, von denen nur 3 Mitglieder des Reichsgerichts waren, während die übrigen 6 Mitglieder nicht die Fähigkeit zum Richteramt – also keine juristische Ausbildung mit zwei Staatsprüfungen – zu haben brauchten. Alle Mitglieder wurden nach dem Gesetz vom Reichspräsidenten ernannt. Auf diese Weise hofften die republikanischen Parteien, endlich demokratisch gesinnte Staatsbürger in ein Richteramt von zentraler Bedeutung zu bekommen. Aber schon das Verhältnis von 3 konservativen Reichsgerichtsräten zu nur 6 anderen Mitgliedern war ein Kompromiß, der – bei gleichmäßiger Berücksichtigung konservativer und fortschrittlicher Kräfte bei der Auswahl der 6 nichtrichterlichen Beisitzer – eine konservative Mehrheit sicherstellen mußte. Auch bot die Person des Reichspräsidenten kaum Gewähr dafür, daß seine Auswahl wirklich solche Staatsbürger traf, die einen neuen Geist in das alte kaiserliche Reichsgericht einziehen lassen würden – das galt schon für Friedrich Ebert, in weit höherem Maße aber für seinen Nachfolger, den kaiserlichen Generalfeldmarschall Paul von Hindenburg. Man verließ sich schließlich doch wieder auf den Juristenverstand, so daß in der Praxis auch die nicht-richterlichen Mitglieder des Staatsgerichtshofs zumeist Juristen, mit Vorliebe pensionierte Richter waren, die ihre im kaiserlichen Obrigkeitsstaat erlernte Schulweisheit in das höchste, zum Schutze der Republik bestimmte Gericht einbrachten, aber nur ausnahmsweise einen Hauch vom Geiste demokratischer Staatlichkeit verspürt hatten. Der Staatsgerichtshof und das Gesetz zum Schutze der Republik wurden in der Praxis genau das, was die Linke befürchtet hatte: neue politische Waffen zur Bekämpfung der Kommunisten. Der Feind, der rechts stand, und dem die Republik schließlich zum Opfer gefallen ist, wurde auch von diesem Gericht in empörend einseitiger Rechtsanwendung geschont.

Es gibt nur zwei Prozesse, in denen man dem Staatsgerichtshof zum Schutze der Republik ohne wesentliche Einschränkungen bescheinigen kann, gegen rechts energisch durchgegriffen zu haben: der Prozeß gegen die Gehilfen der Rathenau-Mörder und der Prozeß gegen die Scheidemann-Attentäter. In diesen Fällen waren die elementaren Grundsätze des Rechts so offensichtlich verletzt, der Abscheu aller anständig Gesinnten vor der Gemeinheit der Verbrechen so allgemein, daß kein Gericht es hätte wagen können, die Täter als Ehrenmänner zu behandeln, ohne sein Gesicht zu verlieren. Auch waren beide Verbrechen selbst von einer extrem ›vaterländischen‹ Ideologie her kaum überzeugend zu

rechtfertigen, ihre Verherrlichung – an der es trotz Republikschutzgesetz und Staatsgerichtshof nicht fehlte! – blieb ein Produkt irrationalen Hasses gegen Judentum und Republik.
Die Haupttäter des Rathenau-Mordes, die ehemaligen Offiziere Erwin Kern und Hermann Fischer, entgingen ihrem Richter. Sie trieben sich noch einige Tage in Berlin herum, wo die erregten Massen in gewaltigen Kundgebungen gegen die Mordtat demonstrierten; dann strebten sie Warnemünde zu, um von dort aus nach Schweden zu fliehen. Die Attentäter hatten sich aber im Datum geirrt und kamen einen Tag früher als verabredet. Als sie das Boot nicht vorfanden, glaubten sie den Plan verraten und kehrten unverrichteter Dinge wieder um. Damit war ihr Schicksal besiegelt. Von einem ungeheuren Polizeiaufgebot verfolgt, schlugen sie sich wochenlang durch. Am 16. August endlich wurden Fischer und Kern auf der Burg Saaleck beobachtet und gestellt. Im Angesicht des Todes brachten sie ein Hoch auf Kapitän Ehrhardt aus. Kern wurde von Polizeibeamten, die das Feuer auf den Wohnturm der Burg eröffnet hatten, erschossen, Fischer gab sich selbst den Tod. Das Ende der beiden Mörder wurde von den Nationalen zu einem Heldenepos aufgewertet. Typisch ist etwa die Darstellung bei Ernst von Salomon in den »Geächteten«.
Für die Verhandlung vor dem Staatsgerichtshof[19] blieb nur noch die traurige Nachlese der Helfer und Begünstiger der Mordtat. Da war der Bankbeamte (und spätere Schriftsteller) Ernst von Salomon aus Frankfurt/Main, der Anfang Juni mit Fischer und Kern in Berlin zusammengetroffen war und von ihnen den Auftrag erhalten hatte, in Kiel oder Hamburg einen Chauffeur für eine »nationale Sache« zu besorgen. Da war der Detektiv Niedrig, der Salomon als Chauffeur nach Berlin gefolgt war. Seine Dienste waren aber nicht mehr benötigt worden, da Kern in dem Studenten Ernst Werner Techow bereits einen zuverlässigen Fahrer gefunden hatte. Techow hatte das Mordauto, das von dem Fabrikanten Küchenmeister zur Verfügung gestellt worden war, aus Freiberg in Sachsen abgeholt. Er hatte am Steuer gesessen, als die tödlichen Schüsse auf Rathenau fielen, und den Wagen nach der Tat in eine Seitenstraße gesteuert, wo man, nur wenige hundert Meter vom Tatort entfernt, sich der Lederkappen und der Maschinenpistole entledigt und die alarmierten Polizeiwagen kaltblütig hatte vorbeirasen lassen. Techow hatte sich nach der Tat auf dem Gut seines Onkels verbergen wollen, der ihn jedoch der Polizei ausgeliefert hatte. Karl Tillessen, der Bruder des Erzberger-Mörders, und Hartmut Plaas waren ebenso wie der jüngere Bruder Techows in den Mordplan eingeweiht worden. Sie hatten aber das Attentat in der vorgesehenen Form abgelehnt und Berlin verlassen. Die Verschwörer hatten noch mehrere Personen ins Vertrauen gezogen, darunter vor allem den Jurastudenten Willy Günther aus Berlin, der dank seiner ausgedehnten Be-

ziehungen nützlich erschienen war. Außer den Genannten saß unter anderen noch der Gymnasiast Stubenrauch auf der Anklagebank, weil er selbständig einen Mordplan gegen Rathenau konzipiert hatte, der ihm aber von Fischer und Kern wieder ausgeredet worden war.

Das Bild, das die Angeklagten boten, war ungewöhnlich. Blutjunge Leute aus gutem Hause saßen da vor ihren Richtern. Hans Gerd Techow, dessen verstorbener Vater im Berliner Magistrat eine angesehene Stellung bekleidet hatte, war Gymnasiast und 16 Jahre alt. Der 17jährige Unterprimaner Heinz Stubenrauch war Sohn eines Generals; Ernst von Salomon, Sohn eines hohen Polizeioffiziers, war 19 Jahre alt. Ernst Werner Techow und Hartmut Plaas waren 21. Trotzdem hatte die aufgeregte Zeit die jungen Leute schon in ihren Strudel gerissen: Jeder war Mitglied von 4 oder 5 nationalen Vereinen; Stubenrauch war schon mit 15 Jahren mit seinen Eltern dem Bunde der Aufrechten beigetreten, Hans Gerd Techow hatte es mit seinen 16 Jahren sogar schon zum Vorsitzenden des Deutschnationalen Jugendbundes Groß-Berlin gebracht, mit 14 war er bereits beim Kapp-Putsch als Kurier beteiligt gewesen.

Kapp-Putsch und Marine-Brigade Ehrhardt, das ist der Knotenpunkt, zu dem sich alle Lebensläufe zurückverfolgen lassen, auch die von Fischer und Kern. Nur von Salomon paßt nicht so ganz ins Schema: Er war nur Mitglied des Verbands nationalgesinnter Soldaten und hatte als Baltikumkämpfer den Kapp-Putsch nicht in Berlin unter Ehrhardt, sondern in Harburg unter seinem Hauptmann Berthold mitgemacht. Vielleicht ist das der Grund, warum Salomon immer wieder das Bestehen der Organisation Consul bestritten hat: Er gehörte eben nicht so zwangsläufig dazu wie die Ehrhardt-Leute.

Die beiden Techow jedenfalls bekannten ohne Zögern, der OC angehört zu haben, allerdings war der jüngere wegen mangelnder Verschwiegenheit ausgeschlossen worden. Ernst Werner Techow sagte folgendes über die OC aus:

Die Organisation C. hat sich allmählich herausgebildet, und zwar sind es hauptsächlich ehemalige Angehörige der Brigade Ehrhardt gewesen, die sich freiwillig zusammengeschlossen haben, um späterhin als Selbstschutz bei auftretenden Kämpfen wiederum ihr Leben für die Regierung einsetzen zu können und das deutsche Vaterland zu retten.[20]

Der junge Stubenrauch hatte sich von Günther, der nicht der OC angehörte, sondern ›nur‹ dem Deutschnationalen Jugendbund, dem völkischen Schutz- und Trutzbund, dem Deutschen Treubund, dem Deutschen Offiziersbund und der Deutschnationalen Volkspartei, sagen lassen, solche Dinge wie sein geplantes Attentat auf Rathenau würden bei der OC gemacht, allerdings verlange man dort eine zweijährige Probezeit und beschäftige die

Leute zunächst mit kleinen Dingen, bevor man sie an so etwas Großes herangehen lasse. Auf Veranlassung Günthers hatte Stubenrauch dennoch einen Brief an die OC geschrieben und angefragt, ob er bei Ausführung seines Planes von der Organisation Consul unterstützt werden würde. Eines Tages war Stubenrauch von Günther nach der Schule abgeholt worden, es seien zwei Herren von der OC in München da, die mit ihm über seinen Plan sprechen wollten. Im Ratskeller war Stubenrauch dann mit Kern, Fischer und Techow zusammengetroffen, die ihm geraten hatten, von seinem Vorhaben Abstand zu nehmen, er könne aber bei kleineren Aufgaben Verwendung finden. Dies waren von den Angeklagten freimütig eingestandene Einzelheiten über die OC, nämlich daß »man«, ohne ihr anzugehören, von der OC wußte, daß sie »solche Sachen« übernehmen, daß man einen Brief an die OC richten konnte und dann auch Antwort bekam, und man möchte meinen, weiterer Beweise für das Bestehen einer solchen Organisation bedürfe es nicht.[21]

In anderen Punkten aber stieß das Gericht auf eiserne Verschwiegenheit. Man hatte es mit Angeklagten zu tun, die sich offen zu ihren Taten bekannten, die Hintermänner aber absolut deckten. Selbst Techow, für den es um Leben und Tod ging, war nicht bereit, irgend etwas preiszugeben.

Schwiegen die Angeklagten unter dem Druck einer Femedrohung oder war das Schweigen für sie Ehrensache? Wenn man Salomons autobiographische Romane liest, so bleibt kein Zweifel daran, daß die meisten dieser jungen Leute aus Überzeugung jedes persönliche Opfer brachten, wenn nur die große ›nationale Sache‹ geschützt werden konnte. Es ist ja auch bezeichnend, daß die ›Feme‹ nur bei Günther in Erscheinung trat, der allgemein als unzuverlässiger Großsprecher galt:

Am 19. Oktober 1922 erließ der Oberstaatsanwalt beim Landgericht Leipzig einen Aufruf, in dem es u. a. hieß:

Am 30. September 1922 zwischen 1 und 2 Uhr nachmittags ist auf dem Postamt Berlin W 35 ein Päckchen an den Angeklagten im Rathenau-Prozeß

»Cand. jur. Willy Günther in Berlin NW 52, Alt-Moabit 12 a, Untersuchungsgefängnis, Gefängnis I«

abgegeben worden. Das Päckchen erweckte den Anschein einer Sarotti-Originalpackung. Wie festgestellt worden ist, war die Packung vorher sorgfältig geöffnet und dann wieder geschickt verklebt worden. Die mit Schreibmaschine geschriebene Paketadresse trug als Absendervermerk ... die Angabe: »Sarotti-Aktiengesellschaft, Berlin-Tempelhof, Teilestr. 3«. Die Sarotti-Aktiengesellschaft pflegt aber ihre Sendungen mit vorgedrucktem Absendervermerk zu versehen.

Nach dem bisherigen Ergebnis der Untersuchung besteht der dringende Verdacht, daß mit der Versendung des Päckchens ein Attentat auf das Leben des Angeklagten Günther beabsichtigt war, wohl weil der

oder die Täter fürchteten, daß durch Günthers Aussagen in dem damals unmittelbar bevorstehenden Prozeß vor dem Staatsgerichtshof zum Schutze der Republik die Hintermänner des Mordes an dem Reichsaußenminister Dr. Rathenau verraten werden würden. Aus dem Sachverständigengutachten ergibt sich, daß die in dem Päckchen enthaltenen Pralinen in sehr geschickter Weise geöffnet und wahrscheinlich mittels einer Spritze mit arseniger Säure gefüllt worden sind ... Da die Pralinen verspätet eintrafen, hatte Günther, der inzwischen nach Leipzig abtransportiert worden war, in einer Verhandlungspause Gelegenheit, anderen davon abzugeben. Nur dem Umstande, daß diejenigen, die davon gegessen hatten, sich erbrechen mußten, ist es zuzuschreiben, daß die Pralinen die beabsichtigte tödliche Wirkung nicht gehabt haben. Es wird vermutet, daß die Täter der Geheimorganisation Consul (OC) angehören oder ihr doch nahestehen ... [22]
Die Herkunft der Pralinen ist nie vollständig geklärt worden.
In erschütternder Weise demonstrierten die Aussagen im Prozeß, wie bei den jugendlichen Angeklagten der Mangel an Informiertheit und Nachdenken kompensiert wurde durch Ressentiments und die Neigung zu Gewaltlösungen. Ein Argument brauchte nicht stichhaltig zu sein, wenn es mit suggestiver Beredsamkeit vorgebracht wurde, mußte man ihm ja glauben.
Aus der Vernehmung des Gymnasiasten Stubenrauch:
Präsident: Sie haben den Minister Rathenau für einen Schädling an dem deutschen Volke gehalten? ... Aus welchem Grund?
Stubenrauch: Erstens nach meiner Lektüre der Testamente Friedrichs des Großen und weiterhin nach seiner ganzen äußeren Politikführung, begonnen bei dem Wiesbadener Abkommen, dem Sachlieferungsvertrag, bis zum Rapallovertrage.
Präsident: Das haben Sie alles für unrichtig gehalten?
Stubenrauch: Hauptsächlich eben begründet auf die Testamente Friedrichs des Großen, in denen er bereits über die Juden urteilt ... Gegen den einzelnen Juden habe ich nichts, nur gegen den Juden in der Regierung ... [23]
Der Angeklagte Ernst Werner Techow sagte über Kern:
Er war vollkommen national gesinnt und überzeugt, daß Deutschland nur ... durch eine national denkende Regierung wieder in die Höhe kommen könnte ...
Präsident: Das ist vor allen Dingen unter Ausschluß von Juden?
Techow: Jawohl. Er meinte, ... daß ... das nur möglich wäre, diesen Zustand zu erreichen, indem man in irgendeiner Form einen inneren Krieg und durch diesen eine Klärung zwischen den Linksparteien und rechts auf gewaltsamem Wege herbeiführte, und zwar sollte dies gewissermaßen eine Machtprobe gegen die rote Armee sein. Er sagte, daß das natürlich ... nicht auf gesetzlichem Wege erreicht werden könnte, sondern es bedürfe dazu eines gewaltsamen Anstoßes, und zwar müßte das die gewaltsame Beseitigung eines politisch linksstehenden Führers sein.

Darauf sagte Kern: ... er hätte vor, den Minister Rathenau zu ermorden. Es wäre ihm ganz gleichgültig, was daraus entstände ...[24]

Zieht man zu diesen Aussagen vor Gericht noch das reiche Material hinzu, das Ernst von Salomon in seinen Memoiren ausbreitet, so verstärkt sich nur noch der Eindruck der geistigen Verworrenheit. Auf der hohen Woge seiner Suada schwimmt Salomon über logische Abgründe, der Autor versucht ebenso vergeblich wie der Leser, irgendwo festen Grund unter den Füßen zu gewinnen.

In seinem ersten Werk, »Die Geächteten«, legt Salomon Kern folgende Sätze in den Mund:

Er (Kern, d. Verf.) sagte, durch diese Straße seien sie im März 1920 (Kapp-Putsch, d. Verf.) in Berlin eingerückt. Es sei der schönste Tag seines Lebens gewesen ... Nicht untreu würde er der Idee, die ihn weiterstoßen hieße, als jeder Plan und jede Rechnung es erlaube.

Pflicht sei nicht mehr Pflicht und Treue nicht mehr Treue und Ehre nicht mehr Ehre. Was bleibe, sei die Tat und mit ihr die letzte Haftung.

Kern sagte: Wenn jetzt das Letzte nicht mehr gewagt wird, kann es für Jahrzehnte zu spät sein. Was in uns brodelt, gärt in allen Hirnen, auf die es ankommt. Was werden will, soll nicht in dumpfen Räumen reifen. Es kann sich nicht anders formen als unter dem steten Zwang zu steter Tat ... Die Entwicklung soll sich selber weiterpeitschen, bis zu ihrem höchsten Grade, mit einer Überstürzung, die kein Überlegen zuläßt, die das ursprünglichste Leben selbst diktiert. Nicht anders vollzieht sich eine Revolution. Wir wollen die Revolution. Wir sind frei von der Belastung von Plan, Methode und System ...[25]

Und an anderer Stelle:

Kern sagte: Ich könnte es nicht ertragen, wenn aus dem zerbröckelnden, dem verruchten Bestande dieser Zeit noch einmal Größe wüchse. Möge er (Rathenau, d. Verf.) das treiben, was die Schwätzer Erfüllungspolitik nennen. Was geht das uns an, die wir um höhere Dinge fechten. Wir fechten nicht, damit das Volk glücklich werde. Wir fechten, um es in seine Schicksalslinie zu zwingen.[26]

Handeln ohne Überlegung, ohne Plan, Methode und System, ohne Rücksicht auf die Folgen — mit diesen Thesen illustriert Salomon sehr genau den irrationalen Tatmythos, dem Kern und sein Freundeskreis huldigten und aus dem ihr kurzgeschlossenes Gewaltdenken resultierte. Und wem klingen bei dem Anspruch, das Volk nicht glücklich zu machen, sondern in seine Schicksalslinie zu zwingen, nicht Hitlers Kriegsfanfaren im Ohr und seine zynische Menschenverachtung, mit der er sein eigenes Volk, als der Sieg nicht mehr zu erringen war, dem »verdienten« Untergang preisgab? Fritz Bauer hat in seiner Studie: »Die Wurzeln faschistischen und nationalsozialistischen Handelns« über Faschismus und Nationalsozialismus gesagt:

Beide Bewegungen haben den größten Wert darauf gelegt, gerade nicht vom Verstand, vom Intellekt zu stammen, sondern aus ganz anderen Quellen gespeist zu werden. Sie sprachen vom Gefühl, von Instinkten, von naturhafter Ursprünglichkeit und von Urgewalt ...
Faschismus und Nazismus haben die Tradition einer aufklärerisch-humanistischen Bildung abgebrochen. Die meisten Autoren, die sich mit dem Problem Faschismus und Nazismus beschäftigen, zeigen denn auch, wie deren »Gedankengut« eher einer Art Romantik entlehnt ist, worunter sie ... verstanden wissen wollen ... eine Lust zur Maßlosigkeit, zum Grenzen- und Uferlosen, zum Irrationalen und zur Vernunftfeindlichkeit ..., eine Mystik, in der Gut und Böse dicht beieinander wohnen.[26a]

Im »Fragebogen«, der 1950 erschienen ist, legt Salomon Wert auf die Feststellung, daß Rathenau nicht als Jude, sondern als Erfüllungspolitiker getötet werden sollte. In den Augen der Öffentlichkeit sei Rathenau aber doch als der »gottverdammte Jude« gefallen, und damit sei die Zielsetzung der Attentäter verschleiert worden. Daß man aber zur Bekämpfung der Erfüllungspolitik keine andere Möglichkeit sah, als den prominentesten Erfüllungspolitiker zu beseitigen, was von Salomon einen »vom Temperament her logischen Gedanken« nennt, das ist eine totale Bankrotterklärung, über die sich die Verschwörer selbst nur mühsam durch unklare Phrasen wie »Entwicklung weitertreiben« und »Fanal geben« hinwegzutäuschen versuchten.[27] Wenn Salomon als gereifter Mann schreibt: »Ich kann versichern, daß die Motive festzustellen noch peinlicher war als die Feststellung der Fakten«,[28] so kann man ihm das nachfühlen.

Wenn Rathenau in den Augen der Öffentlichkeit als Jude und nicht als Erfüllungspolitiker gefallen ist, so hat daran nicht zuletzt der Staatsgerichtshof Schuld, der allzu großen Wert auf den Antisemitismus als Tatmotiv legte. Die Angeklagten haben aber keinen Zweifel daran gelassen, daß der Mord an Rathenau nur das Signal zum Entscheidungskampf zwischen Links und Rechts sein sollte und nicht nur auf die Person des Opfers, sondern auf den Bestand der Republik zielte. Bei aller Anerkennung für das ehrliche Bemühen des Staatsgerichtshofs, das Verbrechen streng zu ahnden, muß man doch kritisch anmerken, daß der politische Aspekt der Tat nicht mit der nötigen Schärfe herausgearbeitet wurde. Gerade das aber wäre Aufgabe dieses Gerichts gewesen, denn, wie der Vorsitzende beim OC-Prozeß zwei Jahre später sagte: »Der Staatsgerichtshof ist zum Schutze der Republik da!« Im Mordfall Rathenau aber hat er allzu vereinzelt ein Attentat auf eine bestimmte Person gesehen und es sich erspart, zum Grundsätzlichen Stellung zu nehmen.

In seinem Plädoyer lieferte der Oberreichsanwalt Ebermayer einen ›psychologischen Schlüssel‹, ein Motiv für die Angeklagten, das auf einer von Rathenau formulierten Analyse anläßlich des

Erzberger-Mordes basierte und den sterbenden Mittelstand als das gefährlichste Gift im Organismus des Staates bezeichnete, weil seine deklassierten Söhne zum gewaltsamen Umsturz der Verhältnisse neigten. Diese sehr einleuchtenden Ausführungen, die die Tat verständlicher und daher entschuldbarer erscheinen ließen, hätten besser in die Rede eines Verteidigers gepaßt.
Im Hinblick auf die OC aber glich der Oberreichsanwalt einem Hund, den man zum Jagen tragen muß. In außerordentlich gewundenen Formulierungen nahm er zu diesem Problem Stellung:
Ist anzunehmen, daß der Plan zur Tat in den Köpfen der Angeklagten entstanden ist, oder ist erwiesen, daß hinter den Angeklagten weitere Kreise bestimmter Verbände stehen, die... den Mord politischer Persönlichkeiten auf ihre Fahnen geschrieben haben, innerhalb deren derartige Pläne ausgeheckt werden und dann von einzelnen Mitgliedern, seien es ausgelosten oder gewählten, vollzogen werden? Es ist bekanntlich kurz nach dem Rathenau-Mord die Behauptung als bombensicher aufgestellt worden, daß hinter den Tätern derartige Organisationen und Verbände ständen. Ich bin... nicht in der Lage, diese Behauptung als voll erwiesen zu bezeichnen. Die Fäden, die von dem Rathenau-Mord und von den Tätern nach den verschiedensten Seiten zurückführen, sind zu verworren, als daß sie heute schon entwirrt sein könnten. Man ist mit allen Mitteln bemüht, sie zu entwirren, und es wird vielleicht gelingen, aber es ist... nicht die Aufgabe der Anklagebehörden, ... schon heute zu behaupten, daß ein voller Beweis erbracht wäre für die damals aufgestellte Behauptung. Es kann sein, daß sie ja noch erwiesen wird, bis heute ist sie noch nicht erwiesen, und ich habe auch noch nicht einmal die subjektive Überzeugung, daß es so ist, wie die Gerüchte wissen wollen, und deshalb bin ich nicht in der Lage, die Richtigkeit dieser Behauptung heute festzustellen.
Das kann mich aber nicht hindern... darauf hinzuweisen, daß immerhin... eine Reihe von Umständen hervorgetreten sind, die... die Möglichkeit nahelegen, daß in der Tat hinter den eigentlichen Tätern gewisse Organisationen und Verbände gestanden haben, die ihnen den Gedanken zur Tat nahegelegt... haben. Als solche Umstände möchte ich... hervorheben, daß bei all den politischen Gewalttaten der letzten Zeit... es eigentlich immer wieder dieselben Kreise, ich möchte fast sagen, dieselben Personen sind, die in Frage kommen... Man hat so unwillkürlich das Gefühl, es handelt sich hier um Glieder einer Kette...[29]
Das Urteil[30] brachte hohe Freiheitsstrafen für die Hauptangeklagten und verschonte auch die bloßen Mitwisser nicht:
Wegen eines Verbrechens der Beihilfe zum Mord wurden verurteilt:
Ernst Werner Techow zu einer Zuchthausstrafe von 15 Jahren, Willy Günther zu einer Zuchthausstrafe von 8 Jahren, Ernst von Salomon und Waldemar Niedrig zu einer Zuchthausstrafe von

je 5 Jahren, Hans-Gerd Techow zu einer Gefängnisstrafe von 4 Jahren und 1 Monat, Karl Tillessen und Hartmut Plaas wegen eines Vergehens wider die öffentliche Ordnung gemäß § 139 StGB (Nichtanzeigung eines geplanten Verbrechens) zu Gefängnisstrafen von 3 bzw. 2 Jahren.
Daß die Verhängung von Zuchthausstrafen zugleich mit der Aberkennung der bürgerlichen Ehrenrechte verbunden wurde, zeigt das Bemühen des Staatsgerichtshofs, dem politischen Verbrechen ein für allemal die Gloriole des ›Kavaliersdelikts‹ zu nehmen.
Der Ausgang des Verfahrens war insofern unbefriedigend, als hier einige blutjunge Leute, die mit der Tat kaum mehr etwas zu tun hatten, hart bestraft wurden, während es nicht gelang, über die Hintermänner und Geldgeber Klarheit zu schaffen.
Bei all den schwerwiegenden Verdachtsmomenten, die sich gegen die OC ergeben hatten, mutet es sonderbar an, daß der Oberreichsanwalt so wenig Hoffnung auf eine Klärung dieses Fragenkomplexes gemacht und seine subjektive Überzeugung ins Feld geführt hatte, daß er nicht an das Bestehen der Mordorganisation glaubte. Seine eigenen Argumente hätten ihn eines anderen belehren müssen. Man bekommt hier schon einen Vorgeschmack vom Ausgang des abschließenden OC-Prozesses.
Die im Verfahren so oft genannten »rechtsstehenden Kreise« konnten triumphieren. Die ›Deutsche Zeitung‹ schrieb, die Hypothese von Mörderbünden sei widerlegt, die ruchlose Hetze gegen rechts sei erbärmlich zusammengebrochen. Ja, man ging so weit, vom Reichskanzler Rechenschaft für seine Gedenkrede vom 24. Juni und den Schimpf, den man den nationalen Kreisen damals angetan habe, zu fordern.
In Wahrheit bestand aber für die antirepublikanischen Kreise kein Anlaß zum Aufbegehren. Die umfangreichen Ermittlungen im Mordfall Rathenau hatten auch Licht in eine andere Affäre gebracht, die man zuerst geglaubt hatte bagatellisieren und lächerlich machen zu können.

DAS BLAUSÄUREATTENTAT AUF SCHEIDEMANN

Am Pfingstsonntag, den 4. Juni 1922, war auf den führenden SPD-Politiker und damaligen Oberbürgermeister von Kassel, Scheidemann, ein Anschlag verübt worden. Bei einem Spaziergang in Begleitung seiner Tochter und seiner Enkelin wurde Scheidemann in der Nähe von Wilhelmshöhe von einem jungen Mann überholt, der plötzlich einen Gummiball aus der Tasche zog und damit eine Flüssigkeit dreimal gegen Scheidemanns Gesicht spritzte. Scheidemann konnte aus seiner Pistole noch zwei Schüsse auf den Fliehenden abgeben, dann verkrampften sich seine Glieder und er sank bewußtlos zu Boden. Die chemische

Untersuchung ergab, daß sich in dem Gummiball eine leicht verdunstende Flüssigkeit befunden hatte, die in ihrer Zusammensetzung dem im Krieg als Kampfmittel verwendeten Blaukreuzgas entsprach. Da zum Zeitpunkt der Tat ein starker Wind geherrscht und das Gift durch lange Lagerung im Gummiball vermutlich an Wirksamkeit eingebüßt hatte, war das Attentat nicht tödlich verlaufen. Scheidemann hatte sich rasch wieder erholt, an der Mordabsicht aber konnte kein ernstlicher Zweifel bestehen.
Als das Attentat bekannt wurde, ergingen sich rechtsstehende Zeitungen[31] in gehässigen Witzen über den »Mord mit der Klistierspritze«, aus dem man in krampfhafter Demagogie jetzt ein politisches Attentat machen wolle. Die ›Deutsche Tageszeitung‹ drehte den Spieß völlig um, als sie am 6. Juni 1922 schrieb:
Aber der Vorfall vom ersten Pfingsttag hat neben diesen, im wesentlichen komischen auch seine ernsten Seiten, und die beginnen da, wo man erfährt, daß Herr Scheidemann mit seiner Mehrladepistole zweimal hinter dem Attentäter hergeschossen hat. Hätte Herr Scheidemann etwa den dummen Jungen, der ihn bespritzte, erschossen, so hätte er einen Totschlag auf dem Gewissen für eine Angelegenheit, die wahrscheinlich nicht viel mehr als eine Tracht Prügel und ein paar Maulschellen verdient.
Die ›Schlesische Tagespost‹ vom 6. Juni behauptete, Scheidemann habe in dem einsamen Druseltal in eine »vielhundertköpfige Menge von Spaziergängern« so »rücksichtslos und blindlings« hineingefeuert, daß nur durch die einsetzende Betäubung ein »Blutbad« verhindert worden sei, und fährt fort:
Wahrhaftig, die rote deutsche Republik kann stolz sein auf ihre Führer! Tapfer ist ja der wackere Scheidemann nie gewesen ... aber von der weibischen Angst um das eigene behagliche Leben bis zur Veranstaltung von Schießübungen auf harmlose Bürger ist doch ein weiter Schritt.
Diese bösartige Verdrehung von Tatsachen war Ausdruck des Hasses, den man in nationalen Kreisen gegen den »Novemberverbrecher« Scheidemann empfand, der die Republik ausgerufen und sie als einer der sechs Volksbeauftragten durch die Stürme der ersten Wochen gesteuert hatte. Die Nationalversammlung hatte Scheidemann zum Reichsministerpräsidenten berufen; er blieb aber nur ein halbes Jahr auf diesem Posten und erklärte im Juni 1919 seinen Rücktritt, weil er die Unterzeichnung des Versailler Vertrages nicht mitverantworten wollte. In den folgenden Monaten kämpfte Scheidemann für eine Säuberung der Reichswehr von antirepublikanischen Elementen. Nach dem Kapp-Putsch forderte er, die aufrührerischen Truppenteile aufzulösen und die verantwortlichen Offiziere streng zu bestrafen. Das trug ihm natürlich keine Sympathien ein bei den Kreisen, die beim Kapp-Putsch beteiligt waren – es sind dieselben, die sich nachher in der O.C. und anderen Verbänden zusammenfanden.

Schon bald nach Scheidemanns Austritt aus der Regierung begann die systematische Hetze gegen ihn. Als er das Amt des Oberbürgermeisters von Kassel antrat, begrüßte ihn ein deutschnationales Blatt mit den Worten: »Wir werden diesen Menschen jeden Tag an den Pranger stellen!«[32] Scheidemanns Haus wurde mehrmals mit Schimpfwörtern besudelt,[33] einmal sogar in Abwesenheit der Familie derartig verbarrikadiert, daß die Heimgekehrten in einem Hotel Unterkunft suchen mußten. Eine Kur in Bad Kissingen mußte Scheidemann vorzeitig abbrechen, da er auf dem Gang zum Brunnen jeden Tag neuen Belästigungen ausgesetzt war. Nach dem Mord an Erzberger gewöhnten sich Scheidemanns Töchter an, ihren Vater unter irgendeinem Vorwand auf Reisen und größeren Gängen zu begleiten.

Auch die Kasseler Polizei war durch dauernde Warnungen vor geplanten Attentaten nervös geworden und gab dem Oberbürgermeister folgende Verhaltungsmaßregeln:

1. Dauernder Verschluß der Fenster im Erdgeschoß bei Dunkelheit.
2. Die Fenster der Wohnung sind mit Vorhängen zu versehen, die für elektrisches Licht undurchlässig sind, damit keine Beobachtung von draußen möglich ist.
3. Stets unauffällige Begleitung durch einen Bekannten. Beide Herren Hand an den schußbereiten Waffen in der Tasche. Selbstverteidigungsgriffe zur Abwehr eines Angriffs bei Schlag, Stich, Schuß (folgen sechs Zeilen Anweisung!).
4. Unauffällige Beschaffung einer leichten Panzerweste ...[34]

Als nach dem Tode Rathenaus umfangreiche Ermittlungen über die OC stattfanden, stieß man in Elberfelder OC-Kreisen auf das Gerücht, ein gewisser Hustert habe auf Veranlassung von Karl Tillessen das Attentat auf Scheidemann ausgeführt. Ermittlungen nach Hustert ergaben, daß dieser zusammen mit dem ehemaligen Leutnant Karl Oehlschläger mehrere Wochen bis unmittelbar vor dem Attentat in Kassel gewohnt hatte, einer Beschäftigung nicht nachgegangen, aber doch im Besitz beträchtlicher Geldmittel gewesen war. Im Juli wurden Hustert und Oehlschläger unter falschem Namen in Oberschlesien entdeckt, wo sie in den Fürstlich Hohenloheschen Forsten Unterschlupf als Waldarbeiter gefunden hatten. Beide legten ein umfassendes Geständnis ab, bestritten aber energisch, Gehilfen oder Mitwisser gehabt zu haben.

Der Lebenslauf der beiden Attentäter zeigt wieder die charakteristischen Stationen. Oehlschläger war dekorierter Offizier des Weltkriegs, hatte bis Herbst 1920 der Brigade Ehrhardt angehört und dann mit den »Erwachenden Magyaren« in Ungarn gegen die Kommunisten gefochten. Bei den Kämpfen in Oberschlesien hatten Oehlschläger und Hustert sich in der Sturmkompanie Koppe kennengelernt. Im Herbst 1921 traf Oehlschläger nach einem kurzen Aufenthalt bei einer »Arbeitsgemeinschaft früherer Angehöriger der Brigade Ehrhardt« in Oberbay-

ern wieder mit Hustert zusammen. In Elberfeld verkehrten die beiden viel in deutschvölkischen Kreisen. Sie gaben zu, Mitglieder der OC zu sein, Hustert gehörte auch der Jugendgruppe des deutschvölkischen Schutz- und Trutzbundes an.
Die Hauptverhandlung gegen Hustert und Oehlschläger begann am 4. Dezember 1922 vor dem Staatsgerichtshof zum Schutze der Republik. Folgende Einzelheiten über die Tat wurden jetzt noch bekannt:
Am Donnerstag vor Pfingsten hatte Oehlschläger Besuch von einem Herrn bekommen, der nicht ermittelt werden konnte. »Wahrscheinlich war es der Abgesandte des Mordkomitees, der die Gelder brachte, damit zur Tat geschritten werden konnte, der auch die Mittel zur Abreise zur Verfügung stellte.«[35] Unmittelbar nach diesem Besuch gaben die Täter ihre Wohnung auf, obwohl sie die Miete im voraus entrichtet hatten.
Bei der Ausführung der Tat befanden sich Hustert und Oehlschläger in Begleitung einer »dritten Kontrollperson«, über die nichts weiter bekannt war, als daß sie eine Hornbrille getragen hatte. Der Verdacht liegt nahe, daß es sich dabei wieder um den geheimnisvollen Besucher von Donnerstagabend, vermutlich Tillessen, gehandelt haben könnte. Ursprünglich war geplant gewesen, Scheidemann zu erschießen, falls das Gift nicht seine Wirkung tun sollte. Es entbehrt nicht einer gewissen Komik, wenn Oehlschläger, der als erster die Blechbüchse mit der Spritze ergriffen hatte, sie nach wenigen Schritten Hustert in die Hand drückte mit der Aufforderung, nun auf Scheidemann loszugehen. Angeblich traute er dem Hustert nicht zu, daß er schießen würde, falls die Spritze versagte. Hustert seinerseits hatte aber den Eindruck, daß Oehlschläger aus Feigheit von der Tat Abstand nahm.
Über sein Verhältnis zur OC machte Hustert folgende originelle Aussage:
Wir waren beide Mitglieder der Sturmkompanie Killinger. Nach dem Erzbergermord hörten wir von der Organisation C. Da wir Ehrhardt-Leute waren, dachten wir, auch Mitglieder der Organisation C zu sein.[36]
Oehlschläger sagte:
Mein Verhältnis zur OC bestand ... nur darin, daß ich auf die Frage des Oberleutnants Schmidt, ob ich im Falle eines Aufstandes von links wieder Soldat werden wolle, mich selbstverständlich dazu bereiterklärt hatte.[36]
Über die »Mörderzentrale« hatte sich also nichts Neues ergeben, Bekanntes aus den früheren Verfahren aber war bestätigt worden. Oberreichsanwalt Dr. Ebermayer hielt es wie beim Rathenauprozeß für angebracht, den ganzen Fragenkomplex für die Schlußabrechnung aufzusparen. In seinem Plädoyer deutete er an, daß diese dilatorische Behandlungsweise nicht allgemeinen Beifall gefunden hatte:

Vielleicht wird man von einer gewissen Seite uns den Vorwurf machen, wir hätten die Fäden absichtlich nicht entwirrt. Kein Vorwurf ist unberechtigter als dieser... Die Untersuchung gegen andere ist im Gange, und es wäre eine große Torheit, coram publico Teilergebnisse dieser Untersuchung breitzutreten.[36]

Über die Tatmotive befragt, gab Hustert an:

Um die Weihnachtszeit 1921 kam zum ersten Male gelegentlich das Gespräch darauf, republikanische Führer irgendwie politisch zu beseitigen. Von einem bestimmten Attentat war aber dabei nicht die Rede... Im April besuchte mich Oehlschläger im Restaurant Deutsche Klause. Hier zeigte er mir eine Schrift von Oberst Bauer über Scheidemann und Genossen. (Oberst Bauer war ehemaliger Adjutant von Ludendorff, der schon beim Kapp-Putsch eine unheilvolle Rolle gespielt hatte. D. Verf.) Während wir vorher gewillt waren, nach der Türkei zu gehen und in die Dienste Kemal Paschas zu treten, ist durch diese Schrift dann alles in ein anderes Fahrwasser gekommen. Oehlschläger fragte mich direkt: »Willst Du mit nach Cassel?« Wir sprachen auf der Toilette des Restaurants darüber. Allerdings noch nicht über die Ausführung des Planes.[36]

Auf die Frage Scheidemanns, warum man denn ihm, der in den Jahren 1914 bis 1918 vor Sorgen um das Vaterland Tag und Nacht nicht zur Ruhe gekommen sei, nach dem Leben getrachtet habe, erklärte Oehlschläger:

Scheidemann hat die Revolution gemacht und die Front geschwächt.

Vorsitzender: Aber das sind doch Redensarten.

Oehlschläger: Daß Hindenburg nicht die Revolution gemacht hat, das weiß ich auch (sich plötzlich umdrehend und Scheidemann anredend): 1918 war ich im Felde, Herr Scheidemann.

Vorsitzender: Man kann im Feld gewesen und doch ein sehr unreifer junger Mann sein...[36]

Vorsitzender: Sollte Oberbürgermeister Scheidemann denn für gewesenes Unrecht bestraft werden oder sollte ihm der Anschlag als Warnung dienen?

Oehlschläger: Der Anschlag war als Strafe für gewesenes Unrecht gedacht.

Vorsitzender: Und wer gibt Ihnen das Recht dazu?

Oehlschläger: Gott! Gott hat mir die Waffe in die Hand gedrückt.

Vorsitzender: Gott sagt aber auch: Du sollst nicht töten!... Mit dieser Sache hat also Gott nichts zu tun... Sie glaubten also, einen Deutschen kaltblütig beseitigen zu können?

Oehlschläger: Das war kein Deutscher.

Vorsitzender: Ich glaube, das ist ein Mann, der mit bestem Wissen seine Schuldigkeit getan hat...[36]

Das Gericht erkannte gegen Oehlschläger wegen Mordversuchs auf eine Zuchthausstrafe von 10 Jahren 1 Monat, gegen Hustert wegen Mordversuchs auf 10 Jahre Zuchthaus. Die bürgerlichen Ehrenrechte wurden beiden Angeklagten auf die Dauer von 10 Jahren aberkannt.

DAS ATTENTAT AUF MAXIMILIAN HARDEN

Das letzte in der Reihe der großen politischen Attentate war das auf Maximilian Harden.[37] In diesem Fall lag ungewöhnlich viel schriftliches Belastungsmaterial vor, aus dem sich aber lediglich ergab, daß die Auftraggeber in München saßen. Versuche, weitere Aufklärung zu schaffen, wurden vom Gericht nicht unternommen.

Der Buchhändler Grenz aus Oldenburg, Leiter der deutschvölkischen Bewegung in Ostfriesland, erhielt Anfang März 1922 folgenden Brief aus München:

Sie sind uns als tatkräftiger völkischer Kämpfer bekannt, und wir kommen nun mit dem Ersuchen an Sie heran, ob Sie bereit sind, etwas Besonderes für die völkische Sache zu tun. Wir setzen dies voraus und fragen Sie, ob Sie für politische Arbeit zwei junge tatenfrohe Männer wissen, die bereit sind, für ihr Vaterland alles zu tun. Ihre Sicherstellung würde erfolgen. Antwort umgehend an A. W. G. 500 Hauptpostamt München.

Der Brief zeigte anstelle einer Unterschrift einen fünfzackigen Femestern. – Grenz konnte bald nach München melden, daß er zwei geeignete deutsche Männer gefunden habe; da beide stellen- und mittellos seien, bitte er um baldige Nachricht. Die Nachricht aus München kam postwendend:

Haben Sie Dank für bereitwillige Zurverfügungstellung. Es handelt sich um Beseitigung der in beiliegendem Zettel genannten Persönlichkeit. Zur Ausführung liegt eine Summe bei. Gleichzeitig wollen Sie die beiden Leute förmlich verpflichten. Nach Ausführung der Tat würde Ihren beiden Leuten eine weitere Summe bezahlt werden, welche die anliegende Summe erheblich übersteigt. Außerdem würde den beiden Leuten, falls sie Wert darauf legen, Anstellung im bayerischen Staatsdienst in Aussicht gestellt.

Dem Brief lagen 23 000 Mark (766 Goldmark) bei und ein Zettel mit den Worten: »Maximilian Harden.« Wer war dieser Mann, zu dessen »Beseitigung« mit Umsicht alles vorbereitet wurde? Maximilian Harden, ursprünglich Maximilian Witkowski, entstammte einer jüdischen Kaufmannsfamilie, die später zum Protestantismus übertrat. Als Herausgeber der Zeitschrift ›Zukunft‹ hatte er in der Wilhelminischen Ära große Bedeutung erlangt. Getreu seiner Überzeugung, daß auch der Schriftsteller nicht außerhalb der Gesellschaft bestehen könne, hatte er ins Tagesgeschehen hineingewirkt und mit seiner eigenwilligen Haltung, die Bismarckverehrung mit Neigung zur Sozialdemokratie, imperialistisches Denken mit Aggressivität gegen Wilhelm II. verband, in den Jahren vor Ausbruch des Ersten Weltkrieges eine große Leserschaft und politischen Einfluß erlangt. Der Republik und ihren Führern stand er ohne Sympathie gegenüber.

Und wer waren die »tatenfrohen Männer«, die bereits eine Vorauszahlung auf den Mord an Harden einkassiert hatten? Der eine hieß Weichardt und war Landwirtschaftsbeamter, der andere, Ankermann, war seines Zeichens Kaufmann und ehemaliger Oberleutnant, Führer des Oldenburger Jungmannbundes und Mitglied von noch vier anderen völkischen Vereinigungen. Von seinem Vater wegen seiner großen Schulden verstoßen, hatte er sich durch Zechprellereien, Unterschlagungen und Zuwendungen aus zarter Hand mühsam fortgebracht; unter solchen Umständen mußte eine Lohnarbeit und Anstellung im bayerischen Staatsdienst recht verlockend sein. Grenz verpflichtete die beiden Bravos auftragsgemäß auf die ihm übermittelten Verhaltungsmaßregeln:
Keinen Brief und kein Telegramm senden. Tunlichst Auto benutzen. Nicht viel reden. Alles auf die Tat bezügliche vernichten. Nach der Tat nach verschiedenen Richtungen auseinander gehen.
Einen Verräter werde die gleiche Strafe treffen wie Harden.
Ankermann und Weichardt begaben sich jetzt nach Berlin, wo Harden wohnte. Die ›Vorbereitungen‹ zur Tat spielten sich hauptsächlich in Nachtbars ab, so daß der Vorschuß bald aufgebraucht war und die beiden Schulden machen mußten. Auf ihre wiederholten Geldforderungen erwiderte Grenz:
Euch Getreuen! Was ich kann, will ich tun. Ich weiß, es ist nur ein Tropfen auf einen heißen Stein. Es liegt an Euch, eine größere Summe zu erhalten. Es muß aber etwas geschehen. Letzten Endes bleibt alles an mir hängen, und ich gerate in finanzielle Not. Wenn bis Dienstag alles in Ordnung ist, könnte ich über Größeres verfügen.
Den ganzen Charakter des Mordunternehmens enthüllt in bezeichnender Weise folgender ›Geschäftsbrief‹, den die Attentäter schon im voraus entworfen hatten:
Wir teilen Ihnen hiermit mit, daß uns trotz ungünstiger Konjunktur der Geschäftsabschluß geglückt ist. Wir halten baldmöglichstes Anbahnen der Geschäftsverbindung mit der p. p. Firma im Süden für unbedingt nötig (Gemeint ist natürlich die Organisation C). Wir verstehen darunter vorzugsweise die geplante Festanstellung unserer beiden Herren bei der p. p. Firma . . .
Am 3. Juli 1922 führte Ankermann das Attentat aus. Harden überlebte, hat sich aber gesundheitlich von den Folgen nie wieder erholt. Ankermann konnte nach Österreich entfliehen und wurde erst im Oktober 1923 nach Deutschland ausgeliefert. Harden hat in einem Brief an das Schwurgericht, in dem er aus gesundheitlichen und grundsätzlichen Erwägungen eine Beteiligung als Nebenkläger in dem Prozeß gegen Ankermann ablehnt, selbst die Tat und den Verlauf des ersten Prozesses gegen Grenz und Weichardt geschildert.
Am 3. Juliabend 1922 wurde ich im Grunewald . . . hinterrücks überfallen, erhielt mit einem Eisenstab von hinten einen Schlag auf den

Schädel, den kein Hut deckte, brach ins Knie, der Mörder stellte sich mit beiden Füßen auf meinen linken, von ihm niedergezerrten Arm, hieb noch siebenmal mit der Eisenstange auf meinen Kopf und rannte erst davon, als ich ... alle Kraftbleibsel zu lauten Schreien (Mörder! Schurke! usw.) gesammelt hatte.
Die bei meinem Lebensalter wohl nicht erwartete Stimmkraft ... ließ den Mordplan nicht ganz gelingen. Der Mörder hielt ihn für gelungen; er hat das Gelingen im Büro der Deutschnationalen Partei gemeldet, als »Erlediger Hardens« dort Reisegeld gefordert, und außerdem haben er und sein Gehilfe die gelungene Ermordung ihren Auftraggebern resp. Zuhältern brieflich angezeigt.
Auf die Fahndung der Täter setzte die löbliche Staatsregierung eine »Belohnung« von 10 000 Papiermark (ca. 100 Goldmark), erhöhte sie, als zu hoffen war, daß der Haupttäter im Trockenen sei, auf 100 000; — ein Zwanzigstel des an Ministermörder gehängten, einen Pappenstiel gegen die Gefahr »völkischer« Maffiarache. Trotzdem wurden zwei Mittäter gefaßt. Aufgefundene Schriftstücke und die ersten Aussagen bewiesen unzweideutig, daß der Mörderklüngel nicht etwa durch blinden Fanatismus, sondern ausschließlich durch Geldgier zur Tat bestimmt worden war. Die Leute kannten zunächst die Person des zu Mordenden gar nicht, ... wären ihrem Bildungsgrad nach nicht imstande, das von ihm Veröffentlichte ... zu verstehen, zu beurteilen, wollten schnell Geld verdienen und hatten sich zu Mord ... verpflichtet, noch ehe sie wußten, *wen* sie abschlachten sollten. Sie hatten wochenlang in Berlin wüst gebummelt und erst auf wiederholte Mahnung, erst als sie durchaus neues Geld haben *mußten*, den Auftrag ausgeführt. All das ist über jeden Zweifel hinaus erwiesen; insbesondere steht fest, daß *nur* Mord, nicht »Mißhandlung« oder »Denkzettel« gefordert und zugesagt war. Zugesagt war von den Auftraggebern ... feste Versorgung der Mietlinge im bayerischen Staatsdienst. Von wem Handgeld, Spesenvorschuß, Nachschuß gegeben wurde, ob die Staatsamtszusage von Befugten, von welchen, kam, ist *niemals* von irgendeiner Gerichtsstelle geprüft worden ... Die Staatsanwaltschaft war angewiesen worden, »die Sache klein zu machen, damit nicht neue Beunruhigung entstehe« (die offenbar entstehen müßte, wenn gedungene Mörder hart bestraft würden).
Weil ich nicht zu den Beamten, Abgeordneten, zu den Reichs-, Staats- und Gemeindeparasiten aller Sorten gehöre, die das aus unverhülltem Mißtrauen gegen die ordentlichen Gerichte geborene, schamlos willkürliche »Gesetz zum Schutze der Republik« schirmen soll, kam diese Sache vor das Schwurgericht. Trotz dem bis ins Kleinste klaren Tatbestand wurde drei Tage lang verhandelt. Nicht etwa gegen die Angeklagten. Nein; gegen mich. Das erweist der stenographierte Bericht, erwiesen die ... von unbefangenen Zuhörern verschiedener Parteirichtungen öffentlich über die Verhandlung publizierten Urteile. Ich sollte als ein »Schädling«, ein Antipatriot, ein ganz schlechter Kerl, Halb- oder Ganzjude usw. hingestellt und dadurch das Verbre-

chen »entschuldigt« werden. Ich erklärte, daß ich diesen Weg nicht mitgehe, daß an sich, für die Schuldfrage, die Qualität meiner Politik ganz gleichgültig, ich aber bereit sei, mit Hilfe von 120 Bänden »Zukunft« dem Gericht darzustellen, weshalb ich die kaiserliche Politik und die noch viel erbärmlichere der »Republik« bekämpft... habe. Dazu sei viel Zeit nötig. Mich vor Gericht von gemieteten Mördern und strebsamen Anwälten besudeln, verdächtigen zu lassen, sei ich nicht verpflichtet. Wirkte also, zu dem Spektakel, nicht weiter mit.

Anstifter und Gehilfe wurden, trotzdem ... die bewußte Absicht auf Mord und Gewinnsucht durch schriftliches und mündliches Zeugnis bestätigt war, vor Gericht wie edle Gentlemen behandelt ... von der Anklage versuchten Mordes freigesprochen, durch die Zubilligung mildernder Umstände geehrt und nur wegen »Körperverletzung« zu Bagatellstrafen verurteilt. Der einzige, gegen den harte und freche Worte fielen, war ich, der um Haaresbreite dem Tod entgangene, dem ein Lebenswerk zerstört, die Gesundheit zerrüttet, kaum tragbarer Vermögensverlust bereitet worden war, und der als schwerkranker Mann vor diesem Gericht stand. Die Wichte durften wagen, ihr treudeutsches Edelmenschentum in grotesker Pathetik meiner Verruchtheit entgegenzustellen. All dies zu hindern oder die Aufhebung des eigenartigen Urteils zu erwirken, hat der Vertreter der Anklagebehörde nie ernsthaft und nachdrücklich versucht.

... Nach dem Abschluß des Verfahrens, ... habe ich beschlossen, vor völligem Wandel des kriminalpolitischen Ethos in Deutschland *niemals wieder freiwillig vor ein deutsches Gericht zu treten* ...[38]

Die Prozesse gegen die Attentäter endeten mit folgendem Ergebnis:

Grenz wurde am 15. Dezember 1922 wegen Beihilfe zu gefährlicher Körperverletzung zu 4 Jahren 9 Monaten Gefängnis, Weichardt, dem man mildernde Umstände zubilligte, zu 2 Jahren 9 Monaten Gefängnis verurteilt.

Ankermann wurde am 2. Juni 1924 wegen versuchten Mordes zu 6 Jahren Zuchthaus verurteilt. Die Amnestie vom 14. Juli 1928 brachte ihm die Freiheit.

DAS ATTENTAT AUF WAGNER

Im März 1922 wurde ein Fememordversuch unternommen, der lange unbekannt blieb; erst im Jahre 1927, als die Öffentlichkeit geneigt war, über die OC nur noch zu lächeln, fand diese Affäre ihr gerichtliches Nachspiel.

Die Vorgeschichte des Attentats bildet eine Gefangenenbefreiung, wie sie zu den Spezialitäten der OC gehörte. Die Oberleutnants zur See Boldt und Dittmar waren wegen Kriegsverbrechens zu vier Jahren Gefängnis verurteilt worden. Für die jungen Marine-

offiziere in der OC war es Ehrensache, Boldt und Dittmar zu befreien. Die später als Rathenau-Mörder bekanntgewordenen Hermann Fischer und Erwin Kern hatten zunächst vergeblich versucht, Boldt und Dittmar gemeinsam aus dem Reichsgerichtsgefängnis in Leipzig zu entführen, indem sie eine gefälschte Transportanweisung vorzeigten. Später war Boldt durch Hilfsbeamte des Hamburger Gefängnisses, ehemalige Angehörige der Marinebrigade Ehrhardt, befreit worden. Dittmar gelang am 18. Januar 1922 mit Hilfe von Fischer und Kern eine abenteuerliche Flucht aus dem Gefängnis in Naumburg.
Bei dieser Aktion[39] war als Fahrer ein unzuverlässiger Mann beteiligt, der ehemalige Oberleutnant zur See Erwin Wagner. Als der befreite Dittmar und die Fluchthelfer kurz vor den Verfolgern den bereitstehenden Kraftwagen erreicht hatten, erklärte Wagner, der Motor sei eingefroren. Fischer mußte mit gezogener Pistole die Abfahrt des Autos erzwingen. Nach der geglückten Flucht hielt sich Wagner in Thüringen auf und ließ, aus Eitelkeit und um zu Geld zu kommen, allerlei über die Tat verlauten, so daß Dittmar, der sich zunächst in der Burg Saaleck, dann in Frankfurt verborgen gehalten hatte, beschleunigt über die Grenze in die Schweiz gehen mußte. Wagner tauchte dann unter dem Namen Weigelt in Frankfurt auf, wo sich eine starke Ortsgruppe von OC-Leuten und Gleichgesinnten vor allem mit der illegalen Arbeit im linksrheinischen Gebiet befaßte, und erpreßte von seinen Gesinnungsgenossen immer neue Geldmittel mit der Drohung, sich andernfalls der Polizei zu stellen. So weit durfte es aber keinesfalls kommen. Da nicht genug Geld zur Verfügung stand, um Wagner immer wieder zufriedenzustellen, und sein Name überdies auf einer Liste spionageverdächtiger Personen auftauchte, reifte der Entschluß, den Verräter zu beseitigen.
Erwin Kern und Ernst von Salomon animierten Wagner am 6. März 1922 zu einem Ausflug nach Nauheim. Dort wurde zu Abend gegessen, und nach reichlichem Weingenuß übernahm der ortskundige Chauffeur Schwing die Führung, angeblich zu einem Bordell, in Wirklichkeit aber zu dem im Kurpark gelegenen Nauheimer See. Hier wurde Wagner von seinen drei Begleitern niedergeschlagen, ein schwerer Stein in seinen Mantel geknüpft und der Schwerverletzte ins Wasser geworfen. Als Wagner wieder auftauchte, gab Kern drei Schüsse auf ihn ab; Wagner gelang es aber, seitab das Ufer zu erreichen. Von Salomon eilte zu der Stelle, um Wagner den Gnadenschuß zu geben, ließ aber im letzten Moment von dem um sein Leben Flehenden ab. Die drei Attentäter entfernten sich und traten den Heimweg an; Wagner konnte sich zu dem am See gelegenen Wasserwerk schleppen und erzählte dort, er sei von Straßenräubern überfallen worden. Man brachte ihn ins Krankenhaus, aus dem er aber kurz vor seiner polizeilichen Vernehmung entfloh. In den folgenden Jah-

ren lebte er unter falschem Namen und war, als sein Fall im März 1927 in Gießen verhandelt werden sollte, nur widerwillig vor Gericht erschienen, weil er um seine bürgerliche Existenz fürchtete.
Auf der Anklagebank saßen Schwing und von Salomon, der aus dem Zuchthaus vorgeführt wurde; er hatte die wegen Beteiligung am Rathenau-Mord verhängte Freiheitsstrafe abzubüßen. Die Verhandlung vor dem Schwurgericht bezeichnete der ›Vorwärts‹[40] als eine Justizkomödie; die Zeugenbeeinflussung übersteige alles Dagewesene. Der Vertreter der Anklage sei zu einer »Schießbudenfigur« gemacht worden, dessen Anschuldigungen oft wahre Lachsalven im Zuhörerraum hervorgerufen hätten. Der völkisch-antirepublikanische Terror sei bis in den Gerichtssaal zu spüren gewesen, so daß sich der Staatsanwalt mehrfach geradezu entschuldigt habe, daß er seines Amtes walten müsse. Salomon berichtet dazu:
Der Staatsanwalt hatte mit tragischer Gebärde die schauerlichsten Hintergründe aufgerollt, er hatte die OC beschworen, und alles hatte gelacht, wie über den Butzemann, der einmal ging im Reich herumdibum.[41]
Wenn auch der Vertreter der Anklage in seinem Plädoyer ausrief:
Die Fäden führen in die Schwarze Reichswehr* und bis zum Wehrkreiskommando in Kassel, das die Beseitigung Wagners wünschte,[42]
das Gericht ließ diese Dinge auf sich beruhen. Niemand konnte auch ernstlich erwarten, daß drei Jahre, nachdem das Reichsgericht im großen OC-Prozeß den prominenten Angehörigen der Organisation sein Wohlwollen ausgesprochen und die größeren Zusammenhänge ignoriert hatte, das Schwurgericht in Gießen darangehen würde, die Arbeit der höchsten Reichsrichter nachzuholen.
Dem jungen Angeklagten von Salomon wurde Sympathie bezeigt. Er durfte sich nach dem Lokaltermin in Nauheim in einem guten Restaurant sein Leibgericht bestellen; in den Verhandlungspausen konnte er die Liebesgaben, die Damen der jüdischen Frankfurter Gesellschaft, zu Unrecht einen der Ihren hinter dem Namen Salomon vermutend, für ihn gesammelt hatten, in Empfang nehmen;[43] der ›Vorwärts‹ weiß sogar von einem »Rosenstrauß für den Rathenaumörder«.[40]
Schwing wurde mit einem Jahr 6 Monaten Gefängnis bestraft wegen Beihilfe zum versuchten Totschlag, im Falle von Salomons nahm man zu seinen Gunsten einen Rücktritt vom Versuch des Totschlags an; die ihm wegen gefährlicher Körperverletzung zudiktierten drei Jahre Gefängnis wurden mit der für den Rathe-

---

* Als ›Schwarze Reichswehr‹ wurden die im Jahre 1923 aufgestellten sogenannten ›Arbeitskommandos‹ bezeichnet, durch die die Reichswehr ihre Truppenstärke unter Umgehung der Bestimmungen des Versailler Vertrages erhöhte.

nau-Mord ausgeworfenen Strafe von 5 Jahren Zuchthaus zu einer Gesamtstrafe von 6 Jahren 3 Monaten Zuchthaus zusammengezogen.

DIE ORGANISATION CONSUL

Die Staatsanwaltschaft Offenburg hatte im Herbst 1921 ein Verfahren gegen die »Bayerische Holzverwertungsgesellschaft« eingeleitet, die sich als Nachfolgerin der nach dem Kapp-Putsch aufgelösten Marine-Brigade Ehrhardt und als eine Scheinfirma zur Deckung einer geheimen »Organisation Consul« entpuppt hatte. Gründer dieser Firma und Chef der Organisation war Korvettenkapitän Ehrhardt, nach dessen Decknamen »Consul« die Organisation auch benannt war.
Seit der Auflösung seiner Brigade lebte er in München. Seinen Bemühungen war es gelungen, einen großen Teil seiner Leute, die er zusammenhalten wollte, als landwirtschaftliche Arbeiter in Bayern unterzubringen. Als der Haftbefehl gegen ihn wegen Teilnahme am Kapp-Putsch bekannt wurde, war Ehrhardt untergetaucht. Nach dem Erzberger-Mord begann man sich aber für seinen Aufenthaltsort zu interessieren.[44] Staatssekretär Schweyer gab am 16. September 1921 im bayerischen Landtagsausschuß darüber folgende Auskunft:
... Nach dem Kapp-Putsch ... kam der Korvettenkapitän Ehrhardt allerdings einige Male in das Polizeipräsidium München und zu anderen bayerischen Stellen, um dort wegen der Unterbringung einzelner Gruppen seiner Leute vorstellig zu werden ... Zu derselben Zeit ging Ehrhardt auch im Reichswehrministerium aus und ein. Es war damals noch in keiner Weise bekannt, daß Haftbefehl gegen Ehrhardt vorliege. Der Haftbefehl gegen Ehrhardt stammt vom 15. Mai 1920. Er wurde lediglich im deutschen Fahndungsblatt vom 25. des gleichen Monats veröffentlicht. Auffällig ist, daß bezüglich aller anderen Kappisten ein ausdrückliches telegraphisches Ersuchen um Verhaftung an die Münchener Polizeidirektion gerichtet wurde, nur nicht bezüglich Ehrhardts. Gleichwohl haben sämtliche bayerische Polizeibehörden auch nach Ehrhardt gefahndet.[45]
Bei der bayerischen Polizei wußte offenbar die linke Hand nicht, was die rechte tat. Im Laufe der Jahre ereigneten sich nämlich im Zusammenhang mit Ehrhardt und den ihm vom Polizeipräsidenten Pöhner großzügig zur Verfügung gestellten falschen Pässen, die sich nur insofern ähnelten, als sie alle die Initialen H. E. aufwiesen, einige seltsame Geschichten. Zunächst war da die Sache mit der Fremdenpolizei: Bei einer Paßkontrolle wurde ein sonst völlig unverdächtiger Kaufmann Eichmann verhaftet, der nur dadurch aufgefallen war, daß er noch einen zweiten Paß auf den Namen Hugo Eisele sein eigen nannte. Es handelte sich um

keinen anderen als Ehrhardt, der als Hugo Eisele nach Ungarn hatte reisen wollen und natürlich sofort wieder auf freien Fuß gesetzt wurde, sobald man höheren Orts von dem Übereifer der niederen Chargen gehört hatte.
Im Zuge des Ermittlungsverfahrens gegen die Organisation Consul wurde im November 1922 die Prinzessin Hohenlohe vernommen. Sie schwor, Ehrhardt nicht zu kennen. Es wurde dann ihr Untermieter, ein Herr von Eschwege, vernommen, der gleichfalls beschwor, Ehrhardt nicht zu kennen. Beim Verlassen des Zimmers wurde er aber von einem Beamten als Herr Eichmann erkannt, und der Oberreichsanwalt wußte, daß Eichmann gleich Ehrhardt war. Ehrhardt wurde verhaftet und nach Leipzig überführt. Nicht umsonst hatte die bayerische Regierung den Wunsch geäußert, daß die Vernehmungen in Sachen OC durch bayerische Gerichte erfolgen sollten. Einem bayerischen Staatsanwalt wäre ein solcher fauxpas niemals unterlaufen!
Immerhin brauchte Ehrhardt nicht lange im Gefängnis zu sitzen. Wegen dringender Familienprobleme wurde ihm eine unbeaufsichtigte Unterredung mit seinen Angehörigen gewährt. Nach dieser Unterredung befand sich Ehrhardt im Besitz eines Nachschlüssels, der ihm auf die bequemste Weise zur Flucht verhalf. Das war allerdings nicht sehr kavaliersmäßig gehandelt; die Prinzessin Hohenlohe saß nun allein auf der Anklagebank und mußte wegen Meineides für 6 Monate ins Gefängnis. Aber die Interessen des Vaterlandes gingen auch in diesem Falle vor: Als man im Herbst 1923 in München zum großen Schlag gegen Berlin ausholte, konnte man mit Ehrhardt wieder rechnen. Der von ihm vorbereitete Aufmarsch gegen Berlin verlief aber im Sande und wurde später mit dem Mantel wohltätigen Vergessens bedeckt. Nach dem Scheitern des Hitler-Putsches hielt sich der steckbrieflich verfolgte Ehrhardt wieder in München auf, wogegen auch nichts einzuwenden sei, wie der bayerische Innenminister Gürtner am 8. Februar 1924 im Landtag erklärte, da bei keinem bayerischen Gericht ein Verfahren gegen Ehrhardt schwebe. Der Vollzug des Gesetzes zum Schutze der Republik sei in Bayern eingestellt, deshalb existiere ein Fall Ehrhardt überhaupt nicht. Als im Hitler-Ludendorff-Prozeß eine Zeugenaussage Ehrhardts höchst aufschlußreich hätte sein können, erklärte der Staatsanwalt, ihm sei der Aufenthaltsort Ehrhardts nicht bekannt. Unter allgemeiner Heiterkeit erzählte daraufhin einer der Angeklagten, Ehrhardt habe in München im gleichen Haus mit ihm gewohnt. Als die Adresse Ehrhardts der Staatsanwaltschaft angedient wurde, bestand kein Interesse mehr an dem Zeugen ...
So gab sich die Justiz eine Blöße nach der anderen, um einen Mann zu decken, der das Haupt einer den Bestand der Republik und das Leben ihrer Bürger bedrohenden Organisation war. Ehrhardt hat nie auf der Anklagebank gesessen.

Die Ermittlungen gegen die Organisation Consul wurden von der Staatsanwaltschaft Offenburg zunächst sehr tatkräftig vorangetrieben. Die Polizei hatte die Satzung[46] der OC sichergestellt, deren Inhalt alarmierend war. Da hieß es unter anderem: Die Organisation ist eine Sammlung von entschlossenen nationalen Männern zu dem Zweck, alles Anti- und Internationale wie Judentum, sozialistische Partei und, wohlgemerkt, Weimarer Verfassung zu bekämpfen, die vollständige Revolutionierung Deutschlands und die Entwaffnung im Sinne des Versailler Vertrages zu verhindern und dem Volk seine Wehrmacht zu erhalten, bei großen inneren Unruhen deren vollständige Niederwerfung zu erzwingen und durch Einsetzung einer nationalen Regierung die Wiederkehr der heutigen Verhältnisse unmöglich zu machen.

Die Mitglieder verpflichten sich, in unbedingtem Gehorsam gegen die Leitung mit allen Kräften auf die Verwirklichung der genannten Ziele hinzuarbeiten, jedem Angehörigen der Organisation weitestgehende Hilfe zu gewähren und nach außen absolutes Stillschweigen zu bewahren. Verräter verfallen der Feme.

Außerdem besaß die Staatsanwaltschaft Offenburg schon im Jahre 1921 ein detailliertes Organisationsschema[47] der Münchner Zentrale und der geplanten Oberbezirke, das vor allem wegen der darin genannten Namen interessant ist. Die Zentrale in München umfaßte vier Abteilungen. Als Chefs werden von Killinger und Kautter genannt, als Angehörige des Stabes Herbert Müller, Heinrich Schulz und Heinrich Tillessen.

Von den sieben geplanten Oberbezirken seien Hamburg mit dem Chef Werner Tillessen, Berlin mit Ehrentraut und Viebig, und Breslau mit dem aus Oberschlesien bekannten Ullrich Koppe erwähnt. Die vier anderen Oberbezirke waren Hannover, Frankfurt/M., Dresden und Tübingen. Das Netz der OC war also über ganz Deutschland gespannt, was sich vor allem beim Rathenau-Mord im Zusammenwirken weit verstreut wohnender Helfershelfer dokumentierte. Wieweit der Aufbau der Organisation schon vollzogen und wieweit er auf dem Papier geblieben war, ist eine ungeklärte Frage. Wenn der Staatsgerichtshof in seinem OC-Urteil aber zu dem Schluß kam, daß nach dem Eingreifen des Staatsanwalts am 21. 9. 1921 die Organisation faktisch aufgehört habe zu bestehen, so ist das im Hinblick auf die Ereignisse des Jahres 1922 schon eine sehr kühne Behauptung.

Genauso wie gegenüber der Öffentlichkeit hat es die OC verstanden, gegenüber ihren eigenen Mitgliedern den Anschein einer geheimnisvollen, allgegenwärtigen und bedrohlichen Macht zu erwecken; es gab bestimmte Riten, die in ihrer Wirksamkeit durch bürokratische Formalitäten erhöht wurden. Schulz schilderte die näheren Umstände seiner Aufnahme in den Germanenorden,[48] der wahrscheinlich ein Elitebund innerhalb der OC, also weitgehend mit ihr identisch war.

Der Germanenorden hatte eine Satzung, die inhaltlich der der OC stark geähnelt haben dürfte; durch einen Eid gelobten die Mitglieder bei ihrer Aufnahme unbedingten Gehorsam und Ausführung jeden Befehls. Sie wurden auf die allgegenwärtige Macht der Feme ausdrücklich hingewiesen und erhielten sogar eine Mitgliedskarte. Schulz und Tillessen hatten auch der OC einen Eid geleistet. Der Befehl zur Ermordung Erzbergers wurde Schulz und Tillessen, die angeblich durch das Los für die Tat bestimmt worden waren, in einem geschlossenen Umschlag überreicht; der Zettel war mit dem geheimen Symbol des Germanenordens gezeichnet und mußte sofort verbrannt werden. Auf ihrer Flucht konnten die beiden Mörder feststellen, daß die ihnen von der Organisation zugesagte Hilfeleistung in großzügigster Weise für sie bereit war.

Im »Fragebogen«[49] charakterisiert Ernst von Salomon die OC als einen »Teil der im Neuaufbau begriffenen Abwehr«. Nach den Bestimmungen des Versailler Vertrages war innerhalb der Reichswehr weder die Erlaubnis noch der Etat für eine Abwehr vorhanden. Diesen Aufgabenbereich habe die Marine übernommen, die dafür prädestiniert gewesen sei, da ihr Männer mit Weltkenntnis und internationalen Beziehungen angehörten.

Enge Beziehungen zwischen Reichswehr und OC waren auch schon im Jahre 1921 bekannt. Das stärkste Stück in dieser Hinsicht war ja, daß Killinger, während er im Offenburger Untersuchungsgefängnis saß, 300 000 Mark (22 500 Goldmark) von einer Reichswehrkasse überwiesen bekam, die nach der Angabe Gumbels[50] als Verpflegungs- und Marschgelder für das geplante Oberschlesien-Regiment Süd gedacht waren.

Gotthard Jasper kommt nach dem Studium sämtlicher Akten aus den Jahren 1921/22 und 1945/50 zu dem Schluß:

Damit gehörte die OC in den weiteren Zusammenhang der Freikorps und der sog. Schwarzen Reichswehr, jener illegalen Wehrformationen, die mit Billigung und Unterstützung der Reichswehr als Wehrergänzung und für den Einsatz in den der Reichswehr verbotenen Zonen aufgestellt wurden... Die Morde an führenden republikanischen Politikern konnten nur in jener Atmosphäre lizenzierter Illegalität reifen, in der im Auftrag oder mit Duldung der Reichswehr durch halboffizielle Geheimorganisationen gesetzwidrige Unternehmungen getätigt wurden, die im strikten Widerspruch zur erklärten Politik der republikanischen Regierung standen, die man aber im »vaterländischen Interesse« für notwendig erachtete.[51]

Daß gegen diese Geheimorganisation die Gerichte einen schweren Stand hatten, ist begreiflich. Es war aber im Lauf der Monate soviel handfestes Belastungsmaterial zusammengetragen worden, daß bei gutem Willen eine weitgehende Aufklärung der Zusammenhänge hätte möglich sein müssen. Aber am guten Willen fehlte es eben.

Im Herbst 1922 hatte der tatkräftige Offenburger Staatsanwalt die Anklageschrift gegen die OC fertiggestellt. Das Verfahren hätte beginnen können, wenn jetzt nicht der Oberreichsanwalt eingegriffen und die Sache an sich gezogen hätte. Das mochte zunächst den Anschein erwecken, als ob man diesem wichtigen Prozeß die gebührende Bedeutung beimessen wollte, in Wahrheit entsprang diese Maßnahme nur einer Verschleppungstaktik. Die Ermittlungen wurden von neuem begonnen und endlich im Februar 1924 zum Abschluß gebracht. Über der Frage, ob das Verfahren dem Staatsgerichtshof überwiesen oder an die ordentlichen Gerichte abgegeben werden solle, ging ein weiteres halbes Jahr ins Land, in dessen Verlauf die Zahl der Beschuldigten von 40 auf 26 zusammenschrumpfte.

Am 22. Oktober war es dann soweit: Das Verfahren gegen die OC vor dem Staatsgerichtshof begann. In den großen Prozessen gegen die Rathenau- und Scheidemann-Attentäter hatten Reichsanwaltschaft und Staatsgerichtshof darauf verzichtet, die hinter den Tätern sichtbar werdenden Organisationen ans Licht zu ziehen. So schnell man bereit war, strafbare Handlungen politisch Linksgerichteter in einen größeren Zusammenhang zu stellen und sie einer zentral gelenkten kommunistischen Verschwörerorganisation zuzuschreiben (z. B. Tscheka-Prozeß. Vgl. S. 219 ff.), so gering war die Bereitschaft, die Hintergründe der politischen Morde der Rechten aufzuhellen. Die Reichsanwaltschaft bemühte sich im Verein mit der sogenannten nationalen Presse und der deutschnationalen Rechten des Reichstages, die Serie von Mordanschlägen, Bombenattentaten und sonstigen gegen Exponenten der Linken gerichteten Straftaten als das Werk isolierter Einzelpersonen hinzustellen und die jahrelangen Hinweise von demokratischer und sozialdemokratischer Seite auf die zahlreichen, offensichtlich gewordenen personellen und organisatorischen Zusammenhänge zwischen den einzelnen Taten als Verleumdung und kommunistische Hetze abzutun. Bei Prozeßbeginn zählte das ›Berliner Tageblatt‹[52] noch einmal die lange Reihe von Verbrechen auf, die immer wieder auf Mitglieder der OC zurückgingen und eine planmäßige Arbeit des Geheimbundes gegen die Verfassung anzeigten, und fuhr dann fort:

Das Verfahren wegen Geheimbündelei gegen die Mitglieder der OC konnte und mußte also den Rahmen für eine umfassende Untersuchung der Zusammenhänge aller dieser Taten mit der Organisation und dem Haupte dieser Organisation geben ...

Indessen machen die Angaben, die bisher über das in Leipzig beginnende Verfahren vorliegen, die Berechtigung solcher Erwartungen etwas zweifelhaft. Zunächst ist auffallend, daß das Verfahren lediglich gegen 26 Angeschuldigte eröffnet wird und daß unter den Angeschuldigten weder Kapitän Ehrhardt, der anerkannte Chef der OC, noch irgendeiner der vorher in OC-Prozessen Verurteilten sich be-

finden. Auch die Mitteilung, daß der Prozeß in drei Tagen zu Ende geführt werden soll, läßt darauf schließen, daß man nicht daran denkt, in der Verhandlung allzusehr in die Breite und Tiefe zu gehen.
Diese Befürchtungen waren nur zu begründet. Am ersten Verhandlungstag startete die Verteidigung einen gut einstudierten Theatercoup, den die völkische ›Deutsche Zeitung‹ schon am Vortage angekündigt hatte: Einer der Angeklagten erklärte mit pathetischer Stimme: »Über die weiteren Vorgänge in der OC kann ich nur unter Ausschluß der Öffentlichkeit nähere Angaben machen, da ich Dinge zu erklären habe, die im vaterländischen Interesse nicht an die Öffentlichkeit gelangen sollen.« Obwohl es für einen solchen Antrag keine gesetzliche Grundlage gab, unterstützte ihn der Reichsanwalt nachdrücklich, da man es im vaterländischen Interesse und auch im Interesse der Angeklagten selbst für notwendig erachten müsse, daß endlich die volle Wahrheit über die Tätigkeit dieser Organisation bekannt werde. Das Gericht gab diesem gesetzwidrigen Antrag statt und schloß die Öffentlichkeit mitsamt der Presse aus. Man war unter sich.
Am folgenden Verhandlungstag gab es ein weiteres Beispiel für die Schamlosigkeit, mit der hier die Wahrheit vertuscht wurde: Der Vorsitzende gab bekannt, daß der Staatsgerichtshof beschlossen habe, den Untersuchungsrichter, Landgerichtsrat Dr. Richter, der die Mehrzahl der Angeklagten in der Voruntersuchung vernommen und insgesamt 124 Aktenbände mit Vernehmungsprotokollen gefüllt hatte, als Zeugen darüber zu vernehmen, »inwieweit die gegen die Organisation Consul gerichteten Angriffe durch die Ergebnisse der Voruntersuchung gerechtfertigt seien«. Schon diese Formulierung ist bezeichnend für die Mentalität des Gerichts, das weniger geneigt schien, ein Urteil über die OC, als vielmehr über die gegen sie gerichteten Angriffe zu fällen. Aber das Unglaublichste an diesem Prozeß war, daß dem Landgerichtsrat Dr. Richter vom sächsischen Justizministerium die vom Staatsgerichtshof nachgesuchte Aussagegenehmigung nur insoweit erteilt wurde, als er die jetzt vor dem Staatsgerichtshof gemachten Aussagen der Angeklagten bestätigen könne! Deutlicher konnte die sächsische Justizverwaltung ihr Bestreben, die Mördergesellschaft zu schützen, statt sie zu überführen, nicht zum Ausdruck bringen. Das Zusammenspiel klappte prächtig. Reichsanwalt Niethammer konnte auf den Zeugen Dr. Richter verzichten. In Prozessen gegen Angeklagte von links kannte (und kennt) man die Beschränkung der Aussagegenehmigung von beamteten Zeugen nur im umgekehrten Sinne: Sie endet in der Regel dort, wo eine wahrheitsgemäße Aussage die Überführung des Angeklagten erschweren und seine Verteidigung erleichtern könnte.
Der Vorsitzende des Staatsgerichtshofs fand aber einen Weg, um der Öffentlichkeit zu zeigen, daß auch die 124 Aktenbände, über

deren Inhalt der Untersuchungsrichter aussagen sollte, nicht ausgereicht hätten, um die OC als Verbrecherverein zu überführen. Er verlas einen Abschnitt aus der Anklageschrift — ein in der deutschen Justizgeschichte wohl einmaliges Verfahren! —, um zu zeigen, daß die zahlreichen Angriffe gegen die OC, sie habe sich des Hochverrats schuldig gemacht und sie sei eine Mörderzentrale, vollständig unbegründet seien und in nichts zusammenfallen, so daß nur noch die Anklage wegen Geheimbündelei erhoben wurde.53 Hier war also der Reichsanwalt der Kronzeuge des Staatsgerichtshofs. Denn wenn er nichts Böses in der OC gefunden hatte, war die Sache ja in Ordnung. So harmlos ist politische Justiz unter Gesinnungsfreunden.

Das Plädoyer des Reichsanwalts Niethammer ließ keinen Zweifel daran, daß der ganze Prozeß eine Farce war. Die Strafanträge reichten von einem bis zu zwei Monaten Gefängnis, sämtlich verbüßt durch die erlittene Untersuchungshaft. Das ›Berliner Tageblatt‹ schrieb:53

Der Antrag des Staatsanwalts hat unter der Zuhörerschaft und bei der Verteidigung großes Aufsehen hervorgerufen, da man ein derartiges Plädoyer des Staatsanwalts zugunsten der Angeklagten nicht erwartet hatte.

Die ›Frankfurter Zeitung‹54 hat den Wortlaut dieser merkwürdigen Anklagerede überliefert:

... Ich sage hier nichts für und nichts gegen Ehrhardt. Ich erinnere mich, von einem sozialistischen Innenminister gehört zu haben, ihm widerstrebe es, Verbrecher aus Überzeugung ehrlos zu machen. Die Angeklagten haben keine Bedenken zu tragen brauchen, die Gemeinschaft mit Ehrhardt aufrechtzuerhalten. Ferner: Die Angeklagten sind ehemalige Offiziere und Ehrhardt war ihr Führer. Ein nicht leicht zu zerschneidendes Band. Das kann nur beurteilen, wer selber im Felde Kameradschaft empfunden hat. Ich verstehe das Verhalten der Angeklagten hierin vollkommen. Die Bestrebungen, die Mannschaft nach der Entlassung unterzubringen, hatten nichts Strafbares. Die Dinge nahmen erst eine andere Wendung, als der dritte Polenaufstand ausbrach. Nachdem die Ergebnisse der Verhandlungen mit den militärischen Behörden feststanden, hatten v. Killinger und Hoffmann Grund zu der Annahme, daß sie berechtigt seien, ein Regiment zu bilden, und daß sie verpflichtet seien, die Vorbereitungen geheimzuhalten und pünktlich zur Stelle zu sein. Daß nun das Bedürfnis nach Satzungen auftauchte, ist begreiflich, und so erklären sich die Bestimmungen über Gehorsam, Schweigepflicht und Feme. Zur Erzwingung des militärischen Gehorsams und der Verschwiegenheit nahmen sie die etwas phantastisch anmutende Androhung der Feme ...

Man kann aus diesem Teil des Plädoyers erschließen, was »im vaterländischen Interesse« nur unter Ausschluß der Öffentlichkeit ausgeplaudert worden war, daß nämlich Verhandlungen mit »militärischen Behörden«, auf gut deutsch also mit der Reichs-

wehr stattgefunden hatten, und die Organisation C von der Reichswehr im Geheimen mit der Aufgabe betraut worden war, ein »Regiment Süd« aufzustellen für den Kampf in Oberschlesien bei einem etwaigen vierten polnischen Aufstand. Dies sei, so fuhr Niethammer fort, die vornehmste Aufgabe der OC gewesen.
Allein die Aufgabe erwies sich als schwer, und so entsteht im Bedürfnis nach strafferer und weiterer Zusammenfassung: der spätere Statutenentwurf. Nun wird die Organisation überrascht und der ganze Stoff fällt in die Hand eines Staatsanwalts, der die inneren Zusammenhänge und psychologischen Voraussetzungen nicht kennt.*
Was später geschieht, sind Maßnahmen der selbständig gewordenen Gruppen.
Dieser Behauptung liegt die unbewiesene und im Hinblick auf die Ereignisse des Jahres 1922 durchaus fragwürdige These zugrunde, daß nach dem Eingreifen des Offenburger Staatsanwalts am 21. 9. 1921 die Organisation aufgehört habe zu bestehen. Sie ersparte es der Reichsanwaltschaft, den Chef der OC und die wegen ihrer Verbrechen bereits früher abgeurteilten OC-Mitglieder in diesem Organisationsprozeß auf die Anklagebank zu setzen. Auch war dies die einfachste Lösung, um die Anwendung des erst 1922 in Kraft getretenen Republikschutzgesetzes auf die OC zu vermeiden.
Wenn nun Weiterungen (Weiterungen!) erwuchsen, so nur deshalb, weil die Organisation Consul sich nicht auf ihren militärischen Zweck beschränkte, sondern auf verfehlte innenpolitische Ziele ausging ...
Damit beschäftigte sich die Anklage ...
Sicher ist wohl, *daß die Organisation ankämpfen wollte gegen Einrichtungen, die ihr nicht gefielen, gegen Sozialismus, Judentum und Verfassung.* Sie wollte eine Macht sein, mit der der Staat zu rechnen hatte. Der Gedanke war: Wenn wir das Regiment Süd gründen, dann können wir schließlich auch, wenn innerpolitisch etwas los ist, diese reale Macht in die Wagschale werfen. Damit hat sich die Organisation Consul ein strafbares Merkmal aufgedrückt und *einen Fehler begangen,* den die Angeklagten, wenn sie sich die Sache überlegt hätten, als solchen hätten erkennen müssen. Eine Anzahl von ihnen hat sich strafbar gemacht der Geheimbündelei nach § 128 StGB. Mangel an Disziplin, Zanksucht und die *von außen herangetragene giftige Kritik* haben die Organisation scheitern lassen.
Nun steht im Vorwort der Statuten der Satz von der antinationalen Weimarer Verfassung. Aber die Angeklagten haben dieses Wort dahin erläutert, daß Änderungen nur auf gesetzmäßigem Wege angestrebt werden sollten und daß die Bezeichnung »antinational« auf

---

* Das richtet sich gegen den Offenburger Staatsanwalt, der bei der Aufklärung des Erzberger-Mordes so vorzügliche Arbeit geleistet hatte, daß ihm sicher auch die Aufklärung des OC-Komplexes gelungen wäre, wenn nicht die Reichsanwaltschaft die Ermittlungen noch rechtzeitig an sich gezogen hätte.

Unzweckmäßigkeiten abziele, die für die Nation unzuträgliche Folgen hätten haben können. Ich habe leider vergeblich erwartet, daß einer der Angeklagten sofort offen sagte, wir haben uns so ausgedrückt, weil wir als frühere Offiziere die Verfassung nicht lieben konnten. Erst Ehrentraut hat das Wort gefunden: »Die Republik war für uns Offiziere, die wir durch die Revolution auf die Straße gesetzt wurden, ein Unglück.« *Das ist verständlich. Diese Leute hier mußten damals so fühlen, und sie fanden den spontanen unüberlegten, politisch unreifen Ausdruck dafür.*

Das ›Berliner Tageblatt‹ schrieb:[55]
Bei der Rede des Reichsanwalts Niethammer fragte man sich manchmal, ob denn da wirklich der Vertreter der Republik spricht.

Im Folgenden charakterisiert der Reichsanwalt einige Zeugen, auf deren Angaben hin man die OC in Zusammenhang mit den politischen Morden gebracht habe; es seien Vorbestrafte, Nervenleidende, Geisteskranke, Syphilitiker und Landesverräter darunter gewesen, und kommt dann zu dem Schluß:
Es bleibt von der Anklage übrig, daß sie (die Angeklagten, d. Verf.) innerpolitische Zwecke verfolgt haben, um eine Macht im Staate zu werden, Ziele, von denen sie wußten, daß sie der Regierung geheimgehalten werden mußten. Die Ereignisse im November v. J. (Hitlerputsch, d. Verf.) haben uns zur Genüge gezeigt, wohin es führt, wenn solche Jugendverbände Macht anstreben. Ein Staat, der so wenig Machtmittel hat, wie die Deutsche Republik, muß in solchen Dingen vorsichtig und unerbittlich sein.

Dieser ›Unerbittlichkeit‹ der Republik gab der Reichsanwalt mit so lächerlich geringen Strafanträgen Ausdruck, daß selbst der Staatsgerichtshof über sie hinausging. Neben sieben Freisprüchen gab es Gefängnisstrafen bis zu acht Monaten wegen Geheimbündelei. Auch fand sich in der mündlichen Urteilsbegründung manche vorsichtige Distanzierung von dem allzugroßen Wohlwollen des Reichsanwalts für die Angeklagten. Wenn der Vorwurf der »Mörderzentrale« sachlich auch unberechtigt sei, so habe die OC doch die Atmosphäre geschaffen, aus der der Erzbergermord erwachsen sei. Das Urteil als eine »Niederlage des Reichsanwalts« zu bezeichnen, wie es im ›Vorwärts‹[56] geschah, war aber doch eine übertriebene Beschönigung des kläglichen Prozeßergebnisses. Die Rechte feierte das Urteil denn auch als »Triumph der nationalen Bewegung«. Die ›Kreuz-Zeitung‹ schrieb, sogar der Staatsgerichtshof zum Schutze der Republik habe der OC bescheinigen müssen, daß sie nur aus vaterländischen Motiven gehandelt habe und daß alles das, was sie getan habe, ihr zur höheren Ehre gereiche. Es sei nichts übriggeblieben von Mord und Feme, nichts von den unzähligen gemeinen Anschuldigungen, die sozialdemokratischen und demokratischen Parlamentariern, Ministern und Journalisten dazu gedient hätten, »den Schmutz kübelweise auf Männer auszuschütten, deren

Verdienste für (das) Vaterland weit größer sind als die Verdienste dieser Leute um ihre eigene Republik«.[57]
So wurde der OC-Prozeß, der eine Aufklärung des ganzen Komplexes der politischen Verbrechen der frühen zwanziger Jahre hätte bringen sollen, mit Hilfe eines den Tätern und Hintermännern gesinnungsmäßig verbundenen Justizapparates in eine Niederlage der demokratisch gesinnten Politiker und Journalisten umgebogen, die den Prozeß gefordert hatten. Der Name des Reichsanwaltes Niethammer, dem die Liga für Menschenrechte nach seinem Plädoyer im OC-Prozeß vorwarf, er habe einer antirepublikanischen Gesinnung Ausdruck gegeben, die ihn als ungeeignet zur Wahrnehmung der Justizpflege in einem republikanischen Staatswesen erscheinen lassen müsse, ziert dickleibige Kommentare, die noch heute zum eisernen Bestand der juristischen Bibliotheken gehören.

Der Hitler-Prozeß

Das Jahr 1923 brachte mit der Besetzung des Ruhrgebietes durch Frankreich und mit dem Höhepunkt der Inflation eine bedrohliche Zerreißprobe für die junge Republik. Im Herbst durchkreuzten sich verschiedene Versuche, die legale Reichsregierung zu stürzen. Die Situation des Reiches war verzweifelt. Die immer noch fortschreitende Inflation hatte zu Hunger und Massenelend geführt und eine Radikalisierung aller politischen Richtungen bewirkt. In Hamburg bereiteten die Kommunisten einen Aufstand vor. In Sachsen und Thüringen hatten sich völlig legale Regierungskoalitionen aus SPD und KPD gebildet, in denen man aber Keimzellen des Umsturzes von links erblickte. In Norddeutschland konspirierten nationalkonservative Kreise um den Justizrat Claß gegen die Berliner Regierung; am 1. Oktober putschte die Schwarze Reichswehr in Küstrin. Die Rheinlande drohten mit dem Abfall vom Reich.
Als Stresemann die Einstellung des Ruhrkampfes verfügte, antwortete der ›Kampfbund‹ in München, in dem sich unter Hitlers Führung SA, Bund Oberland und Reichskriegsflagge zusammengeschlossen hatten, mit wilder Agitation gegen die »Novemberverbrecher«. Jetzt schien der Augenblick gekommen, den Marsch nach Berlin anzutreten und mit der Republik aufzuräumen.
Die bayerische Regierung verhängte den Ausnahmezustand. Generalstaatskommissar wurde von Kahr, der als Verfechter der bayerischen Sonderrechte und als Monarchist in Berlin so suspekt erschien, daß Stresemann nun auch seinerseits den Ausnahmezustand erklärte und die vollziehende Gewalt an die Wehrkreisbefehlshaber delegierte. Von Kahr hätte nun seine Vollmachten an den Wehrkreisbefehlshaber in Bayern, von Lossow, übertragen müssen; er weigerte sich aber und verpflichtete statt dessen Lossow und die diesem unterstehende 7. Reichswehrdivision auf die bayerische Regierung. Das war ein offener Verfassungsbruch; Kahr schien nun zum Äußersten, zum Marsch auf Berlin, entschlossen. Er beauftragte den steckbrieflich verfolgten Kapitän Ehrhardt mit der Schaffung einer Aufmarschbasis im Raum Coburg, wofür die Linksentwicklung in Thüringen und Sachsen den Vorwand bot. Als im Oktober Reichswehr diese beiden Länder besetzte und den Rücktritt der linksorientierten Regierungen erzwang, entfiel dieser Vorwand. Das »Herbstmanöver 1923« mußte abgeblasen werden; wieder einmal schien alles im Sande zu verlaufen.

Damit wollte sich Adolf Hitler nicht abfinden. Seine Kampfverbände, die seit Wochen dem Marsch auf Berlin entgegenfieberten, ließen sich nicht länger zurückhalten. Als sich seine Hoffnung, mit Kahr und Lossow gemeinsame Sache machen zu können, am 6. November endgültig zerschlug, entschloß er sich zum Handeln.

Am 24. Februar 1924 begann die Hauptverhandlung gegen die Teilnehmer des Putsches vom 8. und 9. November 1923 vor dem Volksgericht in München. Eigentlich hätte das Verfahren in die Zuständigkeit des Staatsgerichtshofs zum Schutze der Republik in Leipzig gehört, aber die Bemühungen Bayerns, den Prozeß in München stattfinden zu lassen, waren von Erfolg gekrönt. Man neigte in Berlin zum Nachgeben, um die Gegensätze zwischen Bayern und dem Reich, die eben notdürftig überbrückt worden waren, nicht erneut aufzureißen. Als Gegenleistung mußte Bayern eine Auflösung der Volksgerichte zum 1. April 1924 zugestehen. Man hatte gute Gründe, dieses Verfahren nicht hinaus ins ›feindliche Ausland‹ zu geben. Sollte der bayerische Staat nicht noch mehr bloßgestellt werden, als durch die keineswegs geheim gebliebenen Vorgänge des Herbstes 1923 bereits geschehen, so mußte dieser Prozeß mit Fingerspitzengefühl in München abgehandelt werden, wo von Kahr als Staatskommissar das Recht hatte, Weisungen an die Staatsanwaltschaft zu geben. Um Weiterungen zu vermeiden, wurden nur die Ereignisse der Nacht vom 8. auf den 9. November und des folgenden Tages zur Verhandlung gestellt. Da Kahr, Seisser und Lossow sich in diesen 20 Stunden zunächst passiv, dann verfassungstreu verhalten hatten, konnte man es wagen, das Triumvirat von der Anklage auszuschließen und als Zeugen auftreten zu lassen.

Auf der Anklagebank saßen Adolf Hitler, General Ludendorff, Oberstlandesgerichtsrat Pöhner, Oberamtmann Dr. Wilhelm Frick und sechs Führer des Kampfbundes, darunter Ernst Röhm und Robert Wagner. Die Anklage[1] lautete auf ein Verbrechen des Hochverrats:

Die Beschuldigten haben, gestützt auf die bewaffneten Machtmittel des Kampfbundes und die bewaffnete Macht der Infanterieschule, es unternommen, die bayerische Regierung und die Reichsregierung gewaltsam zu beseitigen, die Reichsverfassung und die des Freistaates Bayern gewaltsam zu ändern und verfassungswidrige Regierungsgewalten aufzurichten.

Die Anklageschrift schildert dann die bekannten Vorgänge am 9. November 1923 im Münchener Bürgerbräukeller: In eine Versammlung, in der von Kahr als Redner auftrat, war Hitler mit Bewaffneten eingedrungen, hatte den Ausbruch der nationalen Revolution verkündet und u. a. folgende Ausführungen gemacht:

Das Kabinett Knilling ist abgesetzt, eine bayerische Regierung wird gebildet. Ich schlage als Landesverweser Herrn von Kahr, als Minister-

präsident Pöhner vor. Die Regierung der Novemberverbrecher in Berlin wird für abgesetzt erklärt. Ebert wird für abgesetzt erklärt...
Ich schlage vor, bis zum Ende der Abrechnung mit den Verbrechern, die Deutschland tief zugrunde richteten, übernehme die Leitung der Politik der provisorischen Nationalregierung ich. Ludendorff übernimmt die Leitung der deutschen Nationalarmee, Lossow wird Reichswehrminister, Seisser Reichspolizeiminister. Die Aufgabe der provisorischen Regierung ist, den Vormarsch anzutreten in das Sündenbabel Berlin...
Nach einigem Zögern hatten Kahr, Seisser und Lossow ihre Mitwirkung zugesagt und vor der Versammlung sich zu Hitlers Vorgehen bekannt. Die Anklage fährt fort:
Die Herren von Kahr, Lossow und Seisser waren... nur scheinbar auf die Forderungen Hitlers... eingegangen, um ihre Bewegungsfreiheit wiederzugewinnen. Sie verließen etwa um 10.30 Uhr den Bürgerbräusaal und trafen ungesäumt die notwendigen Maßnahmen zur Niederwerfung des Putsches.
In diesem Prozeß war eigentlich sehr wenig strittig. Wenn man die Materie auf den 8./9. November begrenzte, konnte nur zur Debatte stehen, ob Kahr, Lossow und Seisser ihr Wort im Ernst oder nur zum Schein gegeben hatten, eine Frage, die auch damals schon nur die Angeklagten persönlich berühren konnte. Trotzdem ist das Protokoll der öffentlichen Sitzungen — das vollständige Protokoll auch der nichtöffentlichen Sitzungen lagert heute in Virginia — ein Zeitdokument von höchstem Interesse.
Zunächst fällt auf, wie die Angeklagten mit Duldung des Gerichts die derzeitige Staatsform des Deutschen Reiches und seine führenden Männer hemmungslos beschimpfen durften. Grundsätzlich wurde von der Regierung nur als von den »Novemberverbrechern« gesprochen, an der Spitze der Berliner »Judenregierung«[1a] stehe ein »Matratzen-Ingenieur« (Ebert war gelernter Sattler; d. Verf.), es sei in Berlin alles »verebert und versaut«. Der Rechtsanwalt Dr. Holl sprach vom »Berliner System der Feigheit und Korruption«[2] und erwiderte auf die Rüge des Vorsitzenden: »Ich finde keinen anderen Ausdruck, es ist wenigstens ein dem Gefühl aller Deutschen entsprechender Ausdruck.« Hitler erklärte, es liege ihm daran, »das Unrecht gutzumachen an Leuten,... denen man vor 5 Jahren die Krone in der schmählichsten Weise vom Haupt gerissen hat. Diese Exekution hat der Auswurf der ganzen Nation vorgenommen,... ein Haufen von Lumpen und Deserteuren, von dem ganzen Mist, den Deutschland damals hatte«[3].
Am weitesten ging in dieser Richtung Oberstlandesgerichtsrat Pöhner, Mitglied des höchsten bayerischen Gerichtshofs, der sich folgendermaßen ausließ:
»Was war denn das für ein Staat, der geschaffen worden ist im November 1918? Es ist kein Staat geschaffen worden,... sondern es

ist ein Staat zertrümmert worden, denn was wir im November 1918 erlebt haben, war Volksbetrug übelster Art, ... der von Juden, Deserteuren und bezahlten Landesverrätern am deutschen Volk verübt worden ist. Das muß einmal offen ausgesprochen werden! Diese Leute, die sich die Gewalt angemaßt haben und seither in Sesseln sitzen, die ihnen nicht gebühren, sind keine Obrigkeit nach deutschem Rechtsempfinden, nach christlicher Kulturauffassung, das sind Gewalttäter, weiter nichts, genau wie die Franzosen am Rhein, eine Fremdrasse, die sich angemaßt hat, die Belange des deutschen Volkes als die ihren anzusehen ...
Von jeher entspricht es deutschem Rechtsempfinden, daß Obrigkeit die Stelle ist, für die der Untertan und insbesondere der Beamte, Richter, einschließlich des Offiziers, entschlossen ist, sich einzusetzen, zu kämpfen und letzten Endes zu sterben. Wer von den Beamten ist denn bereit, für diese Art von Obrigkeit ... zu kämpfen und zu sterben? Ich habe diese Frage einmal einem Ministerialdirektor in Berlin vorgelegt, der mir die Vorzüge von Ebert Fritze in hohen Tönen geschildert hat, ob er bereit sei, für Fritz Ebert zu sterben. (Heiterkeit) Er sagte: Ja, dazu könne er sich allerdings nicht entschließen (Heiterkeit). Damit ist auch für mich diese Obrigkeit erledigt ...«
Vorsitzender: »Die Äußerung ›Ebert Fritze‹ kann als Geringschätzung aufgefaßt werden.«
Pöhner: »Dann sage ich Fritz Ebert« (Heiterkeit).[4]
Den Kampf gegen die Weimarer Verfassung hatten alle Angeklagten auf ihre Fahnen geschrieben. Oberstleutnant Kriebel gab dafür eine militärisch knappe Begründung:
»Ich kenne weder die Weimarer noch die bayerische Verfassung. Aber ich weiß, daß die Reden im Parlament, die Reden der Minister, aller vaterländischen Vertreter, auch Kahrs, auf den Ruf eingestellt waren: Kampf gegen die Weimarer Verfassung. Da habe ich mir in meinem einfachen Soldatengemüt gedacht, wenn alles schreit, warum soll ich nicht dagegen kämpfen ...«[5]
Dr. Weber, Führer des Bundes Oberland, formulierte so:
»Die gesamte vaterländische Bewegung Bayerns ist eingestellt auf die gewaltsame Änderung der Weimarer Verfassung. Denn sie (die vaterländische Bewegung, d. Verf.) ist antimarxistisch, antiparlamentarisch, antizentralistisch.«[6]
Hitler umschreibt den Kampf gegen Marxismus und Parlamentarismus volkstümlicher:
»Was mir vor Augen stand, das war ... tausendmal mehr, als Minister zu werden ... Da könnte man auch die Gefahr laufen, neben andern Ministern begraben zu werden. Ich nenne nur die Namen Scheidemann und Wutzlhofer (bayerischer Minister, d. Verf.). Ich wollte mich nicht gemeinsam mit diesen in eine Gruft legen ... Ich wollte der Zerbrecher des Marxismus werden. Ich werde diese Aufgabe lösen, und dann ... wäre der Titel des Ministers für mich eine Lächerlichkeit.«[7]

Das Auftreten der Zeugen Kahr, Lossow und Seisser vor Gericht wurde zu einer moralischen Niederlage und öffentlichen Blamage für das Triumvirat. Ihre Rechtfertigungsgründe, daß sie im Bürgerbräu nur zum Schein zugestimmt hätten, daß sie unter dem ›Marsch nach Berlin‹ keinen militärischen Vormarsch, sondern nur die Ausübung eines Druckes auf die Reichsregierung, eine »geistige und sittliche Erneuerung« verstanden hätten, ja daß man sogar geglaubt habe, mit Hilfe des Art. 48 auf legalem Wege die Weimarer Verfassung aufheben und ein nationales Direktorium einsetzen zu können,[8] das alles wurde von der Verteidigung und den Angeklagten in der Luft zerfetzt und der Lächerlichkeit preisgegeben. Aufschlußreich ist folgender Disput über die Zusammensetzung des Direktoriums:

Rechtsanwalt Kohl: »Sollte in dem Direktorium der Reichspräsident Ebert sitzen?«

Vorsitzender: »Ist die Frage ein schlechter Witz?«

Rechtsanwalt Kohl: »Wenn das, was ich in der Hand habe, die Verfassung des Deutschen Reiches, kein schlechter Witz ist, dann ist auch meine Frage kein schlechter Witz.«

Vorsitzender: »Ich lasse diese Frage nicht zu.«

Rechtsanwalt Kohl: »Weil sie selbstverständlich ist, wird sie nicht zugelassen. Sollten in dem Direktorium überhaupt Marxisten sitzen?«

Kahr: »Nein.«[9]

Bald war man so weit, daß einer der Verteidiger nur noch zwischen »ehrlichen Hochverrätern« und »lügnerischen«[10] unterschied, wobei die Angeklagten zur ersten Gruppe, die Kronzeugen zur zweiten zu rechnen waren. Die Haltung der Angeklagten, die sich zu ihrer Tat bekannten und sich um die Verantwortung geradezu rissen, stach natürlich vorteilhaft ab gegen die der Zeugen, die sich drehten und wanden, sich notfalls nicht mehr erinnern konnten oder sich auf das Amtsgeheimnis beriefen. Die Bemühungen des Vorsitzenden und der Staatsanwaltschaft, die drei Herren abzuschirmen, waren nicht sehr erfolgreich. Die Staatsanwaltschaft wurde von der Verteidigung derartig in die Defensive gedrängt, daß der Erste Staatsanwalt Stenglein einmal unter Protest die Sitzung verließ, was Rechtsanwalt Kohl zu der Bemerkung veranlaßte: »Na, es wird ja noch genug Staatsanwälte geben.«[11] (Bravorufe im Zuhörerraum)

Daß geplant hatten, die Berliner Regierung — so oder so — abzusetzen und die Reichsverfassung aus den Angeln zu heben, das haben auch die Zeugen nicht bestritten. Im Gerichtssaal nahm man das hin, als sei das die harmloseste Sache von der Welt. Nach all dem, was man in den letzten Monaten in Bayern gemunkelt, geredet und proklamiert hatte, schien das Gefühl für die Ungeheuerlichkeit, daß sich die drei obersten Gewalthaber eines deutschen Staates ganz offen zum Hochverrat gegen die Republik

bekannten, völlig erstorben zu sein. Oberstlandesgerichtsrat Pöhner gefiel sich sogar darin, mit folgendem Bonmot aufzutrumpfen:
»Wenn das, was Sie mir da vorwerfen, Hochverrat ist — das Geschäft treibe ich schon seit 5 Jahren.«[12]
Solche Erklärungen wurden vom Gericht hingenommen. Sehr hellhörig waren Vorsitzender und Staatsanwalt aber, wenn gewisse andere Dinge angesprochen wurden. Die Aufmarschpläne gegen Berlin etwa waren ein neuralgischer Punkt, der nicht berührt werden durfte. Über die Beziehungen des ›Kampfbundes‹ zur Reichswehr und zur Polizei, über Bezahlung, Verpflegung und Bewaffnung dieser illegalen Verbände war nichts in öffentlicher Verhandlung zu erfahren, erst recht nicht über die Rolle, die die am Putsch beteiligte und der Reichswehrleitung direkt unterstehende Infanterieschule gespielt hatte. Alle Parteien respektierten das Schweigegebot ›im vaterländischen Interesse‹.
Zur Zeit des Hitlerprozesses wurde in München der bekannte Pazifist Prof. Quidde verhaftet, weil er in einem Zeitungsartikel auf die Gefahren der Schwarzen Reichswehr hingewiesen hatte.*
Die Parallele zwischen diesen beiden Justizfällen in München zog der Republikanische Reichsbund in einem Schreiben an Reichskanzler Dr. Marx:
... Vollends unerträglich ist das Vorgehen gegen Ludwig Quidde in Tagen, da in dem gleichen München, in dem seine Verhaftung erfolgte, ganze Scharen überführter Hochverräter frei herumlaufen und vielfach noch immer hohe Staatsämter bekleiden. Der klaffende Gegensatz in der Behandlung des politischen Idealisten Ludwig Quidde zu der Behandlung dieser Hochverräter muß dazu führen, das Rechtsbewußtsein des deutschen Volkes bis auf den Grund zu erschüttern und der Rechtspflege in Deutschland, soweit politische Prozesse in Frage kommen, auch noch den Rest ihres Ansehens zu rauben. Ein Staat aber, in dem die Begriffe von Recht und Gerechtigkeit vor die Hunde gegangen sind, kann nicht bestehen...

gez. Dr. Konrad Haenisch, Staatsminister a. D.
Dr. Hugo Preuß, Reichsminister a. D.[13]

Die milden Urteile, die am 1. April verkündet wurden, waren, wie Hofmann andeutet,[14] wohl der Preis für die Zurückhaltung der Angeklagten in puncto geheime Aufrüstung. Daß Hitler, Weber, Kriebel und Pöhner zu 5 Jahren Festungshaft verurteilt wurden, ihnen aber im gleichen Atemzug nach Verbüßung eines Strafteiles von 6 Monaten Bewährungsfrist für den Strafrest in Aussicht gestellt wurde — eine völlig ungewöhnliche Maßnahme — deutet stark darauf hin, daß irgendwelche Absprachen bestanden. Ludendorff wurde freigesprochen, die anderen Angeklagten zu je einem Jahr und drei Monaten Festungshaft verurteilt, die

---

* Vgl. S. 178 ff., ›Der Fall Quidde‹.

Strafe aber zur Bewährung ausgesetzt. Entsprechend dem Plädoyer des Staatsanwalts, der allen Angeklagten ehrenhafte Motive bescheinigt hatte, trat kein Verlust der bürgerlichen Ehrenrechte ein. Ebensowenig wurde die Bestimmung des Republikschutzgesetzes, wonach wegen Hochverrats verurteilte Nichtdeutsche auszuweisen waren, gegen Hitler angewendet.
»Auf einen Mann, der so deutsch denkt und fühlt wie Hitler, ... kann nach Auffassung des Gerichts die Vorschrift ... des Republikschutzgesetzes ... keine Anwendung finden.«
Damit hatte das Gericht einer in seinem Schlußwort vorgetragenen Bitte Hitlers entsprochen. Versuche der Staatsanwaltschaft, die Ausweisung nach der Entlassung doch noch durchzusetzen, scheiterten am Einspruch des bayerischen Justizministers Gürtner, den Hitler später zu seinem Reichsjustizminister machte, und an den österreichischen Behörden, für die Hitler auch kein ungefährlicher Mann war.[15] So hatte sich für Hitler die Niederlage vom 9. November 1923 in einen großen Triumph verwandelt. Die Anklage hatte ihn als die Seele des ganzen Putsches bezeichnet, was er keineswegs von Anfang an gewesen war. Aber er verstand es, die führende Rolle, die man ihm so zugeschoben hatte, im Prozeß durch forsches Auftreten und eindrucksvolle Programmreden zu befestigen. Als er nach der Verkündigung des Urteils sich auf dem Balkon zeigte, brach die Menschenmenge, die in den Seitenstraßen wartete, in Heilrufe aus. Die Festungshaft war zu kurz, um ihn in Vergessenheit geraten zu lassen. Als populärer Mann, als ›Führer der Bewegung‹ konnte er nach seiner Entlassung am 14. Dezember 1924 seine politische Tätigkeit fortsetzen.

Fememord

In den Freikorps und anderen von Regierungsseite teils geduldeten, teils halbherzig bekämpften militärischen Verbänden sammelten sich nach dem Ende des Ersten Weltkrieges Überreste der alten Armee und junge Freiwillige zur Bekämpfung des Kommunismus; das war eine Zielsetzung, hinter der sich Landsknechtstum, Skrupellosigkeit und reaktionäre, demokratiefeindliche Gesinnung verbargen. In diesen illegalen ›vaterländischen‹ Verbänden entwickelte sich eine Selbstjustiz, die ›Verräter‹ durch Mord beseitigte.

Carl Mertens, mehrjähriges Mitglied nationaler Wehrverbände, hat 1925 das Wesen der Feme in der ›Weltbühne‹ geschildert:[1]

Ohne Verfahren wird das Opfer bestraft. Wer verdächtig ist, ist schon verurteilt. Es kommt nicht auf die Berechtigung eines Verdachtes oder die Vollendung des »Verrats« an. Das persönliche Mißtrauen eines Vorgesetzten, Gegensätze – oft privater Natur – genügen, um den Mordapparat in Tätigkeit zu setzen.

Die Arbeitsweise dieser Mordbuben wird durch viele Hilfsmittel erleichtert. Gewöhnlich wird so verfahren, daß sie ihr Opfer unauffällig in ein Auto locken oder den Ahnungslosen durch einen »dienstlichen« Befehl an einen stillen Ort zitieren, um ihn dort »einzusiedeln« oder »anzubauen«... Pistole und Eierhandgranate, doch auch Hieb- und Stichwaffen sind ihre Henkerswerkzeuge. Andre Hinrichtungsverfahren sind Autounfälle, Unglücksfälle beim Hantieren mit Schußwaffen, bei dem der Gerichtete die Rolle des »tödlich verunglückten Opfers« zu spielen hat. Man hat auch schon den Versuch gemacht, einen Selbstmord des »Verräters« zu erzwingen.

DIE BAYERISCHEN FEMEMORDE

Die Brutstätte der bayerischen Fememorde war die aus den bayerischen Freikorps hervorgegangene ›Einwohnerwehr‹. Mit Billigung der reaktionären Regierung Kahr widersetzte sie sich der durch Reichsgesetz vom 8. August 1920 in Erfüllung des Versailler Friedensvertrages angeordneten Ablieferungspflicht für Militärwaffen und betrachtete die vorgeschriebene Anzeige von Waffenlagern an den eingesetzten Reichskommissar als Verrat. Erstes Opfer der Fememörder wurde ein 19jähriges Mädchen, Marie Sandmayr, die ein auf dem Schloß ihres früheren Dienstherrn befindliches Waffenlager anzeigen wollte, jedoch infolge eines Mißverständnisses Angehörigen der Einwohnerwehr in die Hände fiel. Am 6. 10. 1920 wurde sie im Forstenrieder Park erdrosselt aufgefunden. An der Leiche war ein Zettel angebracht: »Du Schandweib hast verraten dein Vaterland, dich hat gemordet die schwarze Hand.« Obwohl sich ein starker Tatverdacht gegen den Leutnant Schweighart und einige seiner Helfer ergab, lehnte das zuständige Gericht die Eröffnung des Hauptverfahrens ab, weil eine volle Aufklärung nach dem Ergebnis der Voruntersuchung auch in einer Hauptverhandlung nicht zu erwarten sei.[2] Ähnlich endeten die gerichtlichen Verfahren in den weiteren Fememordfällen, wenn es überhaupt zur Anklage kam. Keiner der bayerischen Fememorde hat eine gerichtliche Sühne gefunden.

Auch einem funktionierenden Polizei- und Justizapparat können einzelne Täter entschlüpfen. Das Versagen der bayerischen Polizei und Justiz gegenüber den Fememördern aber beruhte auf einem gesinnungsmäßigen Einverständnis mit diesen. Die Perversion des Rechts, die damals in Bayern bereits eingetreten war, wird etwa durch die Tatsache gekennzeichnet, daß Männer wie Pöhner (Mitangeklagter im Hitler-Putsch-Prozeß) und von der Pfordten (Teilnehmer am Hitler-Putsch) Richter am Bayerischen Obersten Landesgericht und der spätere Reichsinnenminister Hitlers, Dr. Frick, Leiter der politischen Polizei in München sein konnten. Wilhelm Hoegner — nach dem Zweiten Weltkrieg bayerischer Ministerpräsident — schreibt:

Bayern wurde der »Ordnungsstaat«, auf den die ganze deutsche Reaktion mit Neid blickte, die Ordnungszelle, in der jede Verunglimpfung des Weimarer Systems gestattet war, das gelobte Land der Deutschnationalen und der Vorhimmel des Dritten Reiches.[2a]

Die Mentalität der ›völkischen‹ oder ›vaterländischen‹ Kreise, aus der sich auch der »Stillstand der Rechtspflege« gegenüber den bayerischen Fememördern erklärt, enthüllt folgende Äußerung des Generals Franz von Epp* vor dem Reichstagsausschuß für Femeorganisationen und Fememorde:[3]

Ich halte es für einen Akt der Notwehr und für ein sittliches Recht, daß von vaterländischen Kreisen gegen Waffenverräter vorgegangen wurde, schon aus dem Grunde, um abschreckend zu wirken. Die Morde an Waffenverrätern wurden nach der damaligen und wohl auch nach der heutigen Meinung vaterländischer Kreise gebilligt. Man war sich auch darüber im klaren, daß bei solchen Taten gegenüber den ausgeschalteten Justizbehörden Selbsthilfe am Platze war. Es ist hierbei wohl kein Unterschied zu machen gegenüber Verrätern, die die Waffen der Entente oder an linksradikale Kreise ausliefern wollten, als auch gegenüber solchen, welche Waffen an die deutsche Ent-

---

* 1919 an der Niederschlagung der bayerischen Räterepublik beteiligt (Freikorps Epp); 1928 Reichstagsabgeordneter der NSDAP; 1933 Reichskommissar und Reichsstatthalter für Bayern. (Nach Hoegner: Die verratene Republik, S. 383)

waffnungskommission verraten wollten, weil auch in diesem Falle unlautere Motive zugrunde gelegen sind; denn die Verräter konnten auf keinen Fall wissen, ob in diesem Falle die Waffen *vaterländischen Zwecken* erhalten blieben.

DER FEMEMÖRDER EDMUND HEINES

In Pommern hatten sich nach dem Vorbild der oberschlesischen ›Selbstschutz‹-Verbände, die 1920/21 im Abstimmungsgebiet für ›Ruhe und Ordnung‹ gesorgt und dabei im Wege der Selbstjustiz etwa 200 ungesühnt gebliebene Morde begangen hatten, ›Heimatschutz‹-Verbände gebildet, die einem angeblich zu erwartenden polnischen Einfall entgegenwirken sollten.
Tatsächlich war ein polnischer Einfall in Pommern überhaupt nicht zu befürchten. Aber die Landarbeiter hatten gestreikt. So hat man wie üblich den ›äußeren‹ Feind vorgeschützt, während man den ›inneren‹ meinte.[4]
Während in Oberschlesien insbesondere die Freikorps Aulock, Heydebreck und Oberland hervorgetreten sind, betätigte sich in Pommern das Freikorps Roßbach. Es wurde in die mit Billigung der Reichswehr vom pommerschen Landbund aufgestellte Selbstschutzorganisation aufgenommen, obwohl es im Mai 1920 offiziell aufgelöst worden war. Roßbach im Dezember 1922 in München:[5]
In einem Jahr werden wir wieder einige Male aufgelöst sein und dennoch bestehen. Ich kann Ihnen versprechen, daß wir bald aus dem finstersten Teil Oberschlesiens ein kleines Bayern schaffen werden. Der ehemalige Selbstschutz ist aufgelöst und dennoch lebt er noch. Auch dort in Oberschlesien weht schon die große rote Fahne, und was darauf ist, weiß jeder (Das Hakenkreuz). Aus dem Klumpatsch unzähliger rivalisierender nationaler Gruppen und Verbände muß eine große einheitliche Machtorganisation werden, die mit dem jetzigen Unsinn aufräumt. Deshalb müssen wir uns den Weg bahnen, mit Gummiknüppeln und Bajonetten. ... Davor beben die Leute, weil die Sippe Angst hat vor dem unbedingten Gehorsam, den unsere Leute geschworen haben. In Bayern habt Ihr bald Gelegenheit, Taten zu tun.
Zu den Taten, die von Roßbach-Leuten in Pommern getan worden sind, gehört ein Fememord, an dem der spätere nationalsozialistische Reichstagsabgeordnete und hohe SA-Führer Heines beteiligt war, der es unter Hitler zum Polizeipräsidenten von Breslau brachte. Der Mord wird nach dem Beweisergebnis des späteren Prozesses von Gumbel wie folgt geschildert:[6]
Auf den Gütern Stecklin, Rosenfelde und Liebenow im Kreise Greifenhagen kommandierte im Juli 1920 als besonderer Vertrauensmann Roßbachs der 22jährige Leutnant Edmund Heines, der gegen die bayerische Räterepublik, im Baltikum und im Kapp-Putsch gekämpft

hatte. In der Arbeitsgemeinschaft Stecklin befand sich seit 14 Tagen der 20jährige landwirtschaftliche Arbeiter Willi Schmidt. An einem nicht mehr festzustellenden Tag des Juli 1920 erschien der Vertrauensmann der Steckliner Gruppe, Unteroffizier Max Krüger, auf dem Gute Rosenfelde und meldete dem Heines, Schmidt wolle die Arbeit niederlegen. Man erzähle sich von ihm im Dorf, er wolle einen Transport von Reichswehrwaffen, der offiziell an das Reiterregiment in Schwedt bestimmt war, tatsächlich aber zu den Roßbachern nach Rosenfelde ging, an die Schutzpolizei verraten. Dieses vage Gerücht, das nur 6 Stunden umlief, war die Grundlage für ein »Todesurteil«.
Schmidt hatte sich zu einer Familie Walter im Dorf Stecklin begeben. Heines, zusammen mit Max Bandemer, Johann Vogt und Karl Ottow suchten ihn auf. Sie stellten sich als Kriminalbeamte vor und fanden ihn auf dem Heuboden schon schlafend. Ängstlich fragte Schmidt, was man von ihm wolle. »Du sollst nur verhört werden.« Zunächst transportierte man ihn nach dem Gute Stecklin. Der Unteroffizier Ottow schlug ihn dort mit einem Gummiknüppel über den Kopf, so daß Schmidt blutüberströmt zusammenbrach. Auf sein Flehen gab man ihm Wasser, seine Wunden zu reinigen, und Leinen, um sie zu verbinden. Auf einem Feldwagen wurde er nach Rosenfelde transportiert. Dort meldete Heines dem Ortsvorsteher und Administrator Ernst Bergfeld, Schmidt sei da. Dieser gab darauf den Schlüssel zur Spatenkammer heraus. Angeblich glaubte er, verborgene Waffen sollten umgebettet werden. Doch wurde, nach Vogt, im Zimmer über die Erschießung verhandelt. In dunkler Nacht ging der Trupp zum Walde. Man begann ein Loch zu graben, denn Schmidt sollte hier schon erledigt werden. Da der Boden zu hart und das Dorf zu nahe war, ging man weiter zum Gut Liebenow. Dort wurden die Roßbachunteroffiziere Kurt Bär und Ewald Fräbel mitgenommen. Schmidt schrie wiederholt: »Ich soll erschossen werden!« Fräbel beruhigte ihn: »Du wirst nur abgeliefert.« Zu Fuß ging es weiter in den Kehrberger Forst hinein. Während des Marsches befahl Heines dem Bär, den Schmidt zu erschießen. Als dieser sich weigerte, preßte Heines dem Schmidt die Pistole ins Gesicht und drückte zweimal los. Schmidt fiel hintenüber. Da Schmidt noch um Hilfe schrie, drückten alle Beteiligten sein Gesicht in den Waldboden. Ottow schlug ihm einen eisenbeschlagenen Gummiknüppel etwa zehnmal auf den Schädel und trat ihm auf den Rücken, Fräbel trat auf den Hinterkopf. Die Leiche wurde in ein Loch gelegt, das Bär inzwischen gegraben hatte.
Der Mord wurde erst nach Jahren durch die Anzeige eines Mitwissers aufgedeckt. Die erste Hauptverhandlung fand vom 16. 4. bis 5. 5. 1928 vor dem Schwurgericht Stettin (Vorsitzender: Landgerichtsdirektor Hirschfeld) statt. Die ›Vossische Zeitung‹ schrieb am 17. 4. 1928 (M):
Der Sitzungsraum der Stettiner Fememordverhandlung zeigt das nun schon typische Bild derartiger Prozesse. Ein Häuflein junger Leute mit den stieren Blicken unselbständig denkender Menschen und ein oder

zwei intelligente Führer. Das ist diesmal Leutnant a. D. stud. jur. Heines, ein kaum Erwachsener trotz seiner dreißig Jahre, dessen Leben sich zwischen Schulbank, Krieg und Kriegsspiel abgerollt hat, der noch bis zu seiner Verhaftung mit einer Singspielschar nach Jungenart durch das Land zog und sich selbst mit traurigem Stolz den »Typ des deutschen Landsknechts der Jetztzeit« nennt.

Seine damaligen Untergebenen sind bis auf den Eisenbahnschlosser Bandemer wenig eindrucksvoll. Ihre gleichförmigen fahlen Hitlerhemden mit den erdfarbenen Schlipsen reihen sich gut in eine wesenlose Masse ein.

Die Verteidigung bemühte sich um den Nachweis, daß die Befehle zur Unschädlichmachung von Verrätern von der Reichswehr stammten. Die im Prozeß vernommenen Reichswehroffiziere bestritten jede Verantwortlichkeit der Reichswehr. Aber Roßbach nahm kein Blatt vor den Mund:

Die Reichswehr gab die Befehle aus. Diese Befehle waren absolut unzweideutig.[7]

Das Gericht machte sich die Version des Zeugen General von Pawelsz, dieses »weitblickenden, klugen Generalstabsoffiziers« zu eigen, der Roßbach zu einem »kleinen, mißverstandenen Napoleon« abgewertet hatte. Es brach auch die von der Verteidigung angestrebte Beweiserhebung darüber, daß schon die 200 oberschlesischen Morde im militärischen Auftrag durchgeführt worden seien, an der entscheidenden Stelle ab. ›Das Tagebuch‹ schrieb:[7a]

Hier ist offenbar wieder einmal der Staat gerettet worden.

Aber das Gericht, das es dahingestellt bleiben läßt, ob die Roßbacher tatsächlich Soldaten waren oder nicht, billigt den Angeklagten doch zu, daß sie sich »als Soldaten gefühlt« hätten und dazu auch berechtigt gewesen seien. Denn jedenfalls »untere Organe« der Reichswehr, die nicht so klug und weitblickend wie der General von Pawelsz waren, hatten den Roßbachern die zum Schutz der Gutsbesitzer gegen »Aufständische« nötigen Waffen zur Verfügung gestellt. So kamen die von ihren Auftraggebern verleugneten Landsknechte doch noch zu relativ milden Strafen: Heines 15, Ottow 4 Jahre Zuchthaus wegen *Totschlags* — der Staatsanwalt hatte gegen beide Todesstrafe wegen Mordes gefordert —, Fräbel 3 Jahre Zuchthaus wegen Beihilfe dazu, Freispruch für die übrigen Angeklagten. Das Gericht nahm an, daß Heines zwar ursprünglich eine Mordabsicht gehabt (Mitnahme der Spaten), diese aber während des Grabens in Rosenfelde aufgegeben haben. Er habe Schmidt dann nur im Affekt umgebracht!

Der 3. Strafsenat des Reichsgerichts hob das Urteil wegen eines Verfahrensfehlers auf, so daß die Sache vom 25. 2. bis 13. 3. 1929 nochmals vor dem Schwurgericht verhandelt werden mußte (Vorsitzender: Landgerichtsdirektor Hoffmann). Auch diesmal plädierte die Staatsanwaltschaft auf Todesstrafe gegen Heines we-

gen Mordes, doch fielen die Strafen noch milder aus als beim erstenmal: Heines: 5 Jahre Gefängnis, Ottow: 2¹/₂ Jahre, Fräbel und Bär je 6 Monate Gefängnis, Freispruch für Krüger, Bandemer und Vogt (Bergfeld war inzwischen verstorben).
Heines hat kaum 1¹/₂ Jahre im Gefängnis gesessen. Gegen eine Kaution von 5000 Mark wurde er im Hinblick auf die beim Reichsgericht erneut eingelegte Revision durch Beschluß des OLG Stettin am 14. Mai 1929 aus der Haft entlassen. Gegen eine weitere Strafvollstreckung schützte ihn die Immunität, die er im Herbst 1930 als Reichstagsabgeordneter der NSDAP erwarb. Im August 1929 veröffentlichte Heines aus Anlaß des Reichsparteitages in Nürnberg einen Aufruf im ›Völkischen Beobachter‹, in dem es heißt:[8]
Ich bin der alte geblieben, als der ich euch damals verließ... Mein Haß loht gleich tief in meinem Innersten gegen alle unsere Feinde. So rufe ich euch denn alle wieder, die ihr einst unter meiner Führung droben im Baltikum, in Oberschlesien und im Ruhrgebiet mit mir gekämpft, die ihr in München mit am Odeonsplatz standet... Wir wollen unter unserer alten Hakenkreuzfahne uns wieder sammeln und marschieren und kämpfen wie damals.
Am 30. Juni 1934 wurde er als Freund Röhms in Bad Wiessee von seinen Parteigenossen erschossen.

DIE FEMEMÖRDER RUDOLF HÖSS UND MARTIN BORMANN

Auch der folgende Fall verdient wegen der Beteiligung von Gewaltverbrechern, die später zur nationalsozialistischen Prominenz gehören sollten, besonderes Interesse.
Die Roßbach-Truppe setzte sich trotz mehrfacher Verbote der jeweiligen Nachfolgeorganisation als Teil der Deutsch-Völkischen Freiheitspartei fort und wurde, auf mehrere mecklenburgische Güter verteilt, von den Großgrundbesitzern als Schutzgarde gegen die ›Kommunisten‹ ausgehalten. Ein solcher Trupp unter der Führung von Rudolf Höß (des späteren Kommandanten des Konzentrationslagers Auschwitz, der nach dem Kriege in Auschwitz hingerichtet worden ist) war auf den Gütern Neuhof und Herzberg bei Parchim untergebracht. Der Kassierer der Parchimer Ortsgruppe der Deutsch-Völkischen Freiheitspartei, Martin Bormann (späterer Leiter der Parteikanzlei der NSDAP, der nach dem Kriege in Nürnberg in Abwesenheit zum Tode verurteilt worden ist und auch heute noch steckbrieflich gesucht wird), gab Höß den Auftrag, zusammen mit einigen zuverlässigen Leuten den früheren Volksschullehrer Walter Kadow zu »verprügeln«*, der

---

* So die Darstellung der Angeklagten; man wird in Kenntnis der üblichen Femepraxis und im Hinblick auf das nachfolgende Geschehen davon ausgehen dürfen, daß der Auftrag in Wahrheit auf Mord gelautet hat.

als Mitglied der Roßbacher 30 000 Papiermark (= 6 Goldmark) unterschlagen und sich auch sonst unbeliebt gemacht hatte, überdies — wofür keinerlei Beweis erbracht wurde — als kommunistischer Spitzel verdächtigt wurde. Bormann stellte seinen Jagdwagen zur Verfügung, damit noch einige Kameraden zum ›Verprügeln‹ des Kadow mitgenommen werden konnten. Mit diesem Wagen fuhren drei der Täter (Masolle, Pfeiffer, Wiemeyer) nachts nach Parchim, wo sie wie verabredet im Luisenhof Höß, Zabel, Zenz, Jurisch und den bereits schwer betrunken gemachten Kadow antrafen.

Gumbel schildert die weiteren Geschehnisse unter Verwertung der Beweisaufnahme im späteren Verfahren vor dem Staatsgerichtshof:[9]

Um 12 Uhr nachts wurde Kadow unter dem Vorwand, »man wolle noch ein Café mit Damenbedienung besuchen«, auf den Jagdwagen gebracht und zwischen Zenz und Jurisch gesetzt. Zabel und Wiemeyer standen vor bzw. neben ihm auf den Trittbrettern. Pfeiffer und Höß setzten sich auf den Bock. Nachdem der Wagen Parchim verlassen hatte, schlugen Zabel, Wiemeyer, Pfeiffer und Zenz mit Krückstock, Faust und Gummiknüppel auf Kadow ein. Der Wagen hielt auf einer Wiese. Sämtliche Fahrtteilnehmer fielen über Kadow her, Pfeiffer mit dem Gummiknüppel, Wiemeyer und Zabel mit dem Spazierstock, Zenz und Jurisch mit der Faust. Schließlich schlug Höß den Kadow mit einem abgebrochenen Ahornbäumchen mit aller Wucht auf den Schädel und zertrümmerte ihm das Stirnbein. Kadow blieb bewußtlos liegen. Jurisch erklärte, man solle ihm den »Gnadenschuß« geben. Kadow wurde aber wieder auf den Wagen gepackt, man fuhr zu einer Ziegelei. Dort fand eine Beratung statt, was mit Kadow geschehen solle. Wieder wurde vom Gnadenschuß gesprochen. Der Vorschlag von Höß drang durch: »Er wird im Walde vergraben.« Darauf fuhr der Wagen nach einer 2 km entfernten Waldschonung. Kadow wurde auf den Boden gelegt. Wiemeyer stürzte sich auf ihn und schnitt ihm mit einem Taschenmesser die linke Schlagader am Halse durch. Der Schnitt war tödlich. Kadow röchelte nur noch; zwei »Gnadenschüsse« durchschlugen den Kopf. Man ließ die Leiche im Walde liegen; Uhr, Geld und Wertsachen wurden unter die Täter verteilt. Kadows Rucksack und Schuhe wurden mit nach Neuhof genommen, der Inhalt des Rucksacks verbrannt. Am nächsten Morgen wurde die Leiche von Höß und Zabel eingegraben, die Stelle mit Heidekraut bedeckt.

Drei Wochen nach dem Mord, am 22. Juni 1923, erschien Jurisch auf der Redaktion des ›Vorwärts‹ in Berlin und berichtete über die Ermordung des Kadow. Ihn trieb die Angst, daß er das gleiche Schicksal wie Kadow erleiden könne. Die Vorwärts-Redaktion verständigte sofort die Polizei.

Der Staatsgerichtshof verhandelte vom 12. bis 15. März 1924 unter Mitwirkung folgender Richter: Reichsgerichtsräte Niedner (Vorsitzender), Doehn und Dr. Baumgarten, Prof. Dr. Reincke-

Bloch, Referent im Preuß. Handelsministerium Hartmann, Rechtsanwalt Dr. Herrschel, Staatsminister a. D. Heine, Hermann Müller, Verbandsvorsitzender Jäckel und verurteilte *wegen schwerer Körperverletzung und vollendeten Totschlags* (nicht wegen Mordes!): Höß zu 10 Jahren Zuchthaus, Jurisch zu 5½ Jahren Gefängnis, Zabel zu 9½ Jahren Zuchthaus, Pfeiffer zu 6½ Jahren Zuchthaus, Wiemeyer zu 12½ Jahren Zuchthaus, Zenz zu 6½ Jahren Zuchthaus. Bormann erhielt wegen Beihilfe und Begünstigung ein Jahr Gefängnis. Außerdem wurden einige Funktionäre und Mitglieder der Deutsch-Völkischen Freiheitspartei wegen Begünstigung zu Gefängnisstrafen von 10 und 6 Monaten verurteilt. In den Urteilsgründen heißt es:[10]

Der Staatsgerichtshof hat, was die Haupttat, die schwere Körperverletzung und den Totschlag anlangt, im Hinblick auf die ungewöhnliche Roheit und Grausamkeit, mit der die Angeklagten gegen Kadow vorgegangen sind, die außerordentliche Schwere des Rechtsbruches, dessen sie sich schuldig gemacht haben, und die tiefgehende Beunruhigung, die durch die grausame Tat in die Bevölkerung hineingetragen worden ist, mit Ausnahme von Jurisch (der wegen seines krankhaften Geisteszustandes für vermindert zurechnungsfähig erklärt wurde; die Verf.), die Zubilligung mildernder Umstände versagt. Andererseits mußte zugunsten der Angeklagten berücksichtigt werden, daß sie zumeist noch in jugendlichem Alter stehen, entweder gar nicht oder nicht erheblich vorbestraft sind, den Krieg mitgemacht haben und augenscheinlich hierdurch nicht nur verroht, sondern auch aus ihrem früheren Beruf herausgeschleudert sind, ferner, daß sie sich zur Zeit der Begehung der Tat nicht in vollkommen nüchternem Zustand befunden haben und endlich, daß sie *nicht ohne Grund von Haß und Verachtung gegen Kadow erfüllt waren, in dem sie aller Wahrscheinlichkeit nach mit Recht einen kommunistischen Spitzel und Verräter* erblickt haben ...

Diese letztere Feststellung beruht auf dem von Masolle bekundeten Umstand, daß man bei dem betrunkenen Kadow eine *blaue* Mitgliedskarte, angeblich von der Kommunistischen Jugend, gefunden habe. Alle daran geknüpften Kombinationen waren reine Phantasie.

Gumbel[11] kritisiert mit Recht, daß die Hauptaufgabe des Staatsgerichtshofs darin hätte bestehen müssen, die hinter dem Mord stehende Organisation aufzudecken.

DIE FEMEMORDE DER SCHWARZEN REICHSWEHR

Die Tradition der bayerischen, der oberschlesischen, pommerschen und mecklenburgischen Fememorde setzte sich in der »Schwarzen Reichswehr« fort, die 1923 zur Umgehung der im Versailler Friedensvertrag festgelegten Begrenzung der Heeres-

stärke auf 100 000 Mann unter der Tarnbezeichnung »Arbeitskommandos« aufgebaut wurde. Ihre völkerrechtliche Vertragswidrigkeit (nach anderen: ihre hochverräterische Zielsetzung) bedingte strengste Geheimhaltung. »Verräter verfallen der Feme« lautete die Drohung, mit der jeder Neueintretende begrüßt wurde.
Das Unheimliche, welches mit solcher Eigenjustiz verbunden sein mußte, lastete schwer auf allen Angehörigen der Arbeitskommandos. Man wußte, was mit Verrätern geschah, und fürchtete, in den Verdacht des Verrats zu kommen ...
(LG III Berlin, Urt. v. 26. 3. 1927 i. S. ./. Fuhrmann u. a.)
Carl Mertens[12] berichtet unter der Überschrift »Wie ich die Feme kennenlernte«:
Als Neuling in solchen straffgeführten Organisationen hatte ich von einer eignen Gerichtsbarkeit keine Ahnung. Eines Abends kam ich auf die Bude meiner Leute. Sofort fiel mir eine nervöse Aufregung auf. Truppweise standen sie flüsternd zusammen. Der Kommandoführer rennt vorbei, seine rohen Landsknechtszüge grinsen höhnisch und doch mit einer nervösen Angst. Lauernd überblickt er die Mannschaften.
»Wer ist's?« — die bange Frage zittert durch die Reihen der sonst fröhlichen und frischen Jungen. Niemand wagt laut zu reden, aus Furcht, es selbst zu sein.
Was ist los? Auch mich faßt die eigenartige Spannung. Was ist denn los? Da erfahre ich es — und auch mir kitzelt Angst in der Kehle. Zum erstenmal spüre ich, daß ich das Opfer einer verirrten Vaterlandsliebe bin. Zum erstenmal will ich frei werden von den Ketten, die mich umschlingen.
Was war los? Büsching war da. Aus der Nacht aufgetaucht, wie ein fürchterlicher, unerwarteter Richter und Rächer. Hinter dem Tisch hockt er und säuft. Phosphorleuchtende Augen unter einer breiten, niedrigen Stirn, rohe Falten um die Lippen, Gewalttätigkeit in den breiten Fäusten. »Das ist einer der Besten. Er siedelt.« Alle wissen es, darum schnürt ihnen die Angst die Kehle zu: das ist der weiße Tod. Von acht Mann spricht er. Das waren acht Namenlose, Kinder, die verschollen sind, vielleicht nur, weil sie sich zu unrechter Zeit nach Hause sehnten, weil sie nicht länger unter der beschmutzten schwarz-weiß-roten Fahne dienen wollten, weil sie — zuviel wußten.
Büsching, das war einer der drei Feldwebel, die dem Leiter der Schwarzen Reichswehr, Oberleutnant Schulz, der im Gebäude des Wehrkreiskommandos III in Berlin seinen Dienstsitz hatte, als ›Kommando zur besonderen Verwendung‹ dienten. Die anderen hießen: Fahlbusch und Klapproth.
Ihre ›besondere Verwendung‹ bestand in der Ausführung von Fememordbefehlen. Immer wieder tauchen ihre Namen auf. Im Fall des Feldwebels Legner, der bei einer nächtlichen Patrouille ermordet wurde, war es Büsching, der den tödlichen Schuß ab-

gab. Im Fall Janke, dem mit Arsen vermischtes Essen in die Arrestzelle gereicht wurde, hatte Klapproth seine Hände im Spiel. Auch der Mordversuch an dem Feldwebel Gädicke kam auf Klapproths Konto. Der Unteroffizier Brauer wurde von Fahlbusch bei einer nächtlichen Autofahrt mit dem Hammer erschlagen und in einem Wassertümpel, mit Eisenstücken beschwert, versenkt. An der Erschießung des Leutnants Sand waren Fahlbusch und Büsching beteiligt.

Aber auch andere Angehörige der Schwarzen Reichswehr führten Fememordbefehle aus. Der 21jährige Erich Pannier, der sich bei seiner Festnahme durch die Schwarze Reichswehr unter den Schutz einer Polizeistreife stellen konnte, indem er sich auf die Straße warf und »Hilfe, Hilfe, hier Schwarze Reichswehr!« schrie, dann aber auf Veranlassung des Wehrkreiskommandos einem Leutnant der Schwarzen Reichswehr übergeben wurde, starb in einem Birkenwäldchen unter den Beilhieben seiner ›Kameraden‹ auf Befehl des Leutnants Benn den Fermetod.

Die erst drei Jahre später einsetzenden Prozesse gegen die Fememörder haben der deutschen Justiz heftige Kritik eingetragen, zunächst von links, später von rechts.

Zunächst hat man die Morde ihres politischen Charakters entkleidet. Diesen entscheidenden Schritt hat das Reichsgericht unternommen. Die erste Strafkammer des Landgerichts Landsberg a. d. Warthe hatte in Übereinstimmung mit der Staatsanwaltschaft angenommen, daß die Ermordung Gröschkes in tatsächlichem Zusammenhang mit hochverräterischen Handlungen, nämlich den Vorbereitungen zum Küstriner Putsch stehe. Deswegen sei das Reichsgericht zur Aburteilung zuständig. Der 4. Strafsenat des Reichsgerichts (Lorenz, Baumgarten, Driver) hat dies am 24. 6. 1926 verneint.

Ein Dutzend Prozesse zu verschiedenen Zeiten und vor verschiedenen Gerichten hat dann den einfachen personellen und sachlichen Zusammenhang der verschiedenen Taten verwischt und die Frage nach den letzten Verantwortlichen nicht auftauchen lassen. Zur weiteren Verschleierung diente zunächst die Ausschaltung der Öffentlichkeit und das strenge Schweigegebot. Damit sollte die Existenz der Schwarzen Reichswehr überhaupt geleugnet werden. Militärische Maßnahmen, die man jahrelang dementiert, deren Veröffentlichung man jahrelang als versuchten Landesverrat verfolgt hatte, durften nicht plötzlich wahr sein.[13]

Ein Teil der Fememorde wurde vor dem Schwurgericht beim Landgericht Landsberg a. d. Warthe (Vorsitzender: LGDir. Weßling, richterl. Beisitzer: LGRäte Dr. Barsch und Dr. Salinger) in vier Prozessen verhandelt.

Bereits diese Fälle hätten, zusammengelegt und zu gemeinsamer Verhandlung gebracht, eine Enthüllung der Hintergründe der Feme ermöglicht. Das hat das Gericht aus guten Gründen unterlassen. Allen vier Fällen liegt nach der Anklage die Mordabsicht einer gemeinsamen

Zentralstelle, eine Selbstjustiz zugrunde, für die in erster Linie Schulz verantwortlich zu machen ist... Die Prozeßführung des Vorsitzenden... ließ die allgemeine Schuld der Femejustiz und der Anstifter der Mordtaten unaufgeklärt...[14]

Der Fall Gröschke

Einer der vier Landsberger Prozesse betraf den Fememord an dem 20jährigen Paul Gröschke aus Frankfurt/Oder, einem leicht schwachsinnigen Menschen.
Die Kinder in Frankfurt nannten ihn »Der schwarze Pup«. Sein Schulkamerad Schönherr sagte von ihm: »Er war nicht ganz richtig«, sein Vater: »Er war ein bißchen gutmütig.« Politisch war er völlig unorientiert und uninteressiert.[15]
Gröschke, der am 11. 6. 1923 in die Schwarze Reichswehr eingetreten war, hatte wiederholt geäußert, daß er nach Hause zurückkehren wolle. Deshalb wurde die Gefahr eines Verrats befürchtet. Er wurde nach Fort Gorgast, der ›Strafkompagnie‹, versetzt und dort bereits in der ersten Nacht von seinen Kameraden verprügelt. Auf die Meldung des Feldwebels Becker, daß G. nach den Angaben der Leute ein kommunistischer Spitzel sei, ließ ihn der Fortkommandant Oberleutnant Raphael in die Arrestzelle bringen, wo er tagelang unter rohesten Mißhandlungen vernommen wurde. Er beschuldigte schließlich unter den fortgesetzten Folterungen andere Kameraden zu Unrecht als Kommunisten, bezeichnete sich selbst als Führer der Frankfurter Kommunisten und gab ähnliche Phantasieprodukte von sich.
Wenn er seine Behauptungen einschränken wollte, rief Becker: »Öffnet ihm den Mund!« Dann setzte es erneut Prügel, wobei sich der Unteroffizier Schiburr mit einem Ochsenziemer, die Soldaten Grätz mit einem Gummiknüppel und Fricke mit einem Lederriemen beteiligten...
Am 17. Juni 1923 erschien Oberleutnant Raphael mit zwei Leuten in der Arrestzelle, ließ Gröschke die Oberkleider vom Leibe reißen und schlug mit einer Hundepeitsche auf ihn ein, weil er den Eindruck hatte, Gröschke hielte mit der Wahrheit zurück. Die Tür zur Arrestzelle blieb dann, vermutlich auf Raphaels Befehl, offen, damit jeder, der Lust hatte, Gröschke prügeln könne. So erschienen immer neue Leute, die den Gröschke verprügelten. Später, bei der Leichenschau, stellte der praktische Arzt Dr. Wachs an Verletzungen auf Grund der der Tötung vorangegangenen Mißhandlungen fest:
»Der ganze Hinterkopf war bedeckt mit einem Kranz von Verletzungen, die zum größten Teil die Schädelhaut durchtrennt hatten. Der ganze Körper war mit Striemen bedeckt. An der linken Hüfte befand sich eine Stichwunde.«
Auf Grund der Vernehmungsergebnisse schickte Raphael den Oblt. Schrenk und den Feldwebel Becker mit einem Bericht über die An-

gaben des Gröschke nach Küstrin zu Leutnant Knüppel. Mit ihm sollten sie besprechen, was mit dem Verräter geschehen solle. Die beiden stießen jedoch, noch bevor sie Knüppel trafen, im Zeughof auf Schulz, gingen mit ihm in ein Zimmer des Zeughauses und trugen ihm den Fall vor. Schrenk machte den Vorschlag, den Gröschke den ordentlichen Gerichten zu übergeben. Schulz ging auf diese Möglichkeit überhaupt nicht ein, sondern fragte den Becker unvermittelt, ob er schon einmal einen Menschen getötet hätte. Beide fühlten, daß sie so in eine sehr gefährliche Angelegenheit verwickelt werden könnten. Deshalb warf Schrenk dem Becker einen warnenden Blick zu. Becker antwortete ausweichend, er habe zwar im Felde umgelegt, was ihm vor die Flinte gekommen wäre, sonst aber nie. Schulz fragte darauf den Becker, ob es in seiner Heimat keine Moorlöcher gäbe und fügte etwas von Gift hinzu. Auch jetzt wich Becker aus. Darauf äußerte Schulz halblaut etwas wie »Nicht zu gebrauchen«. Zum Schluß sagte er, er wolle als Leiter der gesamten Organisation mit der Sache nichts zu tun haben...[16]

Das also ist derselbe Oberleutnant Schulz, dem der General Ludendorff auf Veranlassung seines Verteidigers folgendes Zeugnis ausgestellt hatte:
Die Divisionskommandeure, Regimentsführer, alle erinnern sich an diesen bescheidenen, uneigennützigen, mutigen, sich stets für seine Kameraden einsetzenden, mehr als 60mal verwundeten Helden mit uneingeschränkter Anerkennung.
Sein vorbildliches Verhalten als Soldat läßt mir eine Teilnahme an einem gemeinen Meuchelmord aus Mordlust oder Rache einfach ausgeschlossen erscheinen.[17]

Ein anderer Offizier bescheinigte ihm:
strenge Rechtlichkeit, tiefes Empfinden für das Wohl seiner Untergebenen und ein fast kindlich weiches Gemüt...[18]

Die Ermordung Gröschkes blieb, da Schrenk und Becker »nicht zu gebrauchen« waren, wieder an den bewährten Berufsmördern Klapproth und Büsching hängen. Es wirkten weiter mit: der Festungskommandant Obit. Raphael und ein aus Frankfurt/Oder eigens für den Mord abkommandierter Neuling des Mörderhandwerks, der Oberfähnrich Kurt Glaser.
Büsching und Glaser führten den Gröschke zum Kraftwagen; Erich Klapproth kurbelte an. Büsching und Gröschke nahmen auf dem Rücksitz Platz, Glaser auf dem linken Notsitz, Erich Klapproth führte den Wagen. Gröschke verhielt sich ruhig; er war durch die bereits erlittenen Mißhandlungen völlig stumpf und geistig so verwirrt, daß er nicht mehr begriff, was mit ihm vorging. Das Auto fuhr über Küstrin in der Richtung nach Zorndorf »immer bei der Nachttopffabrik von Stinnes vorbei. Auf einmal ruft der Büsching von hinten: Hallo, kann ick knallen? Ich nickte mit dem Kopf und fahre weiter. Da fielen zwei Schüsse und in dem Moment war mir klar: jetzt is wat passiert. Piff, paff, dachte ick, hier is dicke Luft, und denn habe ick Gas ge-

geben, und wir sind weitergefahren... Glaser sah aus wie weißer Keese... Büsching sagte: Das Ding habe ick uff meine eijene Kappe jedreht. Ick sagte, mach doch keenen Keese. Da sagte Büsching: die Hauptsache is: Schnauze halten.« (Aussage Klapproths)
Als Gröschke sich regte, versetzte ihm Büsching mit einem Dolch einen Stich, der durch das Scheitelbein ins Gehirn drang und den sofortigen Tod zur Folge hatte. Büsching wickelte die Leiche in zwei Militärmäntel. Klapproth fuhr in schnellstem Tempo durch Zorndorf und Quartschen bis zum sogen. Trossiner Parnäkel. Am Kilometerstein 34 stiegen sie aus, um die Leiche zu verscharren. Glaser hob zusammen mit Büsching die Leiche aus dem Wagen. Klapproth blieb zunächst beim Auto. Die Leiche wurde etwa 20 Schritt in die Schonung hineingetragen. Mit zu diesem Zweck mitgebrachten Spaten wurde ein Loch von etwa 20 Zentimeter Tiefe gegraben. Doch kam Glaser vor Erregung nicht vom Fleck, darauf grub Klapproth weiter. In seiner Erregung vergaß Glaser, die blutigen Militärmäntel mitzunehmen. Als Klapproth beim Einsteigen nach den Mänteln fragte, antwortete Glaser, sie seien da. Ihm graute, noch einmal in die Schonung zurückzugehen. Die Mörder fuhren dann nach Küstrin zurück und legten sich im Zeughaus schlafen.[19]
Die Leiche wurde bald gefunden und von Gröschkes Eltern identifiziert. Raphael, zunächst als Zeuge vernommen, beschwor, Gröschke müsse aus dem Fort befreit worden und durch den Festungsgraben geschwommen sein. Tatsächlich hatte er selbst eine Entführungskomödie mit eingeweihten, besonders zuverlässigen Wachtposten inszeniert, die am Tage vor der Tat vom Wachregiment Berlin abkommandiert worden waren.
Die Schwurgerichtsverhandlung fand vom 28. 10. bis 3. 11. 1926 in Landsberg statt. Die wichtigste Frage dieses Prozesses war die, ob ein Mordauftrag der Zentrale der Schwarzen Reichswehr angenommen und demgemäß Schulz als Anstifter zum Mord verurteilt werden mußte. Der Staatsanwalt bejahte diese Frage und beantragte gegen Schulz die Todesstrafe. Die Urteilsbegründung gibt die Auffassung der Staatsanwaltschaft wie folgt wieder:[20]
Die Anklagebehörde sieht die Tötung des Gröschke als einen Akt der Selbstjustiz an, der von einer in den A.-Ks. zum Zwecke der Bestrafung von Verrätern begründeten Organisation: der Feme, verübt sei... Es handele sich nicht um eine Mörderbande, die sich zur Beseitigung einer bestimmten Person zusammengeschlossen hätte, sondern schon vorher müsse sie in einem besonderer Zweck und der Wille eines von ihnen allen anerkannten Führers zusammengehalten haben. Nur dessen Wille könne die verschiedenen Personen zur richtigen Zeit an den Tatort dirigiert, nur dessen Befehl könne sie veranlaßt haben, einen ihnen bis dahin völlig unbekannten Menschen auf Grund von Beschuldigungen, die sie selbst in keiner Weise nachgeprüft hatten, zu töten. Dieser Befehl müsse von einer Persönlichkeit ausgegan-

gen sein, die sich bei den Mannschaften der A.-Ks. einer ganz ungewöhnlichen Autorität erfreute; denn der Angeklagte Glaser habe sich lediglich auf die Angabe, es sei Befehl da, sofort zur Tat entschlossen, obwohl sie ihm in tiefster Seele zuwider war. Diese Persönlichkeit kann — nach Annahme der Staatsanwaltschaft — nur der Angeklagte Schulz gewesen sein ...
Das Gericht schloß sich dieser zwingenden Argumentation nicht an, sondern sprach Schulz frei:
Nach alledem hat das Gericht nicht den geringsten Zweifel daran, daß das von Becker und Schrenk bekundete Gespräch tatsächlich stattgefunden hat, auch wenn die Einzelheiten, wie es bei der Länge der inzwischen verstrichenen Zeit erklärlich ist, nicht ganz wörtlich wiedergegeben sein mögen. *Hiernach steht fest, daß Schulz den ernstlichen Plan hatte, Gröschke durch zuverlässige Leute ermorden zu lassen.* Fest steht ferner, daß Klapproth aus seinem Verhalten und aus irgendwelchen Äußerungen der ernsten Überzeugung war, Schulz billige und wünsche die Tötung von Verrätern. So hat Schulz es auch selbst in der Voruntersuchung zugegeben, in der Hauptverhandlung allerdings abzuleugnen versucht. Fest steht, daß Büsching die Tat nicht aus freiem Antriebe, sondern zum mindesten in der Überzeugung ausgeführt hat, sie entspreche dem Willen des Schulz, denn er selbst hatte ebensowenig Grund, ganz eigenmächtig gegen einen Verräter vorzugehen, wie Klapproth ...
Das Gericht folgerte aus diesen Feststellungen, daß »ein sehr starker Verdacht dafür begründet« sei, Schulz habe sich im Sinne der Anklage schuldig gemacht. Es bestehe aber die Möglichkeit, daß Büsching von dem Becker und Schrenk gegenüber entwickelten Mordplan des Schulz durch einen Zufall Kenntnis erhalten und aus besonderem Eifer die Tat vollführt habe, ohne daß ihm dazu der Befehl erteilt worden sei. Wie es vorkomme, daß ein seinem Herrn völlig ergebener Vertrauter dem Wunsch seines Herrn zuvorkomme, so könne auch Büsching die Tat verübt haben in der Meinung, Schulz habe ihm stillschweigend den Befehl hierzu erteilt.
Das Gericht hat, worauf Gumbel mit Recht hinweist, nicht untersucht, welche Dienststelle den Marschbefehl für die Mordhelfer aus Berlin gab, und wer die Abkommandierung des Oberfähnrichs Glaser aus Frankfurt/Oder am Mordtage veranlaßt hat. Gumbel: »Der einzige Mann, der über beide Stellen verfügen konnte, war: Schulz.«[21]
Das Gericht nahm immerhin den folgenden Satz in das Urteil auf:
Das Gericht hält es aber für seine Pflicht, noch besonders zu erwähnen, daß die juristische Freisprechung ihn (Schulz) von der moralischen Schuld am Tode eines Menschen keineswegs befreit.
Demgegenüber gab der Richter Dr. Barsch entgegen allen Gepflogenheiten bei deutschen Gerichten ein Sondervotum des In-

halts ab, Schulz sei nicht wegen Mangels an Beweisen, sondern weil die Hauptverhandlung nichts Belastendes gegen ihn ergeben habe, freigesprochen worden.*
Im übrigen wurden verurteilt: Klapproth wegen Beihilfe zum Mord zu 15 Jahren Zuchthaus, Raphael wegen Körperverletzung in Tateinheit mit Nötigung, wegen Meineids und Beihilfe zum Mord zu 8 Jahren Zuchthaus, Glaser wegen Beihilfe zum Mord zu 3 Jahren Zuchthaus, Becker wegen Anstiftung zur Körperverletzung in Tateinheit mit Nötigung zu 9 Monaten Gefängnis, Schiburr, Grätz und Fricke wegen schwerer Körperverletzung zu 1 Jahr, bzw. 4 Monaten bzw. 8 Monaten Gefängnis. Außerdem wurden Raphael die bürgerlichen Ehrenrechte für 5 Jahre, Klapproth für 10 Jahre entzogen. Drei weitere Angeklagte wurden freigesprochen. Büsching war (und blieb) flüchtig.
Die Eltern des ermordeten Gröschke, die sich wegen Herausgabe der Sachen ihres Sohnes und wegen Erstattung der Kosten für ein ordentliches Grab an die Kommandantur Küstrin wandten, wurden von der regulären Reichswehr mit 127 Mark für abhanden gekommene Sachen (Uhr usw.) abgefunden. Ihr weitergehender Antrag wurde mit der Begründung abgelehnt, daß ihr Sohn, »*wie jeder andere gefallene Soldat*«, ein einfaches Holzkreuz erhalten habe und mit militärischen Ehren beerdigt worden sei. Mehr könne für ihn nicht getan werden.[22]

Der Fall Gädicke

Eine Woche nach dem Urteil im Fall Gröschke verhandelte dasselbe Gericht in derselben Besetzung über ein anderes Feme-Attentat, den Mordversuch an dem Feldwebel Gädicke.
Der Feldwebel Gädicke hatte aus einem illegalen Munitionstransport zusammen mit dem Leutnant Janke und dem Oberfeuerwerker Balke für 2½ Millionen Papiermark (= 140 Goldmark) Munition an einen Altwarenhändler verkauft. Das Amtsgericht Küstrin, das auf Anzeige eines Landjägers mit der Sache befaßt wurde, erhielt auf telefonische Anfrage von der Kommandantur Küstrin den Bescheid, daß eine Verhaftung der Beteiligten nicht erwünscht sei. Am folgenden Tage, dem 16. 6. 1923, traf Oberleutnant Schulz in Küstrin ein. In einem Café besprach er mit Leutnant Hayn**, wie dieser in der Voruntersuchung zugegeben, später immer mehr abgeschwächt hat, den Plan zur Ermordung des Gädicke. Demgemäß wurden noch am gleichen Tag die Akteure und das Opfer zum Tatort in Bewegung gesetzt: Gädicke

---
* Gegen das Haus des anderen, an den Landsberger Fememordprozessen beteiligten Beisitzers, Landgerichtsrat Dr. Salinger, wurde am 17. 8. 1932 ein Sprengstoffanschlag verübt, bei dem sämtliche Fensterscheiben des Hauses zertrümmert wurden. (Frankfurter Zeitung, 18. 8. 32, A./1. M.)
** Hayn wurde 1933 nationalsozialistischer Reichstagsabgeordneter.

wurde zusammen mit seinem Leutnant Dabkowski in das Fort Tschernow beordert, wo sie »zufällig« Hayn und — Klapproth trafen. In einem Windfang hörte Dabkowski, der nicht eingeweiht war, hinter sich ein dumpfes Aufstöhnen und einen Fall. Als er sich umdrehte, sah er Klapproth über dem liegenden Gädicke knien, die Hände an dessen Kopf. Dabkowski sprang hinzu, riß Gädicke hoch und rief Klapproth zu: »In meiner Gegenwart wird meinen Leuten jedenfalls nichts zuleide getan, und wenn es über meine Leiche geht.« Auch Hayn hielt Klapproth fest, der mit wutverzerrtem Gesicht noch immer vor Gädicke stand und sich wieder auf ihn stürzen wollte. Gädicke, der die Besinnung verloren hatte, wurde von Hayn und Dabkowski auf den Hof getragen. Sie wuschen ihn und verbanden seine schweren Kopfwunden. Klapproth stand mit wutverzerrtem Gesicht daneben und sagte dem Dabkowski, er solle froh sein, daß Büsching nicht dagewesen sei. Dann wäre es ihm nicht gelungen, den Plan zu vereiteln. Als Gädicke zu sich kam, sagte Klapproth zu ihm etwa: »Uns tut nur deine Frau und dein Junge leid, dir Aas sollte was anderes passieren.«

Wieder saß neben dem Feldwebel Klapproth der Oberleutnant Schulz auf der Anklagebank, der eine wegen versuchten Mordes, der andere wegen Anstiftung dazu angeklagt. Klapproth wurde nur wegen Körperverletzung mittels einer das Leben gefährdenden Handlung zu 1 Jahr Gefängnis verurteilt, Schulz wurde freigesprochen. Aber auch sonst konnten beide mit dem Ergebnis der Verhandlung zufrieden sein.

Über Klapproth war in den Gründen des Urteils vom 3. 11. 1926 (Fall Gröschke) gesagt worden:

Bei der Tat hat er eine so unmenschliche Roheit an den Tag gelegt, daß dadurch alle Milderungsgründe wettgemacht werden ... Seine Mordlust war geweckt, und er wollte ihr frönen.

Diesmal, am 12. 11. 1926, bescheinigte ihm dasselbe Gericht:[23]

Das Gericht sieht in ihm auf Grund der Hauptverhandlung *eine gerade, ehrliche Soldatennatur*. Er hat für das, was er für richtig und *dem Vaterlande dienlich* erachtete, seine ganze Persönlichkeit eingesetzt.

Demgegenüber hatte der Vorsitzende es für richtig gehalten, den von Klapproth überfallenen — und wahrscheinlich nur durch Dazwischentreten des Leutnants Dabkowski vor der Ermordung geretteten — Gädicke bei der mündlichen Urteilsbegründung als einen »verächtlichen Menschen« zu bezeichnen.*

Oberleutnant Schulz aber erhielt vom Gericht die Bestätigung:

---

* Gädicke hatte eine Unzahl von Drohbriefen bekommen — einer enthielt die Prophezeiung, daß diese Reise nach Landsberg seine letzte sein werde —, so daß er es nicht wagte, zur Schlußsitzung des Prozesses zu erscheinen. Auch sein Anwalt, Dr. Löwenthal, hatte Drohbriefe, zum Teil antisemitischen Inhalts, erhalten. (Vorwärts, 12. 11. 1926, M.)

Der Versuch der Anklagebehörde und des Nebenklägers, aus anderen Vorfällen bei den A.-Ks. das Bestehen einer von dem Angeklagten Schulz geleiteten Feme-Organisation und der von ihm erlassenen Mordbefehle darzutun, ist völlig mißglückt.
Er mußte mißglücken, da das Gericht durch einen Beschluß alle weiteren Fragen in dieser Richtung abschnitt, so daß die Anwälte des Nebenklägers Gädicke die Verhandlung unter Protest verließen.[24]
Die ›Frankfurter Zeitung‹ hatte nach dem Gröschke-Urteil geschrieben, es bleibe insofern eine begreifliche Enttäuschung zurück, als es auch hier nicht gelungen sei, die eigentlichen Täter und Urheber dieses und anderer Fememorde zur Verantwortung zu ziehen.
Was den speziellen Prozeßfall betrifft, so herrscht über die verübten Bestialitäten nur eine Stimme des Abscheus. Es war ein starkes Stück, daß der Verteidiger es wagte, sie als Dienst für das Vaterland zu rechtfertigen und gleichzeitig das Opfer als Verräter am Vaterland zu beschimpfen... Sie als vaterländisch zu rechtfertigen, heißt das Vaterland aufs ärgste schmähen... Sie sind eine Schändung des Vaterlandes und eine Vernichtung allen Rechtsgefühls, die kein Staat, in dem das Recht noch eine Stätte hat, dulden darf...
Dem Rechtsgefühl wird erst dann Genüge geschehen sein, wenn die Hintergründe dieser Mordtaten vollständig aufgedeckt und ihre eigentlichen Urheber ermittelt sind.[25]
Nach dem noch enttäuschenderen letzten Landsberger Urteil schrieb das liberale Blatt:
Eine Prozeßführung wie im letzten Landsberger Prozeß steht wohl einzig da in der deutschen Rechtsgeschichte, sowohl was die Art der Verhandlungsleitung wie was die Urteilsbegründung betrifft. Nach unserer Auffasung hat der Vorsitzende seine strafprozessualen Befugnisse weit überschritten... Noch unerhörter ist der ganz persönliche Ton der Urteilsbegründung, aus der die Presse der Rechten durchaus mit Recht herausliest, daß sie sich gegen den Anklagevertreter und gegen das Justizministerium richtet... Und wie hat nun der Gerichtsvorsitzende das Urteil begründet, das Schulz und den früheren Leutnant Hayn freigesprochen und Klapproth nur zu einer gelinden Gefängnisstrafe verurteilt hat? Mit einer schmähenden Charakterisierung des beinahe Totgeschlagenen... und andererseits mit einer förmlichen Glorifizierung von Klapproth und Schulz als um das Vaterland verdienten Männern, die im Grunde kein Tadel treffe. »Hat man heute kein Verständnis mehr für aufrechte Männer im deutschen Volk?« rief der Vorsitzende mit erhobener Stimme aus.[26]
Der sozialdemokratische ›Vorwärts‹ schrieb, die Verhandlung in Landsberg habe »mit erschütternder Deutlichkeit die Anklage des Volkes bestätigt, daß gegen die Anstifter der Fememorde die *Rechtsprechung versagt*«.[27]

Die beleidigte Reichswehr

Die Fememordprozesse fanden ihr Gegenstück in einem Prozeß gegen den Herausgeber der ›Weltbühne‹, Carl von Ossietzky, und den Journalisten Berthold Jacob*, die für einen Artikel zur Verantwortung gezogen wurden, in dem die von der Justiz geschonten Hintermänner der Fememorde angegriffen wurden. Der Großzügigkeit und dem Wohlwollen der Justiz gegenüber den Fememördern entsprach die Engherzigkeit und der Haß gegenüber deren Kritikern. Nicht nur im demokratisch gesinnten Teil der deutschen Öffentlichkeit, auch in den sogenannten nationalen Kreisen wuchs die Kritik an einer Reichswehrführung, die Fememorde mindestens geduldet hatte, aber nicht bereit war, sich zu ihrer Verantwortung zu bekennen, und an einer Justiz, die — befangen in der herkömmlichen Hochachtung vor dem Militär — die Schuld der Generale nicht sehen wollte.
Als der Oberleutnant a. D. Paul Schulz im März 1927 erneut wegen Anstiftung zum Fememord vor dem Richter stand, sprach Berthold Jacob in einem »Plädoyer für Schulz« betitelten Aufsatz in der ›Weltbühne‹ aus, was viele dachten:[28]
... daß der Oberleutnant nur erteilte Befehle ausgeführt und daß man neben ihn auf die Anklagebank mindestens den Hauptmann Keiner und den Oberst von Bock, wahrscheinlich aber auch den Oberst von Schleicher und den General von Seeckt setzen müßte.
Diese Kritik schien um so berechtigter, als das außerordentliche Schwurgericht beim Landgericht III Berlin unter dem Vorsitz des Landgerichtsdirektors Siegert am 26. 3. 1927 über den von seinen Vorgesetzten im Stich gelassenen Oberleutnant Schulz das Todesurteil sprach** und in den Urteilsgründen ausdrücklich eine »gewisse moralische Schuld« der Reichswehr feststellte:
Die Reichswehr, die damals die Arbeitskommandos einrichtete, war sich bewußt und mußte sich bewußt sein, daß sie Formationen schuf, die geheimzuhalten waren. Und wenn sie die Lösung des schwierigen Problems, wie dies zu bewerkstelligen war, den Arbeitskommandos selbst überließ, so hat sie damit eine gewisse moralische Schuld auf

---
* Angaben zu Ossietzky s. S. 191, zu Jacob s. S. 213.
** Schulz wurde wegen Anstiftung zum Mord an dem Feldwebel Wilms verurteilt. Wilms war in den Verdacht geraten, eine Drohung wahrzumachen, die er in betrunkenem Zustand geäußert hatte: »Ich wäre heute in der Stimmung, alles den Kommunisten zu verraten.« Er wurde nach seiner Vernehmung durch den Bataillonskommandeur, der ihn in der Schreibstube einsperren ließ, von Feldwebeln und Unteroffizieren mit Reitpeitsche und Lederkoppeln derartig verprügelt, daß, wie das Urteil feststellte, »die Haut in Fetzen vom Körper herunterhing«. Einige Tage später war das Mordkommando versammelt. Wilms wurde unter einem Vorwand zu einer Autofahrt befohlen, auf der ihn Fahlbusch unter Mitwirkung von Klapproth und anderen Mordgehilfen erschoß. Die Leiche wurde mit Kabelschutzmuffen beschwert in der Havel versenkt. — Außer Schulz wurden zum Tode verurteilt: Oberleutnant a. D. Fuhrmann und die ehemaligen Feldwebel Klapproth und Umhofer (wegen gemeinschaftlichen Mordes). Fahlbusch war ins Ausland geflüchtet.

sich geladen, da bei dem Fehlen einer Kontrolle durch die schaffende Stelle die Möglichkeit zu einer Tat wie der vorliegenden gegeben wurde und da bei dem Oberschlesischen Aufstande 1921/22 eine solche Eigenjustiz mit dem Ziel der Beseitigung von Verrätern sich gebildet hatte und dies der Reichswehr nicht unbekannt geblieben sein konnte.[28a]

Das war sehr vorsichtig ausgedrückt. Es entsprach etwa dem, was ein so ›nationales‹ Blatt wie die dem Stahlhelm nahestehende ›Kreuz-Zeitung‹ auch sagte:

Es ist kein Zweifel, daß die Verantwortung für das, was sich im Jahre 1923 in den Arbeitskommandos ereignet hat, weiter hinaufreicht als bis zum Oberleutnant Schulz. Es wäre dringend zu wünschen, daß auch staatliche Stellen, nicht zuletzt die Reichswehr ... endlich sich zu ihren Maßnahmen bekennen und den Mut aufbringen, nicht Verbrechen zu decken ...[29]

Das durfte man in der Demokratie von Weimar noch gerade sagen, ohne mit der Justiz in Konflikt zu geraten; aber zu fordern, daß hohe Offiziere und Generale auf die Anklagebank gesetzt werden müßten, um ihre Mitschuld an Morden zu prüfen, das ging zu weit. Reichswehrminister Geßler stellte Strafantrag wegen Beleidigung der namentlich genannten Offiziere gegen Berthold Jacob als Autor und Carl von Ossietzky als Herausgeber. Im Dezember 1927 fand die Verhandlung vor dem Schöffengericht Berlin-Charlottenburg unter dem Vorsitz des Landgerichtsdirektors Dr. Crohne* statt.

Carl von Ossietzky schrieb am 27. 12. 1927 in der ›Weltbühne‹:

Es ist hier und anderswo im Laufe der Jahre manches Bittere über die Richter geschrieben worden, manches, was von Galle durchtränkt war und bei einem späteren Nachlesen oft karikaturistisch verbogen schien. Es bleibt das Verdienst des Herrn Direktor Crohne, unsere gelegentlichen inneren Zweifel an dem Richterbild der deutschen Linkspresse behoben zu haben. Sein Auftreten wirkt wie eine ungewollte und deshalb um so stichhaltigere Bestätigung für alles, was von Bewersdorff** bis Niedner*** über die Richter geschrieben worden ist. Dieser Richter, dessen Tatendrang nicht Objektivität, geschweige denn Konzilianz hemmt, verfügt über eine unermüdliche Eloquenz; er redet, redet, redet. Bald autoritativ und herunterputzend, bald mit der striemen-

---

* Dr. Crohne wurde später ins preußische Justizministerium berufen, war »besonderer Liebling von Freisler« und avancierte zum Vizepräsidenten des nationalsozialistischen ›Volksgerichtshofs‹ (Mitteilung von Dr. Robert M. W. Kempner). Einige seiner zahlreichen Todesurteile gegen Widerstandskämpfer sind in dem Buch ›Priester vor Hitlers Tribunalen‹ von Benedicta Maria Kempner (München 1966) abgedruckt.
** Landgerichtsdirektor Bewersdorff war der Vorsitzende jenes Magdeburger Gerichts, das 1924 anläßlich eines Beleidigungsprozesses dem Reichspräsidenten Ebert bescheinigte, daß er durch Teilnahme an dem Munitionsarbeiterstreik im Januar 1918 Landesverrat begangen habe.
*** Niedner war Vorsitzender des ›Staatsgerichtshofs zum Schutze der Republik‹. Über seine Prozeßführung vgl. im Kapitel ›Der Tscheka-Prozeß‹, S. 219 ff.

den Ironie eines durch sein Amt vor ähnlichen Waffen Gesicherten; sofort nach Eröffnung pfeift er uns, die Angeklagten, an, wie es ein Richter von Herz und Takt nicht bei ein paar verstockt leugnenden Langfingern tun würde; er macht durch sein Dazwischenreden unsere Vernehmung unmöglich, er handhabt die richterliche Superiorität wie einen Gummiknüppel, der ständig dem, der außer ihm noch zu reden wagt, übern Mund fährt...
Sogar unsere Beweisanträge werden als straferschwerend angesehen; ein juristisches Novum. Ein politischer Epilog führt in die hohe Politik. Der Richter hat den politischen Charakter des Prozesses bestritten, doch er selbst breitet in seinem Schlußwort eine Übersichtskarte seiner politischen Meinungen aus...

Richter Crohnes Schöffengericht ging über den Antrag des Staatsanwalts, der 1500 bzw. 1000 Mark Geldstrafe gefordert hatte, hinaus und verurteilte Jacob zu 2 Monaten, Ossietzky zu einem Monat Gefängnis. Die Verhandlung habe keine Spur eines Beweises erbracht, daß die beleidigten Offiziere auch nur die geringste Kenntnis von den Fememorden gehabt hätten.
Kurt R. Grossmann berichtet als Augenzeuge:[30]
Als er (Crohne; d. Verf.) die Strafen verkündete, ertönte aus dem Zuschauerraum ein lautes »Pfui!« Crohne fuhr erregt auf: »Wer war das?« Es erhebt sich ein Mann: »Ich war es.« Der Justizdiener: »Es ist ein Kriegsblinder, Herr Direktor.« — »Raus damit!« schrie Crohne.

Die Berufungsverhandlung (Vors.: Landgerichtsdirektor Ohnesorge) fand am 16. und 17. 4. 1928 statt. Sling (Paul Schlesinger) berichtete über sie:
In der gestrigen Verhandlung erlebte man nun abermals das sonderbare Bild, daß ein Staatsanwalt — sonst gern bestrebt, alle möglicherweise Verantwortlichen einer Straftat in den Bereich der Anklage zu ziehen — emsig bemüht ist, die Verantwortlichkeit auf diejenigen zu beschränken, die abgeurteilt sind — ja sogar neue Verantwortlichkeit denen aufzubürden, die es für ihre Pflicht hielten, diese Straftaten aufzudecken...
Zunächst kam Hauptmann Keiner in das Kreuzfeuer der fragenden Rechtsanwälte Dr. Georg Löwenthal und Dr. Apfel... Auf die Frage des Verteidigers, welche Mittel man denn zur Verfügung gehabt habe, um die Geheimhaltung zu sichern und sich gegen Verrätereien zu schützen, sagt Hauptmann Keiner, man habe die unsicheren Elemente entweder entlassen oder der Polizei übergeben..
Verteidiger: »Warum sind denn nun aber mehrfach Leute, die bereits in die Hände der Polizei geraten waren, wieder von dort abgeholt worden?«
Zeuge: »Sie hatten Uniform und Seitengewehr bei sich, wir wollten diese Monturstücke wieder an uns nehmen, um die Leute sodann ordnungsmäßig zu entlassen.«
Verteidiger: »Warum sind aber nun diese Leute meistens nicht entlassen, sondern ermordet worden?«

Zeuge: »Das entzieht sich meiner Kenntnis.«...
Verteidiger: »... Wenn nun aber Leute von der Reichswehr verschwanden, ohne daß sie entlassen oder der Polizei übergeben waren, da mußten doch die Leute fehlen?«
Der Zeuge hat aber keinen Verlust bemerkt... Die letzte Frage des Verteidigers lautet: »Herr Zeuge, Sie haben gehört, daß in dem sogenannten Siegert-Urteil von einer gewissen Mitverantwortung der Reichswehroffiziere gesprochen wird. Fühlen Sie sich mit diesem Passus des Urteils ebenfalls beleidigt?«
Der Zeuge denkt lange nach und sagt dann: »Gewiß fühle ich mich beleidigt.«[31]
Am folgenden Tage räumte die ›Vossische Zeitung‹ ihrem berühmten Prozeßberichterstatter Sling Platz für einen Leitartikel auf der ersten Seite ein: »Die beleidigte Reichswehr.«
... Die verantwortlichen Offiziere von damals sind noch in hohen Stellungen. Nur Herr v. Seeckt war zur Zeit der Klageerhebung bereits ausgeschieden — man hat infolgedessen in seinem Namen auch keinen Antrag gestellt.
Das will heißen, es ist dem Reichswehrministerium peinlich, die Verantwortung der heute noch in hohen Stellungen befindlichen Offiziere an den damaligen Vorkommnissen zuzugeben. Um sie zu halten also, strengt man einen Prozeß an gegenüber einem Journalisten, der diese Offiziere mit Namen genannt hat...
Und es ergab sich das Merkwürdige: wir wissen uns wirklich frei aller Sympathien für den Oberleutnant Schulz wie für den Major Buchrucker* — und doch muß man diesen beiden Männern zugestehen, daß sie in der gestrigen Verhandlung noch den besten Eindruck gemacht haben. Es war ein erschütterndes Bild, als man sah, wie die beiden Angeklagten v. Ossietzky und Jacob-Salomon zum Schluß dem zum Tode verurteilten Schulz die Hand reichten — und der Händedruck wurde gern erwidert. Menschlich fremd aber, wie aus einer anderen, aus einer versunkenen Welt, die hohen, glänzenden Gestalten der Offiziere. Man muß es ihnen zugute halten, wenn sie sich dienstlich verpflichtet fühlten, die Version aufrechtzuerhalten, die aus außenpolitischen Gründen das Wehrministerium immer vorgeschützt hat: es seien »Arbeitskommandos« von sieben bis acht Mann gewesen, die dazu bestimmt waren, Waffen zu sammeln und zu säubern. — Die Antwort gab den Herren der Oberleutnant Schulz: »Utopie«.
Das Urteil des Berufungsgerichts setzte die Strafen auf 1000 bzw. 600 Mark Geldstrafe herab und billigte den Angeklagten zu, daß sie sich »um die Aufdeckung eines Krebsschadens« ernstlich be-

---

* Major Buchrucker, Organisator der ›Schwarzen Reichswehr‹, hatte im Oktober 1923 unter Ausnutzung der allgemeinen Krisensituation versucht, durch einen Putsch der in Küstrin liegenden ›schwarzen‹ Formationen den Staatsstreich gegen die Republik auszulösen, wurde jedoch von der regulären Reichswehrführung nicht unterstützt und zu 10 Jahren Festungshaft verurteilt (1927 amnestiert). Im Prozeß gegen Ossietzky und Jacob trat er, ebenso wie Schulz, als Zeuge auf.

müht hätten. Eine Verurteilung müsse jedoch erfolgen, da der Artikel in der ›Weltbühne‹ aussprechen wolle, Oberleutnant Schulz habe positiven Mordbefehl von den im Artikel genannten Offizieren erhalten und ihn ausgeführt — eine Interpretation, gegen die sich die Angeklagten, denen es nur auf die Feststellung einer moralischen Schuld angekommen war, vergeblich gewehrt hatten.
Sling rühmte die »wahrhaft vorbildliche Ruhe und Unvoreingenommenheit« des Vorsitzenden, mußte jedoch feststellen, daß auch dieses mildere Urteil der überkommenen Solidarität von Armee, Staatsanwaltschaft und Justiz entstamme, die automatisch jeden Spritzer auf dem Rock eines Offiziers durch ein Urteil zu tilgen suche.[32]

Kamerad Fahlbusch

Generalität und Offizierskorps der Reichswehr verdankten es nur der Nibelungentreue des schweigsamen Oberleutnants Schulz, daß ihnen die Justiz nach wie vor eine weiße Weste bescheinigen konnte. Im Prozeß gegen Berthold Jacob und Carl von Ossietzky hatte er auf alle Fragen, die auf die Rolle der Reichswehr bei den Fememorden abzielten, die Aussage verweigert. Als es aber im April 1928 der Berliner Polizei gelang, einen aus Schulz' Mördertrio, den Feldwebel Fahlbusch, in den USA aufzuspüren und nach Deutschland zu holen, wurde die Situation für die Reichswehr brenzlig. Denn es wurde bekannt, daß Fahlbusch ›auspacken‹ wollte. Der deutschnationale Strafverteidiger Prof. Dr. Grimm* berichtet:[33]
Graf von der Goltz (der Verteidiger Fahlbuschs; d. Verf.) teilte mir bald darauf mit, daß Fahlbusch in der Tat bei der Polizei schon ausgesagt habe, die Tötungen seien mit Wissen und auf Befehl der Reichswehr ausgeführt worden. Schulz blieb nach wie vor bei seiner Darstellung ... Und doch bin ich das Gefühl nicht losgeworden, als ob die Darstellung von Fahlbusch die richtige gewesen sei. Auch Graf von der Goltz war von der Richtigkeit der Erklärungen Fahlbuschs überzeugt und entschlossen, im Prozeß die »Bombe zum Platzen zu bringen«.
Die Rechte sah den Staat in Gefahr. Die ›Deutsche Zeitung‹ hatte schon nach dem Todesurteil gegen Schulz gefordert, »daß mit diesen ›Feme-Prozessen‹ endlich Schluß gemacht werden muß, nicht der Angeklagten wegen, sondern wegen des Ansehens von Staat und Wehrmacht«.[34] Aber noch fehlte ihr die zur Amnestierung der Fememorde nötige Mehrheit im Reichstag.
Die Justiz behandelte die Sache in Erwartung der Amnestie dilatorisch. Den Prozeß gegen Fahlbusch — er hatte nach eigenem

---

* Prof. Dr. Friedrich Grimm, Verteidiger des Oberleutnants Paul Schulz, wurde 1933 nationalsozialistischer Reichstagsabgeordneter.

Eingeständnis die tödlichen Schüsse auf den Feldwebel Wilms abgegeben, wegen dessen Ermordung Schulz als Anstifter zum Tode verurteilt war — zögerte man so lange hinaus, daß Fahlbuschs Verteidiger durch eine Beschwerde die Anklageerhebung erzwingen mußte — »gewiß ein ungewöhnlicher Fall«[35]. Das Kammergericht — »treu seinem alten Ruf« (v. d. Goltz) — setzte Fahlbusch gegen eine Kaution von 5000 Mark auf freien Fuß. — Von der Goltz:
Und fast mit den gleichen Worten sagten mir wenige Stunden später Richter und Staatsanwalt: »Nun ist ja der Fahlbuschprozeß nicht mehr so eilig!«[36]
Aber auch den Oberleutnant Schulz ließ die Justiz — treu ihrem alten Ruf — nicht im Stich. — Gumbel:
Die Gefahr, daß Schulz, vom Gefängnis zermürbt, »auspacken« würde, ging bald vorüber. Bereits am 28. Juni 1929 wurde er entlassen. Der Haftbefehl, der gegen ihn wegen der Morde an Legner, Brauer und Sand schwebt, wurde gegen eine Kaution von 50 000 Mark, die Herr von Oppen-Tornow erlegt haben dürfte, aufgehoben. Ein von einem ordentlichen Gericht rechtskräftig zum Tode verurteilter Mann, gegen den noch drei Verfahren wegen des schwersten Verbrechens, das unser Strafgesetzbuch kennt, wegen Mordes, schweben, wird aus Gesundheitsgründen beurlaubt. Kein ähnlicher Vorgang ist bei einem politischen Verbrecher, der links stand, bekannt.[37]
Erst als die Nationalsozialisten nach der Wahl vom 14. September 1930 mit 107 Abgeordneten in den Reichstag einzogen, wurde die Amnestie durchgesetzt, die den Mantel des Schweigens über eines der dunkelsten Kapitel der deutschen Reichswehr breitete. —
Paul Schulz trat am 24.10.1930 der NSDAP bei und war vorübergehend deren stellvertretender Reichsorganisationsleiter. Als Bundesgenosse Gregor Strassers entging er am 30. Juni 1934 mit viel Glück und dank der Hilfe alter Freunde aus dem Offizierskorps der Reichswehr den Erschießungskommandos der Gestapo und floh ins Ausland.[38]
August Fahlbusch hat die Zeit, in der man ihn als KZ-Schläger hätte brauchen können, nicht mehr erlebt. Der ›Völkische Beobachter‹ meldete am 16. 1. 1931:
Der aus dem sogenannten Fememordprozessen bekannte Feldwebel August Fahlbusch, der sich bei Verwandten in Osterholz-Scharmbeck aufhielt, ist plötzlich verstorben. Er wurde am Mittwochvormittag in der Kabine eines Motorbootes, in dem er die Nacht zugebracht hatte, tot aufgefunden. Der Tod ist anscheinend durch Herzschlag eingetreten... Die jahrelange, unerhörte Verfolgung dieses deutschen Soldaten durch das Novembersystem hat also jetzt den gewünschten Erfolg gehabt. Wieder ist ein Deutscher, der in den schwersten Jahren für sein Vaterland gekämpft hat, zu Tode gehetzt worden.
Am 23. 1. 1931 folgte der Bericht über die Beisetzung dieses Patrioten: »Abschied von August Fahlbusch«.

.. Er war groß und stattlich, schlank und sehnig. »Drahtig« nannte man solche Erscheinungen in der Freischärlersprache... In der großen Halle des Krematoriums stand in Andacht eine stattliche Trauergemeinde. Links davon: 100 »Stahlhelmer« in grauer Windjacke, rechts: ein brauner Zug der Bremer SA.
Eindrucksvoll des Predigers ruhige Worte:
»Von der Parteien Haß und Gunst verzerrt, schwankt dein Charakterbild...! Mit Hohn und Spott haben sie dich verfolgt, mit niedrigsten Bezeichnungen haben sie dich belegt, August Fahlbusch! Auch nach deinem Tode noch taten sie das: Wir aber neigen uns dennoch vor dir in Ehrfurcht: Du hast viel gewagt, August Fahlbusch, um Deutschlands willen!«

Landesverrat

Das mit guter vaterländischer Gesinnung bemäntelte Schweigen über das verfassungsfeindliche Treiben der Reichswehr — insbesondere ihre geheimen Rüstungen und ihre Verbindungen zur Schwarzen Reichswehr und zu anderen vaterländischen Verbänden — wurde von der Justiz nicht nur in den Fememordprozessen (durch den anfänglichen Ausschluß der Öffentlichkeit und später durch Entpolitisierung der Sachverhalte und individuelle Vereinzelung der unmittelbaren Täter), sondern darüber hinaus durch Landesverratsverfahren gegen die demokratische Opposition abgesichert. Diese Verfahren richteten sich zumeist gegen Vertreter der pazifistischen Bewegung, die weniger von der Arbeiterschaft als vielmehr vom fortschrittlichen Bürgertum getragen war und über deren Breite und politische Realistik man sich heute kaum noch eine zutreffende Vorstellung macht. Ihre Stärke lag vor allem darin, daß sie sich mit der offiziellen Außenpolitik Gustav Stresemanns, des einzigen deutschen Politikers, der den Friedensnobelpreis erhielt, weitgehend einig wußte. Diese Übereinstimmung der pazifistischen Bewegung mit einer deutschen Außenpolitik, die den Frieden nicht durch Waffengewalt, sondern durch Völkerversöhnung sichern wollte, gab zugleich den höchst problematischen Hintergrund für Landesverratsverfahren ab, in denen das ›Wohl des Reiches‹ in der Geheimhaltung illegaler Rüstung und Militarisierung gesehen wurde.
Hugo Sinzheimer* schrieb im Dezember 1927 in der ›Justiz‹:[1]
Was ist das Wohl des Deutschen Reichs? Hier scheiden sich die Geister. Es gibt eine nationalistische und eine pazifistische Auffassung dieses Wohls.
Die nationalistische Auffassung ist in der alten Staatsmoral begründet. Die Staaten umlauern sich wie eine Rotte von Raubtieren. Jede

---

* Prof. Dr. Hugo Sinzheimer gilt als der »Vater des deutschen Arbeitsrechts« (Ernst Fraenkel, Juristenzeitung 1958, S. 457). Mitherausgeber und Chronist der ›Justiz‹. Tätigkeit als Strafverteidiger (Bullerjahn-Prozeß!). 1933 Emigration nach den Niederlanden. Professor für Rechtssoziologie und Arbeitsrecht an den Universitäten Amsterdam und Leyden. Nach dem Einmarsch der Deutschen zunächst vier Monate lang verhaftet. Dann von 1942 bis zum Zusammenbruch der deutschen Besatzung 1945 bei niederländischen Freunden zusammen mit seiner Frau in einer Dachstube verborgen. Töchter und Enkel teils im Konzentrationslager, teils ebenfalls in Verborgenheit. Sinzheimer starb am 16. 9. 1945 am Vorabend der Wiedereröffnung der Universität Amsterdam an Entkräftung. (Göppinger: Der Nationalsozialismus und die jüdischen Juristen, S. 137)

Vergewaltigung des einen Staates durch den anderen Staat ist erlaubt. Die höchste Staatsaufgabe ist die Ansammlung von Gewaltmitteln für die Durchsetzung des eigenen staatlichen Willens. Der Friede ist eine Vorbereitung zum Krieg ... Wer den Staat in der Durchführung dieses »heiligen Egoismus« stört, ist ein Verbrecher.
Der Pazifismus widerstreitet dieser staatlichen Auffassung in jedem Punkte. Auch er strebt nach dem höchsten Wohl des Staates und des Volkes. Er ist sich aber bewußt, daß alle Staaten in einer sozialen Gemengelage sich befinden, daß kein Staat und Volk gedeihen kann, ohne das Gedeihen der anderen Staaten und Völker. Sicherheit und Aufstieg können Staaten nur erlangen, wenn das Reich des Rechts nicht nur auf das Innenleben der Völker beschränkt ist, sondern sich auch über den Staaten und Völkern ausdehnt. Der Pazifismus setzt dem Staatsegoismus die Idee der rechtlich gesicherten Staatengemeinschaft entgegen. Für ihn ist der Krieg unter Menschenvölkern nicht nur verwerflich, sondern auch nutzlos. Ein Krieg unter den heutigen Verhältnissen schlägt nicht nur den Besiegten, sondern auch den Sieger zu Boden. Ein Krieg unter europäischen Völkern ist für ihn das Ende Europas, das seine geschichtliche Rolle ausgespielt hat, wenn noch einmal die Kriegsfurie darin waltet. Der Krieg von heute ist kein Kampf unter Heroen. Er ist ein blindes Walten der Maschinen und Gifte. Der Krieg von heute ist kein Krieg, der auf den militärischen Kampf beschränkt ist, sondern ein Krieg gegen Greise, Frauen und Kinder, ein Krieg der völligen Ausrottung alles dessen, was Menschenantlitz trägt. Wer daher die Hand gegen eine Gemeinschaft der Staaten erhebt, ist der Verbrecher, gegen den sich alle wehren müssen, die Staats- und Volkswohl wahrhaft anstreben.
Darf man nun sagen, daß die Persönlichkeiten, die die Überzeugung haben, daß in einem Lande ein neuer Krieg vorbereitet wird, Landesverräter sind, weil sie, wenn sie solche Kriegsvorbereitungen, um sie zu verhindern, an den Pranger stellen, Nachrichten öffentlich bekanntmachen, deren Geheimhaltung für das Wohl des Deutschen Reiches erforderlich ist? Die Frage ist zu bejahen, wenn das Staatswohl nationalistisch gedacht wird. Die Frage ist zu verneinen, wenn das Staatswohl pazifistisch gedacht wird.
Über den in der Presse, in Buchveröffentlichungen und öffentlichen Versammlungen geführten Kampf der pazifistischen Bewegung schrieb Gerhart Seger*, der Sekretär der deutschen Friedensgesellschaft, 1924:
Ein wesentlicher Teil dieses Kampfes galt dem Bemühen, die verdächtigen Verbindungen zwischen Geheimverbänden und Reichswehr aufzuzeigen, um die Organe der Republik zu warnen und rechtzeitig

---

* Gerhart Seger, 1930—1933 Reichtagsabgeordneter (SPD), wurde im März 1933 verhaftet und zunächst im Dessauer Gerichtsgefängnis, ab 14. 6. 1933 im KZ Oranienburg gefangen gehalten. Von dort gelang ihm am 4. 12. 1933 die Flucht, zuerst in die CSSR, dann nach England und den USA. Über seine Erlebnisse im KZ berichtete er 1934 in seiner Schrift „Oranienburg", die in fast alle Kultursprachen übersetzt wurde. Seger verstarb 1967 in den USA. (Nach Mitteilungen von Gerhart Seger und Kurt Grossmann.)

zu einem Einschreiten zu veranlassen, bevor aus diesen gesetzwidrigen Bestrebungen ein unermeßlicher außenpolitischer Schaden entstehen konnte ...²
Seger sagt an anderer Stelle über diese Gefahr:³
Die außenpolitische Gefahr der Geheimverbände besteht sicher nicht zuerst darin, daß man befürchten müßte, die Mitglieder des Jungdeutschen Ordens, die Hitlerjünglinge und andere Karikaturen von Soldaten könnten einen Krieg gegen Frankreich beginnen. Es handelt sich vielmehr bei der außenpolitischen Bedeutung der innerpolitischen Reaktion um die psychologische Wirkung auf das Ausland. Die Existenz des Stahlhelms, der Vaterländischen Verbände und all der anderen Organisationen wird vom Ausland zweifellos nicht in erster Linie nach ihrer militärischen Bedeutung gewertet, sondern sie wird rein als Tatsache genommen, um zu beweisen, daß die deutsche Politik noch völlig vom Geiste des militärischen kaiserlichen Deutschlands beherrscht sei.
Die militärische Reaktion ist aber auch eine Kulturschande. In Deutschland, dem Lande der Denker und Dichter, dem Lande, das einen Immanuel Kant und einen Goethe hervorgebracht hat, ist es dank der »vaterländischen« Bewegung möglich geworden, daß ein ausgesprochener Dummkopf wie der größenwahnsinnige Dekorationsmaler Hitler eine politische Rolle spielen kann.

DER FALL QUIDDE

Am 3. Januar 1924 richtete das Deutsche Friedenskartell — die Spitzenvereinigung der deutschen pazifistischen und kulturpolitischen Organisationen — eine Eingabe an den Reichskanzler, von der Abschriften an den Reichspräsidenten, an den Chef der Heeresleitung (General von Seeckt), den Reichswehrminister und den Reichsaußenminister gingen.
Diese Eingabe machte die seit längerer Zeit so viel erörterten Fragen der Reichswehr, der sogenannten ›Schwarzen Reichswehr‹ zum Gegenstand genau formulierter Fragestellungen; die Begründung der als streng vertraulich behandelten Eingabe enthielt einen Überblick über die Tatsachen und erörterte die innerpolitischen und außenpolitischen Konsequenzen der in der Eingabe selbst berührten Vorgänge.⁴
Auf die Eingabe erfolgten zwei Antworten, »die nach Inhalt und Form für die geistige Einstellung und politische Haltung der damaligen Regierung höchst charakteristisch waren«. Reichskanzler Dr. Marx ließ unter dem 9. 1. 1924 wie folgt antworten:
Im Auftrage des Herrn Reichskanzlers bestätige ich ergebenst den Empfang des dortigen Schreibens vom 3. Jan. 1924. Der Herr Reichskanzler muß es sich grundsätzlich versagen, einer Beantwortung der vom Deutschen Friedenskartell aufgeworfenen Fragen näherzutreten. Im Besitz des zur Führung der Geschäfte nach der Reichsverfassung

erforderlichen Vertrauens vertritt die Reichsregierung auch in diesen Fragen die Belange der Volksgesamtheit und ist nur dem Reichstage, nicht irgendwelchen Verbänden zur Auskunft verpflichtet. Überdies erachtet die Reichsregierung *eine Erörterung der von Ihnen aufgeworfenen Fragen in der Öffentlichkeit nicht für erträglich, sie würde sich daher gezwungen sehen, gegen die Urheber einer solchen Diskussion, die nach den bisherigen Erfahrungen lediglich unbegründetes Mißtrauen in weiten Kreisen des Auslandes wachrufen würde, mit allen erforderlichen gesetzlichen Mitteln einzuschreiten.* gez. Bracht

Seger weist mit Recht auf den inneren Widerspruch dieser Antwort hin:

Entweder hätte eine öffentliche Diskussion des Inhalts der Eingabe tatsächlich nur unbegründetes Mißtrauen wachgerufen, dann konnte dies ohnehin bestehende Mißtrauen durch nichts besser zerstreut werden als durch die Behandlung der Fragen in aller Öffentlichkeit; oder aber die Regierung scheute absichtlich die öffentliche Diskussion der in der Eingabe berührten Fragen, dann war eben mehr zu erwarten als nur unbegründetes Mißtrauen.

Die zweite Antwort kam von General von Seeckt, ebenfalls unter dem 9. 1. 1924:

Auf das Schreiben vom 3. Januar 1924 sachlich einzugehen, muß ich mir versagen. Die Gedankengänge des internationalen Pazifismus sind für ein international derart mißhandeltes Volk, wie das deutsche, schon an sich schwer begreiflich. Wenn es aber Deutsche gibt, die sich nach den Erfahrungen des Ruhreinfalles und in einer Zeit, in der Frankreich den Vertrag von Versailles täglich mit Füßen tritt, für die Durchführung dieses Vertrages im Interesse der Franzosen einsetzen, so kann ich das nur als den *Gipfel nationaler Würdelosigkeit* bezeichnen. Im übrigen möchte ich Sie darauf aufmerksam machen, daß ich bei einer Erörterung der in Ihrem Schreiben berührten Fragen in der Öffentlichkeit sofort mit den Mitteln des Ausnahmezustandes gegen Sie einschreiten werde, ganz unabhängig von einem etwaigen Verfahren wegen Landesverrats. gez. v. Seeckt

Auf eine Strafanzeige gegen Seeckt teilte der Generalstaatsanwalt beim Landgericht I Berlin, Lindow, der die Erhebung der Offizialklage mit Bescheid vom 16. 2. 1924 ablehnte, mit, daß Seeckts Schreiben zur Wahrnehmung berechtigter Interessen erfolgt sei.

Davon abgesehen, liegt auch die Strafverfolgung des Inhabers der vollziehenden Gewalt (Verordnung vom 8. 11. 1923 Reichsgesetzblatt S. 1084) nicht im öffentlichen Interesse.

So blieb der pazifistischen Bewegung, der es nicht — wie sich das im Kopf eines reaktionären Generals malte — um die Interessen der Franzosen, sondern um die Unterbindung des verbrecherischen Treibens der von der Reichswehr unterstützten ›vaterländischen‹ Verbände ging, nur die Flucht in die Öffentlichkeit.

Am 10. März 1924 veröffentlichte der Vorsitzende des Deutschen Friedenskartells, der im In- und Ausland hochgeachtete Pazifist

Prof. Ludwig Quidde* in der ›Welt am Montag‹ einen Artikel mit der Überschrift »Die Gefahr der Stunde«, in dem es u. a. hieß:
Die deutsche Politik steht vor einer ungeheuren Gefahr. Die Regierenden scheinen sie nicht zu sehen oder wollen sie nicht sehen. Deshalb ist es nötig, Alarm zu schlagen.
Wohin man auch im Reiche kommt, landauf, landab, hört man Menschen davon erzählen, wie schon seit Monaten zahlreiche junge Leute militärisch ausgebildet würden. Die einen sprechen davon begeistert, voll Hoffnungen auf die Verwertung der neuen Wehrkraft, die anderen entsetzt, voll Sorgen um die wahnsinnigen Abenteuer, in die man uns hineinführen möchte. Man erzählt von der Ausbildung für wilde gesetzwidrige Formationen, aber auch von der Unterstützung dieser Formationen durch Reichswehrangehörige, oder gar von Ausbildung innerhalb der Reichswehr, man spricht sogar in amtlichen Schriftstücken, die der Öffentlichkeit übergeben werden, von »Zeitfreiwilligen« oder von »Beurlaubungen zu Übungen« . . .
Macht die Regierung gegenüber den Leuten, die in ihrer fanatischen Verblendung Deutschland ins Unglück treiben, endlich ernst, so müssen nicht nur alle verfassungs- und vertragstreuen Parteien, sondern überhaupt alle, die Deutschlands erste und vielleicht letzte ernsthafte Chance nicht verderben lassen wollen, ihr Vorgehen unterstützen. Noch ist es Zeit. Binnen kurzem wird es zu spät sein.**
Jetzt schlug die Justiz zu. Prof. Quidde, der einige Exemplare seines Aufsatzes auch Freunden im Ausland übersandt hatte, wurde am 15. 3. 1924 in München verhaftet. Die Beschuldigung lautete auf Landesverrat. In der sozialistischen und bürgerlich-liberalen deutschen Presse und in der Presse des Auslandes erhob sich ein Sturm der Entrüstung über diesen justiziellen Gewaltakt.
›Frankfurter Zeitung‹, 18. 3. 1924 (Morgenblatt):
Wir vermuten, daß die Leitung der deutschen Außenpolitik dem Münchener Staatsanwalt wenig dankbar sein wird. Denn sie mag bald zu spüren bekommen, wie dieser eine Haftbefehl ihre Bemühungen, Deutschland wieder freieren Atemraum zu verschaffen, stärker schädigt, als ein Dutzend Zeitungsartikel irgendwelcher Art es hätten tun können.
›Vossische Zeitung‹, 17. 3. 1924:
Wer den Artikel vorurteilslos liest, muß zugeben, daß die politische Absicht Quiddes darauf gerichtet war, durch die öffentliche Behandlung wirklicher oder vermeintlicher Mißstände das deutsche Volk vor Schaden zu bewahren. Es ist unbegreiflich, wie angesichts dieser unbestreitbaren Tatsache der hochbetagte Mann einem gerichtlichen Verfahren ausgesetzt werden kann.

---

* Prof. Dr. Ludwig Quidde (1858–1941), 1907–1917 Mitglied des Bayerischen Landtags, 1919/20 der Nationalversammlung (DDP); Emigration in die Schweiz.
** Wir wissen heute, daß Pläne der Reichswehrgeneralität bestanden, einen Revanchekrieg gegen Frankreich zu führen, mit dessen Vorbereitung man 1926–1928 fertig zu sein hoffte. (George W. F. Hallgarten: Hitler, Reichswehr und Industrie, S. 19 und 25.)

Edouard Herriot, nachmaliger französischer Ministerpräsident, in
›Information‹ vom 28. 3. 1924:
Es ist sehr viel Optimismus dazu nötig, die gegenwärtigen Vorfälle
in Deutschland nicht mit allzu großer Besorgnis zu betrachten. Während in München der Hitler-Prozeß schwebt, während der endlosen
Plaidoyers der Verteidiger wächst die nationalistische und chauvinistische Welle, je näher der Tag der Wahlen rückt. Unerhört beunruhigend ist die Verhaftung Quiddes. Die bayerischen Machthaber haben
sie ins Werk gesetzt, aber die Reichsregierung — und das ist das Beunruhigende daran — hat dieser Maßnahme nicht den geringsten
Widerstand entgegengesetzt, wie sie ja auch entgegen dem Gesetz eingewilligt hat, den Hitler-Prozeß in München stattfinden zu lassen. Die
Reichsregierung selbst klagt den Pazifisten Gerlach auf Ersuchen des
Reichswehrministeriums und des »Demokraten« Geßler des Hochverrats an. Die Wahlen werden die Lage klären und zeigen, wie weit
Deutschland sich nach rechts gewandt hat. Aber schon jetzt sprechen
genügend Tatsachen. Der Hitler-Prozeß hat bereits das Bündnis zwischen
der bayerischen Regierung und den offenen Gegnern der Weimarer
Verfassung aufgedeckt. Quidde ist verhaftet, weil er an der Hand von
Dokumenten bewiesen hat, daß in ganz Deutschland die Jugend militärische Übungen macht (wie vor der Schlacht bei Jena!).
Und im ›Nieuwe Rotterdamsche Courant‹ war zu lesen:
... Warum sollte Quidde kein Landesverräter sein? Er warnt doch
vor einer Gefahr, die das Land bedroht. Das ist nach der hier (in
Deutschland) herrschenden nationalen Auffassung der schlimmste Verrat, denn wer warnt, zweifelt. Das ist noch genau ebenso, oder wieder
ebenso, wie zur Zeit des Krieges ...
Am 22. 3. 1924 wurde Quidde — wohl unter dem Druck der
weltweiten Proteste — mangels Fluchtverdachts aus der Haft entlassen und das Verfahren dem Oberreichsanwalt übergeben. Das
Reichsgericht stellte das Verfahren am 28. 3. 1925 ein.[5]

DER FALL KÜSTER/JACOB

Der Fall Quidde hob sich nur durch die Prominenz des Betroffenen aus einer ganzen Hochflut von Landesverratsprozessen
heraus, die durchaus nicht alle ein so glimpfliches Ende nahmen.
Gumbel zog folgende Bilanz:[6]
In 32 Jahren der Kaiserzeit, 1882—1913, waren nur 32 Personen wegen Hoch- und Landesverrats und 127 Personen wegen Spionage verurteilt worden, insgesamt 159, also etwa 5 Personen pro Jahr. In den
6 Jahren 1919—1921 und 1923—1925 dagegen waren es 64 und 492,
insgesamt 556 Personen, also 93 pro Jahr. In den vier Jahren 1924—1927
wurden über 10 000 Anzeigen wegen Hoch- und Landesverrats behandelt und 1071 Personen verurteilt. Also 267 pro Jahr. In dem einen
Jahr 1927 wurden 44 Personen nur wegen Landesverrats verurteilt,

also mehr als in den 32 Vorkriegsjahren wegen Landes- und Hochverrats zusammengenommen.
Ein Teil dieser Urteile betraf Presse-Meldungen über die geheime Rüstung und die republikfeindlichen vaterländischen Verbände.
An Stelle der Kugel des Fememörders diente jetzt das Lasso der Paragraphen dem Schutz der geheimen Rüstungen.7
Ludwig Quidde:
Längst ist klar, daß alle diese Landesverratsprozesse nichts mehr mit Rechtspflege zu tun haben, sondern eine unter völliger Nichtachtung elementarsten Rechtsempfindens betriebene politische Verfolgung darstellen, eine Unterdrückung des freien Wortes bei der Kritik des neuen deutschen Militarismus.8

Zu den Opfern dieser Landesverratsjustiz gehörten auch die Journalisten Berthold Jacob (bürgerlich: Salomon) und Fritz Küster.* Jacob wurde als Verfasser, Küster als verantwortlicher Redakteur wegen eines in der Zeitschrift ›Das Andere Deutschland‹ erschienenen Artikels des Landesverrats angeklagt. Der Artikel betraf die Einstellung von ›Zeitfreiwilligen‹ in die Reichswehr und behauptete, daß unter den 81 Soldaten, die bei einem Übersetzmanöver am 31. März 1925 in der Weser ertrunken waren, 11 Zeitfreiwillige gewesen seien, eine Tatsache, die frühere Erklärungen des Reichswehrministers Geßler und des Reichskanzlers Luther widerlegte, nach denen es keine Zeitfreiwilligen mehr in der Reichswehr gebe. Die Beweisführung des Autors stützte sich darauf, daß verschiedene Opfer des Unglücks in den Todesanzeigen mit zivilen Berufen genannt worden waren und nicht mit militärischen Dienstgraden, so daß sie offenbar nicht Berufssoldaten gewesen waren, sondern ›Zeitfreiwillige‹.
Über die Frage, ob die Geheimhaltung dieser Tatsachen zum ›Wohl des Reiches‹ notwendig gewesen sei, wurden, wie üblich, Gutachten des Reichswehrministeriums eingeholt. Diese Gutachten waren wie immer gezeichnet von einem Oberst Gempp, der nach einer Meldung des ›Züricher Volksrechts‹ vom 3. 1. 1925 — mitgeteilt von Gumbel9 — der wesentliche Organisator der Schwarzen Reichswehr gewesen sein soll. Gumbel spricht mit Recht von dem »einzigartigen Fall..., daß der Angeklagte selbst Richter spielen darf«. Von welcher Qualität die Gutachten des Herrn Gempp waren, mag beispielhaft sein Gutachten in der Landesverratssache gegen Dr. Zeigner, den Ministerpräsidenten der aus Sozialdemokraten und Kommunisten gebildeten Koalitionsregierung in Sachsen, veranschaulichen:10
Der Angeklagte hat erstens in einer Parteiversammlung der SPD An-

---

* Fritz Küster (1889–1966) wurde nach Hitlers Machtergreifung im Büro der ›Deutschen Friedensgesellschaft‹, deren Vorsitzender er lange Zeit gewesen war, verhaftet und 5½ Jahre im Konzentrationslager festgehalten. Seine Zeitschrift ›Das Andere Deutschland‹ wurde nach dem Kriege neu gegründet und erscheint heute noch. — Das weitere Schicksal Berthold Jacobs wird im Kapitel ›Der Jorns-Prozeß‹ (S. 213) geschildert.

fang 1923, zweitens in einer Sitzung des sächsischen Landtags vom 19. Oktober 1923 über geheime Organisationen, ihre militärische Ausbildung, ihre Verbindung mit den Reichswehrdienststellen sowie ihre Duldung bzw. Förderung seitens der Reichsregierung Ausführungen gemacht, deren wesentlichste, dem Gutachten zugrunde zu legende Punkte in den Anlagen a und b zusammengestellt sind. Alle diese Angaben waren für das Wohl des Reiches geheimzuhalten.
Die Frage der Geheimorganisationen sowie die Stellung der Regierung und der Reichswehr zu ihnen sind von größtem Interesse für die Staaten des Feindbundes, welche durch ihre Kontrollorgane in Deutschland und durch einen umfangreichen Nachrichtendienst sich hierüber Aufklärung zu schaffen suchen.
Die Feindstaaten bedürfen dieser Nachrichten zur Durchführung ihrer gegen das Wohl des Deutschen Reiches gerichteten Politik. Sie fühlen den Erfolg ihres Sieges durch das Aufleben des Gedankens der Wehrhaftigkeit im deutschen Volke bedroht und suchen mit allen Mitteln Material darüber zu gewinnen, ob und inwiefern, sei es mit, sei es ohne Billigung und Förderung der deutschen Regierung, Verstöße gegen den Versailler Vertrag vorkommen. Dieses Material dient ihnen, insbesondere Frankreich, dann zur Begründung der Notwendigkeit des Weiterbestehens der dem Wohle des Reiches abträglichen Kontrollkommission und als Unterlage für weitere Maßnahmen zur Niederhaltung Deutschlands. Für diese Wirkung der bei dem Verband eingehenden Nachrichten ist gleichgültig, ob die Nachrichten zutreffen oder übertrieben oder gar völlig falsch sind. Die Forderung der Geheimhaltung muß sich daher auf alle solche Nachrichten beziehen. Es kann auch ganz dahingestellt bleiben, inwieweit gewisse Kreise in Deutschland von den behaupteten Tatsachen Kenntnis hatten und wie weit die Auslandsstaaten in der damaligen Zeit über diese Frage orientiert waren. Die Bestätigung ihrer Vermutungen und bei ihnen bisher eingegangener Einzelnachrichten durch den Ministerpräsidenten eines deutschen Staates mußte den Verbandsmächten für ihre gegen Deutschlands Wohl gerichteten Bestrebungen größte Vorteile bringen und daher die Interessen Deutschlands schwer schädigen.
Die in dem Prozeß gegen Fritz Küster und Berthold Jacob erstatteten Gutachten des Reichswehrministeriums sind nicht bekannt, sie dürften aber von der gleichen engstirnig nationalistischen Denkweise getragen gewesen sein.
Dr. Paul Levi sagte im Reichstag (22. 2. 27):[11]
Da stehen nun die Militärs, man muß sagen, mit einer geradezu borniertem Ressortmäßigkeit, (lebhafte Zustimmung bei den Sozialdemokraten) mit einem Schädel, der nichts sieht als das eigene Ressort und die eigenen Akten, (sehr wahr! bei den Sozialdemokraten) und geben Gutachten ab, wie sie, die Militärs, sich die Welt denken. Und die Welt der Militärs ist nicht groß. (Sehr gut! bei den Sozialdemokraten.)
Sie geben Gutachten ab vielfach doch auch – ich sage das ganz offen – über ihre eigene Schande. Wie ist denn die Geheimhaltung der

Schwarzen Reichswehr zustande gekommen? Weil die Militärs aus dem eigenen Reichswehrministerium zu Reichsanwaltschaft und Reichsgericht liefen und sagten: das sind Tatsachen, die aus militärischen Gründen geheimgehalten werden müssen. Daß politische Gründe tausendfach schwererer Art bestehen, die Gesetzwidrigkeit der Schwarzen Reichswehr der Öffentlichkeit preiszugeben und zu sagen, was ist, das sehen die Militärs nicht ein. Das Bedauerliche aber ist: es gibt auch keinen Oberreichsanwalt, der dazu berufen wäre, das allgemeine staatliche und politische Interesse in solchen Fragen dem Reichsgericht gegenüber zu vertreten. (Sehr gut! bei den Sozialdemokraten.) So kommen die Landesverratsurteile zustande.

Der 5. Strafsenat des Reichsgerichts verurteilte am 14. 3. 1928 die Angeklagten Küster und Jacob zu je 9 Monaten Festungshaft. Reichsanwalt Jorns hatte sogar Zuchthausstrafen beantragt.

Die Verteidigung hatte geltend gemacht, daß die Aufdeckung völkerrechtswidriger Zustände niemals Landesverrat sein könne. Demgegenüber das Reichsgericht:[12]

Eine »allgemein anerkannte Regel« des Völkerrechts, wonach der einzelne Staatsbürger eines Gemeinwesens berechtigt wäre, einer *fremden* Regierung gesetzwidrige Zustände, von denen er weiß, daß diese im Interesse des *Wohles* seines *Heimatlandes* geheimzuhalten sind, mitzuteilen, gibt es nicht.

Die Berufung auf das Grundrecht der freien Meinungsäußerung tut das Urteil mit dem üblichen Hinweis auf den Vorbehalt der allgemeinen Gesetze ab:

Aus Artikel 118 der Reichsverfassung können die beiden Angeklagten ebenfalls kein Recht zu einer solchen Offenbarung ableiten. Denn nach dieser Verfassungsbestimmung hat jeder Deutsche das Recht, nur *innerhalb der Schranken der allgemeinen Gesetze*, zu denen das Strafgesetzbuch sonder Zweifel gehört, »seine Meinung durch Wort, Schrift, Druck, Bild oder in sonstiger Weise frei zu äußern«.

Die Erwähnung des Naturrechts gibt dem Reichsgericht nur Anlaß, die Angeklagten über das Bestehen einer ›Treupflicht‹ zum Vaterlande zu belehren, deren Inhalt die konservativen Richter des Reichsgerichts natürlich durchaus anders verstanden als die um das Wohl des Vaterlandes nicht minder besorgten Angeklagten:

Auch aus dem Naturrechte, auf welches die Verteidigung hingewiesen hat, können die beiden Angeklagten eine solche Befugnis nicht entnehmen. Denn unter »Naturrecht« im objektiven Sinne versteht man die Summe von Rechtsnormen, die durch die Natur selbst, nicht erst durch positive Satzung, für die ganze Menschheit verpflichtend sind. Zu diesen Rechtsnormen aber gehört die *Treuepflicht*, welche jeder Staatsbürger seinem Vaterlande und Volke schuldet ... Dem eigenen Staate hat jeder Staatsbürger die Treue zu halten. Das Wohl des eigenen Staates wahrzunehmen ist für ihn höchstes Gebot, Interessen eines fremden Landes kommen für ihn demgegenüber nicht in Betracht.

Das Reichsgericht verwirft den Gedanken, daß die Aufdeckung gesetzwidriger Zustände dem Wohl des Staates immer förderlich sei.
Dazu Gustav Radbruch:[13]
Man sollte meinen, daß in Mitteilungen über gesetzwidrige Vorgänge *niemals*, auch dann nicht, wenn die deutsche Regierung an ihnen beteiligt wäre, Landesverrat gefunden werden könne, da in einem Rechtsstaat die Annahme ausgeschlossen bleiben sollte, als könne der Fortbestand eines gesetzwidrigen Zustandes dem »Wohl des Reiches« dienen.
Das Reichsgericht erteilte den Angeklagten und deren Anwälten aber auch noch eine Lektion in Demokratie:
Der Verteidiger des Salomon (Paul Levi; d. Verf.) hat schließlich noch folgendes hervorgehoben: Der einzelne Staatsbürger habe gar keine Möglichkeit, wenn ungesetzliche Zustände (Illegalitäten) in Frage kämen, deren Beseitigung durch die Reichsregierung herbeizuführen, weil er bei den zuständigen Stellen kein Gehör finde. Auch diese Ausführungen gehen fehl. Der einzelne Staatsbürger hat seine Beschwerden über ungesetzliche Zustände an die Behörden des Reichs oder der Länder zu richten. Sollten diese seine Mitteilungen nicht entgegennehmen, so steht ihm das Recht zu, die Volksvertretung gemäß Artikel 126 der RVerf. anzurufen. Auch kann er einem Abgeordneten die Sache anvertrauen, so daß der Reichstag gemäß Art. 34 und 35 der RVerf. das Wirken und Walten der Regierung zu überwachen in der Lage ist.
Es fehlt jede Spur eines Verständnisses dafür, daß die Demokratie von der öffentlichen Meinung lebt. Wo keine kritische öffentliche Meinung besteht, wird eine Regierung, die aus vermeintlich ›vaterländischen‹ Interessen rechtswidrige Vorgänge und Zustände bewußt duldet, sich kaum durch die gewissermaßen auf dem Dienstwege vorgelegte Eingabe eines einzelnen Staatsbürgers beeindrucken lassen. Die anmaßende Antwort des Generals von Seeckt und die des Reichskanzlers Marx an Prof. Quidde sind dafür ein beredtes Zeugnis.
Gustav Radbruch:[14]
Wer glaubt, juristische Behelfe hätten genügt, um das Reichsministerium zur Abstellung von Mißständen zu bewegen, der muß die Vorgänge der letzten Jahre in einem beneidenswerten Zustande der politischen Unschuld erlebt haben.
Der Appell an die Öffentlichkeit, die Mitwirkung bei der Bildung einer öffentlichen Meinung ist daher das legitime Recht des Staatsbürgers in einem demokratischen Staat.
Gustav Radbruch betonte in seiner Urteilskritik: das Reichsgericht verkenne, daß es des Rückhalts an der öffentlichen Meinung bedarf, um so große Aktionen überhaupt einleiten zu können, und daß dieser Rückhalt an der öffentlichen Meinung durch die Presse vorher geschaffen sein muß.

Eben um dieses politische Mitwirkungsrecht des Staatsbürgers zu gewährleisten, hat ihm die Verfassung politische Grundrechte — insbesondere das der freien Meinungsäußerung — zugesichert, Rechte, die eine im obrigkeitsstaatlichen Bewußtsein befangene Justiz mit einem rechtstechnischen Kniff vom Gesetzesvorbehalt her in ein Nichts auflöste.

Für die Reichsrichter blieb es unbegreiflich, wie jemand annehmen konnte, es sei in dieser Sache um das Recht gegangen, eine bestimmte politische Meinung frei zu äußern:

Bei dieser Sach- und Rechtslage springt in die Augen, daß das Reichsgericht nicht, wie der Verteidiger des Salomon geltend gemacht hat, in diesem Strafverfahren über die Berechtigung des Pazifismus zu entscheiden hatte. Nur darüber hatte es zu befinden, ob die Art und Weise, wie er seine Weltanschauung hier geoffenbart hat, mit § 92 Abs. I Nr. 1 des StGB im Einklange steht.

Carl von Ossietzky kennzeichnete das Urteil in der ›Weltbühne‹[14a] als »unentschuldbaren politischen Tendenzakt«, als »Salut vor dem Militarismus« und »Plädoyer für die Manager jener heimlichen Militärspielerei, die der böse Engel der ersten sieben Jahre der Republik war«. Und Kurt Tucholsky schrieb: »Es bleibt dabei: Das Reichsgericht ist keine Instanz, die in politischen Strafsachen Vertrauen verdient. Es ist eine politische Behörde geworden.«[14b]

Dieses Urteil gegen Küster und Salomon (Berthold Jacob) ist — soweit ersichtlich — die einzige vollständig veröffentlichte Entscheidung des Reichsgerichts in Landesverratssachen aus jenen Jahren der Hochkonjunktur des publizistischen Landesverrats. Aber nicht nur die Urteile, auch die Verhandlungen selbst wurden durch Ausschluß der Öffentlichkeit und Geheimhaltungsauflagen an die Beteiligten regelmäßig der öffentlichen Kritik entzogen. Damit wurde die tatbestandsmäßige Abgrenzung des Landesverrats »geradezu zur Geheimwissenschaft«.[15]

CARL VON OSSIETZKY

Am 12. 3. 1929 veröffentlichte der Herausgeber der ›Weltbühne‹, Carl von Ossietzky, einen Aufsatz »Windiges aus der deutschen Luftfahrt« von Walter Kreiser (Pseudonym: Herbert Jäger). Der Aufsatz kritisierte die Verwendung von Haushaltmitteln des Reichsverkehrsministeriums im Luftfahrtwesen und ging in diesem Zusammenhang auf eine »Abteilung M« ein, nach der sich ein Jahr früher bereits ein sozialdemokratischer Reichstagsabgeordneter im Haushaltsausschuß erkundigt hatte, ohne allerdings je eine Antwort zu erhalten:

... denn sonst — so hieß es in Kreisers Aufsatz[16] — hätten die Behörden darauf aufmerksam machen müssen, daß »M« auch der Anfangsbuchstabe des Wortes Militär ist. So schwieg man lieber. Aber

auch hier arbeitete Groeners findige Vernebelungstaktik. Um bei einer erneuten Anfrage sagen zu können: eine solche Abteilung M gibt es nicht mehr, mit diesen Schweinereien haben wir aufgeräumt, wurde diese Abteilung auch aufgelöst, kam auf die Johannisthaler Seite des Flugplatzes und heißt jetzt »Erprobungsabteilung Albatros«, zum Unterschied von einer Versuchsabteilung, die Albatros bereits besitzt. Diese »Erprobungsabteilung Albatros« ist zu Lande dasselbe, was an der See die »Küstenflugabteilung der Lufthansa« darstellt. Beide Abteilungen besitzen je etwa dreißig bis vierzig Flugzeuge, manchmal auch mehr.
Aber nicht alle Flugzeuge sind immer in Deutschland ...
Der letzte Satz deutete auf die — unter Umgehung des Versailler Friedensvertrages betriebene — geheime militärische Zusammenarbeit zwischen der Reichswehr und Sowjet-Rußland hin. Ossietzky hatte als Redakteur vorsichtshalber die zweite Satzhälfte, die das noch deutlicher aussprach, gestrichen. Aber dem Reichswehrministerium reichte es für einen Strafantrag und dem Oberreichsanwalt zu einer Anklage wegen Landesverrats.
Kurt Grossmann schreibt:[17]
Das Reichsgericht ließ sich mit dem Verfahren gegen Ossietzky und Kreiser Zeit. Den obersten Instanzen kam es wohl in der Hauptsache darauf an, die Angeschuldigten und mit ihnen andere Publizisten unter Druck zu halten und damit von ähnlichen Pressevorstößen gegen die Aufrüstung abzuschrecken.
Das war ein Eindruck, der von vielen geteilt wurde, die sich mit dem Mißbrauch des Landesverratsparagraphen gegen die Presse beschäftigt haben. So zählt Gumbel[18] eine Reihe von Landesverratsverfahren gegen Presseredakteure auf, in denen erst nach Monaten, manchmal nach Jahren Einstellung des Verfahrens erfolgte. Gumbel folgert aus der schleppenden Durchführung der Verfahren, daß es der Anklagebehörde »weniger um die Durchführung des Verfahrens als vielmehr auf die Abschreckung der betreffenden Schriftsteller, d. h. auf die Terrorisierung der öffentlichen Meinung, ankäme«.[19]
Am 23. 11. 1931 fand unter dem Vorsitz von Reichsgerichtsrat Baumgarten die Hauptverhandlung vor dem Reichsgericht statt. Als Verteidiger fungierten die Rechtsanwälte Dr. Alsberg, Dr. Alfred Apfel, Rudolf Olden und Dr. Kurt Rosenfeld.* Alsberg galt damals als der versierteste deutsche Strafverteidiger; auf dem Gebiet des politischen Strafrechts aber war er ein Neuling, der den realistischeren Pessimismus seiner Kollegen zunächst nicht begriff. Kurt Rosenfeld schrieb später:[20]
Als wir Verteidiger mit dem Angeklagten nach Leipzig fuhren, um

---

* Alle vier Anwälte haben 1933 ihr Vaterland verlassen müssen. — Dr. Rosenfeld (1877–1943) war 1917 Mitbegründer der USPD, 1918 Justizminister in Preußen, 1920 bis 1932 Mitglied des Reichstags (seit 1922 SPD, 1931 Mitbegründer der SAP); Emigration nach den USA.

vor dem Reichsgericht im Kampf für die Freiheit das Wort zu führen, war unter uns ein Mann, der volles Vertrauen zum Reichsgericht hatte: mein Kollege Alsberg. Wie sicher war er des Freispruchs! Auf viele höchstrichterliche Entscheidungen gestützt, aufgrund von Äußerungen der angesehensten Kommentatoren, glaubte er, die Reichsrichter sehr leicht davon überzeugen zu können, daß eine Verurteilung unmöglich sei.

Und Alfred Apfel berichtete über seinen Kollegen Alsberg:[21]
Zum erstenmal in seiner Praxis lernte er die Atmosphäre eines politischen Prozesses in Leipzig gegen einen Vertreter der Linken kennen. Er war über die parteiische Haltung des Strafsenats so außer sich, daß er mich entrüstet fragte, weshalb empörte Massen das Gebäude, in dem solches passieren konnte, nicht längst dem Erdboden gleichmachten! Er hatte niemals geglaubt, daß es in Deutschland Richter gäbe, die einen politischen Gegner mit den Mitteln eines Strafprozesses zum gemeinen Verbrecher stempelten.

Aus Kurt Rosenfelds Prozeßbericht:[22]
Die Drahtzieher im Hintergrund waren die beiden Gutachter des Reichswehrministeriums gewesen. Sie hatten nur ein leichtes Lächeln aufgesetzt, als ich dem Gericht mein Erstaunen darüber zum Ausdruck brachte, daß schon ihr mündlicher Bericht als Beweismittel für bestimmte Anklagepunkte zugelassen und akzeptiert worden war.

Das Urteil lautete auf je 1 Jahr 6 Monate Gefängnis gegen Ossietzky und Kreiser (wegen Verbrechens nach § 1, Absatz 2 des Gesetzes gegen Verrat militärischer Geheimnisse vom 3. Juni 1914).

Die ›Vossische Zeitung‹ vom 23. 11. 1931 berichtete:
... Lediglich die Verkündung dieses Urteils war öffentlich. Wie die ganze vorhergehende Verhandlung, so wurde auch für die Verkündung der Urteilsbegründung sofort die Öffentlichkeit ausgeschlossen. Der Vorsitzende des IV. Strafsenats, Reichsgerichtsrat Dr. Alexander Baumgarten, erklärte, die tatsächliche und rechtliche Würdigung des inkriminierten Artikels durch den Gerichtshof könne nicht geschehen, ohne daß die in Frage kommenden geheimen Nachrichten erwähnt und genauer beleuchtet würden. Damit wäre die Möglichkeit einer Gefährdung der öffentlichen Sicherheit gegeben. Den Sachverständigen des Reichswehrministeriums wurde gestattet, im Saale zu bleiben.
Dies Urteil entzieht sich zunächst der öffentlichen Nachprüfung. Wer der Verhandlung nicht beigewohnt hat, ist außerstande, es zu würdigen. Gerade darin liegt die Gefahr. Im Inland wie im Ausland. Im Ausland ist man geneigt, daraus zu schließen, es müsse sich um ungewöhnlich bedeutungsschwere Dinge handeln, die da unter dem Schleier des Geheimnisses verborgen gehalten werden. Das wird dann zur Aufreizung der öffentlichen Meinung gegen Deutschland ausgenutzt. Und im Inland? Wer kann den Argwohn beseitigen, es sollte durch schwere Strafen eine abschreckende Wirkung auch gegen sachgemäße, aber eben unliebsame Kritik ausgeübt werden? ...

Die ›Frankfurter Zeitung‹ (Reichsausgabe) vom 24. 11. 1931 schrieb unter der Überschrift »Etatskritik oder Landesverrat?«:
Die ... geradezu beängstigende Perspektive ist die, daß hinter der formalen Fassade der Landesverratsprozesse seit Jahren eine mächtige Bürokratie, mit dem Reichswehrministerium an der Spitze, um ihre Allmacht und gegen jede Kontrolle kämpft. Was hat sich in 13 Jahren Republik z. B. im Gebiete des Reichswehretats nicht alles an sinnlosen — für die Landesverteidigung sinnlosen! — und gefährlichen »Liebhabereien« abgespielt? ... Aber es genügt dabei der kleine Trick, solche Fehler geheimzuhalten, um ihre Kritik und damit ihre Beseitigung mit der Landesverratsdrohung unmöglich zu machen oder unendlich zu erschweren. Etwas bitter gesagt: *Wir haben zwar eine Demokratie, aber wer von ihren Grundsätzen auch gegenüber militärischen Instanzen und solchen, die es sein möchten, Gebrauch macht, wird mit Gefängnis und — was schlimmer ist — mit dem Odium des Landesverräters bestraft.*
Die ›B. Z. am Mittag‹ vom 24. 11. 1931 brachte unter der Überschrift »Sturm gegen das Weltbühne-Urteil« zunächst eine Stellungnahme von Reichstagspräsident Paul Löbe:
Ich habe selten ein Urteil als einen solchen Fehlschlag nicht nur in juristischer, sondern auch in politischer Beziehung empfunden als dieses... Meiner Kenntnis nach ist auch nichts geschrieben worden, was dem Ausland verborgen sein konnte oder nützen konnte, so daß mir das Urteil vollkommen unverständlich erscheint.
Sodann folgte ein eigener Kommentar der Redaktion:
... Das Landesverratsurteil ist nicht mehr ein Fall Ossietzky-Kreiser, es ist zu einem Fall Reichsgericht, zu einem Fall deutscher Politik geworden. Schon vor Jahren ist in maßgebenden Kreisen behauptet worden, daß die Landesverratsparagraphen des Strafgesetzbuches als politische Waffe benutzt würden ...
Diese Rechtsprechung des Reichsgerichts wegen literarischen Landesverrats ist nur möglich gewesen infolge völlig verfehlter Rechtsansichten über den Begriff des Landesverrats. Außerdem herrscht in bestimmten Kreisen die unausgesprochene Tendenz: *Man geht nicht gegen gerügte Mißstände vor, sondern gegen diejenigen, die sie in der Presse gerügt haben.*
Ganz unergiebig ist eine Durchsicht der konservativen, ›vaterländischen‹ Blätter. Die meisten bringen eine kurze, kommentarlose Meldung an unauffälliger Stelle. So teilt z. B. die ›Kreuz-Zeitung‹ vom 23. 11. 1931 unter der bezeichnenden Überschrift »Gefängnis für Landesverräter« nur den Urteilstenor und den Beschluß über den Ausschluß der Öffentlichkeit im Beiblatt mit. Und das waren die Zeitungen, die in Richterkreisen fast ausschließlich gelesen wurden! Daß es wieder einmal »Gefängnis für Landesverräter« gegeben hatte, lohnte doch kaum des Nachdenkens, denn es barg doch weder ein politisches noch ein rechtliches Problem; und daß die Linkspresse (was schon damals für konservative Gemüter unterbewußte Assoziationen zu den Kommu-

nisten einschloß) ein ›großes Geschrei‹ machte, paßte durchaus in ein politisches Weltbild, in dem alle Gefahr von links zu kommen schien. Den Lesern der sogenannten nationalen Blätter entging auch das ungeheure Aufsehen, das dieses Urteil des Reichsgerichts in der Weltpresse erregte. Kurt R. Grossmann berichtet darüber:[23]
Der Londoner »Times« schienen Verfahren und Urteil das Schwinden der politischen Meinungsfreiheit in Deutschland zu beweisen. »Manchester Guardian«, »The New York Times«, »New Republic«, »L'Echo de Paris«, »Monde«, »Le Temps«, und viele andere englische, französische, holländische, schweizerische, österreichische und tschechoslowakische Blätter kritisierten das Urteil.

Das ist um so beachtlicher, als die angeblich landesverräterische Enthüllung in der ›Weltbühne‹ keinerlei Pressereaktion ausgelöst hatte. Die Weltöffentlichkeit war auf den Artikel und seine Hintergründe überhaupt erst durch das Landesverratsverfahren aufmerksam geworden.

Carl von Ossietzky durfte in einer von der Deutschen Liga für Menschenrechte für den 27. 11. 1931 einberufenen Protestkundgebung auf Veranlassung des Polizeipräsidenten Grzesinski — der von Reichswehrminister Groener ersucht worden war, die Veranstaltung überhaupt zu verbieten — nicht das Wort nehmen. Er schrieb im ›8-Uhr-Abendblatt‹ unter der Überschrift »Ich — ein Landesverräter«, er würde keinen Tintenspritzer an einen Widerspruch gegen das Fehlurteil verschwenden, wenn es die erste Kraftanstrengung des Dritten Reiches darstellen würde.

Noch leben wir aber in der demokratischen Republik, auf deren Grundsätze ich schwöre und die ich vom Tage ihrer Geburt an verteidigt habe. Noch leben wir im Zustand verbürgter Meinungsfreiheit, noch immer in einem Staat, in dem das Militär den zivilen Behörden unterworfen ist. Deshalb werde ich weiter dafür einstehen, daß der Geist der deutschen Republik nicht durch eine mißverstandene Staatsraison verfälscht wird.[24]

Thomas Mann schrieb am 10. Januar 1932 an Ossietzkys Anwalt Dr. Apfel:[25]

... Der Fall Ossietzky ist auch mir sehr nahegegangen, und ich habe geradezu auf eine schickliche Gelegenheit gewartet, dem tief unheimlichen Gefühl Ausdruck zu geben, das das Urteil des Vierten Strafsenats des Reichsgerichts in mir erweckt hat... Es ist eine furchtbare und demütigende Vorstellung, in einem Lande zu leben, wo über Erscheinungen der Unordnung gewaltsam mit Hilfe der Justiz Stillschweigen gebreitet werden soll, und ich meine, man sollte die Mundtotmachung der öffentlichen Kritik der faschistischen Diktatur vorbehalten, unter der dann, was in einem freien Volke offen ausgesprochen wird, heimlich und feige von Mund zu Mund geht.

An den Reichspräsidenten Paul von Hindenburg gerichtete Gnadengesuche der Anwälte Ossietzkys auf Strafferlaß, später auf Umwandlung der Gefängnisstrafe in Festungshaft wurden auf

Empfehlung des Reichsjustizministers abschlägig beschieden. Indessen ließ man Ossietzky seinen Paß, wohl in der Hoffnung, daß er, wie mancher, der das Unheil des Dritten Reiches herannahen sah, sein Vaterland verlassen würde. Kreiser hatte es vorgezogen, nach Paris zu fliehen. Ossietzky aber stellte sich zum Strafantritt, weil er, wie er in der ›Weltbühne‹ schrieb, den »namenlosen proletarischen Opfern des Vierten Strafsenats« eine lebendige Demonstration schulde.²⁶ Ossietzky lehnte es auch nach seiner Haftentlassung ab, sich dem, was kommen mußte, durch die Flucht ins Ausland zu entziehen. Erich Kästner, dessen Bücher am 10. Mai 1933 zusammen mit den Schriften Ossietzkys von deutschen Studenten öffentlich verbrannt werden sollten, erinnert sich:²⁶ᵃ

Als wir Carl von Ossietzky baten, bei Nacht und Nebel über die Grenze zu gehen — es war alles vorbereitet —, sagte er nach kurzem Nachdenken: »Es ist für sie unbequemer, wenn ich bleibe«, und er blieb.

Am Morgen des 28. Februar 1933 — in der Nacht hatte der Reichstag gebrannt — wurde er verhaftet. Als dem in der zivilisierten Welt unvergessenen KZ-Häftling Carl von Ossietzky 1936 der Friedensnobelpreis verliehen wurde, äußerte sich die Gestapo in einem an Göring gerichteten Schreiben vom 22. 5. 1936 über die Frage seiner weiteren Behandlung und gab dabei einen Rückblick über seinen politischen Werdegang, dessen Wertungen wie eine folgerichtige Fortbildung jener ›vaterländischen‹ Engstirnigkeit erscheinen, die aus dem deutschen Patrioten Carl von Ossietzky einen ›Landesverräter‹ machen konnte:²⁷

Die Gründe für die Schutzhaftverhängung waren folgende:

von Ossietzky gehörte seit 1912 der Deutschen Friedensgesellschaft an. Er hat sich seit Beendigung des Weltkrieges jahrelang als Schriftsteller in den verschiedensten Zeitungen und Zeitschriften als übler Hetzer in zersetzender Weise betätigt. Unter anderem hat er für die marxistischen Zeitungen »Berliner Volkszeitung« und »Montag Morgen« sowie für die Zeitschrift »Das Tagebuch« Leitartikel geschrieben.

Ferner war er maßgebend an der Organisierung der »Nie-wieder-Krieg«-Bewegung beteiligt, die alljährlich die berüchtigten »Nie-wieder-Krieg«-Demonstrationen Anfang August jeden Jahres veranstaltete. Seit 1926 leitete er als verantwortlicher Redakteur die pazifistische Zeitschrift die »Weltbühne«. Die Mitarbeiter an dieser Zeitschrift stammten ausschließlich aus Kreisen, die sich an *volksfeindlicher Einstellung* und grenzenlosem Haß gegenseitig zu überbieten versuchten, wenn es darum ging, *lebenswichtige Belange des Reiches zu verraten und die Ehre des deutschen Volkes in den Schmutz zu ziehen. Wenn von Ossietzky schon in der Weimarer Republik mit dem Gesetz in Konflikt kam, so reicht das hin, um zu erkennen, wie groß und wie übel die Hetze gewesen sein muß, die dieser Mann getrieben hat...*

In einer von der Deutschen Liga für Menschenrechte einberufenen öffentlichen Versammlung in Leipzig, an der auch Prof. Dr. E. J. Gumbel, Dr. Carl Misch, Helmuth von Gerlach, Otto Lehmann-Rußbüldt, Generalmajor a. D. von Schoenaich, Fritz Küster und Gerhart Seger (alles Personen, gegen die Landesverratsverfahren schwebten oder geschwebt hatten) als Redner teilnahmen und zu der auch die Mitglieder des Reichsgerichts — allerdings ohne Erfolg — eingeladen worden waren, sprach Paul Levi am 7. Dezember 1927 aus:[28]

Die Kommunisten haben viele Dummheiten gemacht. Aber deshalb sind sie nicht einen Augenblick für das Deutsche Reich gefährlich gewesen. Niemals sind sie gefährlich in dem Maße, in dem es wenigstens zu drei Malen rechtsstehende Organisationen gewesen sind. Der Kapp-Putsch 1920 war ein reales Attentat auf die deutsche Republik, die Ermordung Rathenaus 1922 eine schwere Erschütterung der deutschen Republik; und 1923, die Roßbach, die Hitler, die Einwohnerwehren, die waren reale Gefahren für die deutsche Republik.

Und wie konnten sie entstehen und bestehen? Entstehung und Bestand waren nur möglich, weil keiner reden durfte. Der Aufmarsch von Hitler war nur möglich in Bayern, weil jeder ins Zuchthaus kam, der von diesen Organisationen sprach. Und wenn auch die bayerischen Gerichte die Zuchthausstrafen verhängt haben, erfunden wurde diese Judikatur in Leipzig.

Wie war es möglich, daß ein Rathenau gekillt werden konnte von einer unbekannten illegalen Organisation? Weil jeder, der auch nur einen Tag vor der Ermordung geredet hätte, vom Reichsgericht ins Zuchthaus geschickt worden wäre, weil er ein vaterländisches Geheimnis preisgegeben habe.

Wir haben die Schande erlebt, daß Dutzende von Menschen von Femegerichten meuchlings ermordet, erschossen, zu Tode gequält worden sind. Auch das war nur möglich, weil es in Deutschland ein Gericht gab, das zwar nicht vor Fememorden, aber die Fememordorganisationen selbst schützte durch den Landesverratsparagraphen: das Gericht, das wir heute an einem leeren Tisch nicht versammelt sehen. Wie kann es recht sein, daß mit der Waffe des Rechtes geschützt werde, was unrecht ist...

DER FALL BULLERJAHN

Auch der Prozeß gegen Walter Bullerjahn gehört zu der Serie von Landesverratsverfahren, deren politische Funktion darin bestand, die geheime Rüstung der Reichswehr abzusichern. Seine besondere justizgeschichtliche Bedeutung beruht jedoch darauf, daß in diesem Prozeß ein nur in der politischen Justiz übliches Beweismittel, der geheime Zeuge, gründlich diskreditiert worden ist. Leider ist die Lehre, die man aus diesem Fall hätte ziehen

müssen, bald wieder in Vergessenheit geraten. Der geheime Zeuge ist bis zum heutigen Tag eine ständige Einrichtung des politischen Strafprozesses in Deutschland geblieben.
Am 11. Dezember 1925 wurde der Oberlagerverwalter Walter Bullerjahn vom 4. Strafsenat des Reichsgerichts wegen Landesverrats zu 15 Jahren Zuchthaus und zum Verlust der bürgerlichen Ehrenrechte auf die Dauer von 10 Jahren verurteilt. Auf die erkannte Strafe wurden 9 Monate der erlittenen Untersuchungshaft, die am 10. 2. 1925 begonnen hatte, angerechnet. Bullerjahn sollte — nach den Feststellungen des Urteils — ein Waffenlager an die IMKK (Interalliierte Militärkontrollkommission) verraten haben, das bei Kontrollen in den Berlin-Karlsruher Industriewerken entdeckt worden war. Der ›Berliner Lokalanzeiger‹ vom 12. Dezember 1925 meldete das Ereignis unter der Überschrift »Vaterlandsverrat um Judaslohn«.[29]
Den Beteiligten war, wie üblich, ein Schweigegebot auferlegt worden, dem man im Hinblick auf die öffentliche Verkündung und Begründung des Urteils und in Kenntnis des Sachverhalts keine andere Bedeutung zumessen kann als die, eine höchst anfechtbare Verfahrenspraxis des Reichsgerichts öffentlicher Kritik zu entziehen. Das Reichsgericht hatte nämlich den wichtigsten Belastungszeugen nicht persönlich gehört, sondern sich mit den Bekundungen der Untersuchungsrichter und des Kriminalkommissars über den Inhalt seiner Aussage begnügt. Dem zähen Kampf seiner Anwälte hatte Bullerjahn es zu verdanken, daß ihn das Reichsgericht schließlich im Wiederaufnahmeverfahren freisprechen mußte, ein in der Geschichte des Reichsgerichts einmaliger Fall. Aber bis dahin hatte Bullerjahn über 6 Jahre seines Lebens (1925—1931) unschuldig im Zuchthaus verbracht.
Die Öffentlichkeit erfuhr von der Problematik dieses Falles zuerst durch eine Reichstagsrede des SPD-Abgeordneten Dr. Paul Levi. Am 16. Februar 1926 nannte er ihn im Reichstag den »schwärzesten Fall von aller Landesverratsjudikatur in diesem Jahre«. Paul Levi war auf Anraten Kurt R. Grossmanns, an den sich der Verteidiger Bullerjahns, der Berliner Rechtsanwalt Dr. Ernst Emil Schweitzer, gewandt hatte, zum Mitverteidiger bestellt worden, da er als Reichstagsabgeordneter die Möglichkeit hatte, unter strafloser Durchbrechung des Schweigegebots des Reichsgerichts die Öffentlichkeit auf das Fehlurteil aufmerksam zu machen. Paul Levi, der sich im Zeitpunkt seiner Reichstagsrede noch nicht von der Unschuld Bullerjahns überzeugt hatte, distanzierte sich zunächst von dessen angeblicher Tat und fuhr dann fort:[30]
Der Fall Bullerjahn stützt sich auf elf Indizien, die ich nicht im einzelnen vortragen will. Und dann fährt das Reichsgericht über das zwölfte folgendermaßen fort:
Es kommt noch eine Beweistatsache hinzu, der in Verbindung mit

den bereits hervorgehobenen Beweisgründen große Bedeutung beigemessen werden darf. Es ist dies die Aussage einer ungenannten Vertrauensperson.
Nach feststehender Rechtsprechung des Reichsgerichts verstößt die Vernehmung von Zeugen über Mitteilungen anderer nicht gegen § 250 ...
Dann fährt dieses Urteil folgendermaßen fort:
Die ungenannte Vertrauensperson ist nach den eidlichen Bekundungen der Zeugen Krüger und Geyer, der beiden Untersuchungsrichter, sowie des Kriminalkommissars Göpner in Ansehung ihrer Glaubwürdigkeit und persönlichen Unbeteiligtheit über jeden Zweifel erhaben und hat folgende Angaben den drei Zeugen gegenüber gemacht:
Bullerjahn erschien wenige Tage vor Weihnachten bei der englischen Abteilung der I.M.K.K.* und erklärte ... usw. Die englischen Mitglieder der Kommission hatten bereits Reisevorbereitungen für den bevorstehenden Weihnachtsurlaub getroffen und wollten auch sonst mit der Sache nicht befaßt sein, und so lehnte man Bullerjahn kurz ab und verwies ihn an die französische Abteilung. Der Angeklagte verhandelte dort mit dem Leutnant Jost und erhielt als Bezahlung für seinen Verrat etwa 1200 bis 1400 Mark. Als er gemerkt hatte, daß der Verdacht der Täterschaft auf ihn gefallen wäre, schrieb er an die englische Abteilung der I.M.K.K. einen Brief, worin er flehentlich bat, ihn nicht zu verraten, da er sonst 15 Jahre Zuchthaus zu gewärtigen habe.
Und nun kommt das für mich Entscheidende – der Angeklagte leugnet –:
Den drei Zeugen, welche den fraglichen Vertrauensmann vernommen haben, ist von ihrer vorgesetzten Dienstbehörde ausdrücklich verboten worden, bei ihrer zeugenschaftlichen Vernehmung vor dem erkennenden Senat über den Namen und die Persönlichkeit überhaupt nähere Angaben zu machen. (Hört! Hört! bei den Sozialdemokraten und Kommunisten.)
Der Angeklagte erfuhr also gar nicht, wer ihn da mit ganz konkreten Angaben des Verrats beschuldigte, er konnte ihm keine Fragen stellen, keine Nachforschungen über seine Glaubwürdigkeit anstellen, jede Verteidigung gegenüber dem ›Mann mit der schwarzen Maske‹ wurde abgeschnitten durch die Versicherung der Vernehmungsbeamten, daß an seiner Glaubwürdigkeit und Unbeteiligtheit kein Zweifel bestehe. Und das Reichsgericht war offenbar der Gefahr erlegen, nicht nur die Tatsache, *daß* der Unbekannte bestimmte Äußerungen getan hat, sondern auch *was* der Unbekannte gesagt hatte, als erwiesen anzusehen. Der vom Reichsgericht schon früher vereinzelt vertretene Grundsatz, daß der *Inhalt der Mitteilung* des Dritten selbst durch das Zeugnis vom Hörensagen bewiesen werde (RGSt 48, 246), erwies sich

* Interalliierte Militär-Kontrollkommission, deren Aufgabe die Überwachung der nach dem Versailler Friedensvertrag vorgeschriebenen Abrüstung war.

im Fall Bullerjahn als eine verhängnisvolle Durchbrechung rechtsstaatlicher Verfahrensprinzipien. Gegen dieses *Verfahren*, gegen die Verwertung der Äußerungen eines bei der Schuldfeststellung geheimen ›Zeugen‹ richtete sich Levis Kritik.
Mit Paul Levis Reichstagsrede war der Bann des Schweigegebots gebrochen. Rechtsanwalt Dr. Schweitzer konnte nun in der ›Justiz‹ schreiben:[31]
Der Hauptbelastungszeuge ist systematisch durch Eingriff der Verwaltungsbehörde der Verhandlung vor dem Reichsgericht ferngehalten worden. Man hat weder mir noch dem Angeklagten noch den Richtern des Reichsgerichts die Möglichkeit gegeben, auch nur den Namen dieses Hauptbelastungszeugen in Erfahrung zu bringen... Daß diese Vertrauensperson wissentlich die Unwahrheit gesagt hat, kann ich jederzeit nachweisen... Wie ist es mit dem Wesen eines Rechtsstaates und wie mit den elementaren Regeln unseres Strafprozeßrechts vereinbar, daß man die Persönlichkeit dieses unbekannten Zeugen systematisch der Nachprüfung des Verteidigers und auch des Gerichts entzieht, daß man diesem Menschen gestattete, vor dem höchsten deutschen Gericht, vor dem noch dazu die Öffentlichkeit ausgeschlossen war, fern zu bleiben und durch das Medium eines Kriminalbeamten einen bisher unbescholtenen Mann ins Zuchthaus zu bringen. Hierbei muß hervorgehoben werden, daß die Vertrauensperson die fraglichen Tatsachen gar nicht aus eigenem Wissen bekundet hat, sondern nur bekundet hat, was ihr angeblich andere Leute, von deren Glaubwürdigkeit niemand etwas weiß, gesagt haben. Bullerjahn ist also auf Hörensagen vom Hörensagen zu 15 Jahren Zuchthaus verurteilt worden.
Zu den zahlreichen Angriffen der Presse gegen das Reichsgerichtsurteil äußerte sich der Reichsgerichtsrat Dr. Hüfner* in der ›Leipziger Zeitschrift für Deutsches Recht‹ vom 1. Juli 1929 — also zu einer Zeit, als Bullerjahn schon über 4 Jahre hinter Kerkermauern lebte — in einer so unsachlichen und überheblichen Form, daß Prof. Dr. Wolfgang Mittermaier in der ›Justiz‹ schrieb:[32] »Ich möchte dringend wünschen, daß der Artikel des Herrn Hüfner möglichst bald vergessen ist.« Aber gerade dieser Artikel macht — besser als irgendeine Kritik es vermöchte — die Atmosphäre, die demokratisch gesinnten Angeklagten und Verteidigern beim Reichsgericht entgegenschlug, so anschaulich, daß wir ihn der Vergessenheit entreißen wollen.
Vor zehn Jahren war das deutsche Volk »von dem Willen beseelt«, sein Reich in Freiheit und Gerechtigkeit zu erneuern »und zu befestigen«.
So schreibt dieser von der Republik im höchsten Richteramt bestätigte und besoldete Mann unter spöttischer Anspielung auf die Präambel der Weimarer Verfassung und schildert sodann, »wie

---

* Er rühmt sich, der Berichterstatter und Verfasser der Urteilsgründe sowohl in der Sache Bullerjahn wie in der Sache Küster/Jacob gewesen zu sein.

eine öffentliche ›Aktion‹ zugunsten dieser Gerechtigkeit im deutschen Volk inszeniert« worden sei. Ihr Initiator, Paul Levi, wird von ihm ironisch als »Autorität auf dem Gebiete der Landesverratsprozesse«, als »Leuchte der Landesverratswissenschaft« und als »der weise Verteidiger der Gerechtigkeit« apostrophiert und (zu Unrecht) beschuldigt, der Öffentlichkeit verschwiegen zu haben, daß das Urteil gar nicht auf der Aussage des unbekannten Zeugen beruhe, sondern schon von den anderen Indizien getragen werde. Tatsächlich schließt sich im Urteil an die Feststellung der elf »einwandfreien« Indizien folgender Satz an:
Alle angeführten Tatsachen und angestellten Erwägungen würden, unter sich und miteinander zusammengehalten, schon ausreichen, um den Schuldbeweis als erbracht ansehen zu können.
Dazu meinte Mittermaier in einem Aufsatz vom Januar 1931, kein Richter könne sagen, daß ihn ein bestimmtes Indiz nicht beeinflußt habe.[33]
Nun wieder Reichsgerichtsrat Dr. Hüfner:
Das Tagebuch bringt die Mitteilung, der französische Leutnant Jost wolle beeiden, daß die Waffenlager nicht von Bullerjahn, sondern von anderer Seite verraten worden seien und daß er — der Franzose — den Bullerjahn weder in den Büros der Kontrollkommission noch in seiner Privatwohnung jemals gesehen habe.
Das seinerseits nur durch Indizien begründete Indiz, Bullerjahn sei in der Wohnung des Leutnants Jost gewesen, um sich seinen Verräterlohn abzuholen, spielte eine wichtige Rolle bei der Beweisführung des Urteils.
Sollte diese Bornsteinsche Behauptung zutreffen, so wäre es ungemein menschenfreundlich von dem Herrn Leutnant Jost — vielleicht gehört er sogar der Liga für Menschenrechte an —, wenn er dem »edlen, unglücklichen Helden« Bullerjahn heraushelfen möchte. Allein Jost kommt als Teilnehmer an dessen Straftat in Betracht und ist deshalb kein Zeuge im Rechtssinne. Es muß der zukünftigen, von Josef Bornstein und seinen Anhängern beeinflußten Gesetzgebung der deutschen Republik vorbehalten bleiben, auszusprechen, daß in diesem, dem »normalen« Empfinden des Josef Bornstein entsprechenden Zukunftsrechte die Norm, wonach der »Komplice« des Landesverräters diesen herausschwören kann, unzweideutig niedergelegt wird. Dermalen gilt leider noch der Rechtssatz, daß der Teilnehmer ein untauglicher Zeuge ist. Diese dem »normalen Rechtsempfinden« des Josef Bornstein zuwiderlaufende Bestimmung ist schon Jahrtausende alt. Nullus idoneus testis in re sua intelligitur — I 10 D 22, 5 de testibus. Die Herren Oskar Cohn und Paul Levi, die die Strafakten monatelang eingesehen haben, werden dem Herrn Josef Bornstein auf Wunsch gerne darüber Auskunft geben, warum der Antrag der Verteidigung, den Leutnant Jost als Zeugen zu vernehmen, abgelehnt worden ist.
Der »untaugliche Zeuge« gehörte zum eisernen Bestand der politischen Justiz gegen links; Herr Hüfner führt ihn in Ermange-

lung einer entsprechenden Bestimmung des geltenden Rechts auf einen Jahrtausende alten Rechtssatz zurück, den er überdies noch durchaus willkürlich interpretiert. Aber woher wußte das Reichsgericht denn überhaupt, daß Jost als Teilnehmer an der angeblichen Tat des Bullerjahn in Betracht kam, bevor es ihn als Zeugen gehört hatte? Hier ist die Vorwegnahme der Beweiswürdigung ganz offensichtlich, denn Jost bestritt ja gerade — nach der Behauptung des Beweisantrages —, daß Bullerjahn überhaupt der Verräter sei. Die Annahme des Reichsgerichts, daß der Angeklagte mit Jost verhandelt und von diesem 1200-1400 Mark für den Verrat bekommen habe, beruhte ausschließlich — auf der Aussage jenes geheimnisvollen unbekannten Zeugen!!

Was es mit diesem geheimen Zeugen auf sich hatte, offenbarte das Wiederaufnahmegesuch des Rechtsanwalts Dr. Oskar Cohn:*
Der unbekannte Zeuge ist der inzwischen allseitig bekannte frühere Generaldirektor der Berlin-Karlsruher Industriewerke, Herr Paul v. Gontard. Er selbst erklärte in einer Tageszeitung am 13. September 1928 über seine oben wiedergegebene Aussage folgendes:
»Die Ermittlungen in der Angelegenheit Bullerjahn wurden von dem zuständigen Herrn der betreffenden Abteilung der Berlin-Karlsruher Industriewerke gemacht. Ich selbst habe mich hiermit nicht befaßt.
Bei meiner Vernehmung gab ich ausschließlich mir von den Mitgliedern der interalliierten Militärkommission persönlich, und zwar streng vertraulich gemachte Mitteilungen weiter. Bekundungen aus eigener Wahrnehmung konnte ich gar nicht machen...«[34]
Über die Persönlichkeit des Herrn v. Gontard, die »nach den eidlichen Bekundungen der Zeugen Krüger und Geyer, der beiden Untersuchungsrichter, sowie des Kriminalkommissars Göpner in Ansehung ihrer Glaubwürdigkeit und persönlichen Unbeteiligtheit über jeden Zweifel erhaben« sein sollte, hatte die Verteidigung folgendes in Erfahrung gebracht:[35]
Es wird dem Zeugen Paul v. Gontard vorgeworfen, daß er im Jahr 1907 dem Pariser Vertreter der Deutschen Waffenwerke, deren Generaldirektor er war, zur Erlangung eines Auftrages vom preußischen Kriegsministerium einen Brief schrieb, in dem er die Aufnahme eines Artikels in einer der gelesensten französischen Zeitungen, »möglichst im ›Figaro‹«, bat durchzusetzen, der den Inhalt haben sollte, daß sich die französische Heeresleitung entschlossen habe, die Neubewaffnung der Armee mit Maschinengewehren erheblich zu beschleunigen und eine doppelte Anzahl, wie zuerst beabsichtigt, zu bestellen. Die Angelegenheit wurde im Deutschen Reichstag schon 1910 und 1913 behandelt, die Echtheit des Briefes vom Kriegsminister Freiherr v. Heeringen bestätigt.

---

* Dr. Oskar Cohn, 1912–1918 Mitglied des Reichstags (SPD), 1918–1920 Mitglied der Nationalversammlung (USPD), 1921 Mitglied des Preußischen Landtags, 1921–1924 Mitglied des Reichstags, emigrierte 1933 nach Rußland (Hammer: Hohes Haus in Henkers Hand, S. 34).

War einem Mann, der mit solchen skrupellosen Methoden für
die Prosperität seines Unternehmens wirkt, nicht zuzutrauen, daß
er auch einen unschuldigen Lagerverwalter, der aus anderem Anlaß mit der Werkleitung Streit gehabt hatte, zu Unrecht des Landesverrats beschuldigen könnte? Überdies wurde bekannt, »daß
die Industriewerke nur dann auf eine Entschädigung für das beschlagnahmte Lager von Maschinengewehrrohlingen und anderem Waffenmaterial von seiten des Reiches rechnen konnten,
wenn der Nachweis gelang, daß es durch Verrat entdeckt worden
war«.[36] Auch für das Ausscheiden v. Gontards aus der Gesellschaft ergab die Aussage des Aufsichtsratsvorsitzenden eine sensationelle Erklärung: man stellte Widersprüche in den von ihm
erstatteten Berichten fest, die auf ein »krankhaftes Verhalten«
hindeuteten. Mit anderen Worten: der geheime Kronzeuge des
Reichsgerichts entpuppte sich als ein krankhafter Lügner, der im
übrigen keineswegs »unbeteiligt«, sondern als Generaldirektor
des durch Verrat geschädigten Werkes in hohem Maße an der
Verurteilung Bullerjahns interessiert war.
Am 19. Mai 1931 – das Urteil war inzwischen auch von angesehenen Rechtslehrern (Kohlrausch, Goldschmidt, Mittermaier,
Radbruch, Kahl) öffentlich angegriffen worden — beschloß das
Reichsgericht die Zulassung des Wiederaufnahmeverfahrens und
die Vernehmung des Zeugen v. Gontard. Nach der Vernehmung
v. Gontards wurde auch die vorläufige Haftentlassung Bullerjahns angeordnet, der eine Haftzeit von insgesamt 6 Jahren und
4 Monaten hinter sich hatte.
Über den zweiten Bullerjahn-Prozeß, der am 3. November 1932
in Leipzig begann und in dem die Verteidigung von Rechtsanwalt Dr. Kurt Rosenfeld und Professor Dr. Hugo Sinzheimer geführt wurde, berichtet Kurt R. Grossmann, der dem Bruch des
Beratungsgeheimnisses durch einen der Richter nähere Informationen verdankt:[37]
Der Reichsanwalt klammerte sich zwar immer noch an fünf von den
zwölf ursprünglichen Indizien, und im Beratungszimmer des Gerichts
kam es, wie wir später hörten, zu lebhaften Auseinandersetzungen.
Reichsgerichtsrat Coenders sei aus Gründen der Staatsräson für die
Wiederverurteilung Bullerjahns gewesen — das Reichsgericht könne
keinen Justizirrtum zugeben. Reichsgerichtsrat Klimmer hingegen habe
diese Auffassung bekämpft, die in der Rechtsprechung keinen Platz
haben dürfe. Während der Beratung soll ein hoher Offizier den Vorsitzenden des Gerichts — Senatspräsident Bünger, derselbe, der ein
Jahr später den Reichstagsbrandprozeß leitete — erfolglos um eine Unterredung gebeten haben. Schließlich habe der Präsident den Kompromiß angeregt, Bullerjahn »mangels Beweises« freizusprechen.

Kurt Rosenfeld kommentierte den Freispruch in der ›Weltbühne‹[38]:
Ganz allgemein ergibt sich aus dem Prozeß Bullerjahn für jedes Straf-

verfahren die Lehre, daß die Öffentlichkeit, eine der wichtigsten Rechtsgarantien der Angeklagten, nicht ohne ganz zwingende Gründe ausgeschlossen werden sollte. Der jetzt durchgeführte Prozeß konnte sich fast vollständig im Lichte der Öffentlichkeit und damit unter der heilsamen Kontrolle des Volkes und seiner Presse abspielen. So hätte auch der erste Prozeß geführt werden können. Dann wäre es sicherlich nicht zur Verurteilung des Angeklagten gekommen, da die Geheimhaltung eines Zeugen und die Verwendung seiner Aussage, ohne daß er vor Gericht erschien, nur durch die hermetische Ausschließung der Öffentlichkeit möglich war.

Ernst Fraenkel, damals Anwalt in Berlin, schrieb in der ›Justiz‹:[39]

Der Fall Bullerjahn hat die Öffentlichkeit seit einer Reihe von Jahren beschäftigt, allerdings nicht mit der Intensität, mit der man in anderen Ländern den Kampf um das Recht zu führen gewohnt ist... Es gab nicht wenige Skeptiker, die auch nach dem Beschluß des Reichsgerichts, die Wiederaufnahme des Verfahrens zuzulassen, daran zweifelten, ob das Reichsgericht eine einmal gefällte Entscheidung einer Korrektur unterziehen werde. Wir glauben, daß der höchste Gerichtshof durch die Revidierung seines ersten Urteils seine Autorität nicht geschwächt, sondern gerade im Gegenteil Ansätze zu erhöhtem Vertrauen dort begründet hat, wo bisher völliges Mißtrauen herrschte.

Der Reichsgerichtsrat Dr. Hüfner, dessen Autoritätsdenken sich nicht mit der Tatsache abfinden konnte, daß demokratisch gesinnte Staatsbürger eine Aktion gegen den Unfehlbarkeitsanspruch des Reichsgerichts im Fall Bullerjahn zu unternehmen wagten, hatte seinen Kommentar schon in jenem polemischen Haßgesang in der ›Leipziger Zeitschrift‹ vorweggenommen:

Eines schönen Tages wird der schuldige (Sperrungen im Original! d. Verf.) Walter Bullerjahn in einen unschuldigen Blutzeugen der Justiz sich verwandeln.

Max Hirschberg hatte im Oktober 1925 in der ›Justiz‹ geschrieben:[40]

Wenn nun viele Juristen ganz ehrlich glauben, nicht die vielen Fehlurteile, besonders in politischen Prozessen, sondern die öffentliche Kritik hieran untergrabe das Ansehen der Rechtspflege, so ist das nichts weiter als ein Ausläufer jener Auffassung von Autorität, die die Wilhelminische Aera beherrschte. Damals war Opposition gleichbedeutend mit Staatsfeindschaft... Heute sollte man aber verstanden haben, daß eine Autorität, die der öffentlichen Kritik nicht standzuhalten vermag, nur hohl und formal sein kann. Auch in diesem Sinne ist die Kritik an der Rechtspflege nicht staatszerstörend, sondern — wie der Kampf um die Gerechtigkeit überhaupt — im höchsten Sinne *staatserhaltend*.

Der Jorns-Prozeß

Kurt Tucholsky*, selbst Doktor der Jurisprudenz, schrieb über den deutschen Richterstand (und die ihm gesinnungsverwandte Reichswehr):
Die Gruppe wählt sich hinzu, wer sich dem Gruppengeist anpaßt — immer adäquate, niemals heterogene Elemente. Das fängt bei der Justizprüfungskommission an, und mit dem feinen Siebe der Personalreferenten gehts weiter. Das Resultat ist dieser Richterstand.[1]
Als diese Sätze 1929 im Druck erschienen, begann in Berlin ein Prozeß, bei dem es vordergründig um die Ehre eines Reichsanwalts, in Wahrheit aber um die Frage ging, ob deutsche Richter bereit waren, einen Mann als ihresgleichen, als des Juristenstandes würdig, anzuerkennen, einen Mann, der Mördern Vorschub geleistet hatte.
Der Spezialist für Landesverratssachen, Reichsanwalt Jorns — er hatte auch die Anklage gegen Küster und Jacob vertreten —, war ein Mann mit ›Vergangenheit‹. Jorns hatte als Kriegsgerichtsrat die Untersuchung gegen die Mörder Rosa Luxemburgs und Karl Liebknechts geführt. Die beiden bekannten Kommunistenführer waren am 15. Januar 1919 in Berlin verhaftet und in das Eden-Hotel gebracht worden. Dort lag der Stab der Gardekavallerie-Schützendivision, dessen erstem Stabsoffizier, Hauptmann Pabst, die Gefangenen vorgeführt wurden. Am späten Abend wurde zunächst Liebknecht von mehreren Offizieren unter Führung des Kapitänleutnants von Pflugk-Hartung in einem Kraftwagen abtransportiert. Schon beim Verlassen des Hotels erhielt er von dem Soldaten Runge einen Gewehrkolbenschlag auf den Kopf. Im Tiergarten wurde Liebknecht unter Vortäuschung einer Motorpanne zum Aussteigen veranlaßt und erschossen. Die Leiche wurde an einer dem Eden-Hotel gegenüberliegenden Rettungswache als die eines »unbekannten Mannes« abgeliefert. Kurze Zeit später ging der zweite Transport mit Frau Luxemburg unter Führung des Oberleutnants Vogel ab. Auch sie wurde beim Verlassen des Eden-Hotels von dem Soldaten Runge mit einem Gewehrkolben auf den Schädel geschlagen. Vogel schoß der Bewußtlosen

---

* Kurt Tucholsky (1890–1935) war wohl der treffsicherste und schärfste Kritiker der deutschen Justiz. Besonders lesenswert und im wesentlichen leider immer noch aktuell: »Deutsche Richter« in ›Deutschland, Deutschland über alles‹ (Berlin 1929; Neuausgabe: Reinbek 1964) S. 156 ff. — Tucholsky siedelte 1929 nach Schweden über, wo er 1935 freiwillig aus dem Leben schied.

im Auto eine Kugel durch die Schläfen und ließ den Körper an der Cornelius-Brücke in den Landwehrkanal werfen. Die Gardekavallerie-Schützendivision verbreitete eine frei erfundene Geschichte, nach der Liebknecht »auf der Flucht erschossen« und Rosa Luxemburg durch eine erregte Volksmenge entführt worden sei.
Dank der damals noch bestehenden Militärgerichtsbarkeit stellte die Gardekavallerie-Schützendivision selbst die Richter des kriegsgerichtlichen Verfahrens, in dem Jorns die Voruntersuchung zu führen und die Anklage zu vertreten hatte. Unter den Beisitzern des Kriegsgerichts befand sich der spätere Abwehrchef Hitlers, der damalige Kapitänleutnant Canaris, der kurz vor Ende des Zweiten Weltkrieges hingerichtet worden ist.
Der Soldat Runge erhielt zwei Jahre Gefängnis und zwei Wochen Haft wegen versuchten Totschlags und anderer Delikte und Oberleutnant Vogel zwei Jahre und vier Monate Gefängnis wegen „Beiseiteschaffung einer Leiche", „vorsätzlich unrichtiger Abstattung einer dienstlichen Meldung" und anderer Delikte.[1a]

Welchen Anteil Jorns an dieser traurigen Justizkomödie gehabt hatte, wurde in vollem Umfang erst bekannt, als die Zeitschrift ›Das Tagebuch‹ am 24. 3. 1928 einen (von Berthold Jacob verfaßten) anonymen Artikel unter dem Titel »Kollege Jorns« veröffentlichte, der einen der interessantesten Prozesse der Weimarer Republik auslöste. Auf der Anklagebank des Schöffengerichts Berlin-Mitte saß der verantwortliche Redakteur der Zeitschrift, Josef Bornstein. In dem unter seiner Verantwortung erschienenen Artikel wurden Jorns schwere Versäumnisse und Pflichtverletzungen bei Führung der Voruntersuchung gegen die Mörder Rosa Luxemburgs und Karl Liebknechts vorgeworfen. Der Artikel endete: »Wie eine solche Erscheinung am obersten deutschen Gericht als Reichsanwalt fungieren kann, ist unerfindlich!«
Reichsanwalt Jorns und Oberreichsanwalt Werner stellten gegen Bornstein Strafantrag. Die Verhandlung vor dem Schöffengericht Berlin-Mitte endete am 27. 4. 1929 mit dem Freispruch Bornsteins.[1a] Das Gericht sah den Wahrheitsbeweis hinsichtlich der allgemeinen Behauptung, Jorns sei als Reichsanwalt ungeeignet, durch den Beweis einer genügenden Zahl von Einzeltatsachen, die diesen Schluß rechtfertigten, als geführt an. Insbesondere hielt das Gericht für erwiesen, daß Jorns den Mördern Vorschub geleistet habe.
Eine der ersten Amtshandlungen des Untersuchungsrichters Jorns war die gewesen, den von seinem Amtsvorgänger festgenommenen Oberleutnant Vogel, der den Mord an Rosa Luxemburg bestritt, »nach mündlicher Besprechung« am 17. Januar auf freien Fuß zu setzen, ohne über den Inhalt dieser Besprechung auch nur eine Aktennotiz aufzunehmen. Am 23. Januar erhielt Jorns ein Schreiben des Rechtsanwalts und früheren Volksbeauf-

tragten Hugo Haase, in dem mitgeteilt wurde, daß am 15. Januar abends kurz vor Mitternacht sechs Soldaten, darunter ein Offizier, aus einem Kraftwagen einen menschlichen Körper mit Frauenhaar zwischen Cornelius- und Lichtensteinbrücke in den Landwehrkanal geworfen hätten. Eine Wache unter dem Kommando des Hauptmanns Weller habe diesen Vorfall beobachtet. Jorns fragte wegen der Mitglieder der Wache bei der Abteilung I A der Division an und erhielt eine Woche später von Hauptmann Pabst, mit dem Jorns Tür an Tür saß, Antwort. Nun — am 30. Januar — wurde Weller vernommen und behauptete wahrheitswidrig, von der Sache nur gerüchtweise gehört zu haben.

Am 2. Februar bekundete der von Jorns vernommene Zeuge Dreger, daß nach der Rückkunft des Kraftwagens einer der Begleiter zu ihm gesagt habe: »Wir sind bis an die Brücke gefahren und da haben wir sie rüberbefördert.« Der Zeuge Schmidt hatte schon am 31. Januar bekundet, daß ihm der Posten am Eden-Hotel etwa eine Viertelstunde nach dem Abtransport der Frau Luxemburg gesagt habe: »Die schwimmt schon längst.« Ähnliches erklärte am 3. Februar eine Zeugin Günther. Auch sonst lagen inzwischen Zeugenaussagen vor, aus denen sich die Unwahrheit der Darstellung des Oberleutnants Vogel ergab, der das Märchen von der Entführung Rosa Luxemburgs durch erregte Zivilisten aufgetischt hatte. Aber Jorns lehnte eine Verhaftung Vogels auch am 5. Februar noch ab. Am 17. und 18. Februar endlich vernahm Jorns die Angehörigen der Wache, die nach Hugo Haases Schreiben den Vorfall am Landwehrkanal beobachtet hatten. Rechtsanwalt Dr. Paul Levi, der Verteidiger Bornsteins, berichtete in seinem Plädoyer darüber:[2]

Am 18. wird Leutnant Röpke vernommen und sagt aus: »Am 15. Januar nachts ist in meiner Gegenwart von Oberleutnant Vogel der Körper einer weiblichen Person — also zweifellos von Frau Luxemburg — in den Kanal geworfen worden.« Der Hauptmann Weller wird vorgerufen, lügt erst und sagt dann die Wahrheit. Dann wird Oberleutnant Vogel vorgerufen. Der gibt jetzt alles zu, was er bisher geleugnet hatte und sagt dann folgendes: »Auf der Weiterfahrt — also nachdem die Leiche ins Wasser geworfen war — habe ich gesagt: ›Kinder, wir müssen nun mal darüber sprechen, wie wir die Sache darstellen, um keinen Schaden anzurichten!‹ Wir haben uns dann geeinigt, den Vorgang so darzustellen, wie wir ihn später zu Protokoll erklärt und wie ich ihn auch sofort beim ersten Generalstabsoffizier Hauptmann Pabst angegeben habe. Ich habe bei der Verabredung keinerlei Druck auf die Leute ausgeübt.«

Meine Herren, das ist wörtlich das, was alle Prozeßordnungen, die zivilen und die militärischen, von einer Verdunkelungsgefahr verlangen, jetzt unter dem Druck der Tatsachen zugestanden von dem einen Mittäter. Und nun, meine Herren, bitte ich Sie, Sie als Berufsrichter und Sie als Laien zu prüfen: Was tut ein Untersuchungsführer in einer

Anklage wegen Mordes, nachdem ein Mitbeschuldigter zugibt, ich habe mich mit meinen Mittätern auf eine falsche Darstellung geeinigt, und der Untersuchungsführer die Vernehmung der Mitbeschuldigten noch einmal für notwendig hält, wie es Herr Jorns getan hat? Was tut er?

Die Zuhörer Levis wußten, was er getan hatte: Vogel wurde noch immer nicht verhaftet. Ihm wurde von Jorns die »Verpflichtung« auferlegt, mit seinen beiden Begleitern Hall und Janschkow, mit denen Vogel sich bereits einmal über die Verdunkelung des Tatbestandes geeinigt hatte, »vor ihrer Vernehmung nicht zu sprechen«.

Am 20. Februar endlich erläßt Jorns einen Haftbefehl gegen Vogel, aber nicht etwa wegen des Verdachts einer Mittäterschaft bei der Ermordung Rosa Luxemburgs, sondern wegen Verletzung seiner Pflicht als Transportführer, also wegen Wachvergehens. Erst nachdem am 21. Februar in Weimar eine Unterredung zwischen Jorns und dem Reichsjustizminister Landsberg stattgefunden hatte, bei der sich dieser über die bisherigen Versäumnisse des Ermittlungsverfahrens erregt geäußert hatte, dehnte Jorns am 22. Februar endlich den Haftbefehl auch auf Mordversuch aus.

Hier konnte nun der wohlwollendste Betrachter nicht mehr im Zweifel sein, daß Jorns den Mördern Vorschub geleistet hatte. Im Urteil des Schöffengerichts heißt es:

Tatsächlich war bereits anfangs Februar der Verdacht gegeben, daß Vogel den Körper der Rosa Luxemburg beseitigt habe. Der Nebenkläger erklärt, daß damals Tatsachen, aus denen eine Verdunkelungsgefahr sich ergeben habe, gefehlt hätten. Es stand aber fest, daß Vogel, Hall und Janschkow bisher übereinstimmend das Märchen von der Verschleppung der Luxemburg erzählt hatten. Wenn der Verdacht bestand, daß dies unrichtig war, ergab sich daraus, daß diese drei vereinbarungsgemäß die Unwahrheit gesagt hatten. Am 17. und 18. Februar jedenfalls konnten hierüber ernstliche Zweifel nicht mehr bestehen. Die Verhaftung erfolgte erst am 22. Februar. Die Behauptung des Angeklagten, der Nebenkläger (Jorns) habe die Verhaftung Vogels bis zur äußersten Grenze des Möglichen hinausgeschoben, ist erwiesen.

Das Gericht entnahm dem Aufsatz weiter den Vorwurf, Jorns habe Spuren, die zur Überführung der Täter führen konnten und die geeignet waren, eine Verabredung der Morde aufzudecken, nicht verfolgt, und zwar insbesondere dann, wenn die Spuren zu Hauptmann Pabst zu führen schienen. Das Urteil bestätigte die Richtigkeit dieser Beschuldigungen. Weder war Jorns der naheliegenden Frage nachgegangen, ob Hauptmann Pabst schon von dem Tod Liebknechts Kenntnis hatte, als er den Transport Luxemburg abgehen ließ, noch hatte Jorns den Zeugen Wilhelm Pieck (späterer Staatspräsident der DDR) vernommen, der zusammen mit Frau Luxemburg und Liebknecht festgenommen und nach seiner Bekundung im Eden-Hotel von dem Soldaten Runge, der Liebknecht und Frau Luxemburg mit dem Gewehrkolben geschlagen hatte, mit Erschießen bedroht worden war. Auch hatte Jorns keine Konsequenzen aus der Bekundung eines Zeugen gezogen, daß Hauptmann Pabst die Wache des Eden-Hotels zu Falschaussagen habe auffordern lassen. Im Gegenteil: am gleichen Tage, an dem er diesen schwerwiegenden Vorwurf gegen Pabst erfuhr, leitete er seinen Bericht an das Kriegsministerium über Pabst und machte ihn damit zum Vertrauten des bisherigen Ermittlungsergebnisses.

Der Soldat Runge hatte in Briefen aus dem Gefängnis Jorns selbst beschuldigt, ihm eine Falschaussage nahegelegt zu haben. In einer persönlichen Unterredung unter vier Augen habe Jorns Andeutungen gemacht, die nur so verstanden werden konnten, daß Runge und dessen Familie Geld erhalten würden, wenn Runge die beiden Morde auf sich nehme und die Offiziere entlaste. Jorns soll zu ihm gesagt haben: »Nehmen Sie nur alles auf sich, vier Monate werden es nur, und Sie können sich dann immer wieder an uns wenden, wenn Sie in Not sind.« Jorns bestritt diese von Runge vor dem Schöffengericht wiederholte Aussage.

Das Schöffengericht ließ diese wichtige und für Jorns schlechthin vernichtende Aussage außer Betracht, wohl um wegen der Persönlichkeit des Runge, der von interessierten Kreisen als nicht voll zurechnungsfähig hingestellt wurde, das Urteil keinen unnötigen Angriffen auszusetzen. Denn schon das, was Jorns selbst eingeräumt hatte, war ein so schwerer Verstoß gegen seine Pflichten als Untersuchungsrichter, daß allein dies genügt haben müßte, den Mann nicht nur als Reichsanwalt, sondern als Beamten überhaupt unmöglich zu machen. Das Urteil stellt nämlich auf Grund seiner eigenen Aussagen folgendes fest:

Am 11. April 1919 war Runge auf Alsen verhaftet worden ... Als ihm (Jorns) am 13. April, einem Sonntag, Runge überraschend vorgeführt wurde, war der Militärgerichtsschreiber Bassler noch nicht anwesend. Der vorführende Kriminalbeamte bat, entlassen zu werden, da er noch nichts gegessen habe. Jorns genehmigte dies und blieb mit Runge etwa eine Stunde lang allein im Zimmer. Runge behauptet, Jorns habe ihm bei dieser Gelegenheit zugeredet, er solle alles auf sich nehmen, es kämen höchstens vier Monate für ihn heraus, und dann käme eine Amnestie. Wenn er in Not sei, solle er sich nur immer an Jorns wenden. Wegen der Würdigung dieser Angaben wird auf das früher über Runge Gesagte verwiesen.

Der Nebenkläger bestreitet die Richtigkeit dieser Darstellung und macht folgende Angaben: er habe sich freundschaftlich mit Runge unterhalten und ihm noch eine Zigarette gegeben ... Dann habe Runge gesagt, seiner Frau gehe es gut, sie habe Geld bekommen. Darauf habe er, der Nebenkläger, gesagt, wenn es seiner Frau jetzt gut gehe, dann

könne er doch auch annehmen, daß es ihr gut gehen werde, wenn er im Gefängnis sei.
Um ½ 2 Uhr etwa erschien dann der Gerichtsschreiber, und Runge wurde verantwortlich vernommen. In das Protokoll wurde aufgenommen: »Geld hat mir niemand gegeben. Auch meine Familie hat keins erhalten.« (IV, 55, 4).
Es bedarf keiner Erörterung, daß die Frage, ob und von wem einer der Mittäter Geld bekommen hatte, geeignet war, etwaige Anstifter der Tat zu ermitteln. Daß dem Nebenkläger dies bewußt war, ergibt die Tatsache, daß er andere Verdächtige danach gefragt hatte, ob sie Geld bekommen hätten, so zum Beispiel Dreger und Friedrich (I, 145 u. R.).
Eine befriedigende Erklärung dafür, daß der Nebenkläger das Gegenteil von dem ins Protokoll aufgenommen hat, was ihm Runge gesagt hat, hat der Nebenkläger nicht abgegeben. Er sagt, er habe das für Geschwätz gehalten. Der Nebenkläger wußte als Jurist, daß er in seiner Eigenschaft als Untersuchungsrichter Aussagen von dieser Bedeutung selbst dann in das Protokoll aufnehmen mußte, wenn er sie selbst auch für Geschwätz hielt. In jedem Falle wußte er, daß er nicht das Gegenteil dessen in die Akten schreiben durfte, was ihm der Beschuldigte gesagt hatte.
Selbst wenn es aber so war — und das behauptet nicht einmal der Nebenkläger —, daß Runge bei seiner verantwortlichen Vernehmung bestritt, daß seine Frau Geld erhalten habe, so wäre doch bei der Wichtigkeit dieses Punktes eine Aktennotiz notwendig gewesen.
Das Gericht hält es hiernach für erwiesen, daß der Nebenkläger wichtige Spuren nicht verfolgt hat.
Das Urteil des Schöffengerichts beschäftigt sich sodann mit der Behauptung des Angeklagten Bornstein, Jorns habe während der Ermittlung und in der Untersuchungshaft Umstände geduldet, welche die Verdunklungsgefahr begünstigten. Es stellt fest, daß Jorns bei Beginn der Untersuchung auf Wunsch des Gerichtsherrn (des Generals Hoffmann) in das Eden-Hotel übergesiedelt sei, wo auch der Stab der Division lag, deren Chef Hauptmann Pabst war.
Das Urteil des Schöffengerichts Berlin-Mitte schildert die unmöglichen Arbeitsbedingungen, die sich für einen Untersuchungsrichter ergeben mußten, der sich zu seinen Ermittlungen gegen die Mörder auf die Mitwirkung der Mörder selbst, ihrer Anstifter, Gehilfen und Mitwisser stützt.
Paul Levi in seinem Plädoyer:[3]
Ein simpler Laienverstand, der Zeuge Wegmann, hat uns ganz klassisch geschildert: »Das war doch ein ganz unmöglicher Zustand, man kam ins Vorzimmer, da lief Hauptmann von Pflugk-Hartung herum, wusch sich die Hände und putzte sich die Nägel, und die, die eben als Beschuldigte vernommen waren, liefen draußen im Gang als die Herren herum, alles eine große Kameraderie.«

Das Schöffengericht stellt zusammenfassend fest, daß Jorns sich vor die Tatsache gestellt sah, daß seine Ermittlungsersuchen, soweit sie an beteiligte Abteilungen der Division gingen, verschleppt oder ungenügend erledigt wurden, daß einer der im Falle Liebknecht Mitbeschuldigten (wahrscheinlich Pabst) versucht hatte, einen neu eintretenden Offizier (Grützner) zu beeinflussen, die Mannschaften zu einer Falschaussage zu verleiten.

Wenn ihm dies als Tatsachen, die den Verdacht einer Verdunkelungsgefahr begründeten, nicht ausreichte, mußte er sich doch sagen, daß ein weiteres Zusammenarbeiten mit dem Stabe der Division das Ergebnis seiner Untersuchung gefährden mußte. Aber noch bis in den März hinein bediente er sich der Hilfe der Division zu Ermittlungen.

Nachdem endlich am 20. Februar Rosa Luxemburgs Mörder, der Oberleutnant Vogel, verhaftet worden war, setzte sich die Komödie, die Jorns im Eden-Hotel zusammen mit den Stabsoffizieren des Herrn Pabst gespielt hatte, im Untersuchungsgefängnis fort. Das Urteil des Schöffengerichts stellte darüber fest:

Die Haft war sehr frei. Die Zellentüren waren tagsüber offen. Die Häftlinge konnten miteinander und mit den Militärpersonen, die dort einquartiert waren, verkehren. Von diesen Zuständen bekam der Nebenkläger nach und nach Kenntnis.

Am 26. Februar stellte er persönlich fest, daß Vogel sich tagsüber mit anderen Nichtinhaftierten in einem Zimmer aufhalte, und daß die Wache Besuchern Zutritt ließ, ohne nach einem Ausweis zu fragen. Der Nebenkläger wies darauf hin, daß dies unzulässig sei (II, 152 R).

Geändert hat er aber nichts.

Am 1. März, einen Tag nach seiner Verhaftung, stellte Liepmann den Antrag auf zahnärztliche Behandlung. Der Nebenkläger bewilligte, daß Liepmann unter zuverlässiger Begleitung zu einem Zahnarzt geführt werde (III, 3).

Paul Levi merkt dazu an:[4]

Dieser Antrag war das erste Schriftstück in der ganzen Morduntersuchung, das von Jorns mit dem Vermerk »Eilt« versehen wurde.

Eines Tages begegnete Jorns nach Feierabend seinem Untersuchungshäftling Liepmann auf dem Wittenbergplatz. Das habe ihm, so sagte Jorns im Prozeß, völlig die Sprache verschlagen. Liepmann befand sich, wie das Urteil des Schöffengerichts feststellt, auf dem Weg zur Kolibri-Bar, gab aber an, er käme vom Zahnarzt und wolle seinen Vater besuchen. Jorns wollte dieses für die mangelnde Ernsthaftigkeit der Haft bezeichnende Ereignis nicht einmal aktenkundig machen, doch wurde es dadurch bekannt, daß Liepmann die Frechheit besaß, sich auch noch schriftlich darüber zu beschweren, daß Jorns ihn auf dem Wittenbergplatz zur Rede gestellt hatte.

Das Urteil stellt weiter fest, daß Jorns zwei Leutnants vom Divisionsstab allgemeine Sprecherlaubnis mit Vogel erteilt hatte. Auch für Kapitänleutnant von Pflugk-Hartung, den Führer des Liebknecht-Transports, war allgemeine Sprecherlaubnis erteilt. Sprecherlaubnis mit Vogel hatten auch Hauptmann Pabst und Canaris, der später als Beisitzer des Militärgerichts in der Verhandlung gegen Vogel und Komplicen mitwirkte, ohne sich wegen seiner freundschaftlichen Beziehungen mit Vogel für befangen zu erklären.
Paul Levi bezeichnete in seinem Plädoyer die Zeit der Untersuchungshaft als »die Zeit der Erholung für die Herren Offiziere«. Es gab Herren- und Damenbesuch in der Zelle bis 12 Uhr nachts, und der Wein floß in Strömen.
Das Urteil stellt fest, Jorns habe nichts getan, um der Untersuchungshaft einen Sinn zu geben.
Paul Levis Plädoyer konnte sich nach diesem für den Reichsanwalt Jorns beschämenden Ergebnis der Beweisaufnahme zu einer glänzenden Schlußapotheose aufschwingen:[5]
Die schreckliche Tat, die damals begangen worden ist, ist keinem gut bekommen. Der Hauptmann von Pflugk-Hartung oder der Bruder — ich weiß nicht, welcher — zerrissen von einer Granate, die er anderen zugedacht hatte. Der Leutnant Liepmann in jungen Jahren ein siecher Krüppel. Der Jäger Runge ein elender Mann, gemieden und verstoßen von seinen Arbeitskollegen. Andere flüchtig, wer weiß wohin, alle gezwungen, ihr Antlitz vor den Menschen zu verbergen. Nur einer stieg hoch, der Kriegsgerichtsrat Jorns, und ich glaube, er hat in den 10 Jahren vergessen, woher seine Robe die rote Farbe trägt.
Meine Herren, hier glaube ich, hier treten diese Mauern und tritt diese Decke zurück. Hier ist ein Tag des Gerichts gekommen! Die toten Buchstaben, benutzt zu dem Zwecke, Schuldige zu schützen, und die vermoderten Knochen der Opfer: sie stehen auf und klagen an den Ankläger von damals (Beifall im Zuhörerraum).
Sie, Herr Vorsitzender, haben zu Anfang dieses Prozesses gefragt: Warum das alles nach zehn Jahren? Und hier, meine Herren, sage ich: Jawohl, dieser Prozeß ist eine sittliche, eine staatliche Notwendigkeit und eine Notwendigkeit für die Justiz. Meine Herren, der Fall Jorns und Liebknecht/Luxemburg, das war das Proton pseudos, das war der erste Fall, in dem Mörder mordeten und wußten: die Gerichte versagen. Da begann jener schauerliche Zug von Toten, fortgesetzt im März 1919 schon und ging weiter die ganzen Jahre und Jahre, Gemordete und Gemordete; denn vom Fall Liebknecht/Luxemburg, und vom Kriegsgericht der Gardekavallerie-Schützendivision und vom Kriegsgerichtsrat Jorns her wußte man, daß Morden noch lange nicht identisch ist mit Bestraftwerden.
Und nun frage ich weiter, hat das aktuelle Bedeutung? Ist es nicht die schrecklichste Erschütterung unseres ganzen staatlichen Systems und unseres letzten Gefühls für Gerechtigkeit gewesen, was in diesen

Jahren geschah? Und ich sage, meine Herren, wenn es in diesen traurigen Jahren ein Verdienst gibt, so ist es das Verdienst der preußischen Justizverwaltung und das Verdienst auch preußischer Richter, daß sie endlich den Glauben wiedererweckt haben, wer mordet, wird vor Gericht gestellt, mag er es tun, in welchem Sinne auch immer er diese Tat getan hat.

Und hier, meine Herren, glaube ich, sind Sie an dem Punkt, der von entscheidender Bedeutung ist. Sie, meine Herren, sollen sagen, ob der Reichsanwalt Jorns die Qualifikation für sein hohes Amt hat. Meine Herren, nach dem, was hier geschah in diesem Verfahren, wenn Sie da schrieben: Ja, der Mann, der diese Untersuchung führte, er ist dazu berufen, ein höchstes Amt in der deutschen Justiz zu versehen — ein solcher Spruch unterschrieben von Richtern mit dem Siegel der Justiz — wäre die letzte Zerstörung des Glaubens an die Gerechtigkeit.

Hier treffen die Interessen von Ihnen allen zusammen, der Herren Laienrichter und der Herren beamteten Richter. Die Herren Laienrichter, die hier in ihren Spruch hineinzugeben haben das, was das Volksgefühl und das gesunde Volksempfinden erheischt, und die Herren beamteten Richter, die zu geben haben das, was der kühle Verstand, die rechtliche, gesetzliche Notwendigkeit verlangt, Sie alle mit Ihren höchsten lebendigsten Interessen können sich nur zusammenfinden in einem Wort: Der Mann, der das Verfahren Liebknecht/Luxemburg führte, so, wie er es führte, ist nicht wert, an hoher Stelle in der deutschen Justiz zu sein!

In dem Sinne bitte ich Sie, Ihr Urteil zu sprechen und freizusprechen. Es wird eine Tat des Segens für uns alle sein. (Lebhafter Beifall und Händeklatschen im Zuhörerraum und auf den Zeugenbänken.)

Dem Vertreter der Anklage, Staatsanwalt Deepenthal, war eine unlösbare Aufgabe zugefallen. Zwar forderte er die Verurteilung Bornsteins, aber seine Versuche, den im Saale anwesenden Reichsanwalt Jorns von den schweren, gegen ihn erhobenen Vorwürfen reinzuwaschen, mußten vergeblich bleiben. Über Jorns' Auftreten berichtete die Vossische Zeitung:[5a]

Man erzählt, daß Jorns als Reichsanwalt, beispielsweise in den Landesverratsprozessen, ein ausgezeichneter, sicherer, scharf pointierender Redner gewesen sei. Jetzt hier, in Moabit, war nichts davon zu merken. Hier stand ein Mann, der es kaum fertig brachte, ein paar logisch zusammenhängende Sätze über irgendeine Materie zu sagen, ein Mann, der sich ständig verbesserte, stockte, sich mit mangelnder Aktenkenntnis entschuldigte, um schließlich, wenn er gar nicht weiterkam, erregt und ängstlich dagegen zu protestieren, daß man es wage, ihn so auszufragen.

Am vernichtendsten war sein eigenes Plädoyer ... Mit allerletzter Anstrengung versuchte er, sein Handeln mit seiner Weltanschauung (lies: parteipolitische Einstellung) zu rechtfertigen ... Und Jorns beeilte sich, hinzuzufügen, daß er heute, als Reichsanwalt, noch auf demselben Stand-

punkt stehe wie damals (daß man die Ehre der mordverdächtigen Offiziere so lange wie möglich schützen müsse; d. Verf.).
Das Schöffengericht Berlin-Mitte, unter dem Vorsitz des Landgerichtsdirektors Dr. Marcard, sprach den Angeklagten Bornstein frei und bestätigte damit die von diesem gegen Jorns erhobenen schweren Vorwürfe. Die Urteilsgründe stellen als erwiesen fest,
daß der Nebenkläger bei der Führung der Untersuchung
1. Spuren, die zur Aufklärung dienen konnten, nicht aufgenommen hat (z. B. Vernehmung Piecks, Ermittlung des zeitlichen Zusammenhangs beider Transporte).
2. Spuren, deren Wichtigkeit er erkannt hatte, nicht verfolgte (z. B. Nachprüfung der Panne, Nachprüfung der Frage, von wem Runge Geld bekommen hat).
3. Spuren verwischte, indem er das Gegenteil des Ermittelten ins Protokoll aufnahm (Protokoll Runge).
4. Zustände duldete, die, wie ihm bekannt war, geeignet waren, den Sachverhalt zu verdunkeln und das Ergebnis der Untersuchung zu gefährden (Zusammenarbeiten mit dem Divisionsstab, Duldung der Zustände **während der Haft, Hinausschiebung der Verhaftung Vogels**).

Weiter heißt es in dem Urteil:
Es handelt sich nicht darum festzustellen, daß der Nebenkläger absichtlich die Täter der gesetzlichen Strafe rechtswidrig entzogen habe. Es handelt sich darum, ob der Nebenkläger durch sein Verhalten das Ergebnis der Untersuchung gefährdet hat. Tat er dies derart, daß es den Tätern zum Vorteil gereichen konnte, so hat er ihnen Vorschub geleistet. Daß er dies tat, hält das Gericht nach dem Ergebnis der Hauptverhandlung für erwiesen. Wenn aber der Nebenkläger den Tätern Vorschub geleistet hat, so ist die Folgerung des Angeklagten berechtigt, daß der Nebenkläger zu einer Tätigkeit im Verbande der Reichsanwaltschaft nicht geeignet ist. Mit Recht kann der Angeklagte die Meinung vertreten, daß hier nur für die besten Juristen und gewissenhaftesten Beamten des Deutschen Reiches ein Platz ist, deren dienstliche Laufbahn jeder Kritik standhält.
Welche Gründe den Nebenkläger zu seinem Verhalten veranlaßt haben, darüber lassen sich nur Vermutungen aufstellen. Vielleicht war es unbewußte Gesinnungsverwandtschaft mit dem Offizierskorps, dem er jahrelang nahegestanden hatte oder eine in seiner Weltanschauung begründete und durch die Aufgewühltheit der Zeiten des Kriegsendes und des Bürgerkrieges genährte Befangenheit. Vielleicht löste gerade das Auftreten der politisch links gerichteten Beisitzer, das er als Anmaßung empfand, eine Gegenwirkung aus. Nach dem Eindruck, den das Gericht von dem Nebenkläger erhalten hat, ist anzunehmen, daß er nicht Persönlichkeit genug war, um sich gegen Pabst, den die Zeugen einen Autokraten nennen, durchzusetzen und in das Wespennest des Divisionsstabes hineinzugreifen. Es bleibt die Tatsache, daß die Führung der Untersuchung Mängel zeigt, die auf den Nebenkläger zurückfallen.

Darum hält das Gericht den Wahrheitsbeweis für erbracht. Die Erweislichkeit einer Tatsache, die geeignet ist, einen anderen in der öffentlichen Meinung herabzuwürdigen, ist Strafausschließungsgrund. Der Angeklagte konnte aus § 186 StGB nicht verurteilt werden.
Auch die Voraussetzungen einer Verurteilung aus § 185 StGB waren nicht gegeben. Daß das Gericht in dem in Rede stehenden Aufsatz nicht ein Werturteil neben einer Behauptung von Tatsachen sieht, sondern beides als Einheit auffaßt, ist bereits erörtert. Es bliebe deshalb nur zu prüfen, ob einzelne Ausdrücke des Aufsatzes in Form und Inhalt eine Mißachtung des Nebenklägers bekunden. Derartiges ist nicht festzustellen.
Der Angeklagte war deshalb freizusprechen.
Aus dem Reichsanwalt Jorns, einem »arroganten, überheblichen, mit aller Sorgfalt gekleideten Offizierstyp«, war im Laufe des Verfahrens »ein auseinanderfallendes Häufchen Elend« geworden; er soll nach der Urteilsverkündung mit seiner Festnahme noch im Gerichtsgebäude gerechnet haben.[6] Aber er hatte die Kameraderie des Reichsgerichts unterschätzt. Zwar kam es auch in der Berufungsinstanz noch einmal zu seiner moralischen Verurteilung – auch das Landgericht I Berlin unter dem Vorsitz des Landgerichtsdirektors Siegert sah den Vorwurf, Jorns habe den Tätern Vorschub geleistet, als erwiesen an und fand nur in dem Vorwurf mangelnder juristischer Qualifikation eine dem Wahrheitsbeweis nicht zugängliche Beleidigung, die es mit 100 RM Geldstrafe ahndete — aber dann kam die Sache an das Reichsgericht. Der Reichsanwalt, der die Revision der Staatsanwaltschaft gegen das Urteil des Landgerichts vertrat, teilte mit Jorns das Zimmer, sie alle, Reichsanwälte und Reichsgerichtsräte, teilten die politische Gesinnung. Es durfte einfach nicht sein, daß der Mann, der den Mördern der beiden gefürchtetsten Revolutionäre Vorschub geleistet hatte, wegen dieser vaterländischen Handlung moralisch disqualifiziert wurde. Das Reichsgericht verwarf die Revision Bornsteins gegen seine Verurteilung, aber es hob das landgerichtliche Urteil auf die Revision der Staatsanwaltschaft auf, soweit er freigesprochen war.
Um zu dieser Entscheidung kommen zu können, mußte das Reichsgericht seiner eigenen früheren Rechtsprechung und den Grundsätzen des Revisionsrechts Gewalt antun. Das Urteil des Landgerichts hatte sich eng an den Spruch des gleichen Reichsgerichtssenats in der Sache Erzberger/Helfferich angelehnt.[7] In jenem Urteil hatte der Senat den Grundsatz herausgearbeitet, daß nur der Kern der allgemeinen ehrenrührigen Behauptung, nicht aber alle Einzeltatsachen, auf die sich die allgemeine Behauptung stützt, erwiesen zu sein brauchten, und er hatte die Bindung des Revisionsgerichts an die Auslegung des Tatsachenrichters betont. Hier galten diese Grundsätze, mit denen man damals die moralische Verurteilung Erzbergers gerechtfertigt hatte, plötzlich nicht

mehr. Das Reichsgericht verlangte – indem es sich über die dem Aufsatz vom Tatsachenrichter gegebene Interpretation souverän hinwegsetzte – eine Führung des Wahrheitsbeweises dafür, daß Jorns sich im Verfahren gegen die Liebknecht/Luxemburg-Mörder *absichtlich* der Verschleppung, Verzögerung und Vertuschung schuldig gemacht habe. Das Landgericht hatte gemeint, schon der Beweis *bewußter* Vorschubleistung rechtfertige die Folgerung des Angeklagten Bornstein, daß Jorns »zum Dienste in der Reichsanwaltschaft aus diesem Grunde nicht geeignet sei, ... da sehr wohl die Meinung vertreten werden kann, daß am Reichsgericht« nur für Männer Platz ist, deren Verhalten jeder Kritik standhält«.[8]

Josef Bornstein schrieb im ›Tagebuch‹:[9]

Ich sehe mich heute genötigt, einzelne ehrenkränkende Behauptungen, die der Aufsatz enthielt, feierlich zurückzunehmen. Ich kann vor allem nicht mehr die beleidigende Bemerkung aufrechterhalten, daß Herr Jorns »dem ganzen Niveau der Reichsanwaltschaft in keiner Weise adäquat« sei. Ich muß ferner den Satz zurücknehmen: »Wie eine solche Erscheinung am obersten deutschen Gericht als Reichsanwalt fungieren kann, ist unerfindlich.«

Ich habe mich durch die mündliche Revisionsverhandlung der Sache Jorns vor dem zweiten Strafsenat des Reichsgerichts eines Besseren belehren lassen. Zwar bin ich noch immer der Überzeugung – die zwei Berliner Gerichte, erste und zweite Instanz, nach wochenlanger gründlichster Beweisaufnahme als berechtigt anerkannt haben – das heißt, ich bin nach wie vor überzeugt, daß Herr Jorns als Untersuchungsrichter den Mördern Rosa Luxemburgs und Karl Liebknechts Vorschub geleistet hat, und daß er deshalb nicht *würdig* ist, als hoher Justizbeamter zu wirken. Aber es leuchtet mir jetzt ein, daß nichtsdestoweniger Herr Jorns für das Reichsgericht keine unpassende Erscheinung ist. Denn gibt es auch dort ganz gewiß keinen Reichsanwalt oder Richter, dem sich auch nur entfernt nachsagen ließe, was Herrn Jorns in den Urteilen der beiden Berliner Gerichte nachgesagt wurde, so ist es doch offenbar nur seine Vergangenheit, die Herrn Jorns aus dem Rahmen des Reichsgerichts herausfallen läßt; nach seinem geistigen und moralischen Habitus hingegen mag er der richtige Mann am richtigen Platz sein. Ich stehe nicht an – unter Widerruf früherer Behauptungen –, meine Überzeugung auszusprechen, daß der Herr Reichsanwalt Jorns Fleisch vom Fleische und Geist vom Geiste des Reichsgerichts ist.

In der Tat hatte das Reichsgericht mit dem krampfhaften Versuch, einer Rehabilitierung des Kollegen von der Reichsanwaltschaft den Weg zu ebnen, ein vernichtendes Urteil über den ganzen Juristenstand ermöglicht.

Kollektivurteile sind immer ungerecht, und sie sollen und dürfen ungerecht sein. Denn wir haben das Recht, bei einer Gesellschaftskritik den niedersten Typus einer Gruppe als deren Vertreter anzusehen, den, den die Gruppe grade noch duldet, den sie nicht ausstößt, den sie also im Gruppengeist bejahend umfaßt. (Tucholsky [9a])

Indem es die Ehre des Reichsanwalts Jorns zu retten suchte, hatte das Reichsgericht die unterste Grenze markiert, bis zu der ein Angehöriger dieses Berufsstandes sinken durfte, ohne aus ihm verstoßen zu werden: er durfte Mördern (von Kommunisten) *bewußt* Vorschub leisten, wenn es nur nicht *absichtlich* geschah.
Das Reichsgericht verwies den Fall zur erneuten Verhandlung an ein anderes Berliner Gericht zurück, das mit der Marschroute versehen wurde, Bornstein nur dann freizusprechen, wenn er dem Reichsanwalt Jorns eine böse Absicht nachweisen könne.[10] Das Reichsgericht suchte sich anstelle des Landgerichts I, dessen Vorsitzender Landgerichtsdirektor Siegert als Republikaner bekannt war, eine Strafkammer des Landgerichts III aus, die von dem Landgerichtsdirektor Ohnesorge geleitet wurde, der sich 1932 den fragwürdigen Ruhm erwerben sollte, die SA-Führer Graf Helldorf und Ernst im Kurfürstendammpogrom-Prozeß freizusprechen. Aber auch dieses Gericht vermochte den Reichsanwalt Jorns nicht zu rehabilitieren. Zwar verurteilte es Bornstein zu einer Geldstrafe von 500 RM,[11] weil ihm der Nachweis *absichtlichen* Vorschubleistens natürlich nicht gelingen konnte, aber schon die geringe Höhe der Strafe — es ging immerhin um den Vorwurf, ein amtierender Reichsanwalt habe Mördern Vorschub geleistet! — deutet die moralische Ohrfeige für Jorns an.*
Nach dem ersten Jorns-Prozeß hatte sich der Reichstag dafür interessiert, wie ein solcher Mann hatte Reichsanwalt werden können. Der damalige Staatssekretär im Reichsjustizministerium, Dr. Joël, verlas daraufhin am 13. 6. 1929 im Reichstag eine Beurteilung, die der Oberreichsanwalt am 11. März 1923 über Jorns abgegeben hatte:[13]
Kriegsgerichtsrat Jorns ist seit dem 24. Februar 1920 bei der Reichsanwaltschaft als Hilfsarbeiter tätig und hat sich nach jeder Richtung vorzüglich bewährt. Seine umfassenden Rechtskenntnisse — nicht nur auf militärischem Gebiet — und sein Bestreben, jede Sache auf das gründlichste zu bearbeiten, (Lachen links) machen ihn zur Verwendung in Revisionssachen ganz besonders geeignet ...
Auf Grund dieser Stellungnahme des Oberreichsanwalts wurde Jorns zum Oberstaatsanwalt bei der Reichsanwaltschaft ernannt. Als 1925 eine Reichsanwaltschaftsstelle frei wurde, empfahl der Oberreichsanwalt Herrn Jorns mit folgender — ebenfalls von Dr. Joël im Reichstag verlesenen — Begründung zur Beförderung:
Jorns hat sich während seiner langjährigen hiesigen Tätigkeit als kenntnisreicher, zuverlässiger, tüchtiger Arbeiter durchaus bewährt und zeigt insbesondere für die Bearbeitung politischer Sachen hervorragen-

---

* Die Revisionen des Angeklagten Bornstein und des Nebenklägers Jorns gegen dieses Urteil wurden durch Beschluß des Reichsgerichts vom 17. 9. 1931 »als offensichtlich unbegründet verworfen«.[12]

des Verständnis und feinstes Taktgefühl. (Heiterkeit und Zurufe links.)

Joël mußte sich gegen Zurufe von den Sozialdemokraten wehren, daß man im Justizministerium offenbar versäumt habe, sich vor der Beförderung einmal die Akten des Falles Liebknecht/Luxemburg anzusehen, und fuhr dann fort:

Im übrigen, meine Damen und Herren, sobald die Sache Jorns rechtskräftig entschieden ist, wird nach den Ausführungen des Herrn Reichsjustizministers darüber befunden werden, welche Konsequenzen aus der dann gegebenen Sachlage zu ziehen sein werden. (Lachen bei den Sozialdemokraten — Abgeordneter Dr. Levi: Er wird Oberreichsanwalt!)

Was wurde aus Jorns, dem drei Gerichte bescheinigt hatten, daß er als Untersuchungsrichter Mördern Vorschub geleistet hatte? Wurde er mit Schimpf und Schande aus dem Amt gejagt? Er blieb Reichsanwalt und wurde 1936 von der Hitler-Regierung zum Reichsanwalt beim Volksgerichtshof berufen.[14] 1938 ist er gestorben.[15]

Levi hat das peinliche Ende der Jorns-Affäre nicht mehr erlebt. Er starb Anfang 1930 unter tragischen, nie ganz geklärten Umständen. Kurt Rosenfeld hat ihm in der ›Justiz‹[16] einen Nachruf gewidmet, der mit den Worten schloß: »Sein Leben darf nicht vergeblich gewesen sein!« Die nationalsozialistische Presse sandte dem Juden, Demokraten und Sozialisten Levi, der nach dem übereinstimmenden Urteil von Zeitgenossen der »größte forensische Redner der Weimarer Republik« (Gumbel), der »glanzvollste politische Strafverteidiger der Weimarer Zeit« (Kirchheimer) war, Haßgesänge von bodenloser Niedrigkeit nach.

Der anonyme Verfasser jenes aufsehenerregenden Aufsatzes »Kollege Jorns«, Berthold Jacob, den Reichsanwalt Jorns im Jahre 1928 vor dem Reichsgericht als »Landesverräter« hatte anklagen dürfen, emigrierte im März 1933 nach Frankreich, wurde 1935 von einem Naziagenten aus der Schweiz nach Deutschland entführt, auf Protest der Schweizer Regierung aber wieder freigelassen, kam nach dem deutschen Einmarsch in Frankreich in ein französisches Konzentrationslager, aus dem er 1940 nach Lissabon entfloh. Er starb, von der Gestapo ein zweites Mal entführt, im Februar 1944 als Gefangener in Berlin.[17]

Hauptmann Pabst, später zum Major avanciert und maßgebend am Kapp-Putsch beteiligt, gab 1962 in seiner Düsseldorfer Wohnung zwei Redakteuren des ›Spiegel‹ ein Interview, in dem er mit zynischer Offenheit den Mord an Rosa Luxemburg und Karl Liebknecht als vaterländische Tat zu rechtfertigen versuchte:[18]

Es kommt nur darauf an: War es notwendig oder war es nicht notwendig.

Für das ›Bulletin des Presse- und Informationsamtes der Bundesregierung‹ ist Herr Pabst gesellschaftsfähig. Am 8. 2. 1962

veröffentlichte es einen offiziellen Kommentar, in dem es sich auf Pabst als Zeugen dafür beruft, daß Wilhelm Pieck bei seiner Festnahme im Eden-Hotel eine Verräterrolle gespielt habe. Pabsts Rolle bei der Ermordung der beiden großen Sozialisten überspielt das ›Bulletin‹, indem es sich seine Version zu eigen macht, er habe in der Überzeugung gehandelt, »nur so den Bürgerkrieg beenden und Deutschland vor dem Kommunismus retten zu können«. Dazu Ansgar Skriver am 16. 3. 1962 in der ›Zeit‹:
Wer, wie Pabst, zeitlebens gegen das demokratische »System«, für »nationale und soziale Volksgemeinschaft« kämpfte, wer dafür sorgte, daß die äußeren Möglichkeiten für Hitlers Wirken geschaffen werden konnten, der hat sich um die »Rettung Deutschlands vor dem Kommunismus« verdient gemacht – siehe »Bulletin« der Bundesregierung.

Die gleichartigen Verdienste des Reichsanwalts Jorns brachten diesem am 1. April 1937, als er nach Erreichung der Altersgrenze in den Ruhestand trat, eine besondere Ehrung ein. Wie die ›New Yorker Staatszeitung‹ am 2. 4. 1937 meldete, wurde mit seinem Abschied eine Feier verbunden, »bei welcher Staatssekretär Freisler dem verdienten Mann eine Dankesurkunde des Führers überreichte, in der die hervorragenden Verdienste des scheidenden Beamten gewürdigt wurden«.[19]

Justiz gegen Kommunisten

Das in der zweiten Hälfte des 19. Jahrhunderts aufgekommene Industrieproletariat begriff unter der geistigen Führung der Sozialdemokraten den Staat als das Machtinstrument der »kapitalistischen Ausbeuterklasse«. Gemeinsame Interessen verbanden die Arbeiterschaft mit ihren Klassengenossen in allen Ländern (Proletarier aller Länder vereinigt euch!), nicht aber mit der herrschenden Klasse des eigenen Landes. Vor allem den Krieg, dieses große, auf dem Rücken des Volkes auszutragende Abenteuer imperialistischer Machtinteressen, glaubte die Arbeiterbewegung durch internationale Solidarität verhindern zu können. Die Zustimmung der sozialdemokratischen Reichstagsfraktion zu den Kriegskrediten im August 1914 (Wilhelm II.: »Ich kenne keine Parteien mehr!«) war das Ereignis, an dem sich die Geister schieden. Was als ›Treue zum Vaterland‹ verstanden wurde, mußte aus sozialistischer Sicht als Unterwerfung unter die Interessen der Großindustrie, als Verrat an der internationalen Solidarität der Arbeiterschaft erscheinen.
Rosa Luxemburg und Karl Liebknecht sind heute die bekanntesten Namen aus jener oppositionellen Gruppe innerhalb der SPD, die sich gegen die Kriegspolitik der Fraktionsmehrheit wandte und dank der Intoleranz der Partei gegenüber der Minderheitsmeinung gezwungen war, sich zu einer neuen sozialistischen Partei zu konsolidieren. Die Gründung der Unabhängigen Sozialdemokratischen Partei (USP) und damit die politische Spaltung der Arbeiterschaft war das Ergebnis jenes verhängnisvollen Beschlusses, die Kriegsführung der kaiserlichen Regierung zu unterstützen. In diese Parteigründung brachten Rosa Luxemburg und Karl Liebknecht ihre Spartakus-Gruppe ein, die jedoch auch innerhalb der USP eine gewisse Selbständigkeit behielt. Am 30. Dezember 1918 lösten sich die Spartakusleute von der USP und gründeten die Kommunistische Partei Deutschlands, eine Partei, die jedoch erst nach ihrer Verschmelzung mit dem linken Flügel der USP im Jahre 1920 einiges Gewicht bekam.
Die neue Partei wurde schon in ihren Anfängen von dem Schicksal betroffen, ihre beiden führenden Köpfe, Rosa Luxemburg und Karl Liebknecht, durch Mörderhand zu verlieren. Flechtheim sieht insbesondere in Rosa Luxemburgs Tod eine Tragödie »nicht nur für die deutsche, sondern für die internationale Arbeiterbewe-

gung, in der die von ihr gefürchtete Entwicklung nun ungehindert ihren Lauf nahm«.¹

Rosa Luxemburg hat aus demokratischer Gesinnung an dem Frühstadium der russischen Sowjetherrschaft Kritik geübt, sie hat – gemeinsam mit Liebknecht – für eine Beteiligung der Kommunisten an den Wahlen zur Nationalversammlung gestimmt, sie hat die in der Situation von 1918/19 vorhandenen revolutionären Möglichkeiten nüchterner als die Mehrheit ihrer Genossen eingeschätzt. Sie und Liebknecht hätten die Kommunistische Partei sehr wahrscheinlich vor der sinnlosen Putschtaktik bewahrt, mit der in den Jahren 1920, 1921 und 1923 in immer neuen organisierten Arbeiteraufständen die Revolution ›gemacht‹ werden sollte, ein sinnloses Unterfangen, das Tausende von Arbeitern einer erbarmungslosen Klassenjustiz auslieferte und antikommunistische Vorurteile, die sich in der Sprache der Juristen unter dem Wort ›gerichtsbekannt‹ verbergen, auf Jahre hinaus festlegte.

MAX HÖLZ

Eine der interessantesten und zugleich problematischsten Erscheinungen aus der Putschperiode der Kommunistischen Partei war Max Hölz.² Schon 1919 hatte er als gewählter Vorsitzender des Arbeitslosenrates in dem sächsischen Städtchen Falkenstein – von dessen 15 000 Einwohnern nicht weniger als 5000 erwerbslos waren – Beschlagnahmen von Kohlen und Nahrungsmitteln durchgeführt und die Forstverwaltung zu Holzabgaben zu äußerst niedrigen Preisen an die arme Bevölkerung gezwungen. Als Noske durch Reichswehrtruppen die ›Ruhe und Ordnung‹ in Falkenstein wiederherstellen lassen wollte, wurde Hölz von einer angesammelten Menge von 6000 Arbeitern davor geschützt, verhaftet und ›auf der Flucht erschossen‹ zu werden; zugleich wurden die 800 Mann starken Reichswehrtruppen gezwungen, ihre Gefangenen herauszugeben. Von da ab führte Hölz ein abenteuerliches Dasein, ständig auf der Flucht vor den staatlichen Ordnungsgewalten. Während des Kapp-Putsches leitete er den Aufstand im Vogtland. Mit einer bewaffneten Arbeiterkampftruppe zog er in Plauen ein, wo er die politischen Häftlinge aus dem Gefängnis befreite. Hölz sammelte eine Truppe von annähernd 1000 Rotgardisten hinter sich, zu deren Bekämpfung nach und nach eine vielfache Übermacht von Reichswehrsoldaten – Mühsam schätzt sie auf 40-50 000 – aufgeboten wurde. Im Unterschied zum üblichen Verhalten der Reichswehrverbände hatte seine Rote Armee damals keine Tötungen, wohl aber Zwangsvertreibungen auf sich genommen. Hölz löste angesichts der Übermacht seine Truppe auf und suchte und erhielt in der Tschechoslowakei Asyl. Im März

1921 wurde er zum Anführer des Mansfelder Bergarbeiteraufstandes.* Wegen dieser Tätigkeit von 1921 wurde Hölz zur Verantwortung gezogen und am 22. 6. 1921 vom Außerordentlichen Gericht beim Landgericht I Berlin zu lebenslänglichem Zuchthaus wegen Hochverrats in Tateinheit mit Sprengstoffverbrechen verurteilt.
Das Gericht konnte Hölz die Verantwortung für Sprengstoffverbrechen und Requisitionen mit Recht anlasten, während seine Täterschaft hinsichtlich der Tötung eines Gutsbesitzers, der sich einer ›Beschlagnahme‹ von Mänteln widersetzt hatte, umstritten blieb und die Verurteilung insoweit anscheinend zu Unrecht erfolgt ist. Aber gerade dieser Teil des Urteils wurde in Zukunft wichtig, weil er alle Amnestien an Max Hölz vorbeigehen ließ. Erst die Notwendigkeit, die Fememörder der Schwarzen Reichswehr einer Bestrafung zu entziehen, brachte auch diesem, von der nationalistischen Propaganda weidlich zur Diffamierung der Kommunisten ausgeschlachteten »Mordbrenner« die Freiheit.
Die KPD hatte auf die Taten des Max Hölz keinen Einfluß,[3] aber sie identifizierte sich nachträglich mit ihnen, indem sie den angeklagten Hölz als revolutionären Helden herausstrich. In der Tat war sein Auftreten vor Gericht von einer Tollkühnheit, die seiner legendären Räuberhauptmannstapferkeit alle Ehre machte. In seinem Schlußwort sagte er:[4]
Ihr Urteil, wie es auch ausfallen wird, wird ein Klassenurteil sein. 10 Jahre Zuchthaus bedeuten für mich eine 4: mangelhaft, 15 Jahre Zuchthaus eine gute Note, lebenslänglich Zuchthaus Zensur 1; wenn Sie mich aber zum Tode verurteilen, dann erhalte ich Zensur 1 a, – das ist das beste Zeugnis, das Sie mir ausstellen können.
George Grosz schwärmte noch in seiner 1955 erschienenen Autobiographie »Ein kleines Ja und ein großes Nein« von Hölz, dem »Freund der Unterdrückten«, dem »Feind der Tyrannen« und »Liebling der Frauen«:[5]
Er sollte zum Tode verurteilt werden, aber seine Rede im Prozeß, die noch heute die klassische Rede eines Rebellen bleibt, machte auf seine Richter einen so tiefen Eindruck, daß er mit Zuchthaus davonkam. Selbst im Zuchthaus – und ein preußisches Zuchthaus ist keine Kleinkinderbewahranstalt – behielt die Hölzlegende ihre Wirkung. Ich besuchte ihn einmal mit einem gemeinsamen Freund und war erstaunt, zu bemerken, mit welcher Achtung man ihn dort behandelte.
Auch Sling (Paul Schlesinger), der berühmte Gerichtsreporter der

* Im März 1921 war es im Mansfelder Bergwerksgebiet zu kleinen örtlichen Konflikten gekommen. Die preußische Regierung ließ Polizeiverstärkung (Sipo) einmarschieren. Die Bergarbeiter betrachteten dies als Provokation und griffen zu den Waffen. Max Hölz, der seit den Kapp-Kämpfen einen legendären Ruf genoß, übernahm die Führung des Aufstandes. Hörsing, Oberpräsident der Provinz Sachsen, wurde von Reichspräsident Ebert gemäß Artikel 48 der Weimarer Verfassung mit besonderen Notstandsvollmachten ausgestattet und ließ den Aufstand blutig niederschlagen.

›Vossischen Zeitung‹, hat Hölz im Zuchthaus besucht und in einem
Offenen Brief an den preußischen Justizminister seine Begnadigung gefordert:
Man kann die einzelnen Handlungen Hölz' verurteilen; man darf
aber nicht vergessen, daß sein erster Kampf der berechtigten Abwehr
eines hochverräterischen Aktes galt, und daß er zum Kriegführenden
wurde, als er die Republik sogar durch die Republikaner verraten
glaubte, und als gegen die hungernde und frierende Arbeiterbevölkerung Mitteldeutschlands Hörsingsche Sipo anrückte.
Ein Aufstand, mit unzureichenden Mitteln und Kräften unternommen, artet sehr leicht in rohe Einzelhandlungen aus. Der Sieger darf
ihn als Verbrechen charakterisieren und bestrafen. Aber es muß auch
für den Sieger die Stunde kommen, wo er seine Mitverantwortung
an den Geschehnissen erkennt und sich die Frage vorlegt, ob es nicht
genug der Strafe ist.⁶

Ausgerechnet ein Pazifist, der Schriftsteller Erich Mühsam*, hat es
unternommen, Hölz' Taten als gerechtfertigte Bürgerkriegshandlungen zu qualifizieren, die ebensowenig bestraft werden dürften
wie Kriegshandlungen:⁷
Es ist für jede objektive Kritik klar, daß der Bürgerkrieg sich nur
durch seine soziale Bedeutung und die Gruppierung der Kampfkräfte,
keinesfalls aber durch seine Ausdrucksformen von einem Kriege zwischen verschiedenen Nationen unterscheidet...
Für jeden denkenden Menschen ist aber auch das klar, daß das bürgerliche Strafgesetzbuch keinen anderen Zweck haben kann, als dem
friedliebenden Bürger die Ruhe und Ordnung zu erhalten, in der er
sich seines behaglichen Familienlebens, seines frommen Wandels bei
Gebet und Spekulation und seines gegen Dietrich und Zündholz des
bösen Nachbarn geschützten Eigentums an Haus und Hof, Weib und
Magd, Kuh und Pferd ungeängstigt erfreuen mag. Die Strafgesetze
haben Sinn und Geltung nur innerhalb einer in sich gefestigten, reibungslos funktionierenden staatlichen Gesellschaft, auf deren Grundlage und als deren Bestandteil sie erlassen sind, um die gelegentlichen minimalen Störungen, denen auch die exakteste Maschinerie
ausgesetzt ist, augenblicklich abzustellen. Revolution und Bürgerkrieg
sind der äußere Ausdruck eines aus den Fugen gegangenen gesellschaftlichen Gebildes. Die bürgerlichen Beziehungen, die das Strafgesetzbuch zu garantieren bestimmt ist, haben sich bereits aufgelöst;
die Anwendung seiner Paragraphen auf Tathandlungen des Bürgerkrieges kann weder Recht aufrechterhalten, noch Recht schaffen, sondern höchstens nachträglich die Macht des Siegers in Racheakten zum
Ausdruck bringen...
Max Hölz hat sich stolz und aufrichtig dazu bekannt, aus strategischen und kriegstaktischen Gründen Eisenbahnbrücken gesprengt, Häu-

---

* Erich Mühsam endete 1933 nach furchtbaren Mißhandlungen im KZ Sonnenburg. Er
hatte sich standhaft geweigert, auf Befehl seiner Wächter das Horst-Wessel-Lied zu
singen.

ser in Brand gesteckt und von reichen Leuten Kontributionen für seine Mannschaft erzwungen zu haben. Wer diese selbstverständlichen Kriegshandlungen von Rechts wegen mit den Paragraphen, die den Raub, die Erpressung, die Brandstiftung und die mißbräuchliche Verwendung von Sprengstoffen unter Strafe stellen, geahndet glaubt, der halte zum wenigsten mit seiner Entrüstung über die Kriminell-Erklärung der sogenannen Kriegsverbrecher der Deutschen im Versailler Vertrag zurück.

Hier wird der Versuch unternommen, Gewalttaten aus ihrem Motiv zu rechtfertigen, ein Versuch, der ebenso problematisch bleiben mußte wie die Bemühungen des nationalistischen Strafverteidigers Prof. Dr. Grimm, der die Femmörder der Schwarzen Reichswehr mit einem neuen Rechtfertigungsgrund »Handeln aus Vaterlandsliebe« freipauken wollte. Aber in einer Welt, die überhaupt der Gewalt Rechtsqualität beimißt und Kriegstaten bis zum heutigen Tag als rechtmäßig behandelt, könnte Mühsams Gedanke jedenfalls als Antithese fruchtbar sein.

Die KPD hat der sozialistischen Bewegung sicher keinen guten Dienst geleistet, wenn sie Max Hölz zu einem der ihren erklärte. Die USP distanzierte sich mit aller Schärfe:

Wir verstehen, daß Menschen, die Terror, die sinnlose Gewalttaten gegen Personen und Sachen mit der proletarischen Diktatur verwechseln, auch einen Hölz preisen. Für jeden revolutionären Sozialisten ist Hölz ein kranker und durch die bürgerliche Gesellschaft verdorbener Mensch. Sein Wirken ist absolut konterrevolutionär, denn es bedroht den proletarischen Klassenkampf mit Entartung, mit Verwilderung, mit Demoralisation und mit Zerrüttung.[8]

DER TSCHEKA-PROZESS

Während der Zeit der Illegalität der KPD (vom 23. 11. 1923 bis 1. 3. 1924, in Bayern bis 14. 2. 1925, waren KPD und NSDAP von General von Seeckt als Inhaber der vollziehenden Gewalt verboten; das Verbot wurde praktisch nur ernst genommen, soweit es die KPD betraf) bildete sich, inspiriert durch das Vorbild des Mordterrors der Rechten, eine kommunistische Terrorgruppe, die sich phantastische Mordpläne zum Ziel gesetzt hatte. Sah die Reichsanwaltschaft bei Morden von rechts ihre Aufgabe darin, die Taten als individuelle Taten, als ›Auswüchse‹ einer an sich guten Sache zu isolieren und den organisatorischen Hintergrund selbst dort, wo er offensichtlich zutage lag, zu vertuschen (z. B. O.C.-Prozeß!), so wurde hier umgekehrt ein politisches Hintergrundgemälde entworfen, das die kommunistische Parteiführung als Mörderzentrale disqualifizieren sollte. Waren den Mördern von rechts führende Persönlichkeiten des Reiches und der politischen Linken in einer Serie von Gewalttaten zum Opfer gefallen, ohne daß die Reichsanwaltschaft die tatsächlich dahinterstehende Mörderzentrale aufspürte, so genügte ihr ein von einer kommunistischen Terrorgruppe begangener Mord an einem Friseur, um einen der spektakulärsten Prozesse der Weimarer Republik, den sogenannten Tscheka-Prozeß, aufzuziehen.

Der Friseur Rausch, ein Kommunist, hatte die Absicht Berliner Kommunisten, sich aus Beständen eines Potsdamer Reichswehrregiments Waffen zu beschaffen, der Polizei verraten. Am 7. 1. 1924 lauerte der Kommunist Felix Neumann dem Rausch in einem Hausflur auf und schoß aus zwei Meter Entfernung auf ihn. Rausch starb am 17. 3. 1924 an den Folgen der Verletzung.

Der Haupttäter Neumann, der als schwer pathologisch geschildert wird,[9] belastete seine Mitangeklagten mit einer verdächtigen Geständnisfreudigkeit. Er wurde später Parteiredner der NSDAP. Neumann behauptete, die Tötung auf Befehl eines »Helmut« ausgeführt zu haben, der ihm den Auftrag erteilt habe, die Partei durch eine Terrorgruppe vor Verrätern zu schützen. Als »Helmut« wurde ein Russe Skobelewski angeklagt und, obwohl seine Identität im Hinblick auf die fragwürdige Persönlichkeit des ›Kronzeugen‹ Neumann für die Öffentlichkeit – nicht für das Gericht – zweifelhaft blieb, auch verurteilt. Weiter angeklagt waren die Kommunisten Poege und Margies. Poege hatte auf Neumanns Veranlassung den Rausch am Tattage aus dessen Wohnung unter einem Vorwand abgeholt.

Der Prozeß endete nach wochenlanger Verhandlung (20. 2. bis 22. 4. 1925) mit drei Todesurteilen gegen Neumann, Poege und Skobelewski wegen Mordes bzw. Anstiftung zum Mord, und mit 15 Jahren Zuchthaus (und 10 Jahren Ehrverlust) gegen Margies wegen Beihilfe zum Mord und anderer Verbrechen.

Gumbel, der dem Prozeß vor dem Staatsgerichtshof als Beobachter beigewohnt hat, schreibt:[10]

Grotesk wirkt, wenn Herr Niedner tagelang kommunistische Aufrufe, Organisationspläne und Rundschreiben verliest; die schlimmsten Anklagen gegen die deutsche Justiz trägt er mit tonloser Stimme vor. Hat er jemals darüber nachgedacht, ob in diesen Vorwürfen etwas Wahres ist, und ob er sich nicht selbst an die Brust zu schlagen hätte? Davon kann keine Rede sein. Er ist weltenfern und formal. Er kennt den Ausdruck »Teno« (Technische Nothilfe) nicht. Er weiß nicht, was Namenszeichen an einem mit der Maschine geschriebenen Brief bedeuten. Kein wie auch geärteter Vorwurf kann ihn berühren. Er ist in tiefster Seele ungerecht, aber er weiß es nicht. Sein subjektives Bewußtsein gibt ihm recht. Auch Entstellungen kommen vor. Ein Artikel, der nach dem Vorwort sich auf russische Verhältnisse bezieht, wird ohne das Vorwort verlesen, so daß der Eindruck entsteht, als wenn er von Deutschland handle. Suggestivfragen häufen sich. Die Verteidigung hätte sich keine bessere Propaganda als Niedners Ungeschick und seine Genauigkeit an der falschen Stelle wünschen können.

Hätte sie die Verlesung all dieser Schriften beantragt, sie wäre abgewiesen worden. So aber liest Herr Niedner eintönig von der deutschen Klassenjustiz, von der Verletzung bestehender Gesetze durch den Staatsgerichtshof, von der schauerlichen Einseitigkeit der deutschen Justiz, von der Notwendigkeit der Verteidigung gegen den Faschismus.

Bisher war es üblich, daß Verteidiger wie Anklagebehörde auch während des Verfahrens neue Zeugen laden konnten, und die Anklagebehörde hat hiervon reichlich Gebrauch gemacht. Als aber in diesem Prozeß die Verteidigung dasselbe tat, da wurde die Strafprozeßordnung mitten im Verfahren geändert und diese Ladungen für unzulässig erachtet: das Gericht braucht die von der Verteidigung während der Verhandlung geladenen Zeugen nicht zu hören. Als die Verteidigung beantragte, die von ihr geladenen Zeugen sollten vom Gericht geladen werden, wurde die Ladung abgelehnt.

Dutzende von Gerichtsbeschlüssen sind ergangen, Dutzende von Beweisanträgen ohne weiteres abgelehnt worden. Hier zeigt sich der wahre Zynismus. Das Gericht nimmt sich gar nicht die Mühe, die Fiktion eines Beschlusses aufrecht zu erhalten. »Wünschen Sie Gerichtsbeschluß?« so fragt der Vorsitzende. Der Verteidiger bejaht, und das Gericht marschiert hinaus. Während der letzte den Saal verläßt, kommt der erste schon wieder herein: der Antrag ist abgelehnt.

Wer als Verteidiger an politischen Strafprozessen mitgewirkt hat, weiß, wie gering der historische Quellenwert der Urteilsfeststellungen zu veranschlagen ist. Denn in politischen Prozessen werden die Regeln der Strafprozeßordnung, die dem Angeklagten und seinem Verteidiger einen Einfluß auf die Wahrheitsfindung sichern sollen, bis auf den heutigen Tag häufig mit einer Rigorosität mißachtet, die den ganzen Zynismus enthüllt, mit dem in diesen Prozessen das Recht einem politischen Zweck nutzbar gemacht wird. Das erwünschte Ergebnis eines politischen Prozesses steht in aller Regel von vornherein fest, und darum sind alle Prozeßhandlungen der Verteidigung nur lästige Verzögerungen, denen man lediglich Propagandawert beimißt. Erschüttert von soviel offen zur Schau getragener Ungerechtigkeit im Gerichtssaal sind meistens weniger die Angeklagten, die sich nur in ihrer Überzeugung bestärkt finden, dem ›Klassenfeind‹ ausgeliefert zu sein, als vielmehr die Verteidiger, insbesondere dann, wenn sie die politischen Anschauungen ihrer Klienten nicht teilen und von der Kriminaljustiz herkommend erstmalig einen Blick in einen politischen Strafprozeß tun.

Rechtsanwalt Dr. Arthur Brandt, einer der nichtkommunistischen Verteidiger im Tscheka-Prozeß, hat in einer mit nüchterner Sachlichkeit geschriebenen Broschüre das Verfahren geschildert, auf Grund dessen der Staatsgerichtshof zu drei Todesurteilen und schweren Zuchthausstrafen gelangt ist.[11] Eine Reihe schwerer Verfahrensverstöße von seiten des Vorsitzenden, Senatspräsident

Niedner, und des Gerichts belastete das Verhältnis zwischen dem Gericht und der aus den Rechtsanwälten Dr. v. Bagnato, Dr. Arthur Brandt, Justizrat Victor Fränkl, Dr. Josef Herzfeld, Dr. Georg Löwenthal, Alfred Marschner, Dr. Kurt Rosenfeld, Dr. Artur Samter, Kurt Schindler, Dr. Hubert Simon und Dr. Arthur Wolff bestehenden Verteidigerbank so stark, daß es zu mehreren erregten Auseinandersetzungen kam. So wurden entgegen der zwingenden Vorschrift des § 245 der Strafprozeßordnung von der Verteidigung unmittelbar geladene Zeugen nicht vernommen, ihre Ladung durch das Gericht jedoch abgelehnt. Mehrere Zeugen – darunter der Rechtsanwalt und Landtagsabgeordnete Obuch und der Syndikus Dr. Felix Halle – wurden als »ungeeignetes« oder »wertloses« Beweismittel abgelehnt, weil sie Mitglieder der KPD seien oder der KPD nahestünden. Zahllose Fragen wurden als »ungeeignet«, Beweisanträge als »unerheblich« zurückgewiesen, die, wie Brandt überzeugend darlegt, durchaus sachbezogen und erheblich waren. So wurden Fragen an Belastungszeugen, die ihre politische Einstellung betrafen, als »ungeeignet« zurückgewiesen, obwohl diese Frage natürlich für die Einschätzung der Glaubwürdigkeit eines Zeugen in einem politischen Prozeß von größter Wichtigkeit ist, während andererseits der Vorsitzende alle Angeklagten und einen großen Teil der Zeugen nach ihrer Parteizugehörigkeit, einen Angeklagten, der jede Parteizugehörigkeit bestritt, sogar danach gefragt hatte, wie er bei der letzten Wahl gewählt habe. Die Strafprozeßordnung kennt weder ›unerhebliche‹ noch ›ungeeignete‹ Fragen, beide Zurückweisungsgründe waren unzulässig. Unter den als unerheblich abgelehnten Beweisanträgen befand sich auch der Antrag, einen württembergischen Regierungsvertreter zu vernehmen, der den seine Genossen schwer belastenden Mitangeklagten Neumann auf dem Flur gesprochen und mit ihm einen Händedruck gewechselt hatte.
In diesem Prozeß begegnen wir auch wieder der Figur des geheimen Zeugen, einer für den politischen Strafprozeß typischen Erscheinung, die leider trotz ihrer im Bullerjahn-Prozeß (vgl. S. 192 ff.) nachgewiesenen Fragwürdigkeit bis heute nicht aus dem Gerichtssaal verbannt ist. Der Angeklagte Skobelewsky war durch die Aussage eines Kriminalkommissars erheblich belastet worden, der sich seinerseits auf die Angaben zweier ungenannter Gewährsmänner stützte. Er weigerte sich unter Berufung auf seine Amtsverschwiegenheit, die Namen dieser Gewährsmänner anzugeben. Ein Antrag der Verteidigung, den preußischen Innenminister gerichtsseitig zu ersuchen, dem Zeugen die Genehmigung zur Aussage darüber zu erteilen, welches die Namen seiner Gewährsmänner sind, wurde vom Gericht mit der im Gesetz nicht vorgesehenen Begründung abgelehnt, daß ein solches Ersuchen *gänzlich zwecklos* sei.
Die Beschränkung der Aussagegenehmigung für Vernehmungs-

beamte war schon damals ein beliebtes Mittel, um das Prozeßergebnis zu manipulieren. Während sie im Verfahren gegen Angeklagte von rechts die Aufgabe hatte, die Täter und deren Hintermänner zu decken – so wurde im O.C.-Prozeß dem Untersuchungsrichter Aussagegenehmigung mit der Einschränkung erteilt, daß er nur über die Ermittlungsergebnisse aussagen dürfte, die das Verteidigungsvorbringen der Angeklagten bestätigten (vgl. S. 140) – diente sie in Prozessen gegen links dazu, die Verteidigungsmöglichkeiten der Angeklagten zu beschneiden. Immer dann, wenn von seiten der Verteidiger Fragen gestellt wurden, deren Beantwortung Licht in die fragwürdigen Methoden der Polizei und des Untersuchungsrichters hätte bringen können, beriefen sich die Befragten auf die Beschränkung ihrer Aussagegenehmigung.
Brandt:[12]
Es dürfte immerhin eine Seltenheit sein, daß in einem solchen Prozeß, in dem über Tod und Leben der Angeklagten entschieden werden sollte, das Amtsgeheimnis der württembergischen Polizeibeamten derart ängstlich gehütet wurde, daß die internen Interessen der Polizei höher gelten als Leben und Freiheit etwa unschuldiger Angeklagter.
Auch Spitzel gehören zu den unentbehrlichen Requisiten des politischen Prozesses. Im Tscheka-Prozeß wurden sie sogar noch im Ermittlungsverfahren auf die Beschuldigten angesetzt, indem man sie mit ihnen in eine Zelle zusammenlegte und ein Protokoll über das Ergebnis der Aushorchung aufschreiben ließ. Die Zusammenlegung erfolgte – wie die Verhandlung trotz stärkster Behinderung der um Aufklärung dieser Machenschaften bemühten Verteidiger ergab – auf Weisung des Untersuchungsrichters. Eine der vielen vom Vorsitzenden als ›nicht zur Sache gehörig‹ zurückgewiesenen Fragen lautete, ob es richtig sei, daß der Untersuchungsrichter dem Angeklagten Diener – der nachgewiesenermaßen als Spitzel tätig geworden war – eine Tafel Schokolade mit Brief und Bleistift habe geben lassen.
Brandt berichtet weiter:[13]
Die württembergische Polizei honorierte nicht allein die Spitzel angemessen, sondern vertrat auch den Standpunkt, daß nicht nur zum Kriege, sondern auch zu einem richtigen Ermittlungsverfahren vor allen Dingen Geld gehöre. So bekundete der Angeklagte Poege, daß seiner Frau von der württembergischen Polizei das Reisegeld nach Stuttgart versprochen worden sei, damit sie ihren Mann besuchen könne. Der vernommene Beamte verweigerte auf eine dahinzielende Frage die Aussage... Es dürfte immerhin ungewöhnlich sein, daß die Polizei in so hochherziger Weise den Angehörigen der Angeschuldigten Gelder zur Verfügung stellte. Es geschah freilich nur bei denjenigen Angeschuldigten, die ihre Mitangeklagten und die Partei im Vorverfahren belastet hatten und weiter Bereitwilligkeit zeigten, gegen die Partei auszusagen.

Die Verteidigung konnte eine Fülle gesetzwidriger Maßnahmen während des Ermittlungsverfahrens nachweisen, mit denen der Wille der Angeschuldigten gebrochen werden sollte. Unter Verstoß gegen die Bestimmung des § 116 Abs. 4 StPO wurden die Angeschuldigten Skobelewsky und Margies in der Untersuchungshaftanstalt mehrmals gefesselt. Margies wurde, offenbar im Hinblick auf seine Weigerung, Aussagen zur Sache zu machen, zwei Monate lang in eine Dunkelzelle gesperrt und erhielt in der ganzen Zeit keine frische Wäsche. Die Zelle war voller Ungeziefer. Der Gefängnisdirektor verbot dem Untersuchungshäftling, die Wanzen zu töten. Er sagte als Zeuge: »Wahrscheinlich habe ich verboten, die Wanzen an der Wand zu töten.« Eine andere Möglichkeit blieb dem Angeschuldigten in der fensterlosen Zelle kaum.

Kein Wort der Mißbilligung fand der Staatsgerichtshof gegenüber diesen Ungesetzlichkeiten, die jedem menschlichen Empfinden Hohn sprachen. Derartige Feststellungen gehörten »nicht zur Sache«.[14]

Nach § 238 II StPO entscheidet das Gericht durch Beschluß, wenn eine die Leitung der Verhandlung, die Vernehmung des Angeklagten oder die Aufnahme des Beweises betreffende Anordnung des Vorsitzenden als unzulässig beanstandet wird, ebenso entscheidet es Zweifel über die Zulässigkeit einer Frage (§ 242 StPO). In Gumbels Aufsatz war bereits geschildert worden, wie derartige Beschlüsse gefaßt wurden: »Während der letzte den Saal verläßt, kommt der erste schon wieder herein: der Antrag ist abgelehnt.« Aber es kam noch besser. Als am 24. Verhandlungstag Rechtsanwalt Dr. Löwenthal die Protokollierung eines nach seiner Meinung erheblichen Vorgangs beantragte (ein Zeuge hatte nach Meinung des Verteidigers sich in Widersprüche verwickelt und im Kreuzverhör seine frühere Aussage widerrufen), lehnte der Vorsitzende dies mit den Worten ab:

Das Gericht ist nicht in der Lage, sich jedesmal, wenn es dem Herrn Rechtsanwalt beliebt, von ihm hinausschicken zu lassen.

In einem anderen Fall glückte Niedner folgende Formulierung:

Ich lehne es ab, mich zurückzuziehen.

Brandt:

Eine für jeden Juristen unverständliche Verletzung des Gesetzes.[15]

Alle diese Verfahrensverstöße konnte das Gericht sich nur in der Gewißheit erlauben, daß es in erster und letzter Instanz entschied, so daß kein übergeordnetes Gericht das Verfahren überprüfen und das Urteil gegebenenfalls aufheben konnte. Den Höhepunkt bildete ein durch ständigen, rigorosen Wortentzug und prozeßordnungswidrige Versagung der erbetenen Gerichtsbeschlüsse provozierter Zusammenstoß der Verteidigung mit dem Vorsitzenden, bei dem einer der Anwälte auf Anweisung des Vorsitzenden durch zwei Polizeibeamte aus dem Saal entfernt wurde. Mit dieser Maßnahme überschritt der Vorsitzende seine Kompetenzen in so offensichtlicher Weise, daß die Öffentlichkeit

empfindlich reagierte. Brandt gibt den ganzen Vorgang nach einem stenographischen Protokoll wie folgt wieder:[16]
Rechtsanwalt Samter: Ich beantrage, folgendes zu protokollieren und werde den schriftlich formulierten Antrag dem Gericht überreichen: »Die nachstehend genannten Verteidiger, die in dem Verhalten des Herrn Vorsitzenden (der zuvor mehrmals Verteidigern das Wort entzogen und die Anhörung einer gemeinsamen Erklärung der Verteidiger davon abhängig gemacht hatte, daß sie keine Kritik an der Verhandlungsführung enthalte; d. Verf.) sowohl eine unzulässige Beschränkung der Verteidigung als auch eine schwere Verletzung der Rechte der Anwaltschaft . . .
Vorsitzender: Ich entziehe Ihnen das Wort.
Rechtsanwalt Samter fortfahrend: — erblickt haben, sind durch die Wortentziehung —
Vorsitzender: Ich entziehe Ihnen das Wort. Ich unterbreche die Verhandlung.
Als der Staatsgerichtshof nach einer längeren Pause wieder den Saal betrat, übergab Rechtsanwalt Dr. Samter die vor Abgang des Gerichtshofes verlesene Erklärung dem Gerichtsschreiber.
Vorsitzender: Der Herr Rechtsanwalt Samter hat, trotzdem das Gericht die Wortentziehung ausgesprochen hatte, eine Erklärung zum Teil verlesen und diese Erklärung dann dem Gerichtsschreiber übergeben. Ich ersuche den Herrn Protokollführer, dieses Schriftstück dem Herrn Rechtsanwalt Samter wieder zurückzugeben.
Der Protokollführer gibt die Erklärung zurück.
Rechtsanwalt Samter: Ich verweigere die Annahme dieses Schriftstücks, da es sich um einen ordnungsgemäßen Antrag handelt.
Vorsitzender: Ich entziehe Ihnen das Wort.
Rechtsanwalt Samter legt den schriftlichen Antrag auf den Tisch des Gerichtsschreibers zurück.
Rechtsanwalt Samter: Ich muß die Rücknahme dieses Schriftstückes verweigern, weil —
Vorsitzender: Sie überreichen trotz meines Verbotes die Erklärung wieder dem Protokollführer. Ich fordere hiermit kraft meines Hausrechts den Herrn Rechtsanwalt Samter auf, den Saal zu verlassen.
Rechtsanwalt Samter: Ich weigere mich pflichtgemäß, dieser Aufforderung Folge zu leisten. Ich vertrete hier die Interessen meiner Klienten und muß mich weigern, den Saal zu verlassen.
Nachdem Reichsanwalt Neumann sich zustimmend zu der Maßnahme des Vorsitzenden geäußert hat, ersucht dieser den Verteidiger »zum letzten Mal«, den Saal zu verlassen.
Rechtsanwalt Brandt: Ich bitte ums Wort.
Vorsitzender: Ich kann in diesem Augenblick keine andere Erklärung annehmen. Ich gebe Ihnen das Wort jetzt nicht.
Rechtsanwalt Brandt: Ich erbitte das Wort zu einem Antrag. Nach der Strafprozeßordnung müssen Anträge jederzeit zugelassen werden. Das Reichsgericht hat entschieden, daß zu Anträgen niemals das Wort ent-

zogen werden darf. Wenn Sie, Herr Präsident, die Entscheidungen des Reichsgerichts absichtlich ignorieren wollen, so stelle ich es anheim. Dann verlasse auch ich den Saal.
Vorsitzender: Ich habe gesagt, ich werde Ihnen das Wort erteilen. Mitten in meiner Rede brauche ich Ihnen das Wort nicht zu geben.
Rechtsanwalt Brandt: Sie hatten bereits geendet. Ich muß das Wort zu meinem Antrag jetzt erhalten. (Brandt wollte einen Beschluß des Gerichts über die Maßnahme des Vorsitzenden beantragen; d. Verf.)
Vorsitzender: Herr Rechtsanwalt Samter, ich fordere Sie zum letzten Male auf, kraft meines Amtes als Vorsitzender des Gerichtshofes zum Schutze der Republik, den Saal zu verlassen. (Da Rechtsanwalt Samter auf seinem Platze bleibt) — Ich ersuche zwei Schutzpolizeibeamte, den Herrn Rechtsanwalt Samter hinauszuführen.
Justizrat Fränkl: Zunächst verläßt die Verteidigung den Saal.
Vorsitzender: Rechtsanwalt Samter ist abzuführen. (Zwei Schutzpolizeibeamte gehen auf den am Verteidigungstische sitzenden Rechtsanwalt Dr. Samter zu, fassen ihn beide an Arm und Schulter und führen ihn, ohne Widerstand zu finden, aus dem Saale.)

Die Gesetzwidrigkeit der vom Vorsitzenden des Staatsgerichtshofs gegen Rechtsanwalt Dr. Samter getroffenen Maßnahme ist in einem an den Reichsjustizminister gerichteten Protestschreiben des Deutschen Anwaltsvereins sowie in mehreren Aufsätzen namhafter Juristen festgestellt worden. Uns interessierte die Szene hier mehr als Illustration der Atmosphäre eines politischen Strafprozesses gegen Angeklagte von links, bei dem ein um die vermeintliche Autorität des Gerichts mehr als um die Regeln des Prozeßrechts besorgter Vorsitzender ein Schauspiel lieferte, dessen Peinlichkeit nur noch von Roland Freisler in seiner Eigenschaft als Präsident des Volksgerichtshofs übertroffen worden ist. Das Reichsgericht ließ sich später einen anderen — juristisch nicht weniger anfechtbaren — Weg einfallen, um mißliebige Verteidiger auszuschließen. Es beschuldigte Rechtsanwälte, die der KPD angehörten, daß sie der Teilnahme an dem hochverräterischen Unternehmen verdächtig seien, das den Anklagevorwurf bilde. Dazu schreibt Alfred Oborniker in der ›Justiz‹:[17]
Die unhaltbare Rechtsprechung des Reichsgerichts, wonach jeder kommunistische Funktionär — konsequent: jeder Kommunist — Hochverräter ist, führt dazu, daß Kommunisten in politischen Prozessen nicht von parteigenössischen Anwälten vertreten werden dürfen, sondern von Parteigegnern.

Rechtsanwalt Brandt kam in seiner Würdigung des Tscheka-Prozesses zu der abschließenden Feststellung:[18]
Das diesem Urteil vorangegangene Verfahren ist keine ausreichende Grundlage für eine objektive Feststellung, kann es nicht sein, weil es eine einzige Kette von Rechtsverstößen darstellt.
Und über den politischen Effekt des Urteils:[19]
Es gibt kein besseres Agitationsmaterial als diese drakonischen Stra-

fen, keine stärkere Werbekraft als das Märtyrertum. Durch solche Urteile schützt man die Republik nicht, sondern man beschwört Gefahren herauf, die längst nicht mehr bestanden.
Der sozialdemokratische Abgeordnete Dittmann – ehemaliger Volksbeauftragter von 1918 – sagte am 9. 12. 1927 im Reichstag:[20]
Herr Niedner ist heute der Propagandachef der kommunistischen Partei. Niemand im Lande macht mehr Propaganda für die Kommunistische Partei als Herr Niedner, (Sehr richtig! Bei den Sozialdemokraten) und die Kommunistische Partei sollte ihn zum Dank dafür an die Spitze ihrer nächsten Reichsliste setzen.
In Wahrheit machte er nicht nur für die Kommunisten, sondern in erster Linie für die Nazis Propaganda, die im Schutze wohlwollender Behandlung durch die Reichsanwaltschaft ihre eigene Mördergesinnung, der noch Millionen von Menschen zum Opfer fallen sollten, hinter der Entrüstung über den vereinzelten Spitzelmord der Tscheka-Gruppe tarnen konnten. Sie, die am wenigsten legitimiert waren, sich über Gewalttaten anderer zu empören, forderten am lautesten, die ganze Kommunistische Partei als Mörderbande außerhalb der Gesetze zu stellen:
Was für Folgerungen muß man logischerweise daraus ziehen: 1. die Parteileitung der KPD wird als Mittäter bezw. Mitwisser vor Gericht gestellt. 2. Die KPD wird als Partei, die nicht nur Mord predigt und ausführt, verboten, verfolgt und die Zugehörigkeit zu ihr bestraft...
Wieder ist einwandfrei festgestellt, daß das Revolutionskomitee in Moskau direkt an dem Mord beteiligt ist, und doch hat noch keine Regierung der europäischen Kulturstaaten auch nur einen Protest an die bei ihnen beglaubigten Vertreter der Moskauer Mordbande gesandt. Im Gegenteil – sie drücken ihnen nach wie vor die Hand.[21]
Die ›Modernität‹ solcher Gedanken sollte uns nicht dazu verleiten, sie für ein Zeichen demokratischer Gesinnung zu halten.
Sieben Jahre später machte der in Leipzig zum Tode verurteilte und später begnadigte Hauptangeklagte Neumann, der als Kronzeuge der Reichsanwaltschaft fungiert und den von ihm begangenen Mord als Auftragsarbeit der Moskauer Parteizentrale hingestellt hatte, noch einmal von sich reden. Der ›Vorwärts‹ vom 7. 2. 1932 berichtete über einen Artikel von Joseph Goebbels, in dem General von Schleicher gelobt worden war, weil er die Nazis für legal erklärt und ihren Eintritt in die Reichswehr ermöglicht habe. Goebbels erwähnte in diesem Artikel den Parteigenossen Felix Neumann und nahm ihn gegen Angriffe der ›Volkszeitung‹ in Schutz. »Sie schreit und geifert darüber, daß Pg. Neumann, der einst als aktiver Kommunist einen Spitzel liquidieren half, als Redner für die NSDAP angekündigt wird.« Dazu der ›Vorwärts‹: Tscheka-Neumann paßt ausgezeichnet zum Fememörder Heines! Er ist ein lebender Beweis dafür, wie legal die NSDAP ist, und wie würdig und geeignet ihre Anhänger für die Reichswehr sind!

GESINNUNGSJUSTIZ

Der Fall Max Hölz und der Tscheka-Mord waren sozusagen ›handfeste Sachen‹. Sie sind, ähnlich wie der Münchener Geiselmord, von der Rechten jahrelang im Bewußtsein der Öffentlichkeit lebendig erhalten worden, um Kommunismus mit Mordbrennerei und Banditentum gleichsetzen zu können. Auch sonst hat die KPD der frühen zwanziger Jahre, von russischen Beratern auf Grund fehlerhafter Situationsanalysen zu putschistischen Abenteuern angestachelt, der Justiz manchen griffigen Ansatzpunkt geboten, so daß die Kritik der Rechtsprechung sich hier vielfach darauf beschränken muß, die Ungleichmäßigkeit der Rechtsanwendung gegen links und rechts zu rügen. Aber die Justiz fand auch über die mit dem Hamburger Aufstand vom Oktober 1923 endende putschistische Periode der KPD hinaus Wege, jede Betätigung im Sinne der kommunistischen Parteiziele, die zur Anklage kam, zu bestrafen. Die juristischen Grundlagen der strafrechtlichen Verfolgung von Kommunisten waren in erster Linie § 86 StGB (Vorbereitung des Hochverrats) und § 7 Nr. 4 RepSchG. Nach der letztgenannten Bestimmung wurde mit Gefängnis von 3 Monaten bis zu 5 Jahren, in besonders schweren Fällen mit Zuchthaus bestraft,
wer an einer geheimen oder staatsfeindlichen Verbindung (§§ 128, 129 des StGB), die die Bestrebung verfolgt, die verfassungsmäßig festgestellte republikanische Staatsform des Reiches oder eines Landes zu untergraben, teilnimmt, oder sie oder im Dienste ihrer Bestrebungen ein Mitglied mit Rat oder Tat, insbesondere durch Geld unterstützt.

Das Reichsgericht und der beim Reichsgericht gebildete Staatsgerichtshof haben diese Bestimmungen so extensiv ausgelegt, daß sämtliche Funktionäre der KPD allein wegen ihrer Tätigkeit im Sinne der revolutionären Zielsetzung ihrer Partei strafbar waren. Damit zog sich die Rechtsprechung den Vorwurf zu, nicht *Handlungen*, sondern *Gesinnungen* zu bestrafen. Auch der Grundsatz, daß eine Bestrafung wegen Vorbereitung zum Hochverrat (§ 86 StGB) ein *bestimmtes* hochverräterisches Unternehmen und nicht ein in nebelhafter Ferne liegendes voraussetzte, wurde mehr und mehr ausgehöhlt. Jahrelang hat das Reichsgericht Kommunisten wegen der Vorbereitung eines angeblich bestimmten hochverräterischen Unternehmens verurteilt, ohne sich im mindesten dadurch irritieren zu lassen, daß dieses vom Reichsgericht immer wieder vorausgesagte Unternehmen tatsächlich nie ›unternommen‹ wurde. Im Gegenteil, es machte sich in den späteren Jahren die Feststellung, daß die KPD ein bestimmtes hochverräterisches Unternehmen plane, dadurch leicht, daß es dies unter Bezugnahme auf frühere eigene Urteilsfeststellungen – die, was den Eintritt des vorausgesagten hochverräterischen

Unternehmens anbelangt, inzwischen durch die Geschichte widerlegt waren – als gerichtsbekannt und damit keines Beweises mehr bedürftig behandelte.

Diese schon in sich fragwürdige Annahme eines bestimmten hochverräterischen Unternehmens diente nun als Grundlage, um praktisch jede politische Betätigung von Kommunisten mit Strafe zu belegen. So wurden Verleger, Redakteure, Verfasser, Drucker und Setzer kommunistischer Schriften sowie Buchhändler, die in ihrem Sortiment sozialistische Literatur führten, wegen »literarischen Hochverrats« bestraft; ja, sogar ein Rezitator revolutionärer Texte wurde zum Hochverräter gestempelt (vgl. das Kapitel »Justiz gegen Literatur und Kunst«). So kam es zu Urteilen wie dem folgenden vom 7. 7. 1926, in dem das Reichsgericht einen der KPD angehörenden Buchhalter wegen Vorbereitung des Hochverrats verurteilte, weil er sich als Mieterobmann (!) betätigt hatte:[22]

Die KPD verfolgt auch mit dem Eingreifen in die Mieterbewegung und deren Organisation letzten Endes ihre hochverräterischen Pläne, indem sie dadurch die Mieter zu sich hinüberzuziehen und ihren Bestrebungen gefügig zu machen sucht...

Die KPD in ihrem Funktionärskörper war in der kritischen Zeit als eine staatsfeindliche Verbindung im Sinne des § 7 Ziffer 4 des RepSchG und des §)129 StGB anzusehen. Denn sie war... bereit und gewillt und hatte somit auch den Zweck, gewaltsam, also mit ungesetzlichen Mitteln, sich solchen Maßregeln der Verwaltung und der Vollziehung solcher Gesetze entgegenzustellen, die bestimmt sein sollten, die Erreichung ihres Zieles der Aufrichtung der Räterepublik zu verhindern. Daß es sich dabei schon um bestimmte Maßregeln und Gesetze handelt, ist nicht erforderlich.

Dazu Alfred Oborniker, Rechtsanwalt beim Kammergericht Berlin:[23]

Mit diesem Schlußsatz gibt das Reichsgericht seine frühere... Auslegung des Gesetzes preis, daß das zur Bestrafung nach § 86 StGB erforderliche hochverräterische Unternehmen, das vorbereitet werden soll, ein ganz bestimmtes sein muß. Es verläßt den festen Boden, die rechtsstaatlichen Grundlagen des Strafrechts, das nur bestimmte Handlungen und deren Unternehmen straft. Es macht aus dem § 86 ein reines Gesinnungsdelikt... Es unterbindet damit bewußt die politische Tätigkeit, ja darüber hinaus sogar jede soziale Tätigkeit einer einzelnen Partei.

In einem Urteil des Reichsgerichts (4. Strafsenat) vom 5. 7. 1926 gegen Herpoldt und Genossen heißt es:[24]

Der Angeklagte H. ist ferner Mitglied des Funktionärskreises der KPD gewesen, die eine geheime und staatsfeindliche Verbindung darstellt (§§ 128, 129 StGB), welche bestrebt ist, die verfassungsmäßig festgestellte republikanische Staatsform des Reichs und der Länder zu untergraben. Er hat sie und im Dienste ihrer Bestrebungen ihre Mit-

glieder durch Rat und Tat unterstützt. Infolgedessen hat er sich gegen § 7 Nr. 4 RepSchGes. vergangen.
Dazu äußert sich Alfred Oborniker:[25]
Kein weiteres Wort der Begründung hierzu findet sich in dem Urteil. Die bloße *Funktionärstätigkeit* genügt dem Reichsgericht zur Bestrafung. Ungezählte Tausende von Kommunisten — alle Bezirks-, Gruppenführer, Kassierer, Revisoren, Schriftführer der Abteilungen — müßten hiernach bestraft werden. Wenn dies unterlassen wird, so nur deshalb, weil man sich vor seiner eigenen Rechtsprechung und ihren Folgen fürchtet ...
Paul Levi in seiner Reichstagsrede vom 22. 2. 1927:[26]
Ich erwarte nur die Zeit, wo ein Kommunist wegen Hochverrats ins Zuchthaus kommt, weil er Kinder gezeugt hat mit dem Gedanken, dadurch der Roten Armee neue Soldaten zu geben.
Auch der Hamburger Rechtslehrer Prof. Dr. Moritz Liepmann warf dem Reichsgericht in einem Rechtsgutachten vor, daß es nicht Tatbestands*handlungen*, sondern eine politische Glaubensmeinung bestrafe.[27]
Kein Wunder, daß danach ganz gleichgültig ist, ob man untergeordnet für die Ziele der KPD eintritt, daß man Aufzeichnungen registriert, bloße Botendienste für die Partei übernimmt oder einen »Lehrgang über den Bürgerkrieg« abhält. Ja sogar das Schreiben von Briefen mit kommunistischen Zielen, selbst wenn nicht einmal feststeht, daß sie ihren Adressaten erreicht haben, der Besitz der »Roten Fahne«, einer »Betriebszellenzeitung« und des Kommunistischen Manifestes von 1848 (!) werden als Argumente für das Vorliegen eines Deliktstatbestandes verwertet. »Ob der Zweck jemals erreicht oder auch nur ernstlich zu erreichen versucht wird, ist unerheblich.« So zu lesen in der neuesten Auflage des Frank'schen Kommentars zu § 129 unter Berufung auf E 13,273. Ein deutlicheres Beispiel für Verwilderung des Rechtsgefühls ist nicht zu denken: die Bestrafung eines Menschen lediglich auf Grund dessen, was in der Zukunft, vielleicht »eintretendenfalls«, bei revolutionären Unruhen — nicht etwa von ihm — sondern von seinen Parteigenossen an gewaltsamen Handlungen erwartet werden kann. Und ein solches obrigkeitliches Angst- und Phantasieprodukt bildet die alleinige Rechtsbasis dafür, daß Hunderte von Staatsbürgern im Namen des »Reiches« oder des »Volks« Jahr für Jahr in unsere Gefängnisse geschickt werden.
Nach einer unvollständigen Statistik wurden allein vom 1. Januar 1924 bis August 1925, also in einem Zeitraum von 16 Monaten, 6349 Arbeiter zu insgesamt 4672 Jahren Freiheitsstrafe und Geldstrafe von 267 000 RM verurteilt.[27a] Im einzelnen: 1108 Jahre Zuchthaus, 1114 Jahre Festungshaft und 2350 Jahre Gefängnis. Eine Interpellation der kommunistischen Reichstagsabgeordneten Stoecker und Genossen nannte für 4 Monate des Jahres 1924 folgende Zahlen von Verurteilungen wegen kommunistischer Betätigung:[28]

Juli: 70 Jahre 9 Monate Zuchthaus
7 Jahre 9 Monate Gefängnis
2 Jahre Festung
Geldstrafen: 500 RM
August: 58 Jahre Zuchthaus
26 Jahre 10 Monate Gefängnis
Geldstrafen: 5100 RM
September: 81 Jahre 7 Monate Zuchthaus
121 Jahre 5½ Monate Gefängnis
Geldstrafen: 5150 RM
Oktober: 34 Jahre Zuchthaus
39 Jahre 4 Monate Gefängnis
78 Jahre 5 Monate Festung
Geldstrafen: 52 490 RM

Der kommunistische Abgeordnete Dr. Korsch* nannte in der Reichstagssitzung vom 11. 3. 1925[29] folgende Zahlen für die letzten drei Monate: 278 Prozesse mit 1694 Angeklagten:
253 Jahre 10 Monate Zuchthaus
506 Jahre 3 Monate Gefängnis
11 Jahre 1 Monat Festung
78 000 RM Geldstrafe

Über die Verhältnisse in den Strafanstalten sagte Korsch:[30]
Die Zellen sind fast alle überbelegt. Wo ein Gefangener drin sein sollte, sind drei darin ... Die gemeinsamen Schlafsäle sind belegt mit 50 bis 60 Gefangenen, die in der Nacht eingeschlossen und sich selbst überlassen werden: im Namen des Erziehungsgedankens und der Humanität. Die Wärter fürchten sich, gelegentlich einen solchen Saal zu betreten ...
Ich will hier eine Verordnung über den Strafvollzug gleich mitbesprechen, die ein besonderes Interesse für dieses Haus haben muß, eine Verordnung, die in dem Musterlande Baden ergangen ist, über das der demokratische Abgeordnete Dr. Haas im Ausschuß gesagt hat, daß es dort keine Klassenjustiz mehr gäbe. (Lachen bei den Kommunisten) Ich habe hier eine Verordnung, die folgendes vorschreibt:
Das Ministerium der Justiz und des Kultus sieht sich veranlaßt, auch durch Rücksprache mit dem Ministerium des Innern, daß in bezug auf die *kommunistischen Untersuchungsgefangenen*, ebenso auch die Strafgefangenen, die schärfsten zulässigen Hausstrafen Anwendung zu finden haben, denn nur dadurch kann auf Außenstehende eine moralische Wirkung erzielt werden.
Also um auf die Außenstehenden der Kommunistischen Partei, ihre

---

* Prof. Dr. jur. Karl Korsch (1886–1961), 1919 Eintritt in die USPD, 1921–1926 KPD, 1923 Justizminister der sozialdemokratisch-kommunistischen Koalitionsregierung in Weimar, 1924–1928 MdR, seit 1923 Ordinarius der Juristischen Fakultät in Jena, Hauptwerk: »Marxismus und Philosophie« (1923); 1933 Flucht nach Dänemark, später Emigration in die USA; Freundschaft und Zusammenarbeit mit Bertolt Brecht.

Angehörigen, ihre Frauen und Kinder eine »moralische Wirkung«
auszuüben — was ist das wohl für eine Moral? —, werden die schärfsten Hausstrafen nach Anweisung der Ministerien gegen die kommunistischen Gefangenen angedroht und angewendet.
Der Abgeordnete Dr. Kahl (DVP) hatte in derselben Sitzung
des Reichstages ausgeführt:[31]
Der unmittelbare Kampf gegen Staats- und Rechtsautorität wird heute
vor allem durch das systematisch betriebene und organisierte Verbrechen des Hochverrats geführt. Sicher darf in der Abwehr des Hochverrats und in den Formen seiner Bekämpfung auch auf seiten der
Richter niemals der Maßstab der Gerechtigkeit aus der Hand gelegt
werden. Aber ein scharfes Zugreifen des Staates gegen diese hochverräterische, verbrecherische Erschütterung der Staats- und Rechtsautorität ist notwendig. (Sehr wahr! bei der Deutschen Volkspartei)
Es ist überhaupt einmal die Frage aufzuwerfen, ob Vereinigungen,
welche mit zynischer Offenheit den gewaltsamen Umsturz der bestehenden Staatsordnung als ihr Programm verkünden und täglich praktisch betreiben, überhaupt noch als eine politische Partei anzuerkennen
sind, (Sehr gut! bei der Deutschen Volkspartei) als eine Partei, welche
Vertretungsrechte in der Volksvertretung besitzt. Denn die Aufgabe
der Volksvertretung ist, den Staat zu erhalten, und nicht, den Staat
zu zerstören. Die entschlossene Abwehr fordern wir gegen dieses
hochverräterische Treiben... Sie benutzen nur die Wohltaten der
Verfassung, wo sie Ihnen zustatten kommt, um Ihre eigenen dunklen
Zwecke zu verfolgen. (Lebhafte Zustimmung rechts und in der Mitte)
Und wenn das so ist, dann müssen Sie es sich auch gefallen lassen
— und ich halte es für meine Pflicht, daß ganz offen ausgesprochen
wird: der Kommunismus ist der Todfeind des Staates und der Rechtsautorität, und den müssen wir mit den Mitteln des Rechts bekämpfen. (Lebhafter Beifall rechts und in der Mitte. — Zuruf von den
Kommunisten: Mit den Mitteln des Rechts!)
Dieser Stellungnahme eines Konservativen möge die Ansicht
Hugo Sinzheimers folgen:[32]
Wir sind in keiner Weise einer kommunistischen Grundgesinnung
verdächtig, wir halten ihr Ziel und ihre Mittel für verfehlt. Wir sehen
den Aufstieg der Arbeiterklasse in ganz anderer Weise vor uns, als
wie der Kommunismus dies will. Aber darum handelt es sich hier
nicht. Es handelt sich hier darum, daß sich das Recht nicht in den
Dienst des politischen Kampfes stellen darf. Dies geschieht aber, wenn
auch vielleicht unbewußt, durch eine Rechtsprechung, die in ihrer innersten Absicht von dem Willen geführt wird, mit rechtlichen Mitteln
kommunistische Gesinnung und Betätigung zu unterdrücken. Hüten
wir uns vor dem Glauben, daß nur sog. staatserhaltende Ordnungsparteien rechtlich da sein dürfen und sollen! Eine jede Zeit braucht
ihren radikalen Widerspruch. Eine jede Zeit braucht Schärfung ihres
Gewissens. Eine jede Zeit braucht Ketzer, Aufklärer, Sozialisten und
Kommunisten. Denn nur dadurch schreiten wir voran auf der Bahn

einer steten Verbesserung unserer menschlichen Zustände, die im Sumpfe erstarren, wenn nicht das ewige Gärungsprinzip in ihnen wirkt.

DIE »ROTE HILFE« UND IHR STAATSGEFÄHRDENDES KINDERHEIM

Zu den schlimmsten Unrechtspraktiken der Nationalsozialisten gehörte die sogenannte Sippenhaft. Der Gedanke, daß man aus Gründen der ›Abschreckung‹ nicht nur den eigentlichen Täter, sondern auch seine Familienangehörigen leiden lassen müsse und dürfe, entspricht einer Geisteshaltung, für die der Mensch lediglich Mittel zu beliebigen staatlichen Zwecken ist. Diese Denkweise liegt bis zum heutigen Tage einem Strafrecht zugrunde, das nicht auf Resozialisierung des Verbrechers und Sicherung der Gesellschaft angelegt ist, sondern einem abstrakten Prinzip der Sühne und Vergeltung huldigt. Jede Strafe, die den Verurteilten seinen Angehörigen entzieht – sei es durch Freiheitsentzug oder durch Hinrichtung – und diese öffentlicher Fürsorge und Diffamierung überläßt, straft die Familie mit. Man nimmt dies bis auf den heutigen Tag als eine notwendige Folge der Strafe achselzuckend in Kauf, aber oft genug wird gerade gegenüber politischen Überzeugungstätern der Haß sichtbar, dem dieses Schicksal der Familie als eine zusätzliche Härte für den Verurteilten durchaus erwünscht ist. Besonders entlarvend waren und sind alle unter dem Schein des Rechts unternommenen Versuche, Hilfsmaßnahmen für die Angehörigen politisch Verurteilter zu unterbinden.

In der Weimarer Republik existierte eine überparteiliche Hilfsorganisation der deutschen Arbeiterschaft, die »Rote Hilfe«, die den aus politischen Gründen angeklagten oder verurteilten Personen und deren Angehörigen in bescheidenem Umfang Unterstützung gewährte. Die Organisation setzte sich auch in politischen Aktionen für eine Amnestie der politischen Gefangenen ein und führte einen grundsätzlichen Kampf gegen die reaktionäre Justiz und gegen willkürliche Polizeiverfolgungen. Auch trat sie für grundlegende Verbesserungen des Strafvollzugs ein. Dieses Wirken nahm die Justiz zum Anlaß, die »Rote Hilfe« als eine geheime und staatsfeindliche Verbindung anzusehen und ihre Funktionäre wegen Vorbereitung zum Hochverrat zu verfolgen. Auch die Sammeltätigkeit der Organisation, ohne die ihr eine praktische Arbeit natürlich völlig unmöglich gewesen wäre, wurde durch Versagung von Sammlungsgenehmigungen auf Grund alter, aus dem kaiserlichen Obrigkeitsstaat stammender Rechtsvorschriften systematisch unterbunden.

Aus einem Strafbefehl des Amtsgerichts Arnstadt vom 26. 2. 1925:[33]

Der Thüringische Amtsanwalt beschuldigt Sie, am 25. Januar 1925 in Arnstadt für die »Rote Hilfe« von Haus zu Haus eine Geldsammlung veranstaltet zu haben, ohne im Besitz der dazu erforderlichen Erlaubnis zu sein. Übertretung strafbar nach der ehemaligen Schwarzburg-Sonderhäuser Ministerialverordnung, die Veranstaltung von Hauskollekten betreffend, vom 4. Juni 1889.

Oder eine Verfügung des Stuttgarter Polizeipräsidenten vom 11. März 1926:[34]

Die von der »Roten Hilfe«, Bezirk Württemberg, und anderen kommunistischen oder unter kommunistischem Einfluß stehenden Organisationen für Freitag den 12. März 1926, abends $^1/_2$ 8 Uhr, in den Schwabenbräu, Cannstatt, und für denselben Tag, abends 8 Uhr, in Franks Saalbau einberufenen öffentlichen Versammlungen verbiete ich auf Grund des § 1 des Vereinsgesetzes vom 19. April 1908 (RGBl. S. 151). Die Rote Hilfe ist eine kommunistische Hilfsorganisation, deren Hauptaufgabe es ist, die Familien von politischen Flüchtlingen und Gefangenen und diese selbst mit Rat und Tat zu unterstützen. Dadurch soll erreicht werden, daß die Mitglieder der KPD in ihrem Entschluß, sich für die hochverräterischen Ziele des erstrebten gewaltsamen Umsturzes einzusetzen, gefördert und gestärkt werden. Die Rote Hilfe leistet auf diese Weise praktische Hilfsarbeit für die Revolution; ihre Organisation und Betätigung stellt eine Vorbereitungshandlung zum Hochverrat dar. Die zur Förderung und Unterstützung der Organisation und Tätigkeit der Roten Hilfe geplanten öffentlichen Versammlungen würden daher ihrem Zweck nach gegen das Strafgesetz verstoßen.

Der württembergische Innenminister Dr. Bolz – er ist nach dem 20. Juli 1944 von Hitlers Justiz hingerichtet worden – wies die Beschwerde des Deutschen Metallarbeiterverbandes und anderer Organisationen gegen dieses Verbot zurück und nahm auf einen Beschluß des 4. Strafsenats des Reichsgerichts vom 16. 2. 1926 Bezug, in dem die »ungesetzlichen Bestrebungen« der Roten Hilfe gekennzeichnet seien. In diesem Beschluß sagte das Reichsgericht über die Ziele der »Roten Hilfe«:[35]

Es ist zwar danach eine der Aufgaben der R. H., in Untersuchungshaft befindliche Parteimitglieder und deren Angehörige mit Geldmitteln, Kleidungsstücken usw. zu unterstüzen. Mit dieser Unterstützung wird aber der Zweck verfolgt, der *»Entmutigung« vorzubeugen,* welche »die Not der Familien« Inhaftierter »in die Reihen der Arbeiterklasse trägt«.

Dazu Felix Halle:[36]

Die Ausführungen der von uns angegriffenen Entscheidung des Reichsgerichts setzen logisch voraus, daß der Staat bezweckt, durch die Not der Familien wegen politischer Handlungen Inhaftierter Entmutigung in die Reihen der Arbeiterklasse zu tragen, denn nur wenn durch eine Organisation ein Staatszweck vereitelt wird, kann eine strafbare Tätigkeit der Vereinigung angenommen werden. Es entspricht wohl der faschistischen Staatsauffassung — die an die Prinzipien des Machiavell anknüpft — es für einen Staatszweck zu erklären, »durch die Not der Familien der politischen Gefangenen Entmutigung in die Reihen der Arbeiterklasse zu tragen«. Ein solcher Staatszweck mag aus der Herrenmoral des Absolutismus zu begründen sein. Für die demokratische Staatslehre ist eine auf solche Art erzielte — oder nur angenommene Entmutigung eines Teils der Bevölkerung überhaupt kein Rechtsgut, es ist kein Zweck, der auf einen strafrechtlichen Schutz Anspruch erheben kann.

Zu den nach Auffassung des Reichsgerichts strafbaren — weil einer Entmutigung der Arbeiterklasse vorbeugenden — Betätigungen der »Roten Hilfe« gehörte auch der Betrieb von zwei Erholungsheimen für Kinder. Eines dieser Heime, der »Barkenhoff« in Worpswede, wurde vom Landrat in Osterholz durch Verfügung vom 2. Februar 1925 mit folgender Begründung geschlossen:[37]

Es ist als einwandfrei festgestellt anzusehen, daß die auf dem »Barkenhoff« zur Erholung untergebrachten schulpflichtigen Kinder andauernd und nachteilig in der Richtung beeinflußt werden, daß sie zum Haß gegen den gegenwärtigen Staat und die derzeitige Staatsform sowie zu deren Umsturz erzogen werden. Da durch diese Beeinflussungen im Innern der schulpflichtigen Kinder Anschauungen, die zu einem die staatliche Ordnung gefährdenden Verhalten zu führen geeignet sind, wachgerufen und befestigt werden, liegt in dieser Art der Erziehung eine Gefahr für die Erhaltung der öffentlichen Ruhe, Sicherheit und Ordnung. Da ich als Ortspolizeibehörde die nötigen Veranstaltungen zur Aufrechterhaltung der öffentlichen Ruhe, Sicherheit und Ordnung zu treffen habe, muß ich gegen diese Ausübung der Erziehung vorgehen. Ich mache Ihnen demgemäß die Auflage, dafür zu sorgen, daß

1. die jetzt auf dem Barkenhoff untergebrachten Kinder spätestens acht Tage nach Zustellung dieser Verfügung den Barkenhoff verlassen haben und
2. künftig jede weitere Aufnahme schulpflichtiger Kinder auf dem Barkenhoff unterbleibt.

Gleichzeitig drohe ich Ihnen für den Fall der Nichtbeachtung dieser Auflagen eine Zwangsstrafe von 150 Reichsmark an, die erforderlichenfalls im Verwaltungszwangsverfahren beigetrieben wird. Ferner kündige ich Ihnen an, daß ich etwaige verbotswidrig in den Barkenhoff aufgenommene schulpflichtige Kinder auf dem Wege polizeilichen Zwangs in ihre Heimat wieder abschieben lassen werde.

Dazu Felix Halle:[38]

Ein Kulturbild aus einer modernen »demokratischen« Republik, das bedenklich an Vorkommnisse erinnert, wie sie im zaristischen Rußland alltäglich waren. Das Preußische Ministerium des Innern konnte sich auf die Vorstellungen von parlamentarischer Seite nicht verschließen, daß die Maßnahmen der ihm unterstellten Behörden selbst

in der reaktionären Rechtsprechung der obersten Gerichte aus der Zeit der Monarchie keine Stütze fanden. So hatte das Reichsgericht unter der Monarchie entschieden, daß die Erziehung eines Kindes durch den Vater in einer revolutionären, d. h. den bestehenden Staat verneinenden Weise, keine strafbare Handlung, insbesondere keine Aufforderung oder Vorbereitung zum Hochverrat darstelle. Das Reichsgericht hatte damit anerkannt, daß die Erziehung aus einer bestimmten Weltanschauung heraus in das Gebiet der sogenannten staatsfreien Sphäre falle, die in einem modernen »bürgerlichen Rechtsstaat« dem freien Ermessen des einzelnen Staatsbürgers überlassen bleiben müsse. Es sollte außer jedem Zweifel stehen, daß eine Wohlfahrtseinrichtung, welche die Erziehung für die verhinderten Eltern übernimmt, berechtigt, wenn nicht sogar verpflichtet sein soll, die Erziehung in dem Sinne zu leiten, wie sie der Weltanschauung der Erziehungsberechtigten entspricht. Jede andere Auffassung führt zurück zu der Praxis der Machthaber früherer Zeiten, welche die Kinder ihrer politischen Gegner, soweit sie freiheitlichen Auffassungen huldigten, in ein Kloster überführen ließen und dort die Erziehung entgegen dem Willen der Eltern durchführen ließen.
Es blieb der politischen Justiz der Bundesrepublik vorbehalten, durch Bestrafung der bei der Aktion »Frohe Ferien für alle Kinder« mitwirkenden Frauen das zu vollziehen, was selbst die reaktionäre Justiz der Weimarer Republik nicht in dieser Konsequenz gewagt hat. Damals schützte ein Wall demokratisch gesinnter Persönlichkeiten von internationalem Ruf die Hilfsaktion der »Roten Hilfe« für die Kinder und Frauen der politisch Verfolgten. Zu den Mitgliedern des Kuratoriums der Kinderheime der Roten Hilfe gehörten u. a.: Dr. Martin Buber, Pastor Emil Felden, Verlagsbuchhändler S. Fischer, Stefan Großmann (Herausgeber des ›Tagebuch‹), Gustav Gründgens, Prof. E. J. Gumbel, Walter Hasenclever, Dr. Kurt Hiller, Heinrich Eduard Jacob, Georg Kaiser, Verlagsbuchhändler Gustav Kiepenheuer, Egon Erwin Kisch, Annette Kolb, Rudolf Leonhardt, Emil Lind, Max Reinhardt, Ernst Toller, Heinrich Vogeler. Felix Halle veröffentlicht im Anhang seiner Broschüre »Anklage gegen Justiz und Polizei«, die sich mit dem Kampf der Justiz und Behörden gegen die Rote Hilfe befaßt, Äußerungen namhafter Persönlichkeiten, darunter Max Brod, Albert Einstein, Magnus Hirschfeld, Siegfried Jacobsohn, Georg Kolbe, Heinrich Mann, Thomas Mann, Gustav Rickelt, Ignaz Wrobel (Tucholsky) und Heinrich Zille. Aus Thomas Manns Stellungnahme:[39]
Der Staat macht politische Gefangene doch nicht aus Grausamkeit und Rachsucht, die sich auch auf die Frauen und Kinder der Eingezogenen erstrecken könnte, sondern in der Überzeugung, sich gegen den Änderungswillen gewisser Angehöriger schützen zu müssen. Er sollte froh sein über das Bestehen einer Organisation, die bereit ist, ihm die Sorge für die unschuldigen Opfer abzunehmen und ihm so

das Gewissen zu entlasten. Auch sollte er gerecht sein und es nicht als ruchlos ansehen, wenn die Organisation sogar den Gefangenen selbst ihr Los menschlich zu erleichtern sich bemüht, denn es ist nachgewiesen, daß er ein Auge zuzudrücken wußte, als es galt, gegriffenen Verbrechern aus genehmerer Gesinnung eine seelische Aufrichtung zuteil werden zu lassen, die bis zur Gewährung der Fluchtgelegenheit ging.
Das Gros der Kommunistenprozesse der Weimarer Republik, in denen gegen eine Unzahl kleiner, namenloser Funktionäre Freiheitsstrafen von Tausenden von Jahren verhängt worden sind, war, was die zugrunde liegenden ›Handlungen‹ anbelangt, substanzlos. Die ›Handlung‹ war lediglich Vorwand, um die Gesinnung bestrafen zu können. Diese Justizpraxis – wir sträuben uns, sie Rechtsprechung zu nennen – bereitete den Boden für die Konzentrationslager der Nationalsozialisten, die auf den Vorwand einer strafwürdigen ›Handlung‹ ganz verzichteten. Ihre Funktion, gefährliche politische Gesinnungen zu neutralisieren, hatte bereits eine Justiz vorweggenommen, die sich nur durch kausale Verknüpfung der Gesinnung des Angeklagten mit dem Endziel seiner Partei den Anschein einer Bestrafung von ›Handlungen‹ zu geben vermochte, eine Praxis, die sich selbst als politische Tendenzjustiz enthüllte, da sie zu gleicher Zeit sehr konkreten Handlungen der Republikfeinde von rechts tatenlos zugeschaut, wenn nicht gar Vorschub geleistet hat.

Justiz gegen Literatur und Kunst

Wer nicht aus konservativer Gesinnung alle staatlichen und gesellschaftlichen Einrichtungen erhalten will, muß Anhänger der Freiheit der öffentlichen Meinung sein. Sie ist zur Vorbereitung aller Reformen unerläßlich. Die Meinungsfreiheit muß das Recht der Kritik an den geltenden Gesetzen, öffentlichen Einrichtungen, der offiziellen Politik sowie der Einrichtungen fremder Staaten in sich schließen. Sie muß das Recht der Gesellschaftskritik und damit auch der kritischen Betrachtung der Religion und der Religionsgesellschaften, ihrer Einrichtungen und Diener haben. Kurzum, im Staate muß die volle Freiheit herrschen, durch Wort, Schrift und Bild auf Umgestaltung staatlicher und gesellschaftlicher Einrichtungen hinzuwirken.
Wie steht es damit in Deutschland?
So fragte Hans Rüdesheim in einem der Filmzensur gewidmeten Artikel im Oktober-Heft 1931 der ›Justiz‹.[1] Die Weimarer Verfassung gab eine – so sollte man meinen – eindeutige Antwort:
Artikel 118
Jeder Deutsche hat das Recht innerhalb der Schranken der allgemeinen Gesetze seine Meinung durch Wort, Schrift, Druck, Bild oder in sonstiger Weise frei zu äußern. An diesem Rechte darf ihn kein Arbeits- oder Anstellungsverhältnis hindern und niemand darf ihn benachteiligen, wenn er von diesem Rechte Gebrauch macht.
Eine Zensur findet nicht statt, doch können für Lichtspiele durch Gesetz abweichende Bestimmungen getroffen werden. Auch sind zur Bekämpfung der Schund- und Schmutzliteratur sowie zum Schutze der Jugend bei öffentlichen Schaustellungen und Darbietungen gesetzliche Maßnahmen zulässig.
Aber ein Gesetz oder Verfassungssatz ist nicht mehr wert als die Interpretation, die ihm der Richter zuteil werden läßt. Und die aus obrigkeitsstaatlichem Geist judizierenden Richter der Weimarer Republik füllten dieses Grundrecht nicht mit positivem Inhalt, sondern setzten es unter Berufung auf die Worte »innerhalb der Schranken der allgemeinen Gesetze« praktisch außer Kraft. Mit den Paragraphen des politischen Strafrechts bewaffnet, glaubten sie dem Grundrecht der freien Meinungsäußerung genau dort Grenzen setzen zu können, wo diese für ihr konservatives, jedem gesellschaftlichen und kulturellen Fortschritt feindliches Bewußtsein verliefen. Vor allem hinter Gesetzen, die der Aufrechterhaltung der ›Ordnung‹ oder der ›Sittlichkeit‹ dienten, konnte sich das ganze abgestandene Obrigkeitsdenken von ge-

stern etablieren, für das die bestehenden gesellschaftlichen Verhältnisse und Vorurteile gegen jede Veränderung geschützt werden mußten.
Die Justiz wußte sich aber auch dort zu helfen, wo nicht, wie in Art. 118, ein ›Gesetzesvorbehalt‹ die freie Verfügung über das Grundrecht zu legitimieren schien. Im Art. 142 fehlte ein solcher Gesetzesvorbehalt:
Die Kunst, die Wissenschaft und ihre Lehre sind frei. Der Staat gewährt ihnen Schutz und nimmt an ihrer Pflege teil.

Für die konservativen Richter der Weimarer Republik war das kein Hindernis, auch künstlerische Äußerungen mit der Waffe des politischen Strafrechts zu bekämpfen, wenn diese nicht in ihr Weltbild paßten. Denn – wie das Reichsgericht z. B. in einem Beweisbeschluß in der Strafsache Reimann und Domning gesagt hat:[2]
Der Gesichtspunkt, daß Literatur und Kunst durch die Unbrauchbarmachung eines solchen Werkes Schaden erleiden können, muß zurücktreten hinter das Interesse des Staates an der Abwehr hochverräterischer Unternehmungen.

DER FALL GÄRTNER

Die Gesinnungsjustiz des Reichsgerichts und des Staatsgerichtshofes gegen die KPD machte auch vor künstlerischen Äußerungen nicht halt, sofern sie geeignet erschienen, die »Köpfe mit revolutionärem Geist zu füllen«. Hier griff sie nun in einen Bereich über, in dem sie auf den Widerspruch der für das geistige Leben Deutschlands repräsentativen Kreise stieß. Besonderes Aufsehen erregte in der deutschen Öffentlichkeit die Verurteilung des Schauspielers Rolf Gärtner,[3] der eine von der KPD und der Kommunistischen Jugend veranstaltete »Revolutionäre Gedenkfeier zum 7. Jahrestag der russischen Revolution und zum 10jährigen Gründungstag der KPD Württemberg« künstlerisch gestaltet und selbst revolutionäre Gedichte vorgetragen hatte. Der Staatsgerichtshof sah darin »Vorbereitung des Hochverrats« (in Tateinheit mit einem Vergehen gegen § 7 Ziff. 4 des Republikschutzgesetzes = Teilnahme an einer staatsfeindlichen Verbindung, nämlich der KPD) und verurteilte den Angeklagten zu einem Jahr und drei Monaten Gefängnis und einer Geldstrafe von 100 Mark. Für das Urteil zeichneten verantwortlich: Senatspräsident Niedner und die Reichsgerichtsräte Dr. Baumgarten und Dr. Schwalb als richterliche Mitglieder, und als ›nicht-richterliche‹ Mitglieder: Landgerichtspräsident a. D. Geheimer Rat Lehnerer, Oberlandesgerichtspräsident a. D. Geheimer Rat Klemm, Senatspräsident a. D. Geheimer Rat Hoechstetter, Regierungspräsident Fezer, Fabrikbesitzer Buhl und Amtsgerichtsrat Schül.

Robert M. W. Kempner* kommentierte das Urteil unter dem Pseudonym »Ein Richter« im ›Tagebuch‹:[4]

Daß Herr Niedner, ... ein derartiges Fehlurteil fällt, nimmt nicht mehr wunder; daß aber die Reichsanwaltschaft überhaupt Anklage erhoben hat, schädigt das Ansehen und den Glauben an die Objektivität ihres Leiters, des Oberreichsanwalts Dr. Ebermayer, ganz außerordentlich. Nach dessen eigenen Ausführungen zum § 86 muß das hochverräterische Unternehmen, dem die Vorbereitung dient, hinreichend bestimmt sein. Hier nichts von alledem! Ferner erfüllt nach Ebermayers Kommentar, dem sonst die Richter blind nachbeten, eine Vorbereitung durch absolut untaugliche Mittel nicht den Tatbestand des Hochverrats. Mag revolutionäre Dichtung ein Mittel der politischen Propaganda sein, ein absolut untaugliches Mittel ist es aber — dies geht aus der Geschichte aller Revolutionen hervor, und das weiß auch Ebermayer —, um einen Sturm auf die Bastille zu entfesseln. Wenn aber entgegen dem juristischen Standpunkt ihres Leiters die Reichsanwaltschaft den Vortrag revolutionärer Dichtung als Hochverrat ansieht, so hat sie schwere Unterlassungen begangen, weil sie wegen der Verbreitung und des Singens ebenso revolutionärer Hakenkreuzlieder, die auch Propagandamittel darstellen, niemals Rechtsradikale unter Anklage gestellt hat. Die Pflicht des obersten Anklägers: »Nie einen Schritt abweichen vom Boden des Gesetzes, sich strengster Objektivität befleißigen und nie vergessen, daß die Reichsanwaltschaft eine gerichtliche und staatsanwaltschaftliche Behörde ist, berufen, den Rechtsbrecher innerhalb der gezogenen gesetzlichen Grenzen zu verfolgen ohne Ansehen seiner Person und seiner politischen Stellung« (Ebermayer, Selbstbiographie). Herr Oberreichsanwalt, uns scheint, daß Sie inzwischen mancherlei vergessen haben.

Gärtner kommentierte seine Verurteilung in einem Brief aus dem Freiburger Landesgefängnis:[5]

Es kommt mir darauf an, erneut zu betonen, daß ich mir nicht bewußt bin, durch irgendeine meiner Veranstaltungen Vorbereitung zum Hochverrat begangen zu haben, sondern daß ich heute wie früher der Auffassung sein muß:

Durch eine künstlerische Veranstaltung kann man die Massen nicht *künstlich* zur Revolution *treiben*. Wer das tun will, versteht weder von Kunst noch von der Arbeiterbewegung etwas. Für mich ist die proletarische Kunst heute und für die Zukunft einfach da! Jedes Kunstwerk und jede künstlerische Veranstaltung, die in irgendeiner Form den Willen der Arbeiterklasse zum Ausdruck bringt, ist proletarische Kunst.

* Dr. Robert M. W. Kempner, geb. 1899, seit 1928 Justitiar im Preußischen Innenministerium; zusammen mit Erich Klausener Schöpfer des Preußischen Polizeiverwaltungsgesetzes. Nach Hitlers Machtergreifung vom Amt suspendiert und vorübergehend von der Gestapo verhaftet. Über Italien und Frankreich Auswanderung nach den USA. Nach dem Zweiten Weltkrieg stellvertretender Hauptankläger der USA im Nürnberger Kriegsverbrecherprozeß gegen Göring und andere. Heute als Rechtsanwalt in Frankfurt am Main und in den USA tätig.

Proletarische Kunst drückt, kurz gesagt, das Empfinden der vorwärtsstrebenden Arbeiterklasse aus, genau wie die katholisch-kirchliche Kunst das Empfinden der gläubigen Katholiken zum Ausdruck brachte ...
Der Präsident der deutschen Bühnengenossenschaft, Rickelt, schilderte im ›Berliner Tageblatt‹[6] den Verlauf der Verhandlung vor dem Staatsgerichtshof und schloß mit dem Satz: »Das Mittelalter ging durch den Saal.«
Die »Denkschrift der Vereinigung linksgerichteter Verleger« gibt folgenden Überblick über die Stellungnahme der Presse:[7]
»Zu Hilfe! Zu Hilfe!« rief Heinrich Eduard Jacob im ›Berliner Tageblatt‹ (9. August 1925). »Die Kunst ist in Gefahr!« echote die gesamte Presse. Selbst Friedrich Hussong, einer der reaktionärsten deutschen Journalisten, lehnte im ›Montag‹ vom ›Lokal-Anzeiger‹ (5. Oktober 1925) das Urteil ab und forderte Aufhebung des Staatsgerichtshofes. Vossische Zeitung, Weltbühne, Tagebuch, Glocke, Berliner Volkszeitung, Berliner Börsencourier, Vorwärts, Frankfurter Zeitung, alle großen und kleinen deutschen Provinzblätter sagten Niedner die Fehde an. Der ›Quotidien‹ konstatierte am 31. August 1925 die Binsenwahrheit: »La liberté de la presse allemande n'existe plus«. (»Die Pressefreiheit existiert in Deutschland nicht mehr«). Ere Nouvelle, Oeuvre, Daily Herald, New York Times, alle größeren österreichischen, tschechischen und Schweizer Blätter unterstrichen die Meinung des ›Quotidien‹.
Der durch den Fall Gärtner und andere gleichartige Verfahren ausgelöste Protest der demokratisch gesinnten Presseorgane führte schließlich am 11. Oktober zu einer überfüllten öffentlichen Volksversammlung im Theater am Nollendorfplatz in Berlin, bei der als Redner auftraten: Rickelt (Präsident der Bühnengenossenschaft), A. Freymuth (Senatspräsident am Kammergericht, Berlin), Rechtsanwalt Wolfgang Heine*, der in der Versammlung bekanntgab, daß er anläßlich des Urteils Gärtner aus dem Staatsgerichtshof ausgetreten sei, Dr. Ludwig Fulda (Vorsitzender des Goethebundes), Emil Lind (Oberregisseur am Lessingtheater, Berlin). Heinrich Eduard Jacob verlas eine Erklärung von Gerhart Hauptmann, der am persönlichen Erscheinen verhindert war. Die Versammlung beschloß folgende Resolution:[8]
Die am 11. Oktober 1925 in Berlin versammelten Vertreter der geistigen Arbeit und ihrer Verbände erheben Einspruch gegen die fortdauernden unerträglichen Eingriffe von Verwaltung und Justiz in die Selbständigkeit der Kunst sowie gegen Pläne der Gesetzgebung, die eine Gefahr für die deutsche Kultur bedeuten. Unter dem Vorwande, den Staat, die Religion, die Sittlichkeit oder sonst irgend etwas zu

---

* Wolfgang Heine (1861–1944), Rechtsanwalt in Berlin, 1898–1914 MdR, 1919/20 Mitglied der Nationalversammlung (SPD, rechter Flügel), 1918–1920 Justiz- und Innenminister in Preußen; 1933 Emigration in die Schweiz.

schützen, versäumt man den Schutz der Schaffenden, unterdrückt man die persönliche Freiheit des Denkens und Handelns im Gebiet des geistigen Lebens, die für starke Leistungen unentbehrliche Voraussetzung ist; der besonderen Gefühlswelt und Ausdrucksform der Kunst steht man verständnislos gegenüber und mißt sie an philisterhaften Maßstäben. Die Versammlung warnt die junge deutsche Republik vor dieser Gefahr innerer Unfreiheit und fordert die umgehende Entlassung Gärtners aus dem Gefängnis.

In der großen Tagespresse wurde folgender Aufruf veröffentlicht:[9]

Für die Freiheit der Kunst.

Kunst muß frei sein. Ganz gleich, in welcher Weltanschauung, welcher Gesinnung sie wurzelt. Nur dann wird sie ihre Sendung erfüllen können: Die Menschen zum schöpferischen Miterlebnis großer Gefühle zu führen.

Wieder einmal scheint die Freiheit bedroht...

Die Fälle... mehren sich, in denen »staatsfeindliche« Gesinnung auch im Kunstwerk gerichtlich verfolgt wird.

Beschlagnahmt wurde ein Buch der Bertha *Lask*, das historische Bauerndrama »Thomas Münzer«. Anklage wurde erhoben gegen den Dichter Johannes R. *Becher* wegen verschiedener aus ihrem Zusammenhang gerissener, den Aufruhr verherrlichender Verse in einer Sammlung seiner Gedichte. Gegenüber dem jungen *Klaeber* verfügte ein Gerichtshof Einziehung seiner Skizzensammlung »Barrikaden an der Ruhr«. Dazu tritt als vielleicht ärgstes die vom Staatsgerichtshof in Leipzig erfolgte Verurteilung des Schauspielers Rolf *Gärtner* zu der ungeheuerlichen Strafe von einem Jahr drei Monaten Gefängnis, obgleich dieser Schauspieler nichts anderes beging, als daß er bei einer *erlaubten* kommunistischen Revolutionsfeier in Stuttgart nicht konfiszierte Gedichte revolutionären Inhalts vortrug und eine Sprechchoraufführung leitete, in der mit primitiven künstlerischen Mitteln die Befreiung politischer Gefangener dargestellt wurde. Erschüttert steht man vor der Tatsache dieser fünf Vierteljahre Gefängnis für einen Menschen, der nichts tat, als jene durch Druck allgemein verbreiteten und nicht verbotenen Verse zu sprechen, einen Menschen, dessen ideale Gesinnung das Gericht selbst anerkennt!...

Aber es gilt hier keineswegs, Mitgefühl mit dem Unglück eines einzelnen zu bekunden. Ebensowenig: für die Ideen der mit ihm Verfolgten Partei zu ergreifen. Es gilt vielmehr, das künstlerische Schaffen als solches von der Gefahr weiterer Beeinträchtigungen zu befreien! Was heute jenen geschah, die aus ihrer Gesinnung heraus künstlerische Werke zu gestalten suchten — ganz gleich, ob man sie als gelungen betrachten will —, das kann morgen auch Andersgesinnten zustoßen. Wo kann die Grenze für das gezogen werden, was der Kunst in der Gestaltung politischer Gesinnung erlaubt sein soll? Lebt nicht in hundert Werken, und zwar den besten, ein Geist der Auflehnung gegen gesellschaftliche und staatliche Einrichtungen? Wer bürgt uns

heute dafür, daß nicht einmal Staatsanwalt und Gerichte auch gegen *Schillers* »Räuber« und »Tell«, gegen *Büchners* »Danton« oder *Hauptmanns* »Weber« vorgehen und gar jene ins Gefängnis werfen, die solchen Werken auf der Bühne Leben gaben?!
Organisationen völlig unpolitischen Charakters, Männer und Frauen jeglicher politischer Gesinnung, einig aber in der Überzeugung, daß eine Fortentwicklung unserer Kultur unbedingt eines freien künstlerischen Schaffens bedarf, erheben hiermit als Unterzeichner Protest gegen die Verfolgung von Künstlern und Kunstwerken. So darf es nicht weiter gehen! Auch die Würde des Staates ist in Gefahr! Ein Staat, der nicht die Autonomie der Kunst wie die der Religion und die Ausübung beider frei gewährleistet, kann nicht verlangen, als Kulturstaat bewertet zu werden ...
Erhebt, die ihr mit uns in der Freiheit der Kunst ein höchstes Gut seht, überall eure Stimme! Zeigt geschlossen den Organen des Staates, daß es des Volkes Wille ist: Freiheit allem künstlerischen Schaffen!
Zu den Unterzeichnern des Aufrufs gehörten u. a. Hermann Bahr, Oskar Bie, Leo Blech, Max Brod, Paul Cassirer, Alfred Döblin, Käte Dorsch, Albert Einstein, Emil Felden, Lion Feuchtwanger, S. Fischer, Hellmut von Gerlach, Heinrich George, Walter Hasenclever, Max Halbe, Gerhart Hauptmann, Hermann Hesse, Kurt Hiller, Hugo von Hofmannsthal, Siegfried Jacobsohn, Leopold Jeßner, Georg Kaiser, Hermann Kienzl, Klabund, Eugen Kloepfer, Annette Kolb, Georg Kolbe, Käthe Kollwitz, Ernst Legal, Rudolf Leonhard, Max Liebermann, Oskar Loerke, Heinrich Mann, Thomas Mann, Max Pallenberg, Ernst Rowohlt, Max v. Schillings, Wilhelm v. Scholz, Franz Schreker, Max Slevogt, Hermann Stehr, Ernst Toller, Fritz v. Unruh, Theodor Wolff, Paul Zech, Heinrich Zille, Stefan Zweig. Auch einige Juristen und Politiker sind unter den Unterzeichnern: A. Freymuth (Senatspräsident am Kammergericht), Hermann Großmann (Senatspräsident), Ludwig Haas (M. d. R.), Paul Hirsch (Staatsminister a. D.), Wilhelm Kroner, Paul Löbe, Otto Nuschke, Gustav Radbruch und Hugo Sinzheimer.
Aber das Reichsgericht ließ sich durch die Kritik der demokratisch gesinnten Teile der Öffentlichkeit nicht beirren, zumal die uneinsichtige Haltung der Reichsjustizminister Frenken und Wilhelm Marx gegenüber den Gnadengesuchen für Gärtner es in der Auffassung bestärken mußte, daß seine Gesetzesinterpretation von der Reichsregierung gebilligt werde. (Gärtner wurde nach einigen Monaten Strafhaft bedingt begnadigt, nachdem zwei ablehnende Bescheide der Justizminister Franken und W. Marx vorangegangen waren, in denen diese sich grundsätzlich hinter das Urteil gestellt hatten.)

DER »LITERARISCHE HOCHVERRAT«

Die Bestrafung des Vortrages revolutionärer Gedichte war nur ein Anwendungsfall des vom Reichsgericht erfundenen »literarischen Hochverrats«. Wenn in der Propagierung von Ideen, in der Verbreitung »revolutionären Geistes« eine strafbare Vorbereitung des Hochverrats gesehen werden konnte, so war es nach den Gesetzen der Logik – nicht nach denen der politischen Klugheit und demokratisch freiheitlicher Gesinnung – nur folgerichtig, auch den Rezitator, den Literaturkritiker, den Dichter, den Verleger und überhaupt alle, die mit dem ›staatsgefährdenden‹ Schrifttum irgendwie in Berührung gekommen waren, zu bestrafen. So kam es zu den berüchtigten Hochverratsprozessen gegen Buchhändler, die in ihrem Sortiment sozialistische und kommunistische Literatur führten, und gegen Drucker und Setzer, die bei der Herstellung solcher Schriften mitgewirkt hatten. Die Kulturfeindlichkeit dieser gegen die politische Aufklärung der Arbeiterschaft gerichteten Rechtsprechung, ihr Klassenkampfcharakter ist den Reichsgerichtsräten zweifellos nie bewußt geworden.
Am 4. Oktober 1924 verurteilte der Staatsgerichtshof den Buchhändler Ullrich in Stuttgart wegen Vorbereitung des Hochverrats zu einem Jahr Gefängnis, weil er als Geschäftsführer einer Arbeiterbuchhandlung neben zwei Dritteln allgemeiner ein Drittel sozialistische und kommunistische Literatur führte. Aus den Urteilsgründen:[10]
Es kann keinen Bedenken unterliegen, daß die angeführten Schriften den Zweck haben, den Boden für den Bürgerkrieg und die gewaltsame Erreichung der Ziele der Kommunistischen Partei vorzubereiten. Der Umstand allein, daß sich in einer Buchhandlung unter *anderen* Verkaufsgegenständen *auch solche Schriften* befinden, kann nun freilich *nicht* dazu führen, den Leiter der Buchhandlung der Vorbereitung eines hochverräterischen Unternehmens für schuldig zu erachten ... Im vorliegenden Falle liegt aber auch nicht nur ein solcher Tatbestand vor. Der Angeklagte hat vielmehr die Schriften *zu dem Zwecke* in dem Bestand der Buchhandlung gehabt, *um durch den Vertrieb die Ziele der Kommunistischen Partei, die ihm bekannt waren, zu fördern.* Das ergibt sein Verhalten vor seiner Tätigkeit in der in Rede stehenden Buchhandlung und in der späteren Zeit. Der Angeklagte gehört seit 1920 der Kommunistischen Jugend an und ist im Januar 1922 Mitglied der KPD geworden. Das ergibt sein Mitgliedsbuch. Nach den im November 1923 ausgestellten Zeugnissen ist er mehrere Jahre hindurch auch als Leiter einer Buchhandlung im Dienste der oben erwähnten Vereinigung Internationaler Verlagsanstalten *zu deren voller Zufriedenheit* tätig gewesen. Der Verlag ist gerichtsbekannt als Zentralstelle für Verbreitung kommunistischer Literatur ...
Die ›Denkschrift der Vereinigung linksgerichteter Verleger‹ kommentiert das Urteil:[11]

Also der Verkauf revolutionärer Schriften ist *nicht* strafbar, wenn er aus *kaufmännischen* Gründen erfolgt, wird aber mit Gefängnis geahndet, wenn *die Gesinnung des Verkäufers der Ideologie der verkauften Schriften entspricht.*

Wolfgang Heine schrieb im April-Heft 1927 der ›Justiz‹ in einem großen Aufsatz über »Die Buchhändler- und Druckerprozesse vor dem Reichsgericht«:[12]

Die Feststellung der Tatsachen in diesen Urteilen ist ein Beweis dessen, was man Weltfremdheit der Juristen nennt, die Ausdehnung des Begriffs der Vorbereitung zum Hochverrat ist ein direkter Verstoß gegen das Gesetz. Die kriminalistische Ausnutzung der Zugehörigkeit der Angeklagten zur kommunistischen Funktionärsorganisation führt unmittelbar zu einer Pönalisierung der Gesinnung, einige Äußerungen in den Urteilsgründen über Dichtung und andere Kunst beweisen eine beängstigende Verständnislosigkeit für das geistige Leben und Schaffen, die politischen Gedankengänge sind engherzig, die politischen Wirkungen sind verhängnisvoll.

Heine sieht die »Gefahr, daß das Reichsgericht durch seine Urteile das kräftigt, was es bekämpfen will, daß es direkt zu einer Propaganda für den Kommunismus beiträgt«. Vor allem aber wendet er sich gegen die Einseitigkeit dieser Rechtsprechung:

Jeder weiß, daß die Teilnehmer an dem Hitlerschen Umsturzversuch auf das glimpflichste davongekommen, teilweise freigesprochen, die meisten gar nicht angeklagt worden sind. Die Femeprozesse bringen uns fortgesetzt zum Bewußtsein, daß Organisationen gebildet worden sind und z. T. noch in irgendwelchen Formen bestehen, die nicht etwa sich und andere am schemenhaften Bilde einer künftigen Weltrevolution berauschen, sondern bestimmte Pläne zum Marsch auf Berlin, zur Zerstörung der Verfassung und zur gewaltsamen Beseitigung der leitenden Männer schmiedeten. Sie haben dafür Cadres aufgestellt, Waffen gesammelt, haben ihre Anhänger und andere terrorisiert. Ihr Wirken war von schauerlichen Verbrechen begleitet, deren sich die mehr oder weniger Beteiligten heut noch zu rühmen wagen. Was bedeutet neben der Gefahr dieses zielbewußten Staatsverbrechertums die lahme literarische Propaganda, die der Kommunismus seit Jahren treibt? – Aber die Kommunisten werden dafür verurteilt und die anderen werden, wenn nicht ein handfestes vollendetes Verbrechen dazu *zwingt*, nie auch nur angepackt. Bis jetzt sind ihre dreisten Vorbereitungen nicht nach § 86 StGB abgeurteilt worden ...

Es ist unmöglich, vor dieser Ungleichmäßigkeit die Augen zu verschließen.

Am 18. 6. 1926 verurteilte der 4. Strafsenat des Reichsgerichts den Schriftleiter Fritz Rau wegen Vorbereitung des Hochverrats in Tateinheit mit Vergehen nach § 7 Nr. 4 Republikschutzgesetz zu 9 Monaten Gefängnis und 100 Mark Geldstrafe, weil er in der von ihm verantwortlich redigierten ›Süddeutschen Arbeiterzei-

tung‹ eine Besprechung des Films ›Sein Mahnruf‹ veröffentlicht hatte. In den Urteilsgründen heißt es u. a.:[13]
... Das alles ist in die Form der Betrachtung, der Belehrung gekleidet, nicht in die Form der unmittelbaren Aufforderung zum revolutionären Handeln, vielleicht absichtlich aus Vorsicht. Er ist aber auch nicht angeklagt wegen Aufforderung (§ 85 StGB), sondern wegen Vorbereitung zum Hochverrat. Das bildet sich der Verfasser nicht ein, daß er mit diesen Sätzen eine Revolution entfachen könne, wohl aber ist seine Absicht deutlich erkennbar, im Leser — habe er der Aufführung beigewohnt oder nicht — die Gedanken auf eine künftige Revolution hinzuleiten, den Wunsch zum gewaltsamen Umsturz der bestehenden Gesellschaftsordnung und Staatsverfassung zu wecken und zu beleben, damit der Geist des Umsturzes vorhanden sei, wenn der Tag der gewünschten Entscheidung anbricht ...

Thomas Mann äußerte sich zu diesem Urteil:[14]
Ich betone, daß ich nicht Kommunist bin. Aber ich halte die gewaltsame Unterdrückung von Ideen für grundsätzlich verfehlt ... Die Verwirklichung der kommunistischen Idee liegt also, wie ich glaube, für die Mehrzahl seiner Anhänger in theoretischer Ferne, sie ist mehr Angelegenheit einer fast religiösen Hoffnung, und es scheint mir darum ... auch absolut unstatthaft, die Propagierung dieser Idee, ohne daß die Aufforderung zu irgendeiner konkreten Handlung vorläge, rechtlich als Vorbereitung zum Hochverrat aufzufassen.

DER FALL KLÄBER

Als letztes Beispiel für »literarischen Hochverrat« sei der Fall des Bergmanns und Arbeiterdichters Kurt Kläber geschildert, der sich durch seine Skizzen von den Kämpfen des Ruhrproletariats der Vorbereitung des Hochverrats schuldig gemacht haben sollte. Seine Schriften waren bereits am 10. 8. 1925 vom Staatsgerichtshof wegen ihres »hochverräterischen« Inhalts beschlagnahmt worden, nachdem zunächst das Amtsgericht Berlin-Schöneberg in einem Beschluß vom 5. 6. 25 (bestätigt durch Beschluß des Landgerichts II Berlin vom 11. 7. 1925) als Beschlagnahmegrund eine Aufreizung zum Klassenhaß und zum Ungehorsam gegen Gesetze und zu strafbaren Handlungen angenommen hatte.
Der Oberreichsanwalt ließ sich auch durch gutachtliche Äußerungen von Gerhart Hauptmann, Hermann Hesse, Alfred Kerr, Käthe Kollwitz, Thomas Mann und vielen anderen namhaften Schriftstellern, die das Fehlen einer aufreizenden Tendenz und das Vorhandensein künstlerischer Qualitäten unterstrichen, nicht davon abbringen, das Beschlagnahmeverfahren durch ein Strafverfahren gegen den Verleger zu krönen. Er wußte, daß er sich auf die konservativen Reichsgerichtsräte verlassen konnte.
Thomas Mann hatte dem Verfasser Kläber bestätigt:[15]

Die novellistischen Schilderungen reizen nicht zu Gewalttätigkeiten an und fordern nicht zum Ungehorsam gegen Gesetze auf. Sie haben überhaupt keinen manifesten und agitatorischen Charakter, sondern sind Dichtungen von sehr beträchtlicher Darstellungskraft, entstanden aus dem Gefühl der menschlichen Trauer über der Menschheit Jammer.
Die Einziehung sei »mißverständlicherweise erfolgt«, meinte Thomas Mann, der das ganze Ausmaß der Kulturfeindlichkeit der deutschen Justiz noch nicht glauben wollte.
Theodor Heuss fragte in der ›Frankfurter Zeitung‹:[16]
Ist es der Ehrgeiz des Oberreichsanwalts, die Zahl der Anekdoten zu vermehren, die das Kapitel »Justiz und Literatur« kennt? ... Die Verantwortung für die innere Freiheit des deutschen Schrifttums ist es, die uns zwingt, mit allem Ernst gegen die Haltung einer Rechtsprechung Einspruch zu erheben, die mit Beschlagnahme und Verhaftung ein Regulativ für geistige Bewegungen gefunden zu haben glaubt.
Das Strafverfahren vor dem Reichsgericht folgte im Jahre 1927 und richtete sich gegen den Verlagsprokuristen Fritz Schälicke, in dessen »Verlag der Jugendinternationale« Kläbers Schriften herausgekommen waren.
Der angeklagte Verlagsprokurist bekannte sich am ersten Verhandlungstag für die vier beschlagnahmten Werke verlegerisch voll verantwortlich, obwohl er zu bedenken gab und vorrechnete, daß die in der Anklage steckende Zumutung, über alle von ihm zu vertreibenden Bücher eine Art Vorzensur auszuüben, bedeuten würde, daß er reichlich 18 Jahre darauf hätte verwenden müssen, sein gesamtes Verlagsprogramm in der gewünschten Weise durchzuarbeiten.
Die Abendblätter vom 28. Februar 1927 melden die Verurteilung Schälickes wegen Vorbereitung zum Hochverrat (§ 86 StGB) in Tateinheit mit einem Delikt nach § 7 Ziffer 4 des Republikschutzgesetzes zu einem Jahr Festung und 100 Mark Geldstrafe oder 10 Tagen Gefängnis. Daneben erkannte das Gericht auf vollständige bzw. partielle Vernichtung der vier zum Gegenstand der Verhandlung gemachten Schriften sowie Unbrauchbarmachung der Platten, Formen usw. Die ›Vossische Zeitung‹ berichtete über die Urteilsbegründung:[17]
Zu Beginn der außerordentlich eingehenden mündlichen Urteilsbegründung erklärte Reichsgerichtsrat Lorenz als Vorsitzender, der IV. Strafsenat habe die Darlegung des Verteidigers genauestens geprüft, habe sich aber dessen ungeachtet in rechtlicher Beziehung im wesentlichen dem Vertreter der Reichsanwaltschaft angeschlossen (der nebenbei bemerkt nur 9 Monate Festung beantragt hatte. D.R.). Der Gerichtshof habe keinen Anlaß, von seinem bereits im Prozeß Reimann-Domning entwickelten Standpunkt abzuweichen, daß Vorbereitung zum Hochverrat auch durch Herausgabe und Vertrieb von Druckschriften verübt werden könne, zumal ja § 85 StGB ausdrücklich auch die literarische Form der Aufreizung zugibt.

Der Hinweis des Verteidigers auf den Verfassungsartikel 142 greife nicht durch, denn dieser bedeute lediglich einen Damm gegen administrative Zensurwillkür, stelle jedoch keineswegs einen unbeschränkt geltenden Freibrief für das künstlerische Schaffen aus. Selbst das künstlerische Genie habe Grenzen für seine Offenbarungen anzuerkennen, denn die Sicherheit des Staates überwiege das Kulturgut der künstlerischen Produktionsfreiheit.
Auf frühere Urteilsbegründungen zurückgreifend, wiederholte Reichsgerichtsrat Lorenz, es sei von entscheidender Bedeutung, unter welchen Umständen ein Kunstwerk dem Publikum dargeboten werde, und tendenziöse Auslese vermöge ein als Ganzes unanfechtbares Opus zu einem geistigen Zerstörungswerkzeug umzustempeln.
Die in der deutschen Öffentlichkeit entstandene Beunruhigung sei völlig unbegründet. Denn der vierte Strafsenat weise den Gedanken irgendeiner Knebelung des regulären verlegerischen Vertriebs von wissenschaftlichen, künstlerischen oder unterhaltenden Werken weit von sich. Eine Sache für sich sei es aber, wenn in politisch erregten Zeitläufen eine bestimmte Gemeinschaft Literatur ins Volk werfe, die mit deutlich erkennbarer umstürzlerischer Absicht Gegenwartsdinge oder Geschehnisse aus naher Vergangenheit gestalte.
Und eben um solche Schriftwerke handle es sich im Falle Schälicke, nicht etwa um harmlose Darstellungen aus dem Ideenkreis proletarischer Welt- und Gesellschaftsanschauung.
Wenn eingewendet worden sei, die jetzt der endgültigen Vernichtung verfallenden Publikationen seien doch früher unbeanstandet geblieben und verschiedentlich sogar polizeilich unbedenklich bewertet worden, so habe der Gerichtshof zu erwidern, daß erst die Ereignisreihe, die von den Berliner Spartakustagen über die Vorgänge an der Ruhr, den Kampf um Leuna, den Hamburger Aufstand und die Vorspiele zur Reichsexekution gegen Sachsen lief, den deutschen Behörden einen vollen Einblick in den wahren Zweck des seit dem Spätherbst 1923 im Gang befindlichen kommunistischen Literaturabsatzes erschlossen habe.
Während die konservative und deutschnationale Presse über das Urteil nur in einer kleinen Meldung berichtete und die Versicherung des Vorsitzenden, daß eine Beunruhigung der Öffentlichkeit völlig unbegründet sei, unkritisch übernahm, widersprach die liberale bürgerliche und die Linkspresse durchweg heftig. Die ›Frankfurter Zeitung‹ schrieb:
Diese Begründung ist nicht geeignet, die Beunruhigung der deutschen Öffentlichkeit irgendwie zu mindern. Die neueren Reichsgerichtsurteile bedeuten einen Eingriff in das literarische Wirken, der früher nicht für möglich gehalten worden wäre, und sie schaffen Strafgründe, die weder dem Wortlaut noch dem Sinn der betreffenden Paragraphen des Strafgesetzbuches entsprechen. Niemals sonst ist der Verleger oder Buchhändler für den Inhalt der von ihm vertriebenen Werke strafrechtlich haftbar gemacht worden, und niemals früher hat man Werke,

die keine bestimmte Aufforderung zum Hochverrat enthielten, als Vorbereitung zum Hochverrat angesehen Ganz unerhört ist es, daß für die jetzigen angeblichen Straftaten, die doch Vorbereitungen für die kommende Zeit sein sollen, auf Jahre zurückliegende Ereignisse zurückgegriffen wird. Noch krasser als in den früheren Urteilen erscheint hier die politische Einstellung der strafrechtlich Verfolgten als eigentlicher Grund der Verurteilung. Das ist unvereinbar mit der verfassungsmäßigen Gleichheit vor dem Gesetz. Das höchste Gericht hat mit dieser Art von Rechtsprechung die Vertrauenskrise der Justiz aufs Neue in bedenklichster Weise verschärft und es hat zwar neue Rechtsauslegungen, aber kein Recht geschaffen. Wir warnen![18]
Besonders bemerkenswert ist die ausführliche Besprechung des Urteils im ›Vorwärts‹, deren glänzende Diktion und leidenschaftliche Verteidigung freihe itlicher Prinzipien Paul Levis Autorschaft vermuten läßt:
Es sind drei Momente in diesem Urteil, die stärkste öffentliche Kritik herausfordern. Das Reichsgericht hat durch seine Auslegung des Hochverratsparagraphen das Delikt des *literarischen Hochverrats* geschaffen. Es hat ein *politisches Werturteil* über eine deutsche Reichstagspartei abgegeben — über ihre Handlungen wie über ihre Ideologie. Es hat nicht nur Handlungen, sondern auch die Ideologie, *die Gesinnung*, für strafbar erklärt.
Das erste ist eine Frage der Rechtswissenschaft. Ist diese Auslegung des Hochverratsparagraphen möglich, so muß das Gesetz geändert werden.
Das zweite: die Ereignisreihe, auf die das Reichsgericht zurückgreift, war mit dem Jahre 1923 zu Ende. Seitdem ist die Entwicklung der kommunistischen Partei auf einer anderen Linie weitergegangen. Sie ist heute eine parlamentarische Partei. Ihr Kampfboden sind Reichstag und Länderparlamente. Die *Handlungen* der kommunistischen Partei sind verfassungsgemäß. Sie hat de facto die Gültigkeit der Reichsverfassung anerkannt, so gut wie die Deutschnationalen, so gut wie die Völkischen.
Bleibt die Gesinnung. Die Gesinnung der Kommunisten ist nicht verfassungsmäßig demokratisch-republikanisch. Ebensowenig, wie die Gesinnung der Deutschnationalen und Völkischen. Sie werben für ihre Gesinnung. Es ist das Wesen der Demokratie, daß sie nicht nur Gesinnungsfreiheit, sondern zugleich Werbefreiheit für Gesinnung gibt. Sie sieht das Gegengewicht gegen die Ausbreitung von Gesinnungen, die der verfassungsmäßigen staatlichen Ordnung feindlich gegenüberstehen, nicht in der gewaltsamen Unterdrückung — sei es mit dem Mittel der Zensur oder der strafrechtlichen Repression —, sondern in der Werbefreiheit der Staatsgesinnung. Sie will weder verbieten noch bestrafen.
Hat das Reichsgericht übersehen, welch gewaltiger Sieg verfassungsmäßig-republikanischer Staatsgesinnung in der Ereignisreihe der deutschen Politik von 1919 bis 1927 nach demokratischen Methoden

über Kommunisten und Deutschnationale erkämpft worden ist? Erkennt es nicht, daß es mit seiner vordringlichen, gewaltsamen, auf Gesinnungsunterdrückung gerichteten Methode nicht nur schädigend in diesen Kampf eingreift, sondern zugleich an die großen ideellen Grundlagen der gegenwärtigen Staatsordnung rührt? ...
Es ist nicht Sache des Reichsgerichts, in den Weltanschauungskampf einzugreifen.
Das Reichsgericht hat es getan, und das ist das dritte Moment. Es ist von kulturhistorischer Bedeutung. Es verfolgt Weltanschauung, Gesinnung, die in der Literatur Ausdruck findet. Es bestraft Gesinnung. Ein unerträglicher Gesinnungsterror wird aufgerichtet, doppelt unerträglich in einer demokratischen Republik.
Der Staatsmann, dem der Dichter den Aufschrei in den Mund legt: »Sire, geben Sie Gedankenfreiheit!« ist eine Gestalt des 16. Jahrhunderts. Seitdem hat die Welt sich geistig durchgerungen bis zu einem der höchsten Kulturgüter: der Toleranz. Das Reichsgericht vergreift sich an diesem Kulturgut.[19]
Kurt Kläbers Schrift »Barrikaden an der Ruhr«, der zeitgenössische Schriftsteller künstlerischen Wert bescheinigt haben, die in der »Denkschrift der Vereinigung linksgerichteter Verleger«[20] als »erster Versuch einer selbständigen Klassenkampferzählung, Grundstein einer kommenden proletarischen Dichtung« gewürdigt wird, ist eingestampft worden. Jürgen Rühles Kompendium der sozialistischen Literatur (»Literatur und Revolution«) kennt das Buch nicht. Lediglich ein kurzer Abschnitt ist überliefert, den der Ermittlungsrichter als besonders »aufreizend« gekennzeichnet hatte:[21]
Es war eine schwere Zeit. Gewitterluft lag über dem Bezirk. Die Polizei hatte schon das Sprechen verboten. Es durfte sich auch nichts ansammeln. Weder in Sälen noch auf Plätzen. Nicht einmal auf der Straße.

DER FALL GEORGE GROSZ UND EIN GEGENBEISPIEL

Gegen den Maler und Zeichner George Grosz brachte ein anonymer Anstoßnehmer ein Verfahren wegen Gotteslästerung in Gang. Inkriminiert wurden drei Zeichnungen, deren berühmteste der »Christus mit der Gasmaske« ist. Das Schöffengericht in Charlottenburg verurteilte Grosz und seinen Verleger Wieland Herzfelde an Stelle einer Gefängnisstrafe von zwei Monaten zu einer Geldstrafe von je 2000 Mark.
Die Berufungsinstanz, das Landgericht III Berlin unter dem Vorsitz des demokratisch gesinnten Richters Siegert hob das Urteil des Schöffengerichts auf und sprach Grosz und Herzfelde frei. In der Urteilsbegründung heißt es:[22]
Bei den Bildern 2 und 9 ist ohne weiteres klar, daß der Künstler sich

hiermit hat gegen die kriegshetzerischen Vertreter der Kirche wenden wollen, die die christliche Lehre von der Nächsten- und Feindesliebe in das Gegenteil verkehren und dies mit Jongleurkunst aus der Bibel zu beweisen suchen. Aber auch bei Bild Nr. 10 muß der Beschauer nur bei einigem Nachdenken erkennen, daß dieses Bild genau dasselbe sagen will, wie die Bilder 2 und 9, nur noch mit größerer Eindringlichkeit. Der Künstler hat zeigen wollen: so wenig Gasmaske und Soldatenstiefel zum Christusbild passen, genau so wenig paßt die Lehre der kriegshetzenden Vertreter der Kirche zur eigentlichen christlichen Lehre. Er will zeigen: Das habt Ihr, die Ihr den Krieg predigt, aus Christus gemacht: so sieht der Christus aus, in dessen Namen Ihr den Krieg unterstützt. Wenn der Künstler weit, sehr weit ging und selbst vor dem höchsten Symbol der christlichen Kirche, dem Kruzifix, nicht Halt machte, so beweist das nur, wie ernst es ihm mit dem Aufzeigen einer seiner Meinung nach falschen christlichen Lehre ist. Gerade das höchste Symbol der Kirche erschien ihm geeignet, der Menschheit und der Kirche die Irrlehre ihrer Kriegshetzer sinnfällig und überzeugend darzutun. Daß die Absicht des Künstlers dahin ging, muß daher aus den Bildern selbst und ihrem Zusammenhang entnommen werden. Eine etwaige Nebenabsicht, Einrichtungen der Kirche herabzuwürdigen, ist nicht erkennbar...

Das Reichsgericht hob den Freispruch auf und verwies die Sache an das Landgericht zurück. In seiner Urteilsbegründung heißt es:[23]

Es kommt... überhaupt nicht darauf an, welche Zwecke der Angeklagte verfolgte, sondern darauf, ob er die Angehörigen einer der christlichen Kirchen in ihren religiösen Empfindungen durch eine rohe Beschimpfung ihrer Einrichtungen und Gebräuche verletzt hat...

Eine solche »rohe Beschimpfung« hielt das Reichsgericht jedoch im vorliegenden Fall für möglicherweise gegeben und trug daher dem Landgericht eine erneute Prüfung unter diesem Gesichtspunkt auf.[24]

Der innere Tatbestand ist erfüllt, wenn der Angeklagte in dem Bewußtsein gehandelt hat, daß die gläubigen Angehörigen der christlichen Kirchen die Bilder auf Christus, auf seinen Erlösertod, auf das Predigtamt und auf die Verkündung des Wortes Gottes beziehen und durch die rohe Form der Darstellung in ihren religiösen Empfindungen gekränkt werden.

Das Landgericht sprach die Angeklagten erneut frei. Die Urteilsbegründung stellt der liberalen Gesinnung der beteiligten Richter und Schöffen (Landgerichtsdirektor Siegert, Landgerichtsrat Dr. Graske, Gerichtsasssessor Dr. Adolf Arndt, Arbeiter Alfred Thomas und Dachdecker Reinhold Herholz) ein schönes Zeugnis aus.

Daß diese Zeichnung Christus angreift, daß sie ihn gar beschimpft, das muß der religiös gesinnte, einfache Mensch, gerade wenn er statt zu grübeln mehr das Äußere auf sich wirken läßt, rückhaltlos verneinen.

Aus dem Zusammenhang der Bilderfolge, wie er jedem vor Augen liegt, beantwortet sich die Frage von selbst, warum Christus Gasmaske und Soldatenstiefel trägt. Ausnahmslos auf allen Zeichnungen werden sich ... zwei Gruppen gegenübergestellt: die Kriegseiferer als die Starken, Rohen, Mächtigen, Bewaffneten, oft auch Wohlgenährten auf der einen Seite, — die Schwachen, Elenden, Gemarterten, die leidende Kreatur, wie sie von den überlegenen Kriegshetzern verfolgt und überwältigt wird, auf der anderen Seite. Immer und immer wieder ist der Sinn der Bilder, der wie ein siebzehnstimmiger Schrei aus allen Zeichnungen gellt: Seht die Gepeinigten, sie wollen es nicht, sie können es nicht, und dennoch werden sie in Qual und Tod des Krieges hineingestoßen. So ist auch Christus hier ein Dulder. Ein leidender, kein streitender Christus ist ans Kreuz geschlagen... Wer mit den Mächtigen geht, wer an der Seite der Gewalthaber streitet, wird nicht ans Kreuz geschlagen... Das Bild sagt: Selbst Christus wäre von den Kriegshetzern ergriffen, in das Heer eingereiht und um seiner Friedenslehre willen als Kriegsdienstverweigerer erneut ans Kreuz geschlagen worden; und hätte er die Nächstenliebe gepredigt, so wäre ihm die Antwort zuteilgeworden „Maul halten und weiterdienen"... Zusammenfassend mußte daher festgestellt werden: Die Zeichnung Nr. 10 erfüllt, richtig verstanden, den äußeren Tatbestand der Gotteslästerung nicht, auch nicht den der Kirchenbeschimpfung. Weder greift sie Christus in seinem Wesen an, noch beschimpft sie ihn. Gegenüber den christlichen Kirchen, ihren Einrichtungen und Gebräuchen, nimmt sie überhaupt nicht Stellung.[24a]

Zur gleichen Feststellung gelangte das Urteil hinsichtlich der anderen Zeichnungen. Diesmal war die juristische Begründung so sorgfältig mit den Formeln der reichsgerichtlichen Rechtsprechung abgesichert, daß der Freispruch rechtskräftig wurde.

Am 12. Januar 1933 brach George Grosz zu einer Reise in die USA auf, von der er erst 21 Jahre später zurückkehren sollte, nachdem inzwischen der deutsche Militarismus die Welt mit einem Krieg überzogen hatte, dessen Wirklichkeit alle Visionen des Künstlers noch übertroffen hatte. In seiner Selbstbiographie »Ein kleines Ja und ein großes Nein« schreibt er über seine ersten Tage in Amerika:[25]

Dann kam die Nachricht vom Reichstagsbrand, der alles schauerlich erleuchtete. Da sah ich, daß eine Vorsehung mich hatte aufsparen wollen — und im kleinen Hotel Cambridge in einer der Seitenstraßen von New York dankte ich heimlich meinem Gott, daß er mich so vorsorglich beschützt und geführt hatte. Bald kamen Briefe, aus denen ich erfuhr, daß man in meiner nun leeren Berliner Wohnung nach mir gesucht hatte, desgleichen in meinem Atelier. Daß ich da lebend davongekommen wäre, darf ich wohl bezweifeln.

Robert M. W. Kempner (Pseudonym: »Procurator«) stellte im Juli 1931 in der ›Justiz‹ unter der Überschrift »Gotteslästerung und Kirchenbeschimpfung von links und rechts« das Urteil des Reichsgerichts in der Sache George Grosz einer anderen Reichsgerichtsentscheidung gegenüber, die ein polizeiliches Verbot von Julius Streichers antisemitischem Hetzblatt ›Der Stürmer‹ aufhob.[26] Auch dort ging es um eine Darstellung des gekreuzigten Christus. Die Verbotsverfügung der Polizeidirektion Nürnberg-Fürth hatte das Bild wie folgt gewürdigt:
Links von dem Christusbild befindet sich ein Nationalsozialist mit gefalteten Händen, der nach der Unterschrift unter dem Bild die Worte spricht: »Herr, sie wollen mein Volk verraten, wie sie Dich verraten haben.« Rechts von dem Christusbild befindet sich die unförmige Gestalt eines katholischen Geistlichen mit widerlichem Gesicht, soll wohl das Zentrum darstellen, Arm in Arm mit einem Mann mit Ballonmütze, offenbar die Sozialdemokratie darstellend. Daneben eine Gestalt mit Verbrecher-Physiognomie, wohl einen Kommunisten darstellend, dahinter ein Jude, mit abstoßendem Gesicht, und im Hintergrund links verschiedene Personen mit einer Tafel »Tretet aus der Kirche aus«, offenbar Freidenker darstellend.
Das Bild stellt die Figur des Gekreuzigten in die Mitte von, mit Ausnahme des Nationalsozialisten, fratzenhaft verzerrten Gestalten, die die verschiedenen Parteirichtungen verkörpern sollen, zerrt also das Bild des Gekreuzigten in der widerlichsten Weise in den Parteikampf hinein. Es stellt somit eine Beschimpfung des Gekreuzigten dar und erfüllt damit den Tatbestand des Abschnittes I § 1 Ziff. 3 der Verordnung des Reichspräsidenten zur Bekämpfung politischer Ausschreitungen vom 28. März 1931.
Das Reichsgericht war anderer Meinung:
Nach § 1 Ziff. 3 in Verbindung mit § 12 Abs. 2 der Verordnung des Reichspräsidenten zur Bekämpfung politischer Ausschreitungen vom 28. März 1931 können periodische Druckschriften, wenn es sich um Tageszeitungen handelt, bis auf die Dauer von 6 Monaten verboten werden, wenn »eine Religionsgesellschaft des öffentlichen Rechts, ihre Einrichtungen, Gebräuche, oder Gegenstände ihrer religiösen Verehrung beschimpft oder böswillig verächtlich gemacht werden.«
Diese Voraussetzungen sind im vorliegenden Fall nicht gegeben. Der Beschwerde ist darin beizupflichten, daß das Christusbild würdig und ernst dargestellt ist und der Zeichner des Bildes im Gegensatz dazu diejenigen Parteien und Personen, die als Verräter des Volkes hingestellt werden sollen, fratzenhaft verzerrt hat. Diese Darstellungsweise zwingt zu dem Schluß, daß der gekreuzigte Jesus Christus als Symbol ernster Religiosität hingestellt, nicht aber beschimpft oder verächtlich gemacht werden soll. Die Auffassung der Verbotsverfügung, »das Bild des Gekreuzigten« sei »in der widerlichsten Weise in den Parteikampf hineingezogen und dadurch beschimpft« worden, wird un-

ter diesen Umständen dem wirklichen Sachverhalt nicht gerecht. Aus dem Umstande allein, daß das Christusbild in der jetzigen Zeit einer weit verbreiteten Gottlosen-Bewegung in den Dienst einer politischen Satire gestellt wird, läßt sich die Annahme einer Beschimpfung oder Verächtlichmachung im Sinne des § 1 Ziff. 3 der Notverordnung vom 28. März 1931 noch nicht herleiten. Es kann dahingestellt bleiben, ob eine solche Darstellungsweise dem guten Geschmack entspricht und ob sie nicht geeignet ist, bei tief religiös empfindenden Christen Anstoß zu erregen. Selbst wenn man der Auffassung ist, daß schon die bloße Verwendung des Christusbildes in dem Kampfe der politischen Meinungen zu mißbilligen sei, liegt doch jedenfalls nach dem durch die Zeichnung im vorliegenden Falle verbildlichten Gedankengange eine Beschimpfung oder Verächtlichmachung einer Religionsgesellschaft des öffentlichen Rechts nicht vor.

Die Figur des katholischen Geistlichen unter den »Volksverrätern« soll die Zentrumspartei und nicht die katholische Kirche darstellen. Etwas Gegenteiliges hat auch die Verbotsverfügung der Polizeidirektion Nürnberg-Fürth nicht angenommen. Sonach kann auch nicht etwa angenommen werden, daß durch diese Karikatur die katholische Kirche beschimpft worden sei.

Das Verbot war daher aufzuheben.

Robert M. W. Kempner merkt dazu an:[27]

Die Rechtsprechung des Reichsgerichts zum § 166 StGB ist bekannt, die weite Auslegung des Begriffs der Beschimpfung der Kirche, kirchlicher Einrichtungen und kirchlicher Kreise zu Ungunsten der Angeklagten aus zahlreichen Entscheidungen in der amtlichen Sammlung ersichtlich. Jetzt hat das Reichsgericht zum erstenmal eine Entscheidung gefällt (vorstehenden Beschluß vom 6. Mai 1931), die von der bisherigen Rechtsprechung abweicht. Ein widerliches Hineinzerren Christi, des Gekreuzigten, in den Parteikampf hat der 4. Strafsenat nicht als Beschimpfung oder Verächtlichmachung, nicht als mißbräuchliche Symbolbenutzung angesehen. Die Verbotsverfügung der Polizeidirektion Nürnberg-Fürth gegen das nationalsozialistische Wochenblatt »Der Stürmer« wurde deshalb aufgehoben. Die Gegenüberstellung dieser Entscheidung mit dem Reichsgerichtsurteil im Gotteslästerungsprozeß George Grosz bedarf keines Kommentars, sie spricht für sich selbst.

STAATSGEFÄHRDENDE MUSIK

Auch musikalische Veranstaltungen waren in der Verfassungswirklichkeit weder durch Art. 142 noch durch das Grundrecht der Versammlungsfreiheit gegen Eingriffe der Staatsgewalt geschützt. Die Justiz deckte hier eine Verwaltungspraxis, die sich über das Grundrecht des Art. 123 Abs. 1 hinwegsetzte, in dem das Recht, sich ohne Anmeldung oder besondere Erlaubnis friedlich und unbewaffnet zu versammeln, jedenfalls für Versammlungen in geschlossenen Räumen unbedingt — d. h. ohne ›Gesetzesvorbehalt‹

— gewährleistet war.
Ein Beschluß der Polizeidirektion München vom 9. 12. 1925 lautete:²⁸
Die Polizeidirektion München erläßt auf Grund Art. 102 des Bayr. Ausführungsgesetzes zur RStPO nachstehende Anordnung:
1. Der vom Ortsverband der Roten Hilfe in München für Freitag, den 18. Dezember 1925, im Colosseum geplante Konzertabend zugunsten der politischen Gefangenen und deren Angehörigen wird verboten.
2. Gebühren bleiben außer Ansatz..

Gründe:

Die »Rote Hilfe« ist eine Organisation der KPD, die die gleichen Ziele verfolgt, wie die Kommunistische Partei selbst, nämlich, die Fortführung des direkten Klassenkampfes, d h. des Bürgerkriegs und die gewaltsame Beseitigung der derzeitigen Staatsverfassung. Der für Freitag, den 18. Dezember 1925, im Colosseum geplante Konzertabend dient, wie alle kommunistischen Veranstaltungen, ebenfalls der Förderung dieser Ziele, weshalb er im Interesse der Erhaltung der Staatssicherheit zu verbieten war. (Art. 102 bayr. A.G. zur RStPO). Gegen diesen Beschluß ist Beschwerde zulässig zur Regierung von Oberbayern, Kammer des Innern.

I. V.: gez. Tenner

Felix Halle kommentiert:²⁹
Ein Konzert der »Roten Hilfe« ist also nach der Auffassung der bayerischen Behörden staatsgefährlich, eine bewaffnete Versammlung von Nationalsozialisten, in der, wie bekannt war, zum Sturze der Reichsregierung aufgefordert werden sollte, ist dagegen ein friedliches Zusammenkommen.
Daß man mit gleicher Begründung auch die Aufführung eines klassischen Kunstwerks verbieten könnte, veranschaulichte Felix Halle an folgendem fiktivem Beispiel:³⁰

Beschluß.

Der Polizeimeister erläßt auf Grund des § 9 des 1007ten, der von unseren hochseligen Monarchen in die Republik übernommenen Gesetze nachstehende Anordnung:
Der von dem Ortsvorstand des Hilfsvereins klassenbewußter Proletarier in Y. für Dienstag, den 15. November 1926, im Prytaneum geplante Konzertabend, in dem die 9. Symphonie von Beethoven zur Aufführung gebracht werden soll, wird verboten.

Gründe.

Der Hilfsverein klassenbewußter Proletarier ist eine Organisation der Arbeiterschaft, welche die gleichen Ziele verfolgt wie die Kommunistische Partei selbst, nämlich, die Fortführung des direkten Klassenkampfes, d. h. des Bürgerkrieges und die gewaltsame Beseitigung der

derzeitigen Staatsverfassung. Die Musik des pp. Beethoven gilt, wie amtsbekannt ist und wie von sachverständiger Seite bestätigt wird, als *revolutionär*. Sie ist daher durchaus geeignet, in den Zuhörern Gefühle der Unzufriedenheit mit der bestehenden Gesellschafts- und Staatsordnung zu erwecken und damit die Staatssicherheit zu gefährden. Indem der Text des zur Aufführung geplanten Werkes in seinem Schlußteil Schillers Hymne »An die Freude« unterlegt und dem Gedanken einer Menschheitsverbrüderung mit den Worten:
>Seid umschlungen, Millionen!
>Diesen Kuß der ganzen Welt!
>Brüder...

Ausdruck gibt, trägt das Werk zugleich einen ausgesprochen *pazifistischen* Charakter, der bei den Zuhörern oder zum wenigsten bei einem Teil der Zuhörer, wenn auch nicht jetzt, so doch in Zukunft, Gefühle des *Defaitismus* zu erwecken oder zu bestärken in der Lage ist. Auf diese Art können in einem künftigen Kriege Angehörige der Wehrmacht des Reiches in ihrem Willen zur nationalen Verteidigung geschwächt werden. Eine Duldung der Aufführung wäre daher eine Gefährdung der nationalen Belange und kann aus diesem Grunde nicht gestattet werden. Der Oberpolizeivorsteher.

NOTWEHR GEGEN »HINKEMANN«

Im Festungsgefängnis Niederschönenfeld schrieb Ernst Toller seine Tragödie »Hinkemann«. Die Rolle des Eugen Hinkemann war dem großen Schauspieler Heinrich George auf den Leib geschrieben, der ihn bei der Berliner Uraufführung verkörperte: Ein Mensch, der als Invalide aus dem Krieg zurückgekehrt ist und durch das Lächerliche seiner furchtbaren Verletzung – ihm ist das Geschlecht weggerissen – und die Schwäche und Grausamkeit seiner Mitmenschen in ein Schicksal verstrickt wird, an dem er und seine Frau Grete zerbrechen. Toller machte aus diesem Stoff eine glühende Anklage gegen den Krieg und gegen die Gedankenlosigkeit der Menschen. »Und es gibt Menschen, die haben das vergessen«, läßt er Hinkemann in der letzten dramatischen Szene des Stückes sagen. »Im Krieg haben sie gelitten und haben ihre Herrn gehaßt und haben gehorcht und haben gemordet! Alles vergessen – Sie werden wieder leiden und werden wieder ihre Herrn hassen und werden wieder – gehorchen und werden wieder – morden. So sind die Menschen. Und könnten anders sein, wenn sie wollten. Aber sie wollen nicht. Sie steinigen den Geist, sie höhnen ihn, sie schänden das Leben, sie kreuzigen es – immer und immer wieder...« In seiner Selbstbiographie »Eine Jugend in Deutschland« schreibt Toller:

Als das Stück im Dresdner Staatstheater aufgeführt wird, kommt es zu wüsten Tumulten, ein völkischer Herr Mutschmann (späterer Gauleiter der NSDAP; d. Verf.) hat sie organisiert, einer Wohlfahrtskasse entnahm er Geld und kaufte achthundert Eintrittskarten für Studenten, Handlungsgehilfen, Schüler. Jedem dieser achthundert Schau- und Radaulustigen war ein Zettel in die Hand gesteckt, mit jenen kriegsfeindlichen Sätzen aus meinem Drama, die das Signal zum Theaterskandal geben sollten. Die erste Szene wird gespielt, die achthundert sehen sich bestürzt an, die Stichworte fallen nicht, der Regisseur hat sie gestrichen. In der zweiten Szene endlich fällt das Stichwort, nun ist kein Halten mehr. Trillerpfeifen schrillen, das Deutschlandlied wird gegrölt...[31]

Sieben Radaubrüder werden von der Polizei namentlich festgestellt – darunter vier Akademiker! In dem anschließenden Strafverfahren wegen Übertretung des § 360 Ziffer 11 StGB (Erregung ruhestörenden Lärms) gaben alle Angeklagten zu, bei der »Krüppelszene« das Deutschlandlied gesungen zu haben. Einer der Angeklagten, der Buchhandlungsgehilfe Kiehl, räumte darüber hinaus ein, bei der »Schaubudenszene« auf einem Hausschlüssel gepfiffen zu haben. Der Dresdner Amtsrichter Dr. Bergmann sprach mit Ausnahme von Kiehl alle Angeklagten frei. Begründung: Notwehr!

Notwehr ist nach § 53 StGB »diejenige Verteidigung, die erforderlich ist, um einen gegenwärtigen rechtswidrigen Angriff von sich oder einem anderen abzuwehren«. Der Amtsrichter sah in Tollers Stück einen »Angriff« auf das »vaterländische Empfinden« und die persönliche Ehre der Angeklagten.

Wenn die Angeklagten sich diesen unerhörten Beleidigungen gegenüber, die sich wohl in keinem anderen Lande der Welt Angehörige eines Kulturvolkes bei einer Theateraufführung bieten lassen würden, durch Singen und Pfeifen gewehrt hatten, so war das ihr gutes Recht der Notwehr (§ 53 StGB) gewesen, denn nach dem Vorausgegangenen drohten ihnen noch weitere Beschimpfungen...[32]

Der Buchhandlungsgehilfe Kiehl jedoch hatte nach Meinung des Amtsrichters die Grenzen der erlaubten Notwehr überschritten, da die Benutzung eines Schlüssels als Lärminstrument der »Würde des Theaters« nicht entsprochen habe. Kiehl wurde zu 10 Mark Geldstrafe verurteilt.

Man könnte versucht sein, das Ganze als den allerdings kaum glaublichen Fehlgriff eines kleinen Amtsrichters abzutun, wenn nicht das Oberlandesgericht Dresden, das als Revisionsgericht mit der Sache befaßt wurde, ihn noch übertroffen hätte. Es bestätigte nicht nur die Freisprüche, sondern hob darüber hinaus auch die Verurteilung des Angeklagten Kiehl auf. Es sei nicht einzusehen, so lautete die Begründung, warum das Notwehrrecht nicht gegenüber Angriffen auf das »edle und jedes Schutzes würdige Gefühl der Vaterlandsliebe« bestehen solle. Und bezüg-

lich Kiehl heißt es:
Wenn der Vorderrichter bei dem Angeklagten Kiehl eine (strafbare) Überschreitung der Notwehr festgestellt hat, so kann diese rechtsirrtumfrei nicht allein mit der Würde des Theaters begründet werden. An sich ist zwar die Annahme der Überschreitung der Notwehr durch das Pfeifen auf dem Schlüssel rechtlich nicht zu beanstanden, doch bedarf es dazu der Feststellung, daß der Angeklagte (Kiehl) tatsächlich den Vorsatz gehabt hat, ungebührlichen, das heißt »ohne berechtigten Anlaß«, Lärm zu erregen. Das angefochtene Urteil läßt demgegenüber nicht erkennen, ob sich der Angeklagte Kiehl der Ungebühr seines Tuns bewußt gewesen ist.[33]

Dem Amtsrichter, an den die Sache zur erneuten Verhandlung und Entscheidung zurückverwiesen wurde, blieb nur noch übrig, dem Angeklagten Kiehl zu bescheinigen, daß er nicht den Vorsatz hatte, ungebührlichen ruhestörenden Lärm zu verüben, und auch ihn freizusprechen. So geschah es durch Urteil vom 28. 5. 25.

In der »Krüppelszene« – gegen die nach Auffassung deutscher Richter durch Grölen und Pfeifen ›Notwehr‹ geübt werden durfte – bedrängen den auf nächtlicher Straße verzweifelt zusammengebrochenen Hinkemann Traumgestalten, zunächst einarmige und einbeinige Kriegsinvaliden mit Leierkästen, dann andere Typen. Schließlich entdecken einige den am Boden liegenden Hinkemann:

Ein Gummiknüppel: Wohl so'n Spartakistenbiest. – In Mittelborussien – äh – kurzer Prozeß – dem Aas einen Revolver in die Hand gedrückt. – Mußte sich erschießen oder eins mit dem Kolben! Vorher auf Befehl »Deutschland Deutschland über alles«. Hähähä. – Gesindel muß wieder parieren lernen. – Stiebel ins Genick. – Ein Flammenwerfer: Unser Freikorps auch nie Jefangene gemacht. Befehl: Auf den nächsten Acker – Tritt auf die Zehen, daß er aufsprang – eins in den Dez – nachher eben Fluchtversuch gewesen ...

Freilich, derlei Sachen durften in einem Kulturstaat nicht gesagt werden – aber geschehen! Eine seltsame Art von Vaterlandsliebe wurde hier gerichtlich geschützt! Die in Art. 142 der Weimarer Verfassung festgelegte Verpflichtung des Staates, die *Kunst* zu schützen, blieb auf dem Papier stehen.

DAS PISCATOR-VERBOT

In Thüringen wachte seit Januar 1930 ein nationalsozialistischer Innenminister, Dr. Frick, über die öffentliche Sicherheit und Ordnung. Als die Berliner Piscator-Bühne das gegen die Strafbarkeit der Abtreibung gerichtete Stück »Frauen in Not § 218« in Thüringen aufführen wollte, verbot Frick alle 20 geplanten Aufführungen wegen Gefährdung der öffentlichen Ruhe, Ordnung und Sicherheit. Durch Anfechtungsklagen des Freidenkerverbandes in Jena und der Theatergemeinde der Volkshochschule Reuß kam die Sache vor das Thüringische Oberverwaltungsgericht.

Frick verteidigte seine Verbotsverfügung in einem Schriftsatz, in dem es hieß:[34]
Zur Abwehr von Gefahren, durch die die öffentliche Sicherheit gestört werde, gehöre vor allem der Schutz der staatlichen Rechtsordnung. Diese würde bei einer Aufführung des Dramas mehrfach verletzt werden. Das Drama wolle zwar den Eindruck erwecken, als wenn es in der Bevölkerung nur Stimmung für eine Aufhebung des § 218 des Strafgesetzbuches mache. In Wirklichkeit aber propagiere es durch die Art seiner Darstellung die Abtreibung und reize damit zur Begehung strafbarer Handlungen an. Das Hauptgewicht werde auf politische Betrachtungen und übelste Klassenverhetzung gelegt. Die Folge dieser verlogenen Milieuschilderung müsse zu einer unnötigen Verschärfung der Klassengegensätze und bei der im Stück gewählten Kaschemmensprache zu einer weitgehenden Verhetzung von Bevölkerungskreisen führen, die unmittelbar gegen den § 130 des Strafgesetzbuches verstoße. Das Stück strotze von Beleidigungen und Verächtlichmachung staatlicher und kirchlicher Einrichtungen. Außerdem werde durch eine Reihe von kleinen und kleinsten Einzelheiten gewiß beim Zuschauer der Eindruck erweckt, daß die Behörden stets nur zugunsten der besitzenden und gegen die nichtbesitzenden Bevölkerungskreise entscheiden würden. Die Absicht des Stückes gehe nur dahin, den Staat und seine Einrichtungen zu beleidigen, verächtlich zu machen und in der öffentlichen Achtung herabzusetzen. Die Krönung des Ganzen bilde jedoch der Schluß des Stückes, in dem unmittelbar zum gewaltsamen Kampfe gegen den Staat und die derzeitige Gesellschaftsordnung aufgerufen werde.
Der Chronist kann hier eines der wenigen Ruhmesblätter deutscher Justizgeschichte aufschlagen.
Unter dem Vorsitz des Präsidenten Dr. Ebsen gab das Oberverwaltungsgericht am 29. 9. 1930 der Jenaer Anfechtungsklage statt und führte zur Begründung aus:[35]
Das Verbot könne nur unter drei Gesichtspunkten gerechtfertigt werden, 1. wenn der Inhalt des Stückes oder die Art seiner Darstellung gegen einen Strafrechtssatz verstieße, 2. wenn ohne diese Voraussetzung der Inhalt oder die Aufführung des Stückes eine Gefahr für die öffentliche Ordnung, vor allem für die öffentliche Sittlichkeit bedeuten würde, schließlich als Maßregel des sogenannten polizeilichen Notstandes, wenn die Voraussetzungen eines solchen Notstandes vorliegen.
Es wird sodann ausgeführt, daß Verstöße gegen die § 185, 110, 111, 124 ff. und 131 StGB weder subjektiv noch objektiv vorliegen. Das Gericht schließt aus der Darstellung, daß das Stück nicht die regellose Abtreibung als solche propagieren wolle, sondern nur die Beseitigung des § 218 in seiner gegenwärtigen Form. Das Stück verstoße auch nicht gegen die öffentliche Ordnung. Es wird dargelegt, daß die Diskussion über eine Änderung oder Beseitigung des § 218 StGB »in breitesten ernstdenkenden Kreisen

der Öffentlichkeit in vollem Gange ist, ohne daß sie als der öffentlichen Sittlichkeit zuwiderlaufend empfunden würde«. Zur drastischen Ausdrucksweise des Stückes meint das Gericht, daß es »nicht Aufgabe der Polizei ist, Unästhetisches als polizeiwidrig zu bekämpfen«. »Die noch so krasse naturalistische Darstellungsweise ist deshalb als solche noch nicht polizeiwidrig.«
Hermann Brill* berichtet in der ›Justiz‹:[36]
Dieses Urteil, das wegen seiner klaren, kulturell mutigen und juristisch einwandfreien, im Geiste liberaler Meinungsfreiheit gefaßten Denkweise und Sprache, bei der Verbotssucht auch in anderen Ländern, von größter Bedeutung ist, hat Dr. Frick und Genossen zu Wutanfällen gegen das Oberverwaltungsgericht veranlaßt. Die in Weimar erscheinende Zeitung ›Der Nationalsozialist‹ sprach den Richtern des Oberverwaltungsgerichts jedes nationale und völkische Empfinden ab ...
In einer zweiten Prozeßsache legte daraufhin Fricks Ministerium etwa 250 Zeitungsberichte über Störungen der Aufführung vor, um zu beweisen, daß die öffentliche Meinung das Stück als unsittlich empfinde. So hatten in Worms und Lübeck Angehörige der NSDAP versucht, die Aufführung durch Gegenkundgebungen unmöglich zu machen, waren aber durch die Polizei entfernt worden. Weiter hatte sich Frick Äußerungen aus ›vaterländischen‹, kirchlichen und christlichen Kreisen besorgt, in denen sein kulturfeindlicher Protest unterstützt wurde, und er folgerte:[37]
Es ist danach mit Sicherheit anzunehmen, daß bei dem gesunden deutschen Empfinden des großen Teils der thüringischen Bevölkerung die Aufführung des Stückes in Gera erhebliche Störungen der öffentlichen Ruhe und Ordnung hervorrufen wird, die Personen- und Sachschäden zur Folge haben können. Es kann nicht Aufgabe der Polizei sein, die Durchführung derartiger, das gesunde Volksempfinden auf das schwerste verletzender Darbietungen unter allen Umständen mit polizeilicher Gewalt gegen den Willen der Mehrheit der Bevölkerung zu sichern. Das wäre eine mißverstandene Auffassung von Staatsautorität, die letztlich zu ihrer Untergrabung führen müßte.
Brill kommentiert:[38]
Das heißt zusammengefaßt nichts anderes, als daß die jeweilige Regierung das Recht haben soll, darüber zu bestimmen, was der Minderheit der Bevölkerung, die nicht an der Regierung beteiligt ist, von der Polizei an Freiheit der Meinungsäußerung erlaubt wird.
Und im Urteil des Oberverwaltungsgerichts vom 10. 1. 1931, das auch dieses Verbot aufhob, heißt es:[39]
Solange das liberale Grundrecht der freien Meinungsäußerung in dem im Artikel 118 der Reichsverfassung umschriebenen Umfange besteht

---

* Prof. Dr. Hermann Brill, 1919–1933 Landtagsabgeordneter in Thüringen, 1932–1933 Mitglied des Reichstags (SPD), wurde im Hitler-Reich vom Volksgerichtshof als Widerstandskämpfer zu 12 Jahren Zuchthaus verurteilt; 1945 aus dem KZ Buchenwald befreit (Hammer: Hohes Haus in Henkers Hand, S. 32 f.).

und die Diskussion auch auf der Bühne die Schranken der allgemeinen Gesetze nicht überschreitet, liegt es im Sinne dieser liberalen Bestimmung, jede Meinungsäußerung sich grundsätzlich frei auswirken zu lassen.
Nicht dieser Satz machte das Urteil zu einem fortschrittlichen — andere Formulierungen des Urteils sind sogar recht konservativ und bedenklich —, sondern der Mut, aus diesen Grundsätzen, die oft genug auch in erzreaktionären Entscheidungen wie zum Hohn vorausgeschickt werden, die praktische Konsequenz zu ziehen, einem in geheiligte Bezirke verlogener spießbürgerlicher Moral vorstoßenden Theaterstück gegen den Widerstand einer intoleranten, diktatorischen Bürokratie zur öffentlichen Aufführung zu verhelfen.

DIE JUSTIZ IM SPIEGEL DER FILMZENSUR

Die Filmzensur wurde der Justiz durch besondere Filmprüfstellen abgenommen, die damals als Reichsbehörden ausgestaltet waren, gegen deren Entscheidungen der Verwaltungsrechtsweg nicht eröffnet war. Um den vom Thema gesteckten Rahmen nicht zu überschreiten, müssen wir es uns daher versagen, auch diesen Bereich übelster Rückständigkeit auszuleuchten. Aber ein paar Beispiele dafür, was in deutschen Filmen *über die Justiz* nicht gezeigt werden durfte, seien hier gebracht.
In der Begründung einer Verbotsverfügung der Oberprüfstelle gegen den Film »Notschrei hinter Gittern« vom 30. 12. 1927 heißt es:[40]
Der Bildstreifen läßt es in einem Maß an Objektivität und Sachlichkeit fehlen, daß ihm die Beweisführung für das, was in der Richtung der von ihm verfolgten Tendenz gelegen ist, nämlich für das Vorliegen eines Justizmordes nur gelingt, indem er die Justiz einer Leichtfertigkeit und Voreingenommenheit zeiht, die an Verhetzung grenzt. Bei der Beurteilung des angezogenen Rechtsfalles kann es völlig außer Ansatz bleiben, ob es sich vorliegend, wie die Prüfstelle annimmt, um zweckhaft konstruierte Begebnisse oder, wie der Sachwalter des Beschwerdeführers behauptet, um einen tatsächlich vorgekommenen Fall aus der Praxis der Gerichte handelt. Entscheidend ist allein die Wirkung der Darstellung auf den Beschauer. Diese geht vorliegend dahin, daß das *Vertrauen in unsere Rechtspflege in hohem Maße erschüttert und die Objektivität der Gesetzeshandhabung in Zweifel gezogen wird.*
... Das Auftreten des Staatsanwaltes vor und nach seinem Plaidoyer entspricht nicht der Würde, die ein Vertreter dieses Amts an den Tag legen muß. Sein Gesichtsausdruck zeigt der Angeklagten gegenüber Brutalität, während des Plaidoyers des Verteidigers sodann nicht sachliche Würdigung der von diesem dargelegten Gründe, sondern

lediglich Ironie und Zynismus.
Aus dem Film »Freies Volk« wurde durch Entscheidung vom 18. 3. 1926 eine Szene verboten, bei der ein Richter einen Adligen anders behandelt als einen anderen Staatsbürger. Begründung: Gefährdung der öffentlichen Ordnung. Auch der Film »Sensationsprozeß« fand nicht durchweg die Billigung der Oberprüfstelle. In ihrer Entscheidung vom 19. 3. 1928 heißt es:
In der Darstellung des Strafprozesses mußten diejenigen Bildfolgen von der öffentlichen Vorführung ausgeschlossen werden, die geeignet sind, *das Vertrauen des Volkes in die Ausübung der Rechtspflege zu erschüttern und damit die öffentliche Ordnung zu gefährden.* Unter Anwendung dieses Verbotsgrundes sind deshalb die Bildfolgen ausgeschnitten worden, die ein Mitglied des über das Verbrechen des Mordes entscheidenden Gerichtshofes als schlafend darstellen, die einen Zeugen als Objekt der im Gerichtssaal anwesenden Zeichner darstellen, dem durch Zeichen die von ihm jeweils einzunehmende Pose bedeutet wird und die endlich *geeignet sind, Zweifel in die Objektivität des Staatsanwaltes und damit der Rechtspflege, deren Organ er ist, zu setzen* oder die Geschworenen, die ebenfalls Organe der Rechtspflege sind, karikieren.

Dieser Geist unbedingter Autoritätsgläubigkeit, dem das ›Vertrauen des Volkes‹ in die obrigkeitlichen Gewalten und nicht etwa die auf die Grundrechte der Verfassung gestützte wache Kritik und künstlerische Freiheit des Staatsbürgers als das Fundament des Staates galt, hat es möglich gemacht, daß sich der Übergang zum totalitären Führerstaat ohne ideologischen Bruch vollzog. Was sich am 19. Februar 1933 in der Kroll-Oper abspielen sollte, hätte sich ebenso auch einige Jahre früher unter der – von einer reaktionären Verwaltungsbürokratie und Justiz praktisch außer Kraft gesetzten – Geltung der Grundrechte einer freiheitlichen Demokratie ereignen können:[41] Ein letztes Mal – Hitler war seit 20 Tagen Reichskanzler – veranstaltete die deutsche Linke eine große überparteiliche Kundgebung unter dem Thema »Das Freie Wort«. Etwa 900 Besucher und 100 Journalisten hatten die Referate der Professoren Tönnies (»Akademische Freiheit«) und Ewers (»Pressefreiheit«) und des Ministerialdirektors Falck (»Versammlungsfreiheit«), sowie die Grußbotschaft Thomas Manns (»Bekenntnis zur sozialen Republik«) angehört, als zu Beginn des letzten Referats ein weiterer Polizeibeamter, vom Polizeipräsidium entsandt, im Saale Platz nahm. Der ehemalige preußische Staatsminister Wolfgang Heine begann sein Referat über die »Freiheit des Wortes« mit einer Polemik gegen den neuen nationalsozialistischen Minister Rust, den er als einen Kultusminister, der »von Kultur wenig Ahnung« habe, bezeichnete. Da erhob sich der Polizeihauptmann, setzte seinen Tschako auf und erklärte: »Die Versammlung ist aufgelöst.« Ein Polizist schickte 1000 Demokraten endgültig nach Hause. Er war der Arm einer Obrigkeit, die den Staat vor der Kultur schützte.

Republikfeindschaft und Antisemitismus

Ein beträchtlicher Teil unserer Richterschaft, namentlich in Mittel- und Ostdeutschland, ist — daran ist ein Zweifel nicht mehr möglich — politisch gegen die Republik eingestellt und befindet sich, weil sie für deren Errichtung und ihr Fortbestehen vornehmlich ihre jüdischen Mitbürger verantwortlich macht, gegen diese in scharfer, geradezu erbitterter Gegnerschaft.

So schrieb Rechtsanwalt Emil Roth aus Anlaß der Mordsache Helling-Haas, in der antisemitische Vorurteile zur wochenlangen Inhaftierung eines Unschuldigen beigetragen hatten.[1]

Wie könnte es auch anders sein bei der traurigen Verhetzung, die bis zur Universität hinauf alle Bildungsstätten des Landes, insbesondere fast die gesamte Lehrerschaft der höheren Schulen verseucht? Wie sollen die Männer, die, von allem jüdischen Wesen und Verkehr peinlichst ferngehalten, aus diesem Milieu der völkisch gerichteten Korps, Burschenschaften und Vereinigungen in das Richteramt hineinkommen, wahres Interesse und wirkliches Verständnis für ihre jüdischen Volksgenossen gewinnen, woher den festen Willen nehmen, ihnen, die Sprache und Gesinnung ihrer Kreise immer nur als Schieber, Betrüger, Parasiten und Volksverderber bezeichnen, gerecht zu werden? Selbst wenn sie diesen Willen hätten — in seltenen Fällen mag es vielleicht so sein —, sie könnten ihn einfach nicht in die Tat umsetzen! An der unübersteiglichen Mauer der Vorurteile über Juden und jüdische Art, die ihnen Jahre und jahrzehntelang durch Haus, Schule, Universität, Verkehrsgemeinschaft und Presse eingehämmert sind, an dem finsteren Wall des Hasses und der Abneigung gegen die Juden, die ihnen fort und fort systematisch eingeimpft werden, muß jede leiseste Möglichkeit des Verständnisses scheitern!

Am 6. 3. 1924 sprach der Wernigeroder Amtsrichter Dr. Beinert einen deutschvölkischen Agitator frei, der sich übelster Beschimpfungen des jüdischen Bevölkerungsteils schuldig gemacht hatte. In der Urteilsbegründung hieß es:

Das deutsche Volk erkennt mehr und mehr, daß das Judentum schwerste Schuld an unserem Unglück trage, und das erfassen immer weitere Kreise. An einen Aufstieg unseres Volkes ist nicht zu denken, wenn wir nicht die Macht des Judentums brechen. Nicht nur die Deutschvölkischen meinen das, sondern auch die Deutschnationalen, wie man in den Zeitungen der letzten Tage lesen konnte. Die Gedanken, welche die Angeklagten vortrugen, stellen keine Gefährdung unsrer öffentlichen Ruhe dar, nein, sogar die Besten unseres Volkes teilen diese Anschauung.[2]

Beinert erhielt für diese Offenbarung seiner Gesinnung einen Verweis durch den Landgerichtspräsidenten und amtierte weiter.
Am 1. April 1925 hielt er in seiner Eigenschaft als Vorsitzender der »Brocken-Bismarck-Gemeinde«, die sich alljährlich zur Feier von Bismarcks Geburtstag auf dem Brocken versammelte, die Festrede. Darin kennzeichnete er die Republik, als deren lebenslänglich besoldeter Beamter er »im Namen des Volkes« Recht sprach:
Wir sehen Zuchthäusler als Ministerpräsidenten, wir sehen bestechliche Polizeipräsidenten und bestochene Minister.[3]
Den ermordeten Erzberger bezeichnete er als den größten Halunken, den je die Sonne beschienen habe.
Der Oberreichsanwalt lehnte eine Strafverfolgung ab:
Die in Frage stehende Rede enthält einen strafbaren Tatbestand nicht.[3]
Aber – wie Zarnow (Moritz) in seiner »Gefesselten Justiz« bedauernd feststellt –:
Es fanden sich Disziplinarrichter, die den brutal offen und ohne Scheu von Politikern verfolgten Richter »zur Strecke brachten«.[4]
Er wurde durch Urteil des Großen Disziplinarsenats des Kammergerichts Berlin zur Strafversetzung verurteilt. Die ›Vossische Zeitung‹ kommentierte am 10. 11. 1926: »Ein mildes Urteil.« Im Reichstag erklärte der Abgeordnete Brodauf (Deutsche Demokratische Partei) am 24. 2. 1927:[5]
Was wäre wohl mit einem Richter geschehen, der sich im alten System solche Angriffe gegen Minister und Regierung erlaubt hätte? Er wäre ganz gewiß nicht wie Herr Beinert mit der bloßen Strafversetzung weggekommen; der Mann wäre im alten System unweigerlich hinausgeworfen worden. (Zuruf von den Deutschen Demokraten: Und mit Recht!)
Immerhin durfte der Amtsrichter Dr. Beinert sich zu solchen Bekenntnissen seiner republikfeindlichen und antisemitischen Gesinnung durch die Rechtsprechung des höchsten Gerichts der Republik ermutigt fühlen. Das Reichsgericht hatte bekanntlich mit scharfsinnigen, begriffszergliedernden Erwägungen festgestellt, daß die Bezeichnung »Judenrepublik« nicht unbedingt eine Beschimpfung der Republik zu bedeuten brauchte, da auch »die übermäßige Macht und der übermäßige Einfluß, den die im Verhältnis zur Gesamtbevölkerung kleine Anzahl der Juden nach Ansicht weiter Volkskreise in Deutschland tatsächlich ausübt«, gemeint sein könne.[6] Auch »Schwarz-Rot-Hühnereigelb« und »Schwarz-Rot-Mostrich« waren nach Ansicht des Reichsgerichts keine beschimpfenden Bezeichnungen der Reichsfarben, denn die Worte »Hühnereigelb« und »Mostrich« seien, ebenso wie »das nicht selten gebrauchte Wort ›Senf‹ . . . an sich offenbar bedenkenfrei.«[6a] Über eine Variante aus Bayern berichtete der sozialdemokratische Abgeordnete Dr. Rosenfeld in der Reichstagssitzung vom 12. 2. 1923:[7]
Der Redakteur des ›Miesbacher Anzeigers‹ stand vor dem Münchener Schwurgericht unter der Anklage, die Reichsfarben beschimpft zu

haben. Er hatte nämlich die Reichsfarben bezeichnet als »schwarz-rothennadreckat«. Der Angeklagte verteidigte sich damit, daß er nur die Farben der Novemberlinge gemeint habe. Um nun festzustellen, ob eine Beschimpfung der Reichsfarben erfolgt sei, wurde ein Sachverständiger vernommen, der erklärte: In Bayern ist schon seit dem Mittelalter die Abneigung gegen die gelbe Farbe sehr groß. (Heiterkeit.) Noch ein zweiter Sachverständiger wurde vernommen, der sagte, in der Miesbacher Gegend sei dieser Ausdruck keine Beschimpfung, sondern nur eine drastische Bezeichnung. Auf Grund dieser Sachverständigengutachten haben dann die Geschworenen freigesprochen

Zumeist wurden Freisprüche wegen Beschimpfung der Reichsfarben damit begründet, daß die Angeklagten nicht die Farben der Republik, sondern die des ›Reichsbanner‹ gemeint hätten. Auch der Ausdruck »Ebertlappen« blieb dank der Interpretationskunst des Reichsgerichts straffrei. In solchen Richtersprüchen offenbarte sich die antimarxistische Komponente der Republikfeindschaft des Richtertums. Ihr sind Richtersprüche zuzuschreiben wie jenes Urteil des Reichsgerichts vom 10. 4. 1923,[8] das in der Bezeichnung der sozialistischen Minister des Landes Thüringen als »Spitzbuben« keine Beschimpfung im Sinne des Republikschutzgesetzes erblickte, da »eine Regierung dieser Richtung ... keineswegs zum Wesen der bestehenden republikanischen Staatsform gehört«, oder das berühmte Urteil des Magdeburger Schöffengerichts vom 23. 12. 1924, in dem Friedrich Ebert, dem amtierenden Reichspräsidenten, bescheinigt wurde, daß er durch seine Beteiligung am Munitionsarbeiterstreik im Januar 1918 »Landesverrat« begangen habe.[9]

Die Verbindung von Antimarxismus, Antisemitismus und antidemokratischer Gesinnung war für das politische Denken der Rechten typisch. Juden und Arbeiterschaft teilten das Schicksal der ›proletarischen‹ Existenz, der gemeinsamen ›Verelendung‹. »Elend heißt Armsein, aber zugleich (altdeutsch) Fremde; es bedeutet Ausgestoßensein, Nicht-Dazugehören; Rechtlossein, der Willkür anderer Ausgeliefertsein.«[10] Die nationalistische Ideologie bewirkte (und bewirkt) das Ausgestoßensein der Sozialisten wie der Juden, indem sie diese anderen ›Nationen‹ zuordnet. In dem Satz: »Wem es hier nicht gefällt, der kann ja nach ... gehen« ist diese Gesinnung bis heute lebendig. Sie hatte in der Weimarer Republik nicht nur in bezug auf die Kommunisten, sondern auch in bezug auf die Juden Aktualität.

Als ein jüdischer Hauswirt Räumungsklage gegen seinen Mieter, einen Ausländer erhob, weil dieser ihn wiederholt als »deutsches Schwein« beschimpft hatte, wies ihn das Amtsgericht Berlin-Mitte mit der Begründung ab:[11]

Der Kläger ist unbeschadet seiner deutschen Staatsangehörigkeit nicht eine Persönlichkeit, die der Sprachgebrauch des Volkes zu den Deutschen zählt.

Er konnte sich also – so lautet Gustav Radbruchs bitterer Kommentar – durch die Bezeichnung »deutsches Schwein« nicht getroffen fühlen.
Die Ausstoßung und Entrechtung der Juden erfolgte nicht nur über die Zuweisung zu einer anderen ›Nation‹, sondern auch über den Begriff der Rasse. In der Justizpraxis diente er dazu, den Juden den Schutz zu entziehen, den das Gesetz ihnen gewähren wollte, indem Beschimpfungen der Juden nicht als Beschimpfungen der jüdischen Religionsgesellschaft (§ 166 StGB) oder einer Bevölkerungsklasse (§ 130 StGB), sondern als Beschimpfungen der jüdischen Rasse klassifiziert wurden, zu deren Schutz es einen Straftatbestand nicht gab.
Vor dem Landgericht Glogau hatte sich am 10. November 1921 der Hauslehrer Th. Knobel wegen Beschimpfung einer Religionsgesellschaft (§ 166 StGB) zu verantworten. Als Führer des deutschvölkischen Jungsturms in Guhrau hatte er bei einem Ausflug die Jungen am jüdischen Friedhof haltmachen lassen und gefragt, was das sei. Auf die Antwort »Der Judenfriedhof!« kommandierte er: »Spuckt alle dreimal aus!« So geschah es. Die Glogauer Strafkammer sprach den Hauslehrer Knobel frei: Der Antisemitismus richte sich nicht gegen die Religion, sondern gegen die Rasse der Juden; es sei dem Angeklagten zu glauben, daß er nicht daran gedacht habe, die Religionsgemeinschaft der Juden zu beschimpfen; er habe nicht diese, sondern die jüdische Rasse treffen wollen.[12]
Als Gegenstück dazu ein – allerdings später auf Einspruch aufgehobener – Strafbefehl eines Regensburger Amtsrichters vom 11. Dezember 1926 gegen die Hilfsarbeiterin Katharina Schott:[13]
Nach einer Anzeige der Polizei Regensburg vom 9. November sollen Sie öffentlich eine der christlichen Kirchen beschimpft und dadurch zugleich in einem zu religiösen Versammlungen bestimmten Orte Unfug verübt haben, indem Sie am 1. November 1926, am Allerheiligentage, in Regensburg auf dem mit dem evangelischen Zentralfriedhof verbundenen Gemeindefriedhof auf dem Grabe des Christian Mühlbauer in einem mit roten Rosen und roten Schleifen verzierten Fichtenkranz eine Tafel mit der Aufschrift ›Auf Nimmerwiedersehen‹ niederlegten und dadurch die christliche Lehre von der Auferstehung der Toten und den gerade an Allerheiligen auf den Friedhöfen zum Ausdruck kommenden christlichen Glauben von der Auferstehung in grober, ungebührlicher Weise verspotteten und verhöhnten.
Diese Handlung erfüllt den Tatbestand eines Vergehens in bezug auf die Religion gemäß § 166 StGB.
Auf schriftlichen Antrag des Staatsanwalts wird nach den angeführten Vorschriften und nach § 407 ff. der Strafprozeßordnung gegen Sie eine Gefängnisstrafe von vier Wochen festgesetzt. Sie haben die Kosten des Verfahrens zu tragen.
Wenn es um den Schutz der christlichen Religion ging, kannte

das Bemühen der Justiz um Ausweitung des Tatbestandes keine Grenzen; selbst die Grenze zur Lächerlichkeit wurde, wie obiges Beispiel zeigt, manchmal überschritten. So wurde vom Reichsgericht als beschimpfender Unfug im Sinne des § 166 StGB angesehen, wenn jemand auf einem der evangelischen Kirchengemeinde gehörigen Friedhof im Anschluß an eine nach religiösen Formen vollzogene Beerdigung am offenen Grab des Verstorbenen den Kampfruf einer ausgeprägt religionsfeindlichen Partei ausstößt.[14]
Demgegenüber konnten Staatsbürger jüdischen Glaubens nach Auffassung des Oberstaatsanwalts in Zweibrücken keine Beschimpfung ihrer Religion in der Bezeichnung »Religion der Verbrecher« sehen, da es sich lediglich um einen Angriff gegen die jüdischen Stammesgenossen handle (Bescheid vom 28. Dezember 1926).[15] Und der Erste Staatsanwalt in Bamberg erwartete, daß das vom Reichsgericht z. B. im Fall George Grosz beschützte »schlichte Gefühl des einfachen, religiös gesinnten Menschen« bei Menschen jüdischen Glaubens nicht verletzt werde, wenn in einem völkischen Blatt von »jüdischen Schweinekerlen« die Rede war, die »getreu ihrem Religionsgesetzbuch nichtjüdische Frauen und Mädchen schänden«; nach seinem Bescheid vom 24. August 1926 enthielten diese Ausführungen nicht Angriffe auf die jüdische Religionsgemeinschaft, sondern gegen die jüdische Rasse. Auch der Oberstaatsanwalt in Nürnberg mußte erst im Beschwerdewege zur Strafverfolgung der im ›Stürmer‹ enthaltenen antisemitischen Anwürfe gezwungen werden, nachdem er zunächst der Ansicht Ausdruck gegeben hatte, Streicher und seine Anhänger machten stets einen scharfen Unterschied zwischen jüdischer Religion und jüdischer Rasse und hätten wiederholt erklärt, daß sie nur gegen die jüdische Rasse, nicht gegen die jüdische Religion kämpften.[16] Nach dem Eisenbahnattentat in Leiferde stellte Streichers ›Stürmer‹ Betrachtungen an, die von dem Namen »Schlesinger« des einen Täters ausgingen und in der Behauptung gipfelten, das Attentat sei eine »religiöse Tat im Sinne des Talmud« gewesen. Das Amtsgericht in Nürnberg lehnte die Beschlagnahme durch Beschluß vom 2. September 1926 ab, weil die betreffenden Artikel gegen Angehörige des Judentums, nicht aber gegen Gott, auch nicht gegen den Gott der Juden gerichtet seien. Der Satz von den »dem Judengott gebrachten Blutopfern« greife nicht den Judengott an, sondern Moses, den »Judenführer«, der diese Opfer »verlangte«.[17]
Aber auch die Vorschrift des § 130 StGB* bot den jüdischen Staatsbürgern bald keinen Schutz mehr. Als im Jahre 1921 eine Gymnasiastenvereinigung unter Führung des Studienrats Krum-

---

* Damaliger Wortlaut: »Wer in einer den öffentlichen Frieden gefährdenden Weise verschiedene Klassen der Bevölkerung zu Gewalttätigkeiten gegeneinander öffentlich aufreizt . . .«

schmidt durch die Stadt Frankenstein in Schlesien gezogen und
ein Lied mit dem Refrain »Schmiert die Guillotine ein mit Judenfett, Blut muß fließen, Judenblut« gegrölt hatte, lehnte der
Oberstaatsanwalt in Glatz die Erhebung einer Anklage nach
§ 130 StGB ab, »weil nach dem neuerdings von den Gerichten
eingenommenen Standpunkt Deutsche und Juden nicht verschiedene Klassen, sondern verschiedene Rassen darstellen«.[18] Das stand
im Widerspruch zur Rechtsprechung des Reichsgerichts, das in Urteilen aus den Jahren 1899 und 1901 die Juden ausdrücklich als
Bevölkerungsklasse im Sinne dieser Vorschrift anerkannt hatte.[19]
Auch das Tatbestandsmerkmal »den öffentlichen Frieden gefährdend« wurde häufig verneint, wenn es sich bei den Opfern um
Juden handelte. Im ›Stürmer‹, dem antisemitischen Hetzblatt des
in Nürnberg gehenkten Julius Streicher, war folgendes Gedicht zu
lesen:
>»Drum Jude, mach dich auf,
Flieh aus deutschen Gauen,
Wenn du willst dein Vaterland
Lebend noch erschauen!«

Eine Strafkammer des Nürnberger Landgerichts sagte dazu in
einem Beschluß vom 19. August 1926: eine »Beunruhigung der
Juden« sei »nicht als berechtigt anzuerkennen, weil die politischen Zustände nicht mehr die gleichen sind wie im Jahre 1923«.[20]
Auch das stand im klaren Widerspruch zur Rechtsprechung des
Reichsgerichts, die den öffentlichen Frieden schon dann als gefährdet ansah, »wenn durch die Anreizung die Gefahr begründet
wird, daß zwar nicht sofort, aber doch bei einer sich darbietenden
Gelegenheit, bei irgendwelchem den Ausbruch von Gewalttätigkeiten begünstigenden Anlaß die aufgereizte Bevölkerungsklasse
zu Gewalttätigkeiten gegen die andere Klasse schreiten werde«.[21]
In jenem ›Stürmer‹-Gedicht hieß es weiter:

>»Ein Herrgott lebt,
Der jenes Ottern- und Schlangengezücht
Zum Wohl der Menschheit endlich zerbricht!«

Das Nürnberger Gericht kam zu dem Ergebnis: Der Angeklagte
und seine Freunde sagen, diese Äußerung hätte nur eine symbolische Bedeutung. »Diese Auffassung ist nicht zu widerlegen, sie
widerspricht auch nicht dem Wortlaut der Gedichte selbst – wobei
zu berücksichtigen ist, daß es sich eben um *Gedichte* handelt, in
denen vielfach pathetisch und in überschwenglicher Form von
der Vernichtung des Gegners gesprochen wird.«[22]
Im Jahre 1922 hatte in Berlin ein Dr. Krym öffentlich auf dem
Kurfürstendamm gerufen: »Schlagt die Juden tot!« Der Oberstaatsanwalt beim Landgericht I stellte das Verfahren mit der
Begründung ein, der Ausruf sei nicht geeignet, den öffentlichen
Frieden zu gefährden. Erst auf Beschwerde an den Generalstaats-

anwalt erfolgte Anklageerhebung und Verurteilung zu einer Geldstrafe.[23]
In Königsberg wurde ein Meteorologe namens Dürr von der Anklage nach § 130 StGB freigesprochen. Unter seiner Führung war in den Straßen von Königsberg ein Lied mit folgendem Kehrreim gesungen worden:

>»Da heißt's wohlauf marschieren!
>Der Jude muß krepieren!
>Legt an! Gebt Feuer! Ladet schnell!«

In der Urteilsbegründung hieß es, dem Angeklagten habe ein strafbarer Vorsatz gefehlt, weil die Kommunisten einen ähnlichen Vers unbeanstandet auf den Straßen von Königsberg gesungen hätten — in dem allerdings der Satz »Der Jude muß krepieren« fehlte![24]
Eine Hochburg des Antisemitismus war die Nordseeinsel Borkum. Hier blieb es nicht bei Worten, sondern kam es schon in den Tagen der Weimarer Republik zu tätlichen Ausschreitungen gegen Juden und solche, die man dafür hielt. Als der sozialdemokratische Wahlverein in Emden einen Ausflug nach Borkum unternahm, wurde der Zug von antisemitischen Badegästen mit Hilfe bewaffneter Reichswehrsoldaten gesprengt, die Teilnehmer wurden verprügelt und die mitgeführten Fahnen zerfetzt. Der zuständige Staatsanwalt in Aurich lehnte eine Strafverfolgung auf Grund der Anzeige der Geschädigten und Verprügelten ab, teilte ihnen jedoch mit, daß er wegen Zurschaustellung der schwarz-rot-goldenen und roten Fahnen in dem antisemitischen Badeort gegen die Teilnehmer des Ausflugs ein Strafverfahren wegen Erregung öffentlichen Ärgernisses und groben Unfugs eingeleitet habe, da sie hätten wissen müssen, daß diese Fahnen das Mißfallen des antisemitischen Badepublikums erregen würden.[25]
Die von der Gemeinde Borkum unterhaltene Kurkapelle spielte seit Jahrzehnten das sogenannte Borkumlied nach der Melodie: »Wir halten fest und treu zusammen, hipp, hipp, hurra!« Die letzte Strophe dieses Liedes, das von den Badegästen begeistert mitgesungen wurde, lautete:

>An Borkums Strand nur Deutschtum gilt,
>Nur deutsch ist das Panier,
>:/: Wir halten rein den Ehrenschild
> Germanias für und für :/:
>Doch wer dir naht mit platten Füßen,
>Mit Nasen krumm und Haaren kraus,
>Der soll nicht deinen Strand genießen,
>Der muß hinaus! Der muß hinaus! Hinaus!

Das Lied war weithin bekannt und lockte viele entsprechend gesinnte Feriengäste nach Borkum. Von Juden wurde Borkum wegen des Liedes und der Zusammensetzung des Publikums fast

ganz gemieden. Nachdem das Lied und seine Konsequenzen in der Öffentlichkeit zu mannigfachen Erörterungen geführt hatten, erging ein an den Gemeindevorstand in Borkum gerichtetes polizeiliches Verbot, das Borkumlied von der Kapelle spielen zu lassen. Durch Urteil des preußischen Oberverwaltungsgerichts vom 12. Juli 1925 wurde dieses Verbot aufgehoben. In der Urteilsbegründung heißt es:[26]
... Die Melodie ist an sich völlig harmlos und unverfänglich. Ihr Spielen allein konnte die öffentliche Ruhe, Sicherheit und Ordnung an und für sich nicht stören, und die Klägerin als gewerbliche Unternehmerin des Bade- und Konzertbetriebs war daher an sich berechtigt, auch Melodie zur Unterhaltung ihrer Badegäste spielen zu lassen; die Melodie an und für sich zu verbieten, lag also überhaupt kein Grund vor. Nur der Umstand, daß *seitens der Badegäste* zu dieser Melodie, die zu einem ganz anderen, an sich völlig einwandfreien Text komponiert ist und mit dem Borkumlied an sich nichts zu tun hat, und zwar bei der dritten Strophe, die vier beanstandeten Verszeilen gesungen werden, könnte für eine Störung der öffentlichen Ruhe, Sicherheit und Ordnung überhaupt in Betracht gezogen werden. Wenn eine solche Störung durch Handlungen gewisser Personen zu besorgen ist, steht es der Polizei nach der ständigen Rechtsprechung des Gerichtshofes frei, gegen die Urheber der Störung, und wenn mehrere Urheber zugleich die Störung verursachen, gegen jeden derselben vorzugehen...
... Auch ohne die Musikbegleitung könnte und würde mithin nach den gemachten Erfahrungen aller Wahrscheinlichkeit nach das Lied weitergesungen werden, solange polizeiliche Verbote des *Singens* nicht ergehen. Schon dieser Umstand zeigt, daß die Gemeinde durch das Spielenlassen der Melodie als solches ihrerseits die öffentliche Ordnung usw. nicht gestört hat... Die Polizei hätte sich im übrigen vor Augen halten müssen, daß der Text des Borkumlieds auch zu anderen im Marschtempo gehaltenen Musikstücken gesungen werden kann und daß also, wenn es im vorliegenden Falle zulässig wäre, das Spielen des Marsches »Hipp, hipp, hurra!« zum Zwecke der Verhinderung des Singens des Textes zu verbieten, ein gleiches Verbot auch hinsichtlich des Spielens aller sonstigen Musikstücke, zu denen der gleiche oder ein etwas umgestalteter Text dann etwa von den Badegästen gesungen werden sollte, zulässig sein müßte. Würde z. B. der Inhalt des letzten beanstandeten Verses des Borkumliedes der Melodie der Nationalhymne »Deutschland, Deutschland, über alles« angepaßt werden, so würde man dann der Polizei das Recht zuerkennen müssen, als ›nötige Anstalt‹ zur Verhinderung des Singens jener Schlußverse das Spielen der Nationalhymne zu verbieten!
Erich Eyck merkt zu dem Urteil an:[27] »Diese Trennung eines Zusammenhangs, der tatsächlich bestanden hat und Jahre hindurch bestanden hat, ist allerdings etwas, was ich in das Gebiet der Auslegungskünste rechne.«

Ein besonders trauriges Kapitel antisemitischer Rechtsprechung ist die Versagung des Ehrenschutzes nach dem Beleidigungsparagraphen. Zunächst wurde nur die Strafbarkeit von Beleidigungen unter einer Kollektivbezeichnung (»die Juden«) verneint, später kam es sogar zu Freisprüchen bei handfesten Beleidigungen einzelner namentlich genannter Personen.
Die Rechtsprechung des Reichsgerichts erkannte stets an, daß eine oder mehrere bestimmte Personen unter einer Kollektivbezeichnung beleidigt werden und deshalb als Kläger auftreten können. So hat das Reichsgericht schon in einem Urteil vom 29. 1. 1880[28] die Verurteilung eines Redakteurs der ›Frankfurter Zeitung‹ wegen Beleidigung des preußischen Richterstandes bestätigt, der geschrieben hatte: »Eine allgemeine Ministerialverfügung, in der etwas empfohlen wird, gilt dem charakterlosen Streber, von welcher Sorte das Richterthum Preußens eine Legion zählt, wie ein Evangelium.« Hierin lag nach Auffassung des Reichsgerichts eine Beleidigung der einzelnen diesem Stande angehörigen Richter. Außer Beamten, insbesondere Richtern und Polizeibeamten, Fürsten, Grafen, Schloßherren, Offizieren und Unteroffizieren, Kriegervereinsmitgliedern und im Kampf gegen die Polen stehenden Deutschen nahm das Reichsgericht auch »die christlichen Geistlichen« und »die Großgrundbesitzer« gegen Kollektivbeleidigungen in Schutz. Nur »die Juden« bildeten nach einem Urteil vom 6. 10. 1881[29] keine unter einer Kollektivbezeichnung beleidigungsfähige Personenmehrheit. Dieses Urteil wurde von unteren Gerichten jahrzehntelang nachgebetet und gab den Weg zu straflosen Beschimpfungen der jüdischen Bevölkerungsminderheit frei.*
So wies das Amtsgericht München unter Hinweis auf das Urteil des Reichsgerichts von 1881 eine Klage nassauischer Juden ab, die sich durch einen Artikel im ›Völkischen Beobachter‹ beleidigt gefühlt hatten, in dem die Behauptung aufgestellt war, die Juden des Bezirks Nassau hätten versucht, den von den Nationalsozialisten veranstalteten »Deutschen Tag« durch Denunziation bei der Besatzungsbehörde zu verhindern. Es hieß in dem Artikel: »Die Juden des ganzen Bezirks wurden rebellisch. Sie versuchten« – nachdem verschiedenes andere fehlgeschlagen war – »ein echt jüdisches Mittel: Verleumdung bei der feindlichen Besatzungsbehörde. Die Juden lieferten so den Beweis, daß sie allein die wahren *Todfeinde des deutschen Volkes sind*.« Das Amtsgericht München führte dazu aus: Mit dieser Äußerung sei keineswegs gesagt, daß der Beschuldigte alle Juden des Bezirks Nassau ge-

---

* Das Reichsgericht selbst bekannte sich in einem (nicht veröffentlichten) Urteil vom 3. 11. 1930 (AktZ: 2 D 755/30) noch einmal ausdrücklich zu der Entscheidung vom 6. 10. 1881 und hielt an der Auffassung fest, daß »durch eine Beschimpfung der jüdischen Rasse oder der ›Juden‹ nicht ohne weiteres jeder Jude als im Sinne des StGB beleidigt anzusehen ist«.

meint habe; die einzelnen, als Privatkläger auftretenden Personen müßten beweisen, daß der Beleidiger sie mitgemeint habe. Auch in diesem Fall eröffnete die Strafkammer des Landgerichts auf die Beschwerde der Privatkläger das Hauptverfahren, bestätigte jedoch als Berufungsgericht in veränderter Besetzung den Freispruch des Angeklagten.[30]

Auch soweit Beleidigungen gegen einzelne, namentlich genannte Juden gerichtet waren, fand die juristische Interpretationskunst Auswege, um nicht zu einer Verurteilung des Beleidigers zu kommen, indem man nunmehr die beleidigende Äußerung selbst begrifflich zerspaltete und – wie ein Zauberer, der weiße Kaninchen aus einem schwarzen Zylinder hervorzieht – plötzlich vor den Augen des erstaunten Publikums einen ganz harmlosen Bedeutungsinhalt aus dem mit kränkender Absicht geprägten Satz oder Wort zutage förderte. Der Zynismus der Argumentation ging dabei häufig so weit, dem beleidigten Juden entgegenzuhalten, daß die Hinweise auf seine Rassezugehörigkeit ja nur dann beleidigend sein könnten, wenn in dieser eine Minderwertigkeit liege; da dies natürlich nicht der Fall sei, könne er sich durch Ausdrücke, die ihn als Juden kennzeichnen, auch nicht beleidigt fühlen.

Ein besonders drastisches Beispiel dieser böswilligen Wortspielerei ist das bereits bei Ilse Staff[31] und Max Hirschberg[32] mitgeteilte Urteil des Landgerichts Neuruppin vom 1. 9. 1932, das einen Nationalsozialisten freisprach, der den sozialdemokratischen Polizeipräsidenten Grzesinski als »Judenbastard« bezeichnet hatte. Das war nicht etwa ein vereinzeltes Fehlurteil. Ende 1932 schwebten gegen Beleidiger und Verleumder Albert Grzesinskis, eines aus der Arbeiterklasse hervorgegangenen Politikers, der sich in nationalsozialistischen Kreisen durch seine langjährige Tätigkeit als preußischer Innenminister und Berliner Polizeipräsident verhaßt gemacht hatte, allein etwa 100 Prozesse. Dabei ging es immer wieder um den bereits 1927 widerlegten Vorwurf, daß Grzesinski der Sohn eines jüdischen Landwirts namens Cohn sei, ferner um verleumderische Behauptungen über seinen Lebenswandel, die ihn als Politiker und hohen Beamten der Republik unmöglich machen sollten. Die ›Justiz‹ brachte im Dezember 1932 in einem anonymen Beitrag eine ausführliche Darstellung dieses Hetzfeldzuges, in der es heißt:[33]

Wer die deutschen Verhältnisse, wie sie sich im Laufe der letzten Jahre entwickelt haben, nicht kennt, wer z. B. als Auslandsdeutscher nach mehrjähriger Abwesenheit in die Heimat zurückkehrt, wird fragen, wie denn so etwas in einem Staate, der doch kein anarchistischer zu sein behauptet, in dem es vielmehr noch Gesetze und – wahrlich nicht zuwenig – Behörden gibt, geschehen könne, ohne daß bereits nach den ersten Ansätzen das Gesetz in Funktion tritt und die weitere Gesetzesverachtung und -verletzung unmöglich macht. Ihm müßte

dann das traurige Kapitel von der deutschen Justiz erzählt werden, unter der es einen Ehrenschutz tatsächlich fast nicht mehr gibt.
Jedenfalls nicht für Juden. Dies war das Endstadium einer Justiz, die ursprünglich mit unpolitischer Begriffszergliederung antisemitischen Vorurteilen unbewußt den Weg geöffnet hatte. Unmerklich war sie so weit in das Lager des bewußt praktizierten Judenhasses hinübergewechselt, daß es keine Barriere des Rechts mehr gab, als die jüdische Bevölkerungsminderheit ihres Schutzes am dringendsten bedurft hätte. Als im Januar 1933 die Brutalität gegenüber anderen Völkern und Rassen zum Staatsprinzip erhoben wurde, hatte der nazistische Ungeist die Justiz bereits von innen her erobert.
Wo ist der Weg zur Besserung der unsäglich trüben und traurigen Verhältnisse?
fragte Emil Roth in dem zu Beginn dieses Kapitels zitierten Aufsatz. Und er gab selbst eine Antwort, die im Blick auf die Generation, die später die Richter und Staatsanwälte Hitlers stellen sollte, von erschütternder Klarsichtigkeit war:
Kein Schimmer einer Hoffnung darauf ist möglich, kein noch so ferner Silberstreif am Horizont leuchtet auf! Man sehe sich die jungen Helden an, die jetzt auf den deutschen Hochschulen ungehindert und ungehemmt ihr völkisches Unwesen treiben, um nach wenigen Jahren, innerlich nicht im geringsten gewandelt, als Richter, Beamte und Lehrer auf unser armes Volk losgelassen zu werden! Wer könnte von ihnen Besserung der geschilderten Zustände, Selbstbesinnung und bewußten Willen zur Gerechtigkeit auch dem jüdischen Volksgenossen gegenüber erhoffen?[34]

Justiz und Nationalsozialismus

GEWALTIDEOLOGIE UND »LEGALITÄT«

Die Perversion der Rechtsordnung, die wir in den vorangegangenen Kapiteln gesehen haben, erscheint uns Nachlebenden deutlicher als den Zeitgenossen jener Tage. Wir haben inzwischen als Wirklichkeit erfahren, was damals nur unbestimmte Drohung schien; wir haben das Unrecht als staatlich verordnetes ›Recht‹, das Gewaltprinzip als höchste Staatsideologie erlebt. Wir erkennen heute in der Rechtfertigung des ›vaterländischen‹ Mordes an ›Verrätern‹ den ideologischen Vorgriff auf die Rechtfertigung der Massenmorde an Juden, Kommunisten, Polen und sowjetischen Soldaten. »Den Massenmördern der SA und SS marschieren voraus die Mörder aus dem Umkreis der Reichswehr, die Erzberger-, Rathenau- und Gareis-Attentäter ...« (George W. F. Hallgarten).[1] Was damals als Ausfluß der aufgeregten Zeit erscheinen mochte, enthüllt sich im Rückblick als Wesensmerkmal faschistischen Ungeistes: Die *Gewalt* als Prinzip der Politik und des Rechts.

Ernst von Salomon formulierte in seinem 1929 erschienenen autobiographischen Buch »Die Geächteten«:[2]

Die Herrschaft aber, die wir anzugreifen die Aufgabe hatten und immer haben werden, war illegitim, weil sie sich auf eine Wertordnung stützte, die von den Bedürfnissen der Menschen diktiert war, und nicht von jener *ewigen, tieferen Gewalt*, um derentwillen es erst notwendig war, Bedürfnisse zu haben. *Wir hatten uns immer auf diese Gewalt berufen, auf nichts anderes.*

Das Verhältnis der Nazis zur Gewalt war irrational. Sie war ihnen nicht Mittel zum Zweck, sondern Selbstzweck, Ausdruck der Kraft und Gesundheit eines Volkes.

Adolf Hitler in »Mein Kampf«:[3]

Staatsgrenzen werden durch Menschen geschaffen und durch Menschen geändert. Die Tatsache des Gelingens eines unmäßigen Bodenerwerbs durch ein Volk ist keine höhere Verpflichtung zur ewigen Anerkennung desselben. Sie beweist höchstens die Kraft der Eroberer und die Schwäche der Dulder. *Und nur in dieser Kraft allein liegt dann das Recht.*

Dieses *Recht des Stärkeren* entlehnten sie dem Naturgeschehen, dessen Kampf- und Auslesecharakter ihnen auf eine menschliche Gesellschaft zu passen schien, in der es höherwertige und minderwertige Rassen, »gesunde« und »kranke« (nämlich marxistisch oder jüdisch »verseuchte«) Völker geben sollte. Es galt außen-

politisch wie innenpolitisch. Während es außenpolitisch den Erwerb von »Lebensraum« im Osten rechtfertigen sollte, diente es innenpolitisch zur Rechtfertigung der Ausrottung von Juden und Marxisten. Hitler sprach von der »Abrechnung mit den marxistischen Todfeinden unseres Volkes«, die man 1923 verpaßt habe:
Solch eine Abrechnung von wirklicher, weltgeschichtlicher Größe findet allerdings nicht statt nach dem Schema irgendeines Geheimrats oder einer alten, ausgetrockneten Ministerseele, sondern nach den ewigen Gesetzen des Lebens auf dieser Erde, die Kampf um dieses Leben sind und Kampf bleiben. Man mußte sich vergegenwärtigen, daß aus den blutigsten Bürgerkriegen häufig ein stahlharter, gesunder Volkskörper erwuchs, während aus künstlich gehegten Friedenszuständen öfter als einmal die Fäulnis zum Himmel emporstank. Völkerschicksale wendet man nicht in Glacéhandschuhen. So mußte man im Jahre 1923 mit brutalstem Griffe zufassen, um der Nattern habhaft zu werden, die an unserem Volkskörper fraßen.4

Erst der Sieg über den inneren Feind gab dem Reich die Möglichkeit, auch außenpolitisch das Recht des Stärkeren durchzusetzen:
Ein Deutschland, von diesen Todfeinden seines Daseins und seiner Zukunft erlöst, besäße Kräfte, die keine Welt mehr abzuwürgen vermöchte.5

Der nationalsozialistischen Gewaltideologie notwendig zugeordnet ist die Vorstellung, daß auch der politische Gegner kein anderes Ziel als das der gewaltsamen Eroberung von Land und Leuten habe.
Wäre der Nationalsozialismus nicht, so stände heute der Bolschewismus in Berlin.6

Nur wenn auch der politische Gegner Gewalt um der Gewalt willen erstrebt, ist die Parallele zum »Kampf ums Dasein« und zum »Recht des Stärkeren« im Tierreich überzeugend. Ihm müssen daher eben die Eigenschaften und Taten zuerkannt werden, die für die nationalsozialistische Gewaltideologie typisch sind. Juden und Marxisten werden als blutrünstige Mörder hingestellt, um damit die eigene Gewaltanwendung als »Notwehr« zu legitimieren. Die Schlagzeilen des ›Völkischen Beobachter‹ vermitteln dem Nachlebenden ein beklemmendes Bild von der Systematik faschistischer Freund-Feind-Propaganda. Da gibt es über Jahre hin kaum eine Nummer dieser Zeitung, in der sich nicht Überschriften wie die folgenden finden:
DER MARXISMUS ALS MÖRDER
MORD-KOMMUNE UND MORD-FRONT
MARXISTISCHES MORDGESINDEL WÜTET IN LÜBECK
WIEDER ZWEI OPFER MARXISTISCHER MORDGIER
MORDWÜTEN VON REICHSBANNER UND ROTFRONT
So läßt sich die Gewaltideologie als Notwehrideologie verbrämen. In Wirklichkeit waren es gerade die republikanischen Kräfte und die Kommunisten, die durch die nationalsozialistische Gewalt-

praxis in eine Notwehrsituation gedrängt wurden. Die wichtigste Abwehrmaßnahme der demokratisch gesinnten Staatsbürger war die Gründung des Reichsbanner, einer antifaschistischen Kampforganisation, die, 1924 auf sozialdemokratische Initiative gegründet, überparteilichen Charakter anstrebte und sich im Laufe der Zeit zu einem Millionenheer entwickelte, »das in seinen jüngeren Jahrgängen körperlich und geistig beste deutsche Jugend enthielt«[7]. Während das Reichsbanner eine reine Verteidigungsaufgabe gegenüber der nationalsozialistischen Gewaltpraxis hatte, ließen sich die Kommunisten in den letzten Jahren der Weimarer Republik immer mehr auf das Bürgerkriegsprinzip der Nazis ein. Ihr Schlagwort »Schlagt die Faschisten, wo ihr sie trefft!« lieferte der nationalsozialistischen Bürgerkriegspropaganda den Stoff zur Aufputschung neuer Haßgefühle und die scheinbare Bestätigung der These, daß auch politischer Kampf nicht durch die besseren Argumente, sondern durch die stärkeren Bataillone entschieden werde.

Da die nazistische Ideologie die Gewalt als ein moralisches und rechtliches Prinzip, nämlich als das Recht des Stärkeren, des Wertvolleren gegenüber dem Schwächeren, dem Minderwertigen, auffaßte, wurde das dieser perversen Moral und diesem perversen Recht zugehörige Bewußtsein systematisch gepflegt. Der politische Gegner wurde zu einer Haßgestalt verzerrt, deren menschenähnliche Züge nicht darüber hinwegtäuschen durften, daß er in Wirklichkeit kein Mensch, sondern eine Bestie, ein Todfeind war. Das eigene Tun wurde demgemäß als anständig und heroisch hingestellt, weil es dem eigenen Volk – vermeintlich! – durch Vernichtung seiner Feinde nützte. Es war die konsequent zu Ende gedachte Ideologie des Krieges.

Der Reichsführer-SS und Chef der deutschen Polizei Heinrich Himmler sagte vor SS-Offizieren am 4. 10. 1943 in Posen:

Ich will hier vor Ihnen in aller Öffentlichkeit auch ein ganz schweres Kapitel erwähnen. Unter uns soll es einmal ganz offen ausgesprochen sein, und trotzdem werden wir in der Öffentlichkeit nie darüber reden... Ich meine jetzt die Judenevakuierung, die Ausrottung des jüdischen Volkes. Es gehört zu den Dingen, die man leicht ausspricht... Von allen die so reden, hat keiner zugesehen, keiner hat es durchgestanden. Von euch werden die meisten wissen, was es heißt, wenn 100 Leichen beisammen liegen, wenn 500 daliegen oder wenn 1000 daliegen. Dies durchgehalten zu haben und dabei – abgesehen von Ausnahmen menschlicher Schwächen – *anständig geblieben* zu sein, das hat uns hart gemacht. Dies ist ein niemals geschriebenes und niemals zu schreibendes Ruhmesblatt unserer Geschichte.

Joachim Fest[8] hat diese Sätze »eines der erschreckendsten Zeugnisse in deutscher Sprache überhaupt« genannt. Und doch waren sie nur das offene Bekenntnis zu einer Freund-Feind-Ideologie, deren Vollzug schon in den Jahren der Weimarer Republik be-

gonnen hatte. Die zynischen Bekenntnisse zur Gewaltanwendung gegenüber dem innen- und außenpolitischen Gegner und die Praxis des Mordterrors lagen schon damals offen zutage. Aus dem Reichstagsprotokoll vom 25. 6. 1929:
Dr. Goebbels (NSDAP): Wir Nationalsozialisten lassen darüber keinen Zweifel: wir sind nicht Anhänger von politischen Mordtaten; wir sind vielmehr der Meinung, daß in Deutschland einmal eine Zeit anbrechen wird, wo die, die das deutsche Volk in das tiefste Unglück hineingestürzt haben, legal aufgehängt werden.* (Sehr gut! bei den Nationalsozialisten. – Lachen links und in der Mitte)
Aus dem Reichstagsprotokoll vom 13. 6. 1929:
Dr. Frick (NSDAP): So will ich denn schließen mit den Worten des Abgeordneten Heilmann, die er am 9. Juni 1926 als Redner der größten Partei des Preußischen Landtags zum Justizetat gesprochen hat:
Wir werden dafür sorgen, daß das Fundament dieses Staates, wenn nicht die Justiz, doch die Gerechtigkeit wird.
Wir Nationalsozialisten werden Herrn Heilmann dabei tatkräftig unterstützen, indem wir im kommenden Dritten Reich (Lachen und Heilrufe links) auf Grund eines Gesetzes gegen Volksverrat und Korruption durch einen Deutschen Staatsgerichtshof Herrn Heilmann als ersten in völlig legaler Weise aufhängen lassen werden.** (Bravo! bei den Nationalsozialisten)

HITLERS LEGALITÄTSEID

Die Nazis hatten also durch Worte und Taten hinreichend zum Ausdruck gebracht, was sie unter »Legalität« verstanden. Wer ein intaktes Rechtsbewußtsein hatte, mußte erkennen, daß der von den Nazis geplante Zukunftsstaat ein Unrechtsstaat sein sollte, daß hier Illegalität zur Macht strebte.
Trotzdem ließ sich eine im begriffsjuristischen, politikfernen Denken befangene Justiz durch die Versicherung blenden, daß die nationalsozialistische Partei die Macht »auf legalem Wege« anstrebe. Sie hielt diesen Umstand für so wesentlich, daß sie Hitler sogar die Gelegenheit zu einem öffentlichen ›Legalitätseid‹ bot.

* Insgesamt sind im ›Dritten Reich‹ 186 Reichstags- und Landtagsabgeordnete umgebracht worden, 311 kamen in meist jahrelange KZ-Haft, 113 mußten auswandern (Hammer, a. a. O. S. 9). Einem Leserbrief Dr. Robert M. W. Kempners im ›Spiegel‹ vom 17. 2. 1965 ist zu entnehmen, daß wegen der Morde an Reichstags- und Landtagsabgeordneten bisher noch kaum ein Strafverfahren durchgeführt ist.
** Ernst Heilmann, Jurist (wegen sozialdemokratischer Parteizugehörigkeit im Kaiserreich nicht als Referendar angestellt) und Journalist, Reichstagsabgeordneter und Vorsitzender der SPD-Fraktion im Preußischen Landtag, wurde 1933 ins Konzentrationslager Oranienburg gebracht, dort fürchterlich mißhandelt, später nach Papenburg, dann nach Buchenwald verschleppt. Im Konzentrationslager Buchenwald wurde er 1940 ermordet. (Eugen Kogon: Der SS-Staat, 5. Aufl., S. 206; Gerhart Seger: Oranienburg. Prag 1934, S. 43, zit. nach einer Mitteilung von Prof. Dr. Gumbel; Personalien nach dem Reichstagshandbuch 1928, S. 339)

Hitler wurde in einem Hochverratsverfahren gegen die Ulmer Reichswehroffiziere Richard Scheringer, Hans Ludin und Hans Friedrich Wendt, das vom 23. 9. bis 4. 10. 1930 vor dem Reichsgericht stattfand, als Zeuge vernommen. Das Gericht hörte sich eine zweistündige Propagandarede des Führers der NSDAP an, hielt es aber nicht für erforderlich, das von dem Staatssekretär Zweigert im Auftrage des Reichsinnenministeriums vorgelegte Material über die verfassungsfeindlichen Ziele dieser Partei zur Kenntnis zu nehmen. Das Urteil des Reichsgerichts (4. Strafsenat, Vorsitzender: Reichsgerichtsrat Dr. Baumgarten) vom 4. 10. 1930 – es lautete auf 1 Jahr 6 Monate Festungshaft für jeden Angeklagten – führt über die Vernehmung Hitlers aus:[9]

Den Angeklagten ist zur Last gelegt, daß es ihr Bestreben gewesen sei, in der Reichswehr einen günstigen Boden für eine nationalsozialistische Umsturzbewegung zu schaffen. Dem Senat erschien es deshalb von Bedeutung aufzuklären, welche Stellung der Führer der NSDAP zu der Frage einnahm, ob von der Partei ein solcher Umsturz beabsichtigt war. Adolf Hitler hat die Frage unter Eid auf das entschiedenste verneint; er hat mit unzweideutigen Worten erklärt, daß er seine Ziele nur noch *auf streng legalem Wege* verfolge, daß er den Weg in München im November 1923 nur »aus Zwang« gegangen sei und diesen Weg schon deshalb nicht mehr beschreite, weil er bei dem wachsenden Verständnis, das Deutschland der völkischen Freiheitsbewegung entgegenbringe, ein *illegales Vorgehen gar nicht nötig* habe; die Gewalt falle ihm mit der Zeit *auf legalem Wege* von selbst zu...

Gegen die Aussage Adolf Hitlers brachte der Zeuge Staatssekretär Zweigert vom Reichsministerium des Innern in Berlin vor, daß in diesem Ministerium Material vorliege, das in einer Denkschrift zusammengefaßt sei und zu dem Schluß zwinge, daß die *Nationalsozialistische Partei* doch einen gewaltsamen Umsturz erstrebe.* In eine Beweiserhebung über diese Frage einzutreten, hat der Senat abgelehnt, da diese Frage für die Urteilsfindung in dem vorliegenden Fall nicht von entscheidender Bedeutung ist; jetzt kommt es nur darauf an, ob *die drei Angeklagten* an einen Putsch *geglaubt* und durch bestimmte Handlungen sich im Sinne des Eröffnungsbeschlusses schuldig gemacht haben; dessen ungeachtet war die Vernehmung Hitlers aus den angeführten Gründen erforderlich.

Die Verurteilung der Angeklagten beruhte auf der Annahme des Reichsgerichts, daß die Angeklagten subjektiv geglaubt hätten,

---

* Im Hinblick auf Hitlers Legalitätseid machte Dr. Robert M. W. Kempner, damals Justitiar der Polizeiabteilung des Preußischen Innenministeriums, den Versuch, die Oberreichsanwaltschaft zur Einleitung eines Verfahrens gegen Hitler wegen Meineids zu bewegen. Oberreichsanwalt Werner, der sich später als Nationalsozialist entpuppte, zog das Verfahren jedoch hin und beteiligte sich damit an prominenter Stelle an dem Todesstoß gegen die Weimarer Republik. Durch dieses Verfahren sollte noch in letzter Minute auf Rat des Staatssekretärs Wilhelm Abegg eine Grundlage für eine Ausweisung Hitlers geschaffen werden. (Mitteilung von Dr. Kempner)

daß die NSDAP illegale Ziele verfolge, nämlich einen Putsch beabsichtige. Für diesen – also irrtümlich – unterstellten Fall hätten sie innerhalb der Reichswehr dafür sorgen wollen, daß diese es ablehne, auf putschende Nationalsozialisten zu schießen. Den soldatischen Geist der Reichswehr wollten die Angeklagten allerdings nicht untergraben, aber sie wollten die politische Intaktheit und den Gehorsamswillen der Reichswehr zerstören, das ist auch Zersetzung. *Das ist das Illegale, das auch Hitler ablehnt.*
Robert M. W. Kempner schrieb im Oktober 1930 (als »Procurator«) in der ›Justiz‹[10] zu dem Prozeß:
Zunächst berührt es peinlich, daß die Reichsanwaltschaft die drei Offiziere allein angeklagt hat... Juristisch und politisch ergab sich dadurch ein vollkommen schiefes Bild. Denn in diesem Prozeß war ja mit keinem Wort davon die Rede, daß die drei Offiziere etwa auf eigene Faust ein hochverräterisches Unternehmen geplant hätten. Ihr Tun und Treiben hatte nur einen Sinn im Zusammenhang mit der hochverräterischen Tätigkeit der Nationalsozialisten... Das Unmögliche solchen Verfahrens wurde vollends klar, als die Reichsanwaltschaft auf Senatsbeschluß plötzlich den gleichen Hitler als Zeugen vor sich sah, gegen den sie ein Hochverratsverfahren eingeleitet hat, weil er durch nationalsozialistische Propaganda in der Reichswehr Hochverrat begehe.
Das Reichsgericht hatte Hitler durch seinen Beschluß nicht nur eine großartige propagandistische Chance zugespielt, die er durchaus zu nutzen wußte, sondern ihm auch durch seine Zeugenrolle die Möglichkeit geboten, sich aus der Rolle eines (wegen Hochverrats) Beschuldigten herauszuschwören. Und das alles, obwohl es nach Auffassung des Senats in diesem Verfahren auf die legalen oder illegalen Absichten der NSDAP überhaupt nicht ankam!
Gumbel schrieb (1932):[11]
Die Groteske dieses vom Reichsgericht zugelassenen mittelalterlichen Reinigungseides, mit dem der moralisch Verantwortliche sich frei schwört und die Angeklagten frei zu schwören versucht, sieht man am besten, wenn man sich vorstellt, daß bei einer Anklage gegen Kommunisten das eidliche Zeugnis ihres Zentralkomitees herangezogen werden sollte. An solchen Vertuschungen haben nur diejenigen ein Interesse, die mit Hitler sympathisieren, weil die nationalsozialistische Bewegung eine willkommene Stütze ihrer Macht darstellt. Denn diese »Arbeiterbewegung« ist eine vorzügliche Kapitalschutzgarde. Die utopische Ökonomie des Dritten Reiches wird zwar in keiner Zukunft die Zinsknechtschaft brechen, real – und zwar bereits heute – ist nur der Terror, den die Träger dieser Irrlehre ausüben.
Hitler unter Eid:
Wenn unsere Bewegung siegt, dann wird ein neuer Staatsgerichtshof zusammentreten, und vor diesem soll dann das Novemberverbrechen von 1918 seine Sühne finden, *dann allerdings werden auch Köpfe in den Sand rollen.*

Reichsgerichtsräte und Reichsanwalt hörten sich das schweigend an und fanden darin nur Hitlers ›legale‹ Absichten bestätigt.
In Wahrheit machte das Bekenntnis zur Gewalt als dem Prinzip innen- und außenpolitischer Staatsbetätigung die Nazibewegung illegal, unabhängig davon, auf welchem Wege sie die Macht anstrebte.

Es gibt ... kein stärkeres Kriterium für die Legalität einer Bewegung als ihr Verhältnis zum Gesetz. Und da die Heiligkeit des menschlichen Lebens zum mindesten in Friedenszeiten das oberste Gesetz jeder Gemeinschaft ist, ist die Einstellung zum menschlichen Leben das klarste Kriterium der Legalität (Gumbel).[12]

In seiner im Auftrage der Deutschen Liga für Menschenrechte verfaßten Flugschrift »Laßt Köpfe rollen« stellte Gumbel faschistische Morde von 1924 bis Mitte 1931 zusammen: 63 politische Morde, von denen allein 38 Morde in die letzten anderthalb Jahre des Berichtzeitraums fielen.

Allen diesen Taten liegt eine gemeinsame Linie zugrunde. Mit ganz verschiedenen Gegnern, wie sie Parteilose, Reichsbannerleute, Sozialdemokraten und Kommunisten bilden, findet die gleiche Art der politischen Auseinandersetzung statt: die Abkehr von jeder Argumentation, der brutale Appell an das einzige Mittel der Waffe und die skrupellose Verachtung des Menschenlebens. Diese Gesinnung ist die gleiche, wie sie den großen politischen Morden der Jahre 1919–23 zugrunde lag.[13]

Auch die Tendenz der Gerichte war die gleiche. Mancher Freispruch eines Mörders von rechts dürfte auf das Konto von nationalsozialistischen Schöffen und Geschworenen kommen, die sich schamlos gegen das Recht und für das Prinzip der Gewalt erklärten.

Es häuften sich die Fälle, in denen tätliche Auseinandersetzungen zwischen SA oder Stahlhelm einerseits und Reichsbanner oder Kommunisten andererseits mit zweierlei Maß abgeurteilt wurden: Während die Leute von links schwer bestraft wurden, kamen die nationalistischen Schläger – wenn sie überhaupt angeklagt wurden – mit milden Strafen oder Freispruch davon.

Gumbel hat in seiner erwähnten Flugschrift eine ganze Reihe solcher Fälle zusammengestellt, in denen Gewalttaten von rechts keine oder ungenügende Sühne gefunden haben. Die Fülle dieser Verbrechen, deren gemeinsame ideologische Grundlage das in den Schriften der Führer der NSDAP niedergelegte Bekenntnis zur Gewalt bildete, hätte den Oberreichsanwalt auf den Plan rufen müssen. Um den spektakulären Tscheka-Prozeß gegen die KPD zu inszenieren, hatte ihm ein einziger Mord genügt, bei der Vielzahl nationalsozialistischer Morde war selbst die Sühne der Einzeltaten meistens durchaus ungenügend.

Der »Ulmer Reichswehrprozeß« war der erste Hochverratsprozeß gegen Nationalsozialisten. Robert M. W. Kempner hatte im

August 1930 in der ›Justiz‹[14] eines der zahlreichen Hochverratsurteile des 4. Strafsenats gegen Kommunisten einem fiktiven Urteil gegen Nationalsozialisten gegenübergestellt und zum Schluß die Reichsanwaltschaft und den Justizminister beschworen:
Wenn die Reichsanwaltschaft schon in jenen Literaturerzeugnissen der KPD das Unternehmen der Vorbereitung zum Hochverrat sieht, dann ist es unfaßbar, daß sie bisher an dem Treiben der Nationalsozialisten vorübergegangen ist, ohne Anklage zu erheben. Dabei weiß sie, daß es bei den Nationalsozialisten nicht mit der Vorbereitung zum Hochverrat *durch Wort und Schrift* sein Bewenden hat, sondern daß die nationalsozialistische Partei *durch ihre militärischen Vorbereitungen, durch schärfste Propaganda des Wortes und der Tat*, gewaltsamen Umsturz, Revolution, Diktatur, offen und versteckt vorbereitet. Unfaßbar ist es auch, warum sie gegen die Nationalsozialisten nicht ebenso wie gegen die Kommunisten auf Grund des Republikschutzgesetzes vorgeht. Die Anwälte des Reiches, der Reichsjustizminister haben das Wort.

Aber es blieb bei Strafverfahren und Pressebeschlagnahmen wegen ›literarischen Hochverrats‹ gegen kleine, unbedeutende Nazis, die nach Meinung des Reichsgerichts über die ›legalen‹ Ziele ihres Führers hinausgingen und ohne dessen Zustimmung, ja »selbst gegen seinen Willen« den gewaltsamen Umsturz anstrebten. So bestrafte der 4. Strafsenat z. B. im November 1931[15] einen Fritz Kannapinn, Redakteur der rechtsradikalen Zeitschrift ›Der Deutsche Arbeiter‹, als Hochverräter, nicht aber die Männer, die wenig später wirklich – wie sie es seit eh und je angekündigt hatten – die Köpfe ihrer politischen Gegner in den Sand rollen ließen.

Goebbels schrieb am 15. November 1932 in sein Tagebuch:[16]
Von meinem Rechtsanwalt erfahre ich, daß man in Leipzig die Absicht hat, mein seit drei Jahren schwebendes Hochverratsverfahren nun endlich durchzuführen. Hoffentlich kommen die Talarträger nicht zu spät, und ich bin nicht etwa gar Minister, wenn der Termin stattfindet.

DAS BOXHEIMER DOKUMENT

Die Justiz ließ sich auch nicht aus ihrem Schlaf wecken, als im November 1931 der Polizei das sogenannte Boxheimer Dokument in die Hände fiel, eine Ausarbeitung von Plänen für den Fall der nationalsozialistischen Machtergreifung, für die der damalige Gerichtsassessor Dr. Werner Best* verantwortlich zeichnete. Das Dokument sah die Übernahme der Staatsgewalt durch die SA vor, drohte u. a. Maßnahmen die Todesstrafe für Widerstand ge-

---

* Best wurde in Anerkennung seiner Leistung später Abteilungsleiter bei der Gestapo, dann bei den deutschen Besatzungsbehörden in Paris und schließlich Bevollmächtigter des Reichs im besetzten Dänemark. Heute ist er Justitiar eines großen Industriekonzerns. (Mitteilung von Dr. Robert M. W. Kempner)

gen ihre Anordnungen, Nichtablieferung von Waffen, Streiks und Sabotage sowie für Verstöße gegen Notverordnungen an. Der Oberreichsanwalt Dr. Werner beeilte sich, schon vor Einleitung jeder Untersuchung vor der Presse zu erklären, daß der Tatbestand des Hochverrats zweifelhaft sei, weil das Dokument davon ausgehe, daß die Machtergreifung der Nationalsozialisten erst nach einem kommunistischen Putsch stattfinden solle.[17]
In der ›Justiz‹ von Januar 1932 beschäftigten sich drei Beiträge mit diesem Verfahren. Wolfgang Heine:[18]
Wenn die Angeschuldigten von dem Wegfall der obersten Staatsbehörden sprechen, so ist das nur ein verhüllender Ausdruck für die Absicht, diese zu beseitigen... Die politischen Methoden haben sich seit 1923 rapid entwickelt, und daß das Umbringen der Gegner für die Leute von Boxheim die höchste politische Weisheit bedeutet, zeigt ihr Feldzugsplan über jeden Zweifel.
Gustav Radbruch:[19]
So zerreißt für jede unbefangene Betrachtung das Boxheimer Dokument den Legalitätsschleier, in den sich die Reaktion hüllen konnte, seit das höchste deutsche Gericht den Ausspruch vom »Köpferollen« ohne Rüge anhörte, als sei dergleichen in Deutschland unanzweifelbar in der Breite des Normalen gelegen und nicht entweder blutige Großsprecherei oder blutige Freveltat. Der Schleier ist zerrissen. Mit aller wünschenswerten Klarheit hat Reichskanzler Brüning es ausgesprochen: »Wenn man erklärt, daß man – auf legalem Wege zur Macht gekommen – die legalen Schranken durchbrechen werde, so ist das keine Legalität.«
Ernst Fraenkel:[20]
Wir wünschten uns einen Teil der Energie, die der Bekämpfung des Bolschewismus gewidmet ist, bei der Abwehr von Strömungen, die zwar unter dem Motto des Schutzes gegen den Kommunismus firmieren, tatsächlich aber der bolschewistischen Bewegung an anarchistischem Wollen nicht nachstehen. Zum Schluß eine Frage an den Oberreichsanwalt: Wie weit ist die Untersuchung gegen die Verfasser des Boxheimer Dokuments gediehen?
Hitler bestritt, wie üblich, von den Boxheimer Plänen gewußt zu haben; die Reichsanwaltschaft dachte, wie üblich, nicht daran, den Mann, der seine Legalität vor dem Reichsgericht beschworen hatte, als Hochverräter zu verfolgen. Aber auch dem Verfasser des hochverräterischen Dokuments wurde – von einer vorübergehenden Suspendierung als Beamter abgesehen – kein Haar gekrümmt. Das Reichsgericht setzte ihn durch einen der Öffentlichkeit am 12. 10. 1932 mitgeteilten Beschluß »aus Gründen mangelnden Beweises hinsichtlich der Anschuldigung des versuchten Hochverrats außer Verfolgung«. Eine letzte Chance, die deutsche Öffentlichkeit über das wahre Wesen der faschistischen Bewegung aufzuklären, war vertan.

DER KURFÜRSTENDAMM-POGROM

Auch der Prozeß gegen die Teilnehmer des Kurfürstendamm-Pogroms vom 12. September 1931 hätte noch eine Gelegenheit sein können, den Gewaltcharakter des Nationalsozialismus und damit die Illegalität der NSDAP zu entlarven. Am Abend dieses Tages hatten sich etwa 1500 Nationalsozialisten aus allen Teilen Berlins auf dem Kurfürstendamm eingefunden und unter die Straßenpassanten gemischt. Sie bildeten Sprechchöre wie »Juda verrecke!« und »Deutschland erwache!« und überfielen einzelne jüdisch aussehende Personen, die sie mit vereinten Kräften verprügelten und, wenn sie am Boden lagen, mit Stiefelabsätzen traten. Dabei wurden nicht nur Juden, die an diesem Abend in den Synagogen ihr Neujahrsfest gefeiert hatten, sondern auch solche Passanten mißhandelt, die wegen ihres Aussehens irrtümlich für Juden gehalten worden waren. So traten im nachfolgenden Prozeß ein armenischer Student und ein nichtjüdischer Rechtsanwalt als Zeugen auf, die ebenfalls Opfer der nationalsozialistischen Schlägerbanden geworden waren. Der Rechtsanwalt berichtete als Zeuge:
Er sei von der Giesebrechtstraße aus den Kurfürstendamm heruntergegangen. An der Schillerstraße hörte er zum erstenmal aus der Ferne Rufe und begegnete bald darauf sechs- bis zwölfköpfigen Trupps von jungen Leuten, die ihm durch ihre Kleidung auffielen. Von einem Mann dieser Trupps wurde er an den Rinnstein gedrängt. Ein anderer kam dicht an ihn heran und wich nicht mehr von seiner Seite. Als der Zeuge sich die Belästigung verbat und sagte: »Ich bin ja gar kein Jude, was wollen Sie denn von mir?« zog der junge Mann eine Trillerpfeife aus der Tasche und pfiff. Daraufhin kamen von überallher junge Burschen strahlenförmig auf ihn zugelaufen. Der Zeuge flüchtete, wurde verfolgt und bekam einen Schlag auf den Hinterkopf. Er lief auf dem Fahrdamm zwischen den Autos weiter und wäre fast überfahren worden. Als ihm von der anderen Straßenseite her eine Gruppe von jungen Leuten, die über das Gitter des Bahnkörpers hinwegsetzten, den Weg abschneiden wollte, kehrte er auf den Bürgersteig in Höhe des Cafés Reimann zurück. Er hörte den Ruf: »Schieß das Judenaas nieder!« Dann erhielt er einen Schlag vor die Brust und stürzte zu Boden. Sofort machten sich einige der Nationalsozialisten über ihn her und traten ihn mit Füßen, bis schließlich ein Mann, den der Zeuge gleichfalls für einen Nationalsozialisten hielt, die Gruppe auseinandertrieb und sie aufforderte, den Überfallenen in Ruhe zu lassen. Er flüchtete sich dann in das Café Reimann und begab sich von dort aus zum Arzt, der erhebliche Verletzungen feststellte.[21]
Die Polizei griff erst sehr spät ein, so daß die nationalsozialistischen Schläger ihren Terror längere Zeit unbehelligt ausüben konnten. Darüber, daß es sich um eine planmäßig vorbereitete Aktion der Berliner SA handelte, konnte nach Lage der Dinge

kaum ein Zweifel bestehen. Das ›Berliner Tageblatt‹ schrieb am 16. 9. 1931 (Abendausg.):
So geht es nicht weiter! Es muß sich eine Front aller anständigen Menschen, gleichgültig welcher Partei sie angehören, bilden, die die Hetzer an den Pranger stellt, und die öffentlich von einer Politik der Roheit und Feigheit, wie sie sich in den gestrigen Ausschreitungen dokumentiert, abrückt.

Schon wenige Tage später saßen 34 Teilnehmer des Kurfürstendamm-Pogroms auf der Anklagebank des Schnell-Schöffengerichts Charlottenburg, das unter dem Vorsitz des Landgerichtsdirektors Schmitz, eines Sozialdemokraten, tagte. Über die Vernehmung der Angeklagten am ersten Prozeßtage berichtet das ›Berliner Tageblatt‹ am 18. 9. 1931 (Abendausg.):
Den Beweis für die planmäßige Organisation der Ausschreitungen ergibt bereits die Vernehmung des zweiten Angeklagten Bonin. Er gehört dem Sturm 49 an, hat von Kameraden gehört, daß am Kurfürstendamm die Juden Neujahr feierten und wollte zeigen, daß es auch noch Deutsche gibt. Vor der Polizei hatte er ausgesagt, sein Sturmführer hätte ihm befohlen, nach dem Kurfürstendamm zu gehen, und es wäre auch befohlen worden, in kleinen Trupps dort zu pendeln, aber nicht tätlich zu werden. Vor Gericht behauptet heute der Angeklagte, es habe sich nicht um Befehle gehandelt, sondern nur um ein Gespräch unter Kameraden.

Am letzten Verhandlungstag erschienen der Führer der Berliner SA, Graf Helldorf, und sein ›Stabschef‹ Ernst als Zeugen. Sie hatten sich zunächst ihrer Verantwortung vor Gericht durch die Flucht entzogen, waren dann aber, als der Prozeß gegen die von ihnen Verführten schon lief, freiwillig zurückgekehrt. Graf Helldorf behauptete vor Gericht, die Leitung der SA habe von den geplanten Unruhen nichts gewußt, vielmehr sei die Parole, zum Kurfürstendamm zu gehen, von Spitzeln ausgegangen. Andererseits mußte er zugeben, daß die SA-Leitung die Angelegenheit nicht untersucht habe.

Am 23. 9. 1931 erging das Urteil: Ponke und Gewehr, die als Rädelsführer angeklagt waren, insoweit aber freigesprochen wurden, wurden wegen Landfriedensbruchs und Aufreizung zum Klassenhaß zu je 1 Jahr 9 Monaten Gefängnis verurteilt, die Strafen der übrigen Verurteilten bewegten sich zwischen 9 Monaten und 1 Jahr 9 Monaten Gefängnis, 6 Angeklagte wurden freigesprochen.

Goebbels' Hausblatt, ›Der Angriff‹, bereitete mit Beschimpfungen des Vorsitzenden des Schöffengerichts dessen Ablehnung im nachfolgenden Prozeß gegen Graf Helldorf und Brandt vor:[22]
Landgerichtsdirektor Schmitz mag von der Journaille verherrlicht werden als raffinierter Richter und menschenfreundlicher Vertreter unserer Justiz, für uns wird er immer ein ungeschickter, einseitiger, plumper — Parteimann bleiben ... Aber das ist es ja: diese fortgesetzte

literarische Blickliebelei mit der Journaille, sie bestätigt uns, daß es noch eine Macht gibt, die die Achte heißt: die jüdische Journaille. Wir glauben Herrn Schmitz seine Zugehörigkeit zur SPD gern, wir kennen seine Abneigung gegen den Nationalsozialismus und daher — wie wunderlich wäre es gewesen, wenn dieser Vorsitzende eine Objektivität bewiesen hätte, vor der auch der politische Gegner Achtung haben muß ...
Und das ist das Tragische für Sie, Sie angebeteter Saisongeneral der Journaille: Ihre politischen Feinde nehmen Sie nicht ernst. Der grollende Ton Ihrer Stimme wird für Leute von Humor immer nur ein — Rülpsen bleiben.
Robert M. W. Kempner schrieb damals unter dem Pseudonym Eike von Repkow:[23]
Der »Völkische Beobachter« darf natürlich hinter dem Berliner Lokalblatt nicht zurückstehen. Anstatt von feigen Straßenbanditen mit einem energischen Schritt abzurücken, faßt der Chronist und offenbar gleichzeitig Moralist des Blattes das Ergebnis der Verhandlung ethisch zusammen: (»Völkischer Beobachter« Nr. 272, vom 29. 9. 1931): »... *daß eine deutsche Jugend in gerechter Entrüstung am jüdischen Neujahrstag durch den Kurfürstendamm zog, die Fenster der Hurentempel einschlug und das jüdische und sonstige Gelichter in diesen Lasterhöhlen in wahrhaft christlichem Zorn ... Was aber geschah, jede andere Nation hätte sich wohl gefreut, auch noch eine gesund empfindende Jugend, die sich gegen so viel unchristliche Last und Erbärmlichkeit spontan zur Wehr setzt, zu besitzen.*«
Der Prozeß gegen Graf Helldorf, seinen Adjutanten Ernst und den Stahlhelmführer Brandt (dessen Verfahren von dem ersten Prozeß abgetrennt worden war) sowie gegen zwei Angeklagte von untergeordneter Bedeutung (Damerow und Schulz) begann am 9. Oktober 1931 mit einem Ablehnungsantrag der Verteidigung gegen den Vorsitzenden Landgerichtsdirektor Schmitz. Der ›Völkische Beobachter‹, dem ein am 13. 9. 1931 beginnendes Zeitungsverbot der Polizeidirektion München, das vom 4. Strafsenat des Reichsgerichts am 18. 9. 1931 vorzeitig telegrafisch aufgehoben wurde, eine unmittelbare Stellungnahme zu dem Kurfürstendamm-Pogrom erspart und der den Prozeßablauf zunächst recht zurückhaltend kommentiert hatte, begann jetzt eine Kampagne großen Stils. Die Überschrift am 11./12. 10. 1931 lautete:
Die Verteidiger lehnen den Vorsitzenden und einen Schöffen wegen Befangenheit ab. — Landgerichtsdirektor Schmitz der Gatte einer Jüdin — Filmjude Lothar Stark als Schöffe — Ist das Urteil schon fertig?
Auch bei der Parteileitung der NSDAP schien man die Bedeutung dieses Prozesses, der die Legalitäts-Fiktion in Frage stellen konnte, erkannt zu haben. Die Angeklagten erschienen mit der ersten Verteidiger-Garnitur: Aus München kam Hitlers persönlicher Rechtsreferent Rechtsanwalt Dr. Hans Frank II, der spätere Ge-

neralgouverneur im besetzten Polen, den die Alliierten in Nürnberg hingerichtet haben, und aus Kassel kam ein damals unbekannter Anwalt – Dr. Roland Freisler, der spätere Präsident des berüchtigten Volksgerichtshofes, der über die Widerstandskämpfer vom 20. Juli 1944 zu Gericht sitzen durfte und Hunderte anderer Gegner des Naziregimes unter das Fallbeil brachte.[24] Die ›Germania‹ vom 10. 10. 1931 kommentiert den ersten Prozeßtag:

... Der Inhalt des Prologs und die forensische Form des Vortrags läßt ahnen, wohin – wenn es auf die Verteidiger ankommt – dieser Prozeß gesteuert werden soll ...

Furchtbare, furchterregende Urteile, sagt Dr. Frank, sind im Kurfürstendammprozeß gefällt worden ... Landgerichtsdirektor Schmitz habe gegenüber Beeinflussungen im Sinne des »Kurfürstendamms« nicht genügend Widerstand bewiesen. Dr. Frank II appelliert im Vorsitzenden an den »deutschen Menschen«, an die tausendjährige Tradition des deutschen Rechts. Dr. Frank II nennt als »letztes Gut«, das der mit Staatsanwaltschaft und Polizei in feindlichem Ringen stehende Nationalsozialismus noch verlieren könne, »daß wir auch den Richter nicht mehr haben.«

Nach Frank sprach Roland Freisler, das Hakenkreuz unter der geöffneten Robe am Rockaufschlag:[25]

Millionen deutscher Menschen hatten bei dem ersten Urteil die Überzeugung gehabt, daß hier nicht dem Rechte zum Siege verholfen werden sollte, sondern daß bei der Wahl zwischen zwei Weltanschauungen die Wahl zuungunsten der Angeklagten ausgefallen ist. Diese Überzeugung entstand nicht nur wegen des Strafmaßes, sondern auch wegen der Tatsache der Verurteilung selbst. Das Strafmaß war so ungeheuerlich, daß schon aus diesem Grunde bei den heutigen Angeklagten die Besorgnis der Befangenheit entstehen müsse. *Die Ereignisse auf dem Kurfürstendamm bedeuten nichts anderes als den Kampf des Deutschen gegen das Vorrecht einer gewissen Rasse auf bestimmten Straßen.* »Hier muß ich«, fährt der Verteidiger fort, »auf die persönlichen Beziehungen des Vorsitzenden zu dieser Rasse zu sprechen kommen. Es bestehen zwischen ihm und dieser Rasse Versippungsbeziehungen. Zur Glaubhaftmachung dieser Behauptung ersuche ich um die dienstliche Äußerung des Vorsitzenden ...«

Rechtsanwalt Dr. Everling* ließen die antisemitischen Ausfälle seiner Kollegen nicht ruhen. Nach einer Beratungspause ließ er sich den Namen eines Schöffen nennen, dessen Nase ihm verdächtig erschien. Der Name war zu seiner Enttäuschung nicht eindeutig jüdisch – der Schöffe hieß Stark –, aber Everling stellte gleichwohl ein Ablehnungsgesuch mit der Begründung, der Schöffe gehöre, wie der Augenschein ergebe, der jüdischen Nation

---

* Dr. Friedrich Everling, seit 1924 Reichstagsabgeordneter der Deutschnationalen Volkspartei, wurde 1933 nach Hitlers Machtergreifung Oberverwaltungsgerichtsrat in Berlin.

an. Der Vorsitzende brachte zum Ausdruck, daß er diese Erklärung nicht als ernstgemeint auffassen könne. Aber der Schöffe – er war wirklich Jude – zog es vor, sich nicht der Wut von Leuten auszusetzen, deren einziges Argument die Gewalt war. Er erklärte sich selbst für befangen. Dem Ablehnungsgesuch gegen Landgerichtsdirektor Schmitz gab eine andere Kammer des Landgerichts durch Beschluß vom 12. 10. 1931 statt. Nach der Verkündung dieses Beschlusses erschollen im Publikum laute Heilrufe.[26]

Als der Prozeß endlich am 26. Oktober 1931 unter dem Vorsitz des Landgerichtsdirektors Brennhausen begann, konnte Freisler erklären, die Verteidigung sei mit Erfolg bemüht gewesen, eine Zusammensetzung des Gerichts herbeizuführen, die eine vorurteilslose Beurteilung der Ereignisse auf dem Kurfürstendamm gewährleiste. Eine erste Probe, wie weit dieses Gericht faschistischen Methoden zu folgen bereit sei, ging allerdings schief. Ein Antrag Freislers, Berichterstatter der demokratischen Presse aus dem Saal zu verweisen, wurde vom Vorsitzenden abgelehnt. Freisler bediente sich des bekannten Arguments von der Vorwegnahme des Urteils durch die Presse (›Eingriff in schwebendes Verfahren‹), das merkwürdigerweise immer gerade von denen in Anspruch genommen wird, die selbst ihre politischen Gegner, der gerichtlichen Feststellung vorgreifend, der schlimmsten Verbrechen zu bezichtigen pflegen. Freisler fuhr dann wie folgt fort:[27]

Die Angeklagten gehören zu demjenigen Teil des deutschen Volkes, der die größte Partei Deutschlands bildet. Der organisierte Wille der Nation, der morgen die Macht ergreifen wird, 20 Millionen Deutsche verlangen, daß die Presse nicht das Recht hat, in ihrer Berichterstattung diese Angeklagten zu beschimpfen, um auf diese Weise für die schwache Position der Staatsanwaltschaft einen Ausgleich zu schaffen. Das erwachende Deutschland verlangt, daß den Angeklagten gegen solche öffentlichen Beschimpfungen Schutz gewährleistet werde.

Die Beweisaufnahme gab noch einmal ein eindrucksvolles Bild davon, wie die ›Legalität‹ der Nationalsozialisten gemeint war. Die Bekundungen der Zeugen rundeten das Bild einer organisierten antisemitischen Ausschreitung ab, die dem Gewaltprinzip der Nazis entsprach und allen, die sehen wollten, die Augen darüber öffnen mußte, was nach einer Machtergreifung dieser Gewaltideologen zu gewärtigen war. Aber gerade darum war dieser Prozeß, der bei zupackender Aufklärung der Hintergründe des Pogroms einen breiten Schatten auf Hitlers Legalitätseid hätte werfen müssen, der obersten Parteileitung peinlich. Die Verteidigung hatte daher offenbar die Marschroute bekommen, die Parteiführung auf Kosten der Verführten reinzuwachsen. Darüber schrieb die ›Vossische Zeitung‹ am 7. 11. 1931 (Abendausg.):

Rechtsanwalt Frank II sang, wie nicht anders zu erwarten, das Hohelied auf die Legalität. Es sei seine vornehmste Aufgabe, dem Vorurteil ein Ende zu machen, daß die Angeklagten, weil sie Nationalsozialisten seien, von vornherein zu Verbrechen und Vergehen neigen, die die Anklage ihnen vorwirft. Der Polizeipräsident wage es heute noch, die nationalsozialistische Partei als staatsfeindlich und umstürzlerisch hinzustellen. Es sei aber der feste Wille der Partei, das von ihr erstrebte Ziel auf legalem und völlig verfassungsmäßigem Wege zu erreichen. Wer in der Partei sich gegen diesen Weg auflehne, werde von Adolf Hitler schonungslos aus der Bewegung ausgeschlossen ...

Die Vorfälle auf dem Kurfürstendamm bezeichnete der Verteidiger als erschütternd und tief bedauerlich, und er verwahrte sich dagegen, daß die Angeklagten mit diesen Vorfällen in Verbindung gebracht würden. Der Versuch, dies zu tun, sei eine Stimmungsmache der Staatsanwaltschaft. Die Anklage sei zusammengebrochen und die Angeklagten müßten wegen erwiesener Unschuld freigesprochen werden. Sie hätten auf dem Kurfürstendamm nichts anderes gewollt, als — die dort tätige Schupo zu unterstützen ...

Nach einer kurzen Erwiderung des Staatsanwalts Stenig, eines von den Nationalsozialisten besonders gehaßten republikanischen Beamten, kam der künftige Volksgerichtshofspräsident zu Wort. Über Freislers Plädoyer schrieb die ›Vossische Zeitung‹ vom 7. 11. 31 (Abendausg.):

Während das Plädoyer des Rechtsanwalts Frank rednerisch auf hohem Niveau stand und sich auch in der Form der Würde des Ortes anpaßte, war das nun folgende Plädoyer seines Kollegen Freisler eine nationalsozialistische Volksrede niedrigsten Niveaus. Er apostrophierte das Gericht: »Deutsches und deshalb hohes Gericht!« und führte aus, daß die Vorgänge am Kurfürstendamm, »mögen sie auch im einzelnen nicht richtig sein«, gar nichts bedeuteten gegen die Morde an SA-Leuten, wegen derer die Staatsanwaltschaft niemals einen so großen Prozeß aufziehe wie im Fall Helldorf Es sei schon gerechtfertigt, wenn der eine oder andere Semit am Kurfürstendamm eine Ohrfeige bekommen habe, und man müsse es verstehen, wenn ein deutscher Arbeiter den Satten am Kurfürstendamm mit der Faust entgegentrete, um ihnen zu zeigen, daß es noch Hunger in Deutschland gibt ... In seiner Erwiderung (auf eine Gegenerklärung des Staatsanwalts Stenig; d. Verf.) konnte Rechtsanwalt Freisler, ohne daß er vom Vorsitzenden gerügt wurde, erklären, die »erwachenden deutschen Arbeiter« werden sich die Beleidigung durch den Staatsanwalt, die darin liege, sie überträten das Waffenverbot ihrer Führer, merken. Sie würden dem Staatsanwalt die Beleidigung nicht vergessen.

Robert M. W. Kempner berichtet von den zahllosen — und wie die spätere Erfahrung lehrte: durchaus ernst zu nehmenden — Drohungen, denen demokratisch gesinnte Richter und Staatsanwälte seitens der Nationalsozialisten ausgesetzt waren.[28]

Vor diesen Richtern und Staatsanwälten, die trotz alledem mit dem stoischen Gleichmut der Unantastbarkeit immer wieder nichts als ihre

Pflicht erfüllen, die weder Zuckerbrot noch Peitsche des Hakenkreuzes zu erschüttern vermögen, vor diesen echt preußischen Beamten: Hut ab!
Ein gleiches Lob konnte man den Richtern dieses Prozesses leider nicht zollen. Hatte der von Frank und Freisler erfolgreich abgelehnte Landgerichtsdirektor Schmitz am zweiten Verhandlungstag des ersten Kurfürstendamm-Prozesses bekannt: »Kein Zweifel, daß es sich hier um eine politische Strafsache handelt«, so versicherte Landgerichtsdirektor Brennhausen bei seiner mündlichen Urteilsbegründung: »Politische Motive scheiden für das Gericht selbstverständlich aus.« In seiner Urteilsbegründung hatte Landgerichtsdirektor Schmitz, der ›jüdisch versippte‹ Sozialdemokrat, erklärt: Obwohl sich die SA-Führer Graf Helldorf und Ernst in einem gesonderten Verfahren zu verantworten hätten, könne aus der Beweisaufnahme entnommen werden, daß die beiden durch Zeichen, Rufe und Winke die Ansammlungen organisiert und gelenkt hätten; wenn dies auch noch nicht als erwiesen gelten könne, so sei es doch eine klare Tatsache, daß die Rundfahrt der beiden eine psychische Unterstützung der Tumultbereitschaft bedeutet habe. Brennhausens Kammer konnte nichts dergleichen feststellen. Landgerichtsdirektor Schmitz hatte dem ›Zeugen‹ Graf Helldorf das Märchen von dem rein zufälligen Zusammentreffen so vieler Nationalsozialisten auf dem Kurfürstendamm nicht abgenommen.
Vorsitzender: Wie kommt es, daß, wenn 60 Prozent ihrer Leute erwerbslos sind, sie das Fahrgeld aufgewandt haben, um aus den verschiedenen Teilen von Berlin nach dem Kurfürstendamm zu fahren?
Zeuge: Sie haben sich das Geld wahrscheinlich aus der Sturmkasse als Darlehn genommen...
Vorsitzender: ...Es waren Mitglieder von 12 Stürmen anwesend. Sie konnten nur auf eine gewisse Parole nach dem Kurfürstendamm zusammengeströmt sein.[29]
Für den ›unpolitischen‹ Landgerichtsdirektor Brennhausen ergibt sich aus diesen und anderen handgreiflichen Indizien noch lange nicht, daß die SA-Führer die Aktion planmäßig vorbereitet haben. Sie kamen daher mit geringeren Strafen davon als die von ihnen Geführten. Das Urteil lautete auf je 6 Monate Gefängnis für Graf Helldorf, Ernst und Brandt wegen Landfriedensbruchs (gegen Graf Helldorf und Brandt außerdem auf je 100 Mark Geldstrafe wegen Beleidigung).
In der Berufungsverhandlung wurden die beiden Verfahren miteinander verbunden, so daß nunmehr Graf Helldorf mit 40 Kumpanen auf der Anklagebank saß. Die Sache geriet nun in die Zuständigkeit des Landgerichtsdirektors Ohnesorge, eines sehr langsamen und umständlichen Herrn, der wegen seines Gleichmuts den Spitznamen ›Murmeltier‹ hatte.[30] Dieser Richter durfte nunmehr dem Kurfürstendamm-Pogrom den letzten Rest an politi-

schem Hintergrund nehmen. Seiner zähflüssigen Verhandlungsführung gelang es, die Sache bis in den Februar 1932 zu schleppen, so daß das Interesse der Öffentlichkeit völlig erlahmt war, als endlich die Presse berichten konnte: »Graf Helldorf und Stabschef Ernst freigesprochen.«[31] Während 7 Angeklagte wegen Landfriedensbruchs zu je 6 Monaten Gefängnis verurteilt wurden und ein Angeklagter, bei dem eine Waffe gefunden worden war, 10 Monate erhielt, gingen die Führer frei aus. Lediglich der Jungstahlhelmführer Brandt wurde zu 4 Monaten Gefängnis verurteilt. Für Graf Helldorf und Ernst blieb nur die Geldstrafe wegen einer Beleidigung übrig, die in diesem Zusammenhang nicht interessiert. In der mündlichen Urteilsbegründung führte Landgerichtsdirektor Ohnesorge unter anderem aus:[32]
Eine ganze Reihe von Tatsachen könnte dafür sprechen, daß Graf Helldorf sich sogar der Rädelsführerschaft schuldig gemacht habe. Es sei durchaus möglich, daß er von der Aktion der SA gewußt habe. Dagegen hätte aber eine Reihe von Momenten gesprochen, die dem Gericht so schwerwiegend erschienen, daß es zur Freisprechung gelangte. Helldorf sei außerordentlich spät auf dem Kurfürstendamm erschienen und dann vor den Augen der Polizei durch seine Kleidung weithin als »Osaf« (Oberster SA-Führer von Berlin-Brandenburg; d. Verf.) kenntlich gemacht, in seinem Wagen herumgefahren. Dies vor allem spreche dagegen, daß er eine wohlvorbereitete Aktion habe leiten wollen. Aber auch der persönliche Eindruck, den das Gericht von Helldorf empfangen habe, spreche dafür, daß er für eine strafbare Handlungsweise auch einstehen würde. Graf Helldorf sei von den Ereignissen auf dem Kurfürstendamm selbst überrascht worden und habe die Absicht gehabt, die demonstrierenden SA-Leute herauszuholen und den Rechtszustand auf dem Kurfürstendamm wieder herzustellen ...
Die ›Berliner Morgenpost‹ vom 10. 2. 32 schrieb:
Die Nazis auf der Anklagebank haben das Gericht tagelang verhöhnt und sich über das ganze Verfahren lustig gemacht. Es ist schmerzlich, am Schluß dieses Prozesses feststellen zu müssen, daß Graf Helldorf und seine Freunde mit ihren Scherzen recht behalten haben. Umso schmerzlicher aber ist der Ausgang dieses Prozesses für die preußische Justiz: ein schwarzer Tag, der sie viel Vertrauen gekostet hat.
Ähnlich matt und resignierend waren die Kommentare der anderen republikanischen Blätter. Man hatte größere Sorgen. Die Schlagzeilen des ›Vorwärts‹ lauteten am 10. Februar 1932: SECHS MILLIONEN ARBEITSLOSE! NOCH IMMER ZUNAHME DES ARBEITSLOSENHEERES.
Die Rechtspresse jedoch kostete den Triumph aus. Die ›Kreuz-Zeitung‹ sprach vom »Zusammenbruch einer Linkshetze« und lobte die vorbildlich sachliche und umsichtige Verhandlungsleitung des Landgerichtsdirektors Ohnesorge. Er hatte dem begreiflichen Wunsch der Rechten, diesen Prozeß zu ›entpolitisieren‹, geradezu ideal entsprochen. Nach dem ersten, von Landgerichts-

direktor Schmitz verkündeten Urteil hatte die ›Kreuz-Zeitung‹ am 23. 9. 1931 geklagt:
Wir wenden uns dagegen, daß in ein Verfahren dieser Art Tendenzen hineingetragen werden, die nicht im mindesten hineingehören. Von Anfang an ist man bemüht gewesen, aus dieser Verhandlung gegen verantwortungslose Elemente einen »hochpolitischen Monstreprozeß« zu machen ...
Aus der Urteilsbegründung geht ebenfalls die abwegige Tendenz hervor, daß politische Motive, und zwar *partei*politische, den Anstoß zu den Ausschreitungen ergeben hätten.
Für Herrn Ohnesorge hatte dieser Prozeß keine politische Funktion, er nahm ihn als ›reine Rechtssache‹.
Wie meint Dr. Frank II, München? Das letzte Gut, das wir Nationalsozialisten haben, sind unabhängige Richter!33
Wir erinnern uns, aus welchen hochpolitischen Gründen gewisse Kreise ein dringendes Interesse daran hatten, diesen Prozeß zu ›entpolitisieren‹. Es ging um die sogenannte Legalität der NSDAP, die bei Richter Ohnesorge keinen Augenblick in Gefahr war. Dieser Prozeß hätte ein Beitrag zur politischen Bewußtseinsbildung der Öffentlichkeit sein können. Aber nur wenige haben die Lehre beherzigt, die der Kommentator der ›Vossischen Zeitung‹ aus der Sache gezogen hat:34
Ein aus Kassel herbeigeeilter Partei-Anwalt (Freisler; d. Verf.), der mit seiner Aufgeregtheit auch den Mitverteidigern auf die Nerven ging, konnte sich nicht genug tun in bramarbasierenden Kundgebungen der bevorstehenden Machtübernahme. Er durfte das tun unter Ausfällen gegen die Regierung und Beleidigungen von Amtspersonen, ohne vom Vorsitzenden in die Schranken gewiesen zu werden. Wenn man so freundlich sein will, ihm die bevorstehende Übernahme der Macht durch die Nationalsozialisten zu glauben: Durch den Tumult am Kurfürstendamm und durch den Prozeß hat man wieder einmal einen Vorgeschmack bekommen, was für Menschen und was für Gesinnungen alsdann an die Macht kommen würden.

DER STURM AUF DAS »ROTE« PREUSSEN

Der Einbruch in die Beamtenschaft

Das ›rote‹ Preußen war eine der letzten Bastionen der Demokratie. Hier hatten die Sozialdemokraten Braun als Ministerpräsident und Severing als Innenminister seit 1920 mit geringen Unterbrechungen regiert. Arthur Rosenberg schreibt in seiner »Geschichte der Weimarer Republik«:35
Gegenüber dem ständigen Wechsel der Ministerien im Reich und in den meisten deutschen Ländern war hier eine wirkliche politische Stabilität vorhanden. Braun und Severing bemühten sich, in Preußen eine

republikanisch-sozialistische Verwaltungstradition zu schaffen, die einflußreichen Staatsstellungen mit zuverlässigen Republikanern zu besetzen und den preußischen Verwaltungsapparat im republikanischen Sinne zu erziehen.
Mit dem rapiden Anwachsen der nationalsozialistischen Bewegung bekannten sich auch Beamte in wachsendem Maße zur Hitler-Partei, so daß sich das Preußische Staatsministerium gezwungen sah, durch Beschluß vom 25. Juni 1930 den Beamten die Teilnahme an der NSDAP (und der KPD), die Betätigung für diese Organisationen oder ihre Unterstützung zu verbieten.[36]
Der Preußische Disziplinargerichtshof für nichtrichterliche Beamte unterstützte das Bemühen der Regierung nachdrücklich, indem er Beamte, die sich für die NSDAP betätigten, mit Dienstentlassung bestrafte.[37]
Mit dieser Rechtsprechung brach jedoch das Preußische Oberverwaltungsgericht durch einen Beschluß vom 18. Oktober 1932. Dabei stützte es sich nicht etwa auf Art. 130 Abs. 2 der Weimarer Verfassung (»Allen Beamten wird die Freiheit ihrer politischen Gesinnung und die Vereinigungsfreiheit gewährleistet«), weil die Anerkennung dieses Grundsatzes gegenüber verfassungsfeindlichen Parteien notwendig auch Betätigungsfreiheit in der KPD bedeutet hätte, sondern man operierte mit der von Hitler beschworenen ›Legalität‹ der NSDAP. Es heißt in der Entscheidung des Preußischen Oberverwaltungsgerichts:[38]
Durch Beschluß des preußischen Staatsministers vom 25. Juni 1930 wurde den Beamten die Teilnahme an der NSDAP und der KPD verboten. Der Angeschuldigte, gegen den als stellvertretendes gewähltes Mitglied eines Bezirks-Ausschusses Voruntersuchung im Disziplinarverfahren wegen Zuwiderhandelns gegen diesen Beschluß eröffnet war, ist außer Verfolgung gesetzt worden. Die vom Führer der NSDAP, Hitler, im Jahre 1920 aufgestellten 25 Thesen, die auch jetzt noch dem Parteiprogramm zugrunde liegen, bieten *keinen Anhalt dafür, daß diese Forderungen mit Hilfe gewaltsamen Umsturzes verwirklicht werden sollen*. Daß die NSDAP als eines ihrer Programmziele die *Änderung der bestehenden verfassungsrechtlichen Zustände* bezeichnet hat, ist ihr *verfassungsmäßig gewährleistetes Recht* und kann ihr solange nicht verwehrt werden, als sich beim Hinarbeiten auf das von ihr erstrebte »Dritte Reich« *im Rahmen der für Verfassungsänderungen gesetzlich festgelegten Bahnen* hält. Auch daß die NSDAP anders und straffer organisiert ist und an ihre Parteimitglieder höhere Anforderungen stellt als andere politische Parteien, sowie daß sie sich – im übrigen ähnlich wie andere politische Parteien – uniformierte und *wohldisziplinierte* (!) Schutzformationen eingerichtet hat, zwingt noch nicht zu dem Schluß, daß die NSDAP eine hochverräterische Verbindung ist, zumal, soweit bekannt geworden, seit 1925 eine *strafrechtliche Verurteilung namhafter Mitglieder auf Grund der §§ 86, 129 StGB, und des § 4 Nr. 1 des RepublikSchGes nicht er-*

folgt ist. Hitler ist zwar 1924 wegen vollendeten Hochverrats strafgerichtlich verurteilt worden, weil er in München einen Putsch gegen die Reichsverfassung versucht hat, so daß die Annahme nicht ohne weiteres von der Hand zu weisen ist, daß er nötigenfalls nochmals dazu übergehen werde, für die NSDAP durch einen Staatsstreich die Macht zu erlangen. Ebenso ist zuzugeben, daß alles, was die dem Gerichtshofe vorgelegte ministerielle Denkschrift an Veröffentlichungen aus der NSDAP-Presse sowie rednerischen und schriftstellerischen Ausführungen prominenter Persönlichkeiten der NSDAP anführt, die Deutung zuläßt, daß die NSDAP vor einer mit der bestehenden Verfassung nicht im Einklang stehenden Durchsetzung ihrer Parteiziele nicht zurückschrecken wird. Immerhin handelte es sich bei alledem nur um Verdachtsmomente, die allein zur Begründung einer Rechtsauffassung, wie sie im Staatsministerium-Beschluß vom 25. Juni 1930 bekundet ist, nicht genügten. *Dabei vermochte das Gericht an der von Hitler ausweislich des Urteils des Reichsgerichts im Verfahren gegen die Ulmer Reichswehroffiziere vom 4. Oktober 1930 — 12 J 10/30 XII H. 41—30 —, also fast zu der für das vorliegende Verfahren wesentlichen Zeit, zeugeneidlich abgegebenen bisher eingehaltenen Erklärung nicht vorbeizugehen, er verfolge seine Ziele nur noch auf streng legalem Wege*, gemäß deren in dem genannten Urteil ausgeführt ist, gegenüber den aus zahlreichen Strafsachen bekannten Putschabsichten der Kommunisten bestehe im vorliegenden Falle der Unterschied, daß eine Putschabsicht der NSDAP nicht nachgewiesen sei. Hierzu kam, daß die NSDAP die Parteimitglieder (z. B. Stennes-Gruppe), die sich dem Willen des Führers nach legalem Vorgehen beim Streben nach Verwirklichung des Parteiprogramms nicht fügen, in ihren Reihen nicht länger duldet, daß die Partei als solche zur Erlangung des maßgeblichen Einflusses in den Regierungen des Reiches und der Länder den *gesetzmäßigen Boden bis jetzt nicht verlassen* hat und daß sie inzwischen, ohne daß sich verfassungsrechtliche Unzuträglichkeiten ergeben hätten, an den parlamentarischen Regierungen verschiedener deutscher Länder durch Parteiangehörige beteiligt ist. Endlich hat auch — und das war entscheidend — die Voruntersuchung keine tatsächlichen Unterlagen für einen im Jahre 1931 bestehenden dringenden Verdacht eines Staatsstreichs der NSDAP geliefert. Nur so schwerwiegende Verdachtsmomente würden die Staatsregierung, die auch dafür besorgt sein müßte, um sich nicht vor vollendete Tatsachen gestellt zu sehen, berechtigt haben, die NSDAP der KPD gleich zu behandeln und eine einem Dienstbefehl gleichstehende Anordnung zu erlassen, durch welche unter Androhung dienststrafrechtlicher Maßnahmen der Beamtenschaft verboten wurde, der NSDAP anzugehören und sich in den durch das Beamtenverhältnis gezogenen Schranken für diese Partei zu betätigen. Unter Berücksichtigung des gesamten Be- und Entlastungsstoffes konnte nicht festgestellt werden, daß die NSDAP eine hochverräterische Verbindung bildet oder den gewaltsamen Umsturz der bestehenden

Staatsordnung und Staatsform erstrebt und daß im Juni 1930 mit der Gefahr zu rechnen war, die NSDAP werde mit Hilfe eines Staatsstreichs die Regierung an sich zu reißen versuchen. Unter diesen Umständen entbehrte der Staatsmin.Beschluß vom 25. Juni 1930, soweit er die NSDAP betraf – unbeschadet seiner inzwischen durch Staatsmin.Beschluß vom 27. Juli 1932 (MBliV S. 773) insoweit erfolgten Aufhebung – der materiellrechtlichen Berechtigung, und der Angeschuldigte (OVG, 86, 460) brauchte ihn nicht zu beachten. Entsprechend dem von dem preußischen Oberverwaltungsgericht stets betonten Grundsatz, daß die preußischen Staatsbeamten ihre staatsbürgerlichen Rechte insoweit ausüben dürfen, als dem nicht die besonderen, durch das Beamtenverhältnis begründeten Pflichten entgegenstehen, war daher dem Angeschuldigten aus seinem Beitritt sowie seiner Zugehörigkeit zur NSDAP und deren Beibehaltung trotz Bekanntgabe des Staatsmin.Beschluß vom 25. Juni 1930 ein disziplinarisch zu ahndender Vorwurf nicht zu machen.

Mit diesem Beschluß, der seine Argumente aus den bisherigen Fehlern der Justiz (kein Hochverratsverfahren gegen Hitler, Legalitätseid) und aus dem formalen Begriffsdenken (Verfassungsänderung in »gesetzlich festgelegten Bahnen«) bezog, war auch die auf Beseitigung der demokratischen Republik gerichtete Betätigung von Beamten, die im Dienste dieser Republik standen und den Eid auf ihre Verfassung geschworen hatten, ›legalisiert‹. Die Justiz hatte auch auf dem Gebiet des Disziplinarrechts noch rechtzeitig ihren Frieden mit den Machthabern von morgen gemacht.

Papens Staatsstreich vom 20. Juli 1932

Am 20. Juli 1932 erließ der Reichspräsident Paul von Hindenburg auf Veranlassung des Reichskanzlers Franz von Papen eine auf Artikel 48 der Weimarer Verfassung gestützte Verordnung, durch die Papen als Reichskommissar für Preußen eingesetzt wurde. Auf Grund der ihm erteilten Ermächtigung erklärte Papen die preußische Regierung für abgesetzt und betraute den Oberbürgermeister Dr. Bracht mit den Funktionen des Innenministers. Zwar erklärte Severing, nur der Gewalt weichen zu wollen; doch vollzog sich der vor allem gegen die Sozialdemokratie und ihre preußische Machtposition gerichtete Staatsstreich reibungslos. Die SPD leistete keinen Widerstand, obwohl ihr die preußische Polizei und eine kampfbereite Arbeiterschaft zur Verfügung gestanden hätten. Statt dessen verließ sie sich auf den legalen Weg einer Anrufung des Staatsgerichtshofes in Leipzig. Erich Matthias, der den Entschluß der SPD und der Eisernen Front, »dem klaren und offenen Bruch der Verfassung keinen Widerstand entgegenzusetzen« als verhängnisvoll bezeichnet, schreibt:[39]
Die vorgeschobenen Gründe für das Vorgehen der Reichsregierung wa-

ren an den Haaren herbeigezogen; wenn es eine Gefahr für die öffentliche Ordnung gab, so war sie erst durch die Aufhebung des SA-Verbotes heraufbeschworen worden; und von einer drohenden sozialdemokratisch-kommunistischen Einheitsfront oder einer Begünstigung der Kommunisten durch die preußische Polizei konnte im Ernst nicht die Rede sein.

Die Nationalsozialisten hatten durch einen beispiellosen antikommunistischen Hetzfeldzug Papens Staatsstreich gegen Preußen systematisch vorbereitet. Am 20. Juli 1932 waren die ersten drei Seiten des ›Völkischen Beobachters‹ mit Mordmeldungen angefüllt, die beim Leser den Eindruck eines heillosen Chaos auslösen mußten. Hier einige Schlagzeilen aus dieser Nummer:

Feuerüberfälle im ganzen Reich
Kommunisten und Reichsbanner in einer Mörderfront
Zahllose verletzte Nationalsozialisten
Vier neue Todesopfer der roten Mordfront
Noch ein weiteres Todesopfer der roten Bestien?
Das rote Tier über deutschem Land
Die Solidarität des Untermenschen
Demonstrationsverbot statt Standrecht gegen die roten Bestien
Das Rotmord-Blutbad in Altona
Der rote Mob rast!

Der nationalsozialistische Landtagspräsident Kerrl hatte in einem von der Tagespresse am 20. Juli 1932 veröffentlichten Schreiben an den Reichskanzler von Papen ausgeführt:
Mit tiefer Besorgnis habe ich weiter in den letzten Monaten beobachten müssen, wie sich die kommunistische und sozialdemokratische Propaganda unbehindert wieder steigern durfte, wie in ihrer Auswirkung die Unsicherheit im Lande anwuchs und Überfälle und Morde sich von Tag zu Tag in erschreckendem Maße mehrten. Ich habe nicht die Überzeugung gewonnen, daß von Seiten der geschäftsführenden preußischen Regierung die ihr zu Gebote stehenden Machtbefugnisse in der Weise gebraucht worden sind, wie es zur Verhinderung des Schwundes der Staatsautorität notwendig gewesen wäre.[40]
Kerrl forderte in seinem Schreiben kategorisch die Einsetzung eines Reichskommissars in Preußen. Zu gleicher Zeit erklärte der deutschnationale Parteiführer Hugenberg in Siegen, daß alles davon abhänge, daß die Regierung sich Autorität verschaffe. Sie müsse das Übel an der Wurzel packen, und das Übel heiße Preußen.
Wir müssen in der Stunde von der Reichsregierung erwarten, daß sie dem marxistischen Spuk in Preußen sofort ein Ende macht, indem sie einen tatkräftigen und die Verhältnisse in Preußen beherrschenden Reichskommissar einsetzt, der mit den nötigen Vollmachten ausgestattet ist.[40]

Zwei Tage später kommentierte die liberale ›Frankfurter Zeitung‹ den vollzogenen Staatsstreich:
Es war erneut peinlich, erleben zu müssen, wie nach allen innenpolitischen Entscheidungen der letzten Wochen (Aufhebung des SA- und Uniformverbots, des Demonstrationsverbots, Freigabe des Rundfunks für die Nationalsozialisten) auch die Aktion gegen das Land Preußen vor sich ging, nachdem am Nachmittag zuvor jener Brief veröffentlicht worden war, in dem der nationalsozialistische Landtagspräsident Kerrl die kategorische Forderung nach Einsetzung eines Reichskommissars für Preußen aufgestellt hatte. Abermals mußte man sich sagen, daß Herr von Papen ... nur allzu geflissentlich einem nationalsozialistischen Drängen nachgegeben habe.⁴¹

Die nationalsozialistische Presse jubelte. Der Leitartikel im ›Völkischen Beobachter‹ vom 22. 7. 32 war überschrieben:
DIE LIQUIDIERUNG DER NOVEMBERHERRSCHAFT
Der Anfang ist gemacht — wir werden sie zu Ende führen.

Und einen Tag später schrieb der ›Völkische Beobachter‹ unter der Schlagzeile »Das Ende des Severing-Spukes«:
... Mordzentrale in Preußen! Als vor nicht zu langer Zeit die nationalsozialistische Presse diese Anklage erhob, da antwortete das System Severing-Brüning-Stützel mit Zeitungsverboten, und ein hohes Reichsgericht bestätigte diese Verbote, weil ein solcher Vorwurf der schwerste sei, den man gegen verantwortliche Behörden vorbringen könne. Heute sind unsere damaligen Warnungen gerechtfertigt, es gibt eine Mordzentrale in Preußen! Bis zu welchem Gefahrenherd sich diese Mordzentrale bereits entwickelt hatte, beweist am besten die Tatsache, daß kein anderer Weg übrigblieb, als die Träger der Polizeigewalt von weiteren Amtshandlungen auszuschließen. Vor aller Welt ist jetzt klargestellt, daß unser Vorwurf keine Verächtlichmachung war, sondern die richtige Kennzeichnung bestehender Zustände. [...] Der Severing-Spuk ist zu Ende. Das persönliche Dasein des abgesetzten gefährlichsten Führers, den die Sozialdemokraten im Getriebe der Staatsmaschine sitzen hatte, hat sich erfüllt. *Aber es ist nur ein Anfang. Die große Abrechnung kommt noch ... In diesem kommenden Reinigungsprozeß als Richter wirken zu müssen, wird keine beneidenswerte Funktion sein. Daß sich aber diese Richter finden werden, dafür wird ein nationalsozialistischer Staat zu sorgen wissen.*

Am 26. Juli 1932 legte Oberst von Bredow eine Aktennotiz über ein mit Göring und Röhm geführtes Gespräch nieder, dessen Anlaß die Befürchtung gewaltsamer Terrorakte der SA bei oder unmittelbar nach der Reichstagswahl war.
Die Herren gaben ihr Wort, daß von den Nationalsozialisten bzw. der SA nach den Wahlen nichts erfolgen würde. Sie glaubten aber, ein Recht darauf zu haben, Vergeltung zu üben für das, was der Marxismus an Unheil angerichtet habe. Auf diese Vergeltung seien die SA seit Jahren dressiert. Der Marxismus müsse restlos vernichtet werden. »Sie können uns die größten Strapazen auferlegen, sie können uns

hungern lassen, aber das Recht zur Rache lassen wir uns von niemand nehmen, auch nicht von unserem Führer!«[42]
Hier war die ›Mordzentrale‹ und offenbarte sich mit schamlosem Zynismus, während die Demokraten vor ihrer Gewalt resignierend zurückwichen und das Schicksal der Demokratie Reichsgerichtsräten überließen. Erich Matthias:[43]
Erst die Resignation der Sozialdemokratie und die offene Demonstration ihres fehlenden Machtwillens am 20. Juli 1932 schalteten die Partei als ernst zu nehmenden politischen Faktor aus.
Einer der vielen, die verbittert über die mangelnde Kampfbereitschaft ihrer Führer den Weg vom Sozialdemokraten zum Anhänger der nationalsozialistischen Partei durchmachten, jener Henning Duderstadt, der seinerzeit den leidenschaftlichen Protest gegen den Mechterstädter Arbeitermord erhoben hatte, schrieb, nachdem er sich im April 1933 tief enttäuscht von der SPD abgewandt hatte:[44]
Wie dachten wir uns diesen Kampf? Wir wollten, daß der Staat seine ganze Macht und die Volkskräfte, die sich ihm freiwillig zur Verfügung stellten, gegen Hitler und seine Macht ins Feld schickte ...
Der 20. Juli 1932, der Tag der Absetzung von Braun und Severing, bot hierzu die letzte große Gelegenheit. Wir fieberten, wir warteten auf das Signal: Zum Kampf! Auf die Straße! Generalstreik!
Den 20. Juli 1932 nannte er (1933!) den »Sterbetag der Republik«.[45]
Der am 20. Juli 1932 abgesetzte Kommandeur der Berliner Schutzpolizei, Heimannsberg, berichtete später über die Ereignisse an diesem Tage:[46]
... daß Rundstedt zum Inhaber der vollziehenden Gewalt für den Bereich von Groß-Berlin und der Provinz Brandenburg ernannt und ihm die gesamte Polizei unterstellt worden war. In der Zwischenzeit von 12.00 bis 13.00 Uhr hat Polizeipräsident Grzesinski (der ebenfalls seines Amtes entsetzt wurde; d. Verf.) telefonisch wiederholt versucht, den Innenminister Severing zum Einsatz und Gebrauch seiner Polizei und seiner Macht zu veranlassen. Alle Bitten von Grzesinski wurden von Innenminister Severing abgelehnt ... Innenminister Severing blieb bei seinem Entschluß, alles laufen zu lassen und die Aktion Papen nicht zu stören, obwohl damals Zeit genug war, die gesamte Polizei in Berlin, die 16 000 Mann stark und gut bewaffnet war, einzusetzen ...
Joseph Goebbels schreibt am 20. Juli 1932 in sein Tagebuch:[47]
Alles rollt programmäßig ab. Bracht wird als Reichskommissar eingesetzt. Severing erklärt, nur der Gewalt weichen zu wollen. Ein leiser Druck mit dem Handgelenk genügt. Ausnahmezustand über Berlin-Brandenburg. Grzesinski, Weiß und Heimannsberg verhaftet. Sie danken feige ab und werden dann wieder freigelassen. In der Reichshauptstadt bleibt alles ruhig. Man muß den Roten nur die Zähne zeigen, dann kuschen sie. SPD und Gewerkschaften rühren nicht einen

Finger ... Die Lage ist gut. Ruhe und Ordnung gesichert. Eine unmittelbare Gefahr besteht nicht mehr.
Und am 21. Juli notierte Goebbels:[48]
Alles rollt wie am Schnürchen ab. Die Roten sind beseitigt. Ihre Organisationen leisten keinen Widerstand. Das »8-Uhr-Abendblatt« verboten. Einige Polizei- und Oberpräsidenten abgesetzt. Der Generalstreik unterbunden. Es laufen zwar Gerüchte von einem bevorstehenden Reichsbanneraufstand um, aber das ist ja alles Kinderei.
Die Roten haben ihre große Stunde verpaßt. Die kommt nie wieder ...
Am Abend des 20. Juli rechtfertigte von Papen in einer Rundfunkansprache sein Vorgehen gegen Preußen:[49]
... Die Kommunistische Partei Deutschlands erstrebt nach ihrem eigenen Bekenntnis und *nach zahlreichen Feststellungen des höchsten deutschen Gerichts* (nämlich des Staatsgerichtshofs und des 4. Strafsenats des Reichsgerichts; d. Verf.) den gewaltsamen Umsturz der Verfassung. Sie arbeitet seit Jahr und Tag mit allen Mitteln an der Zersetzung von Polizei und Wehrmacht; sie versucht mit den verschiedensten Methoden die Zerstörung der religiösen, sittlichen und kulturellen Grundlagen unseres Volkstums; und *endlich ist es die KPD, die durch ihre illegalen Terrorgruppen Gewalt und Mord in den politischen Kampf hineingetragen hat.* (?!) Will sich das deutsche Volk dieser Tatsache verschließen, will es außer Acht lassen, daß die Tätigkeit der KPD einen beharrlichen Kampf gegen die Lebensgrundlagen von Staat, Kirche, Familie und Millionen von Einzelschicksalen bedeutet? Das kann nicht sein. Ich stehe nicht an, in aller Offenheit zu erklären, daß es die sittliche Pflicht einer jeden Regierung ist, einen klaren Trennungsstrich zwischen den Feinden des Staats, den Zerstörern unserer Kultur und den um das Gemeinwohl ringenden Kräften unseres Volkes zu ziehen.
Nachdem Papen sich genügend über den kulturzerstörerischen Charakter der KPD verbreitet hat, kommt er auf die zu sprechen, in denen er die wahren Kulturbringer sieht, die aber von der preußischen Regierung mit der gleichen Entschiedenheit bekämpft worden sind wie die Kommunisten:
Weil man sich in maßgebenden politischen Kreisen nicht dazu entschließen kann, die *politische und moralische Gleichsetzung von Kommunisten und Nationalisten aufzugeben,* (Herr von Papen meint in Wahrheit die *rechtliche* Gleichbehandlung, denn politischer und moralischer Gleichsetzung von Nationalsozialisten und Kommunisten hat sich die preußische Regierung — das sei zu ihrer Ehre gesagt — nie schuldig gemacht; d. Verf.) ist *jene unnatürliche Frontstellung* entstanden, *die die staatsfeindlichen Kräfte des Kommunismus in eine Einheitsfront gegen die aufstrebende Bewegung der NSDAP einreiht.*
Hier wird also der preußischen Regierung zum Vorwurf gemacht, daß sie das Recht gleichmäßig gegen links und rechts angewendet hat, während sie doch — nach Meinung des Herrn von Papen —

die »aufstrebende Bewegung« der NSDAP mit anderen Augen hätte sehen sollen als die »Zerstörer unserer Kultur«, die Kommunisten. Der – durchaus unbegründete – Vorwurf der Gemeinsamkeit mit den Kommunisten mag dazu beigetragen haben, die sozialdemokratischen Mitglieder der preußischen Regierung davon abzuhalten, wenigstens jetzt noch die von den Kommunisten angebotene gemeinsame Aktion der Arbeiterparteien als einzig sinnvolle Widerstandsmaßnahme gegen Papens Verfassungsbruch auszulösen. Daß die SPD am 20. Juli 1932 nicht auf die Straße, sondern nach Leipzig ging, war die tragische Kehrseite des Legalitätsschwindels der Nazis.

Schon am 25. Juli 1932 erging die Entscheidung des Staatsgerichtshofes, durch die Anträge des Preußischen Staatsministeriums und der Landtagsfraktionen des Zentrums und der SPD auf Erlaß einer einstweiligen Verfügung zurückgewiesen wurden. Den Antrag, im Wege der einstweiligen Verfügung anzuordnen, daß sich der durch Verordnung des Reichspräsidenten für das Land Preußen eingesetzte Reichskommissar einstweilen jeder Dienstausübung zu enthalten habe, lehnte das Gericht mit der Begründung ab, daß dem Staatsgerichtshof im gegenwärtigen Zeitpunkt, in dem er über die Gründe für das Vorgehen des Reichspräsidenten nicht unterrichtet sei, die erforderlichen Grundlagen fehlten, um seine Anordnung nicht für dringlich zu erachten. Weitere Anträge, die darauf gerichtet waren, dem Reichskommissar einzelne, von ihm angemaßte Rechte abzusprechen, verfielen der Ablehnung mit der Begründung, daß sie auf eine Spaltung der Staatsgewalt in Preußen hinausliefen, die geeignet sei, eine Verwirrung im Staatsleben herbeizuführen.

Eben diese Spaltung der Staatsgewalt war dann aber das Ergebnis der am 25. Oktober 1932 verkündeten Entscheidung zur Hauptsache. Die Entscheidungsformel lautete:

Die Verordnung des Reichspräsidenten vom 20. Juli 1932 zur Wiederherstellung der öffentlichen Sicherheit und Ordnung im Gebiet des Landes Preußen ist mit der Reichsverfassung vereinbar, soweit sie den Reichskanzler zum Reichskommissar für das Land Preußen bestellt und ihn ermächtigt, preußischen Ministern vorübergehend Amtsbefugnisse zu entziehen und diese Befugnisse selbst zu übernehmen oder anderen Personen als Kommissaren des Reichs zu übertragen. Diese Ermächtigung durfte sich aber nicht darauf erstrecken, dem Preußischen Staatsministerium und seinen Mitgliedern die Vertretung des Landes Preußen im Reichstag, im Reichsrat oder sonst gegenüber dem Reich oder gegenüber dem Landtag, dem Staatsrat oder gegenüber anderen Ländern zu entziehen.

Soweit den Anträgen hiernach nicht entsprochen wird, werden sie zurückgewiesen.

Die Diskussion um das Urteil blieb selbst in der Tagespresse akademischer Natur. Die am 20. Juli bewirkte Verschiebung der

Machtverhältnisse konnte dieses Kompromißurteil nicht rückgängig machen. Insbesondere legitimierte es die von Papen in seiner Eigenschaft als Reichskommissar vorgenommenen Amtsenthebungen von demokratisch gesinnten Verwaltungs- und Polizeibeamten:
Die dem Reichskommissar übertragene Befugnis, Beamte zu ernennen, zu befördern und zu entlassen, in den einstweiligen oder endgültigen Ruhestand zu versetzen, unterliegt keinen Bedenken, da sie im Bereich der dem Reichspräsidenten nach Art. 48 Abs. 2 RVerf gestatteten Zuständigkeitsverschiebung liegt.
Schon am 22. 7. 1932 hatte die ›Frankfurter Zeitung‹ auf die von der Kommissariatsregierung beschlossenen personalpolitischen Veränderungen in höchsten preußischen Beamtenstellen hingewiesen, »die von größter Tragweite sind und wohl eindeutig zeigen, welcher politische Kurs unter dem Reichskommissar in Preußen gesteuert werden soll ... Von den sozialdemokratischen Oberpräsidenten bleibt nur noch Herr Noske in Hannover.«
Der Kampf um die Demokratie in Deutschland war bereits am 20. Juli 1932 verloren. Der Entschluß, ein Gericht anzurufen, statt an eine damals noch kampfentschlossene Arbeiterschaft zu appellieren, offenbarte einen Mangel an politischem Selbstbehauptungswillen, den kein noch so mutiges Gerichtsurteil hätte ersetzen können. Erich Matthias[50] schreibt:
Mit dem 20. Juli war die letzte Chance einer Ausweitung der republikanischen Widerstandsbasis nach rechts und links verscherzt; und die Auswirkungen eines vollen Mißerfolges hätten nicht verheerender sein können als die politischen und psychologischen Folgen der Untätigkeit.
Karl Dietrich Bracher:[51]
Als genau zwölf Jahre später die Widerstandsbewegung ihren letzten verzweifelten Versuch zum Sturz Hitlers wagte, hatte sich schon eine Katastrophe vollendet, deren erste Anfänge damals allen Ahnungen zum Trotz mit legalistisch verbrämter Resignation hingenommen worden waren. Am 20. Juli 1944 endlich wurde mit jenem Legalitätsbedürfnis gebrochen, das den Widerstand gegen den Papen-Putsch so entscheidend gelähmt hatte.
Alles in dieser gescheiterten Republik war ›legal‹ zugegangen: Freispruch oder Amnestierung von Hochverrätern und Mördern von rechts, rigorose Strafverfolgung der politischen Linken, Unterdrückung künstlerischer Äußerungen und oppositioneller politischer Meinungen. Auch Hitler kam ›legal‹ zur Macht. Die Justizgeschichte jener Jahre, in denen sich die Legalisierung des Unrechts vorbereitete, ist die sich immer wiederholende Geschichte des Irrtums, daß das Recht eine ideale Größe sei, die sich von den gesellschaftlichen Machtverhältnissen und vom politischen Bewußtsein der Juristen trennen lasse. Eine Justiz, die selbst rechts stand, mußte notwendig blind sein gegenüber einer

Bedrohung der Republik, die von rechts kam. Sie selbst war ein Teil dieser Bedrohung. Und sie hat ihren Beitrag zum Untergang demokratischer Staatlichkeit und der Herrschaft des Unrechts geleistet.
Die Mystifizierung der Legalität nahm nicht nur den Juristen den klaren Blick für die Realität des Terrors, den die Nationalsozialisten auf ihre Fahnen geschrieben hatten, sie bannte auch die demokratischen Kräfte der Republik, vor allem die Sozialdemokraten, in völlige Apathie und Bewegungslosigkeit gegenüber der allmählichen Machtergreifung der braunen Garden.
Eine reaktionäre Justiz hatte die brutale Gewalt – sofern sie nur bestimmten ›höheren Zielen‹, nämlich der nationalistischen Ideologie, diente – längst legalisiert. Sie hatte es nicht um der Gewalt willen getan, sondern aus bewußter oder unbewußter Sympathie mit den Zielen, für die diese Gewalt eingesetzt wurde.

DER MORD VON POTEMPA

Aus der Fülle nationalsozialistischer Gewaltverbrechen gegen politisch Andersdenkende hat eines besondere historische Bedeutung erlangt. Am 9. August 1932 hatte der Reichskanzler von Papen eine Notverordnung des Reichspräsidenten erwirkt, durch die politische Gewalttaten unter schwere Strafen gestellt, insbesondere die Tötung eines Menschen in der Leidenschaft des politischen Kampfes aus Zorn und Haß mit der Todesstrafe bedroht wurden. Der ›Völkische Beobachter‹ forderte die Anwendung der Verordnung »gegen die Rollkommandos und Dachschützen der marxistischen Parteien« und betonte, daß diese Notverordnung »selbstverständlich nur ein Anfang« sein könnte.
Der ›Völkische Beobachter‹ schrieb am 11. 8. 1932:
Eine nationalsozialistische Notverordnung würde hier ganz anders durchgegriffen haben: Im Negativen durch die sofortige Verhaftung und Aburteilung aller kommunistischen und sozialdemokratischen Parteifunktionäre, die konzentrierte Ausräucherung der Mordviertel und die *Unterbringung* Verdächtiger und intellektueller Anstifter in *Konzentrationslager*. Im Positiven aber durch den Neuaufbau des nationalen Erziehungssystems, das uns die Novemberrevolte der bisherigen Usurpatoren der Regierungsgewalt im Jahre 1918 zerschlagen hat.
Die ›Frankfurter Zeitung‹ vom 10. 8. 1932 (2. M.) begrüßte die Maßnahmen gegen den Terror ebenfalls, dachte aber im Unterschied zu dem nationalsozialistischen Blatt nicht daran, in der Verordnung nur ein weiteres Kampfmittel gegen den marxistischen Todfeind zu sehen:
Darin nämlich liegt die eigentliche Tragik der Entwicklung, daß der politische Kleinkrieg in Deutschland nicht eigentlich herbeigeführt

worden ist durch Mängel und Lücken der Strafgesetze, sondern daß er gewachsen ist auf dem Boden einer Geisteshaltung, welche politische Delikte bis zum Mord hinauf für »Gentlemanverbrechen« erklärt und sich weigert, sie als das zu nehmen, was sie sind: kriminelle Straftaten. Es ist der Kampf gegen diese sich fürchterlich ausbreitende Geistesverwirrung, der zu führen ist, nicht der Kampf mit dem Einzelfall.

... Die Strafen sind da, aber — sie werden in der Regel nicht verhängt! Wir glauben noch heute, daß die Gerichte es in der Hand gehabt hätten, auf Grund der bereits bestehenden Gesetze den Einzug der Barbarei in den politischen Kampf zu verhindern. Es ist zwar wahr, daß in verschiedenen Fällen exemplarische Strafen verhängt worden sind. Aber das waren Einzelfälle und nicht die Regel. Die Regel ist es gewesen, daß die Angeklagten in politischen Prozessen mit einer Milde und einer Hochachtung behandelt worden sind, die den Bestand des Rechtsstaates und das Rechtsgefühl des Volkes erschüttern mußten.

Die Verordnung trat um Mitternacht in Kraft. Zwei Stunden nach Mitternacht wurde in Oberschlesien ein Kommunist von Nationalsozialisten bestialisch ermordet. Das beim Landgericht Beuthen errichtete Sondergericht fällte auf Grund der Papenschen Notverordnung fünf Todesurteile. Hatte Hitler die Notverordnung bei ihrem Erlaß als »Anfang zur Vernichtung des roten Mordbanditentums« begrüßt, so sprach er nunmehr, als die Verordnung sich gegen das braune Mordbanditentum auswirkte, von der »blutigen Objektivität« der Regierung Papen. Zu einem Politikum ersten Ranges wurde der Fall aber erst dadurch, daß Hitler und andere Größen seiner Partei sich durch öffentliche Sympathieerklärungen mit den Mördern identifizierten und damit die letzten Zweifel daran beseitigten, was die Nationalsozialisten unter Legalität verstanden.

Am Abend des 9. August 1932 war eine Gruppe von Nationalsozialisten mit einem Kraftwagen von Broslawitz in Oberschlesien zunächst nach Tworog und von dort auf Weisung des SA-Sturmführers Hoppe weiter nach Potempa gefahren, wo sie sich bei dem Gastwirt Lachmann melden sollte. Bei Lachmann eingekehrt, wurden die Männer reichlich mit Bier, Schnaps und Zigaretten bewirtet. Ein Bekannter des Lachmann, der Fleischer Golombek, übernahm die Aufgabe, die Broslawitzer Nationalsozialisten zu Kommunisten zu führen, die verprügelt werden sollten. Dabei wurden die Vornamen Florian und Emil genannt. In Beziehung auf eines der Opfer erklärte Lachmann oder Golombek, es sei recht, wenn dieser keine 24 Stunden mehr leben würde; man werde dafür halbmast flaggen. Lachmann* äußerte weiter: »Halbe Arbeit ist keine ganze Arbeit« und sprach davon,

* Lachmann wurde im Hitlerreich Bürgermeister von Potempa (Mitteilung von Prof. Dr. Gumbel).

daß die Telefonleitung durchschnitten werden solle. Mit mindestens fünf Pistolen, zwei abgebrochenen Billardstöcken und einem Gummiknüppel bewaffnet, zog die aus sieben Personen bestehende Bande, nachdem man auf das gute Gelingen noch ›einen gehoben‹ hatte, los.[52]
Golombek führte den Trupp zunächst zu dem Gehöft, in dem der Zeuge Florian Schwinge wohnt. Unterwegs sagte er, es sei einerlei, was mit dem dort in der Wohnung passiere. Im Auftrage des Golombek klopfte der Angeklagte Kottisch an die Haustür. Golombek selbst, der mit dem Zeugen Florian Schwinge bekannt ist, hielt sich zurück, um nicht erkannt zu werden. Da auf das Klopfen hin die Haustür nicht geöffnet wurde, führte Golombek seine Begleiter an ein erleuchtetes Fenster, an das Kottisch nunmehr klopfte. Es war das Fenster der nach der Straße zu gelegenen Küche, in der die Zeugin Anna Schwinge schlief, während der Ehemann Schwinge in einem Zimmer im Dachgeschoß schlief. Kottisch rief: »Ist Florian zu Hause?« Die Zeugin Anna Schwinge erwachte durch das Klopfen, trat an das Fenster und fragte, wer da sei. Golombek flüsterte dem Kottisch zu, er solle antworten: »Sylvester Breilich«, was Kottisch auch tat. Breilich ist ein Freund des Zeugen Schwinge. Da die Ehefrau Schwinge merkte, daß es nicht die Stimme Breilichs war und sie die Stimme des Golombek erkannt hatte, verhielt sie sich ruhig. Es wurde jedoch abermals an das Fenster geklopft. Nunmehr ging Frau Schwinge in das Dachgeschoß und weckte ihren Mann und sagte ihm, es habe an das Küchenfenster geklopft. Auf ihre Frage, wer da sei, sei geantwortet worden: »Sylvester Breilich«. Sie habe jedoch die Stimme des Golombek erkannt. Der Ehemann Schwinge ging mit seiner Frau in die Küche hinunter, ohne sich aber am Fenster sehen zu lassen. Wie wiederum an das Fenster geklopft wurde, trat Frau Schwinge an das Fenster heran und forderte den Einlaß Begehrenden auf, in den Lichtschein vor das Fenster zu treten, damit sie feststellen könne, ob der draußen Stehende tatsächlich Breilich sei. Golombek forderte jetzt den Angeklagten Kottisch auf, auf die Frau zu schießen. Kottisch kam der Aufforderung nicht nach. Der Zeuge Schwinge ging in sein Schlafzimmer ins Dachgeschoß zurück und nahm vom Giebelfenster aus wahr, daß sich die Leute von seinem Hause nach dem nebenanliegenden Hause der Zeugin Witwe Marie Pietzuch entfernten und daß dieses Haus mit einer Taschenlampe abgeleuchtet wurde. Die Eheleute Schwinge stellten fest, daß es $1/2\,2$ Uhr war, als an das Haus geklopft wurde. Golombek hatte seine Begleiter inzwischen zu dem Hause der Witwe Pietzuch weitergeführt. Auf dem Wege dorthin äußerte er, daß »es hier klappen müsse«. In der Dunkelheit stolperte der Angeklagte Kottisch, wobei ihm die Pistole entfiel. Golombek hob die Pistole auf und reichte sie dem Kottisch zurück. Vor dem Hause der Zeugin Pietzuch angelangt, ordnete Gräupner an, daß Wolnitza und Dutzki als Wache draußen bleiben sollten, Wolnitza nahm im Hofe, Dutzki auf der Straße Aufstellung. Kottisch öffnete nunmehr die unverschlossene Haustür und

betrat das Haus. Ihm folgten Gräupner, Müller, Prescher und Golombek. Golombek hielt sich hierbei wiederum im Hintergrunde, um nicht erkannt zu werden. Da Kottisch, der mit der Örtlichkeit nicht vertraut war, im Hausflur geradeaus weiterging, wurde ihm von Golombek gesagt, er solle durch die Tür rechts hineingehen. Gleichzeitig gab Golombek dem Kottisch eine elektrische Taschenlampe in die Hand. Die nach rechts führende Tür war gleichfalls nicht verschlossen. In dem Raume, in den die Eintretenden nun gelangten, standen an der der Eingangstür gegenüberliegenden Wand 2 Betten. In dem Bett zur linken Hand schlief die Zeugin Marie Pietzuch, im Bette rechts schliefen der Zeuge Alfons Pietzuch und sein Bruder Konrad. Die Zeugin Pietzuch, die bereits durch das Geräusch der Schritte im Hausflur wach geworden war, richtete sich in ihrem Bette auf und fragte, was die Eintretenden wollten. Ihr wurde von einer, ihr eine Pistole vorhaltenden Person zugerufen, sie solle still sein, sonst werde sie erschossen. Gleichzeitig traten der Angeklagte Kottisch und noch einer der anderen an das Bett der Gebrüder Pietzuch und hielten ihnen ihre Pistolen entgegen. Kottisch leuchtete die beiden im Bett Liegenden mit der elektrischen Taschenlampe an. Hierbei wurde gerufen: »Hände hoch, raus ihr verfluchten donnerwettrischen Kommunisten«. Golombek, der an der Tür stehen geblieben war, rief: »Der Dicke soll verdroschen werden!« Darauf wurde Konrad Pietzuch aus dem Bett herausgezerrt. Schützend hielt Konrad Pietzuch die Bettdecke vor sich hin. Hierauf sprang Gräupner hinzu. Auf Konrad Pietzuch wurde nunmehr in unmenschlicher Weise eingeschlagen. Auch Alfons Pietzuch erhielt im Bette liegend einen wuchtigen Schlag mit einem harten Gegenstande, offenbar einem Billardstock oder einem Gummiknüppel an die linke Schläfe, so daß er eine starkblutende Wunde davontrug und einige Zeit bewußtlos wurde. Als er wieder zu sich kam, hörte er das Klatschen vieler Schläge. Eine genaue Schilderung der Vorgänge im einzelnen vermag der Zeuge Alfons Pietzuch nicht zu geben, da er infolge des wuchtigen Schlages, den er erhalten hatte, auch weiterhin stark benommen war. Ebensowenig ist Marie Pietzuch hierzu in der Lage; sie vermochte bei dem Schreck über das Eindringen der Täter und in ihrer Furcht, man könne sich nach der auch gegen sie ausgestoßenen Drohung an ihr vergreifen, den Geschehnissen, die sich im übrigen in rascher Aufeinanderfolge abwickelten, nur teilweise zu folgen. Zudem entfiel dem Angeklagten Kottisch die Taschenlampe, so daß das Zimmer vorübergehend im Dunkeln blieb. Insbesondere wissen Marie und Alfons Pietzuch nicht, ob Konrad Pietzuch zu Boden gefallen ist. Konrad Pietzuch vermochte trotz der schweren Verletzungen, die er erlitten hatte, in die angrenzende Kammer zu flüchten. Aus der Kammer heraus rief er dann: »Alfons, Alfons«. Inzwischen trat einer der Eindringlinge an das Bett des Alfons Pietzuch heran und fragte ihn, ob er Waffen habe. Auf seine verneinende Antwort wurde ihm zugerufen: »Raus du Donnerwetter, an die Mauer! Du kommst auch noch dran, Du wirst auch noch erschossen.« Alfons Pietzuch mußte sich an die Wand stellen mit dem Gesicht nach der Kammertür zu. Nach einiger Zeit wurde der Zeuge Alfons Pietzuch geheißen, wieder ins Bett zu gehen; die Eindringlinge selbst gingen zu der Eingangstür zurück. Von der Tür her rief Golombek dem Kottisch zu: »Schieß doch, schieß doch!« Kottisch trat darauf zur Kammertür, stieß sie auf, leuchtete mit der Taschenlampe in die Kammer hinein und gab einen Schuß auf Konrad Pietzuch ab. Beim Scheine der Taschenlampe sah er, wie Konrad Pietzuch umfiel. Nunmehr rief der Angeklagte Müller: »Raus aus der Bude! Los S. A.!« Hierauf verließen die Täter die Wohnung und das Haus der Witwe Pietzuch. Nach ihrem Weggange hörte Alfons Pietzuch seinen Bruder in der Kammer röcheln. Er selbst ging auf den Boden hinauf, um sich zu überzeugen, ob die Täter sich tatsächlich entfernt hätten. In der Zwischenzeit weckte die Zeugin Marie Pietzuch ihre in demselben Hause wohnende Schwiegertochter, die auf die Uhr sehend erklärte, es sei 2 Uhr. Beide gingen in die Kammer, wo sie Konrad Pietzuch bereits tot vorfanden.

Die Mordbuben wollten auch noch den Kommunisten Slodzyk verprügeln, ließen sich aber von dessen Hofhund in die Flucht schlagen. Außerdem sah Kottisch im Scheine eines Streichholzes, daß seine Hand blutig war, und erklärte darauf, daß er nicht mehr mitmache. Auf dem Rückweg wurden sie von zwei Zollassistenten angehalten. Diese nahmen einen der Täter fest, während die anderen wegliefen. Nach kurzer Zeit hörten die Zollassistenten, wie ein Auto davonfuhr.

Die Verhandlung vor dem Sondergericht bei dem Landgericht Beuthen endete am 22. August 1932 mit 5 Todesurteilen wegen politischen Totschlags. Der Verteidiger, Rechtsanwalt Dr. Luetgebrune, hatte in seinem Plädoyer die Tat als »*legalen Notwehrakt*« hingestellt, der aus der Ermordung zahlreicher Nationalsozialisten herzuleiten sei. Die Angeklagten seien durch die fortgesetzte Beleidigung der von ihnen verherrlichten Symbole tief beleidigt gewesen. Als SA-Leute seien die Angeklagten *typische Soldaten, die jeden Befehl ausführten. Die Befehlsausführung sei ihr tägliches Brot.*

Nach der Urteilsverkündung begann der im Gerichtssaal anwesende Fememörder Heines – nationalsozialistischer Reichstagsabgeordneter und Führer der schlesischen SA – das Gericht zu beschimpfen. Beim Verlassen des Gerichtssaales rief er aus: »Das Urteil ist das Fanal zum deutschen Aufbruch.« Eine große Menschenmenge hatte sich vor dem Gerichtsgebäude versammelt, zu der Heines vom Balkon des Cafés Hindenburg eine Ansprache hielt. Am Tage der Urteilsverkündung und in den folgenden Tagen kam es in Beuthen zu schweren nationalsozialistischen Ausschreitungen, bei denen die Schaufensterscheiben jüdischer Geschäfte und republikanischer Zeitungen zertrümmert wurden. Hitler telegrafierte an die Verurteilten:

Meine Kameraden! Angesichts dieses ungeheuerlichen Bluturteils fühle ich mich mit Euch in unbegrenzter Treue verbunden. Eure Freiheit ist von diesem Augenblick an eine Frage unserer Ehre, der Kampf gegen eine Regierung, unter der dieses möglich war, unsere Pflicht![53]

Die ›Frankfurter Zeitung‹ stellte dieses Hitler-Telegramm mit dem Leichenbefund des Ermordeten zusammen:[53]

... Besonders schwere Verletzungen wies die Leiche am Hals auf. Die Halsschlagader war vollkommen zerrissen. Der Kehlkopf hatte ein großes Loch. Der Tod ist durch Ersticken eingetreten, da das aus der Halsschlagader sich ergießende Blut durch den Kehlkopf in die Lunge gedrungen ist. Die tödliche Verletzung muß dem Pietzuch beigebracht worden sein, als er auf dem Boden lag. Der Hals zeigt außerdem Hautabschürfungen, die von einem Fußtritt unbedingt herrühren. Außer diesen Verletzungen ist Pietzuch am ganzen Körper zerschlagen. Er hat schwere Schläge mit einem stumpfen Beil oder einem Stock über den Kopf bekommen und andere Wunden, die so aussehen, als ob mit der Spitze des Billardstockes ihm ins Gesicht gestoßen worden sei.

Der Bruder des Ermordeten als Zeuge vor Gericht:

Ich kann genau sagen, daß die Mißhandlungen an meinem Bruder eine halbe Stunde, und zwar von halb zwei bis zwei Uhr, gedauert haben.

Göring schickte an die Mörder folgendes Telegramm:[54]

In maßloser Erbitterung und Empörung über das Schreckensurteil, das Euch betroffen hat, gebe ich Euch, Kameraden, die Versicherung, daß unser ganzer Kampf von jetzt ab Eurer Freiheit gilt. Ihr seid keine Mörder, Ihr habt das Leben und die Ehre unserer Kameraden verteidigt. Für Eure Familien überweise ich heute 1000 Mark, die mir Freunde zur Verfügung gestellt haben. Bleibt aufrecht! 14 Millionen der besten Deutschen haben Eure Sache zu der ihrigen gemacht.

Alfred Rosenberg – damals Chefredakteur des ›Völkischen Beobachters‹[*] — schrieb in einem Leitartikel, für das herrschende, alle gesunden Selbsterhaltungsinstinkte des Volkes überkrustende »Recht« sei es bezeichnend, daß Mensch gleich Mensch sein solle. Die »Objektiven« prahlten mit ihrer »unbestechlichen Justiz«, die keine politische Lage berücksichtigte.

Wir aber erklären, daß diese Berücksichtigung das Wesentliche bei allen Prozessen zu sein hat. *Mensch ist nicht gleich Mensch, Tat nicht gleich Tat.*

Durch dieses Urteil würden die SA-Männer Hitlers nicht nur mit Bolschewisten gleichgestellt, sondern, wo diese auch noch Polen waren, noch unter das Untermenschentum gestellt. Eine derartige Justiz wende sich gegen die elementaren Selbsterhaltungsinstinkte einer Nation.[55]

---

[*] Später in Nürnberg wegen Verbrechen gegen die Menschlichkeit hingerichtet, die er als Reichsminister für die besetzten Ostgebiete begangen hatte.

Den Nationalsozialisten ging es beileibe nicht um das Leben ihrer fünf »Kameraden«, das sie durch ihre maßlosen Angriffe gegen Papen, den Inhaber der Gnadengewalt, nur gefährden konnten. Ihnen ging es darum, aus einer für sie peinlichen Verteidigungsstellung wieder in den Angriff überzugehen. An das Leben der zum Tode verurteilten Nationalsozialisten dachten andere. So forderte die liberale ›Frankfurter Zeitung‹ aus grundsätzlicher Gegnerschaft gegen die Todesstrafe: »Hinrichten aber soll man sie nicht.«[56] Ebenso der sozialdemokratische ›Vorwärts‹:[57]

Der Mord von Potempa war eine schändlich-gemeine Tat. Dennoch wirkt der Gedanke, daß 5 Menschen ihr Leben hergeben sollen, erschütternd. Diese fünf sind nicht die Schuldigsten! Die Schuldigsten sind diejenigen, die seit Jahren den Geist des politischen Mordes in Deutschland hochgezüchtet haben. Von den Morden an Erzberger und Rathenau bis zu den Anschlägen der neuesten Zeit trieft die Fußspur dieser Politiker von Blut. Sie fordern Gnade für die Leute, denen sie das Morden gelehrt haben, aber mit demselben Atemzug schreien sie nach Rad und Galgen, nach Beil und Block für diejenigen, die es wagen, ihren blutrünstigen Phantastereien eine neue Religion der Menschlichkeit entgegenzustellen ... Wir Sozialdemokraten suchen in unserem guten Kampf nicht die Bundesgenossenschaft des Henkers ..

Demgegenüber die Sprache der Nationalsozialisten: Rechtsanwalt Frank II, der Leiter der Rechtsabteilung der NSDAP, telegrafierte an Papen:[58]

... Über 300 ermordete Nationalsozialisten, die fast restlos bis heute ungesühnten Opfer der marxistischen Mordpest, sind der erschütterndste Beweis dafür, daß der nationale deutsche Mensch schutzlos dem internationalen marxistischen Mordtreiben preisgegeben ist. Das Beuthener Schreckensurteil war nur möglich in Verkennung dieser unbestreitbaren Sachlage. Seine unverzügliche Aufhebung ist zur Sicherung und letztmöglichen Aufrechterhaltung des inneren Friedens eine Notwendigkeit.

Individueller Terror und permanenter Bürgerkrieg im Deutschland der Weimarer Zeit waren Erfindungen der Nationalisten, was sie nicht hinderte, die Opfer dieser Methode des politischen Kampfes in den eigenen Reihen der Mordgier des Gegners zuzuschreiben. So haben Leute, die den Krieg wollen, von jeher den Haß, der zur Schürung und Steigerung des Krieges notwendig ist, aus den Kriegsereignissen selbst gezogen.

Hitler sah in dem Urteil eine Gelegenheit, den Prestigeverlust zu bemänteln, den er durch Hindenburgs Weigerung, ihm und seiner Partei die Alleinregierung zu übertragen, erlitten hatte. Der Staatssekretär Dr. Meißner hat über jene Besprechung vom 13. 8. 32 zwischen Hindenburg und Hitler folgende Aufzeichnung niedergelegt:[59]

Der Herr Reichspräsident eröffnete die Besprechung damit, daß er Herrn Hitler erklärte, er sei bereit, die nationalsozialistische Partei und ihren Führer Hitler an der Reichsregierung zu beteiligen und würde ihre Mitarbeit willkommen heißen. Er richtete nunmehr an Herrn Hitler die Frage, ob er bereit sei, sich an der gegenwärtigen Regierung von Papen zu beteiligen. Herr Hitler erklärte, aus den Gründen, die er heute vormittag bereits dem Herrn Reichskanzler ausführlich dargelegt habe, käme für ihn eine Beteiligung und Mitarbeit an der bestehenden Regierung nicht in Frage. Bei der Bedeutung der nationalsozialistischen Bewegung müsse er die Führung einer Regierung und die Staatsführung in vollem Umfange für sich und seine Partei verlangen.

Der Herr Reichspräsident erklärte hierauf mit Bestimmtheit, auf diese Forderung müsse er mit einem klaren, bestimmten »Nein« antworten. Er könne es vor Gott, seinem Gewissen und dem Vaterlande nicht verantworten, einer Partei die gesamte Regierungsgewalt zu übertragen, noch dazu einer Partei, die einseitig gegen Andersdenkende eingestellt wäre ...

(Hindenburg:) Ich habe keine Zweifel an Ihrer Vaterlandsliebe gehabt. Gegen etwaige Terror- und Gewaltakte, wie sie leider auch von Mitgliedern der SA-Abteilungen verübt worden sind, werde ich mit aller Schärfe einschreiten. Wir sind ja beide alte Kameraden und wollen es bleiben, da später uns der Weg doch wieder zusammenführen kann. So will ich Ihnen denn auch jetzt kameradschaftlich die Hand reichen.

Hitler veröffentlichte nunmehr nach dem Urteil gegen die Mörder von Potempa im ›Völkischen Beobachter‹ einen Aufruf, in dem es u. a. hieß:[60]

Deutsche Volksgenossen! Wer von Euch ein Gefühl für den Kampf um die Ehre und Freiheit der Nation besitzt, wird verstehen, weshalb ich mich weigerte, in diese Regierung einzutreten. Die Justiz des Herrn von Papen wird am Ende vielleicht Tausende von Nationalsozialisten zum Tode verurteilen.* Glaubte man dieses von Blindheit geschlagene, das ganze Volk herausfordernde Vorgehen auch mit meinem Namen decken zu können? Die Herren irren sich! Herr von Papen, Ihre blutige »Objektivität« kenne ich nun! Ich wünsche dem nationalen Deutschland den Sieg und seinen marxistischen Zerstörern und Verderbern die Vernichtung. Zum Henker nationaler Freiheitskämpfer des deutschen Volkes aber eigne ich mich nicht! Mit dieser Tat ist unsere Haltung diesem »nationalen Kabinett« gegenüber endgültig vorgezeichnet. Es möge der Himmel über uns Qualen auf Qualen schicken, unsere Bewegung wird auch mit dieser Regierung der Hinrichtung fertig werden.

Herr von Papen soll ruhig seine Bluttribunale über uns setzen. Kraft der nationalen Erhebung werden wir mit diesem System so sicher fertig werden, wie wir den Marxismus trotz dieser Versuche zu seiner Rettung dennoch beseitigen werden. Angesichts dieses ungeheuer-

---

* Bekanntlich stand die Todesstrafe nur auf Mord und politischen Totschlag! d. Verf.

lichen Bluturteils gibt es für uns erst recht nur einen einzigen
Lebensinhalt: Kampf und wieder Kampf. Wir werden den Begriff des
Nationalen befreien von der Umklammerung durch eine »Objektivität«,
deren wirkliches inneres Wesen das Urteil von Beuthen gegen das
nationale Deutschland aufpeitscht. Herr von Papen hat damit seinen
Namen mit dem Blute nationaler Kämpfer in die deutsche Geschichte
eingezeichnet.*
Die Saat, die nun aufgehen wird, wird man künftig nicht mehr durch
Strafen beschwichtigen können.
Der Kampf um das Leben unserer fünf Kameraden setzt nun ein!

Adolf Hitler

Die ›Frankfurter Zeitung‹ kommentierte Hitlers Erklärungen:[61]
Die unantastbare Hoheit des Rechts, jener Begriff, mit dem das
deutsche Volk sich seine Verfassung gegeben hat, ist dem nationalsozialistischen Denken unbequem. Der Begriff stört den Gefühlsrausch.
Daß es sich so verhält, und daß es an der Zeit ist, dem ewigen Ge-
plärr von den »legalen Absichten« des Nationalsozialismus (die einer
Anerkennung der unantastbaren Hoheit des Rechts ja gleichkommen
würden) nicht mehr Glauben zu schenken, das hat der Aufruhr Herrn
Hitlers nun endgültig enthüllt... Zur Diskussion steht, daß der Nationalsozialismus in dem Aufruf Herrn Hitlers sich die Maske vom
Gesicht gerissen hat, daß er die Macht will, nichts anderes, die Macht
und noch einmal die Macht. Und daß er sich den Teufel darum
schert, wenn dabei jener heiligste Grundsatz Deutschlands in Stücke
gehen sollte: »Jeder Deutsche ist vor dem Gesetz gleich«.
Schon einige Tage vorher, am 18. 8. 1932, hatte dasselbe Blatt
geschrieben:
Die nationalsozialistische Führung ist dazu übergegangen, ihren viel
zitierten Willen zur Legalität zu einer offenen Proklamierung des
Faustrechts weiterzubilden...
Es zitiert einen im ›Völkischen Beobachter‹ vom 17. 8. veröffentlichten Aufruf des »Chefs des Stabes«, Ernst Röhm, an die »SA-
und SS-Kameraden«, in dem es heißt:
In berechtigter Abwehr der marxistischen Bluttaten ist in einigen besonders bedrohten und heimgesuchten Gebieten scharfe Notwehr und
Vergeltung erfolgt. Ich sehe es als meine Ehrenpflicht an, den Männern, die in Ausübung ihres Notwehrrechts gehandelt und deshalb
unter Verfolgung und Strafe gestellt wurden, in jeder mir möglichen
Weise beizustehen.
Auch Hitler hatte in einem der ›Rheinisch-Westfälischen Zeitung‹
gewährten Interview, das die wirklichen Verhältnisse auf den
Kopf stellte, ein »Notwehrrecht« der Nationalsozialisten proklamiert:[62]

---

* Ein Musterbeispiel der Verdrehung von Fakten zu politischen Zwecken: in dieser
Sache war und ist nur das Blut des Kommunisten Pietzuch geflossen; Papen hatte über
die Frage der Vollstreckung der Todesurteile überhaupt noch nicht entschieden;
d. Verf.

Die nationalsozialistische Bewegung hat legal bis auf das Äußerste gekämpft, das Abschlachten aber nimmt bald ein Ende, oder ich selbst werde mich gezwungen sehen, den Parteigenossen ein Notwehrrecht zu befehlen, das die roten Tscheka-Methoden dann aber wirklich blitzschnell beseitigen wird.
Hitler in einer Rede in München am 7. 9. 1932: »Im nationalsozialistischen Reich werden niemals fünf deutsche Männer wegen eines Polen verurteilt werden.«[63]
Die Mörder des polnischen Kommunisten Pietzuch wurden von Papen in seiner Eigenschaft als preußischer Staatskommissar aus der Erwägung, »daß die Verurteilten zur Zeit der Tat noch keine Kenntnis von der Verordnung des Reichspräsidenten vom 9. August gegen den politischen Terror und deren schwere Strafandrohungen gehabt haben«, Anfang September 1932 zu lebenslänglichem Zuchthaus begnadigt. Sie brauchten nicht lange für ihre Tat zu büßen.
Am 30. Januar 1933 betraute Hindenburg – der gleiche Hindenburg, der am 13. August 1932 sein Gewissen befragt hatte, ob man dieser Partei des Terrors gegen Andersdenkende die Verfügung über die Staatsgewalt geben dürfe – Hitler mit dem Reichskanzleramt. Auf Grund einer Amnestie vom 23. März 1933 wurde den »Vorkämpfern der nationalen Erhebung« Straffreiheit für politische Vergehen gewährt. Auch die Mörder von Potempa wurden freigelassen. Die Zeit, in der von Staats wegen legal gemordet wurde, brach an.

Anhang

ANMERKUNGEN

Belegstellen für Zitate aus dem Text sind in den Anmerkungen als Kurztitel aufgeführt. Die genauen Titelangaben finden sich im Literaturverzeichnis.
Die Kursivierungen in den abgedruckten Zitaten stammen in der Mehrzahl von den Verfassern.

Einleitung

1. Politische Justiz, S. 319
2. Ilse Staff: Justiz im Dritten Reich; Max Hirschberg: Das Fehlurteil im Strafprozeß; Gotthard Jasper: Der Schutz der Republik.
3. Herr Dr. Kempner machte uns darauf aufmerksam, daß wir den bürgerlichen Zeitungen die Attribute ›liberal‹ und ›demokratisch‹ nicht immer im Sinne des damaligen Sprachgebrauchs zugeteilt haben.‹ Offenbar haben diese Begriffe seit den Tagen der Weimarer Republik einen Bedeutungswandel durchgemacht. Während man damals diese Begriffe bestimmten Parteirichtungen zuordnete, die es heute, jedenfalls in dieser Ausprägung, nicht mehr gibt, werden sie heute mehr als allgemeine Charakterisierung freiheitlicher und demokratischer Gesinnung verstanden. In diesem Sinne haben wir die Begriffe ›liberal‹ und ›demokratisch‹ verwendet, da insbesondere jüngere Leser mit Unterscheidungen wie ›liberal-demokratisch‹, ›republikanisch-demokratisch‹, ›rechtsdemokratisch‹ usw. (vgl. die Verwendung dieser Begriffe bei Peter de Mendelssohn: Zeitungsstadt Berlin, 1959) kaum etwas anzufangen wissen.
4. In einem bedeutsamen Memorandum des damaligen politischen Referenten des Preußischen Justizministeriums, Ministerialrat Dr. Franz Herrmann, das nur noch in einem Exemplar in den USA ist, wurden die Unwahrheiten Zarnows an Hand der Akten gebrandmarkt (Mitteilung von Dr. Robert Kempner).
5. Insbesondere die Schriften von Felix Halle und die Reden kommunistischer Reichstagsabgeordneter. Nach dem Zweiten Weltkrieg erschien der »Pitaval der Weimarer Republik«, eine dreibändige Darstellung interessanter Fälle aus der Strafjustizpraxis der Weimarer Republik von F. K. Kaul.
6a. Die Alters- und sonstigen Personalangaben dieses Kapitels sind bezogen auf das Jahr 1966, in dem dieses Buch zum ersten Mal erschienen ist.
7. Mitteilung von Prof. Gumbel. Der inzwischen verstorbene Oberleutnant a. D. Paul Schulz ist während der Hitlerzeit selbst verfolgt worden (vgl. Anmerkung 38 zum Kapitel „Fememord"); er dürfte zu den Kreisen gehört haben, für die es bei der Gestapo ein Referat „Rechtsopposition" gab.

Die Richter

1. A.a.O. S. 94
2. Die vorstehenden Zitate sind entnommen aus Schiffer: Die deutsche Justiz, 1. Aufl., S. 12
3. Karl Liebknecht: Gesammelte Reden und Schriften, Bd. IV. Berlin 1961, S. 48
4. Gesammelte Reden und Schriften, Bd. II. Berlin 1960, S. 38 ff.
5. Zit. nach Radbruch, Die Justiz. Bd. I, S. 198 und Robert M. W. Kempner (Eike von Repkow): Justizdämmerung, S. 19 f.
6. Kuttner: Klassenjustiz, S. 16 f.
7. Zur Soziologie der Klassenjustiz, S. 14 f.
8. Klassenjustiz, S. 18
9. A.a.O. S. 14
10. Justiz wird zum Verbrechen, S. 174 f.
11. Die nationalsozialistische Machtergreifung, S. 174
12. A.a.O. S. 12
13. Emil Roth in: Die Justiz. Bd. II, S. 530
14. Bd. IV, S. 504
15. A.a.O. S. 505
16. A.a.O. S. 470
17. So Emil Roth in: Die Justiz. Bd. II, S. 531
18. Zit. nach Roth, a.a.O.
19. Zit. nach Schiffer: Die deutsche Justiz, 1. Aufl. S. 17
20. Die Justiz. Bd. III, S. 375
21. Die Justiz. Bd. I, S. 249
22. Zit. nach: Das Tagebuch, 26.7.1930 S. 1176
23. A.a.O. S. 1176 f.
24. S. 65 f.
25. S.u.S. 129 ff.
26. In: Das Zuchthaus — die politische Waffe, S. 48 ff.
27. Warum versagt die Justiz? S. 28 ff.
28. A.a.O. S. 48
29. A.a.O. S. 31
30. A.a.O. S. 32
31. A.a.O. S. 49 ff.
32. Kuttner, a.a.O. S. 53 f.
33. Olden, a.a.O. S. 52
34. Verräter verfallen der Feme, S. 28
35. Vgl. hierzu: Heinrich Hannover: Der loyale Landesverrat. In: Werkhefte Feb./März 1963
36. Zit. nach Abendroth: Aufstieg und Krise der deutschen Sozialdemokratie, S. 116 f.

Militär gegen Arbeiterschaft

1. Vgl. hierzu Kolb: Die Arbeiterräte in der deutschen Innenpolitik 1918–1919, S. 83 ff.
2. Von Kiel bis Kapp, S. 68 f.
3. S. 60
4. ›Deutsche Tageszeitung‹ vom 10. 3. 1919. Zit. nach Gumbel: Vier Jahre politischer Mord, S. 15
5. Zit. nach Halle: Deutsche Sondergerichtsbarkeit, S. 31
6. Vier Jahre politischer Mord, S. 16 f.
7. Zwei Jahre Mord, S. 17 f.
8. Zit. nach Halle, Sondergerichtsbarkeit, S. 31 f.
9. Denkschrift des Reichsjustizministers, S. 21
10. S. 21
11. Gumbel: Zwei Jahre Mord, S. 18; Vier Jahre politischer Mord, S. 24
12. S. 22
13. Denkschrift, S. 47 f. Schweitzer kommentierte in Gumbels Auftrag die Denkschrift des Reichsjustizministers in einem Anhang.
14. Denkschrift des Reichsministers, S. 24
15. Zwei Jahre Mord, S. 16
16. S. 18
17. S. 18
18. Schweitzer in der Denkschrift, S. 43
19. Gumbel: Verräter verfallen der Feme, S. 94
20. Noske: Von Kiel bis Kapp, S. 19
21. Noske, a.a.O. S. 74
22. Noske, a.a.O. S. 19
23. Prozeßberichte im ›Vorwärts‹ am 3., 4., 5., 6. und 7. Dez. 1919
24. Prozeßbericht im ›Vorwärts‹ am 6. Dez. 1919
25. A.a.O. 4. Dez.
26. A.a.O. 5. Dez.
27. A.a.O. 3. Dez.
28. A.a.O. 3. Dez.
29. A.a.O. 6. Dez.
30. A.a.O. 6. Dez.
31. A.a.O. 6. Dez.
32. A.a.O. 3. Dez.
33. A.a.O. 4. Dez.
34. A.a.O. 7. Dez.
35. A.a.O. 5. Dez.
36. A.a.O. 3. Dez.
37. A.a.O. 4. Dez.
38. A.a.O. 5. Dez.
39. A.a.O. 5. Dez.
40. Gumbel: Vier Jahre politischer Mord, S. 148
41. Gumbel, a.a.O. S. 22

Die Bayerische Räterepublik

1. Denkschrift des Reichsjustizministers, S. 98
2. Toller: Prosa, Briefe, Dramen, Gedichte, S. 129
3. Gumbel: Zwei Jahre Mord, S. 25
4. Hoegner: Die verratene Republik, S. 36
5. Gumbel, a.a.O. S. 26
6. Toller: Prosa, Briefe, Dramen, Gedichte, S. 126
7. Denkschrift, S. 91
8. A.a.O. S. 86
9. A.a.O. S. 127
10. Reichstagsprotokolle. Bd. 358, S. 9668
11. Gumbel, a.a.O. S. 38
12. Gumbel: Vier Jahre politischer Mord, S. 38
13. Gumbel: Verräter verfallen der Feme, S. 91
14. Loewenfeld. In Gumbel: Verräter verfallen der Feme, S. 92
15. Loewenfeld bei Gumbel: a.a.O. S. 96
16. Gumbel: Zwei Jahre Mord, S. 27
17. Denkschrift, S. 91
18. A.a.O. S. 123
19. A.a.O. S. 127
20. A.a.O. S. 128
21. A.a.O. S. 120
22. Gumbel: Vier Jahre politischer Mord, S. 35
23. Gumbel, a.a.O. S. 35
24. Denkschrift S. 130
25. Toller: Justizerlebnisse, S. 37
26. Toller, a.a.O. S. 42
27. Toller, a.a.O. S. 47
28. Toller, a.a.O. S. 44
29. Toller, a.a.O. S. 48 ff.
30. Toller, a.a.O. S. 99 und 138
31. Toller: Prosa, Briefe, Dramen, Gedichte, S. 485
32. Toller, a.a.O. S. 482
33. Toller: Justizerlebnisse, S. 42
34. Die Prozesse des Geiselmords
35. A.a.O. S. 161
36. Werner (Paul Frölich): Räterepublik, S. 23
37. Die Prozesse, S. 83
38. A.a.O. S. 217
39. A.a.O. S. 99, 136, 105
40. A.a.O. S. 35
41. A.a.O. S. 113
42. A.a.O. S. 130
43. A.a.O. S. 109
44. A.a.O. S. 155
45. A.a.O. S. 164

46. A.a.O. S. 157
47. A.a.O. S. 164
48. A.a.O. S. 165
49. A.a.O. S. 158
50. A.a.O. S. 179
51. A.a.O. S. 167 ff.
52. A.a.O. S. 175
53. A.a.O. S. 174
54. A.a.O. S. 191

Der Kapp-Putsch und seine Folgen

1. Brammer: Fünf Tage Militärdiktatur, S. 77 f.
1a. Brammer: Verfassungsgrundlagen und Hochverrat, S. 121
1b. Denkschrift des Reichsjustizministers, S. 142
1c. Brammer: Fünf Tage Militärdiktatur, S. 21
2. Gumbel: Verräter verfallen der Feme, S. 142
2a. Denkschrift, S. 144 f.
3. Denkschrift S. 133 ff.
4. Gumbel, a.a.O. S. 138
5. Amtliche Sammlung der Entscheidungen des Reichsversorgungsgerichts. Bd. IV, S. 232; zit. nach »Das Zuchthaus – die politische Waffe«, S. 142 ff.
6. Reichstagsprotokolle, S. 4907
7. Voss. Zeitung vom 15. 1. 1927; Jagow erhielt durch Urteil des Reichsgerichts vom 23. 3. 1928 »die ihm als Regierungspräsidenten im einstweiligen Ruhestande zustehenden Bezüge« zugesprochen; vgl. Ludwig Bendix in: ›Die Justiz‹, Bd. II, S. 419 ff. u. Bd. V, S. 516 ff.
8. Hoegner: Die verratene Republik, S. 69 f.
9. Reichstagsprotokolle, S. 4905
10. Hoegner, a.a.O. S. 70
11. Reichstagsprotokolle, S. 5011
12. Josef Ernst: Kapptage im Industriegebiet, S. 67
13. Josef Ernst, a.a.O. S. 76
14. Abgeordneter Ludwig, Reichstagsprotokolle, Bd. 344, S. 394; Gumbel: Vier Jahre politischer Mord, S. 61
15. Deutsche Sondergerichtsbarkeit 1918–1921, S. 47
16. Vier Jahre politischer Mord, S. 51 f.; dort auch weitere Fälle
17. Reichstagsprotokolle, S. 2078
18. Reichstagsprotokolle, S. 393
18a. Unsere Darstellung folgt Gumbel: Verräter verfallen der Feme
19. Zit. nach: Die Justiz. Bd. V, S. 415
20. Deutsche Sondergerichtsbarkeit 1918–1921, S. 75 f. Auch abgedruckt in: Das Zuchthaus – die politische Waffe, S. 23 f.
21. Deutsche Sondergerichtsbarkeit, S. 85

22. Reichstagsprotokolle, S. 2079
23. Duderstadt: Der Schrei nach dem Recht, S. 51
24. Duderstadt, a.a.O. S. 11
25. Duderstadt, a.a.O. S. 13
26. Voss. Zeitung, 16.12.1920 (M)
27. Frankfurter Zeitung, 15.12.1920 (1. M)
28. Frankfurter Zeitung, 15.12.1920 (2. M)
29. Frankfurter Zeitung, 16.12.1920 (A)
30. Voss. Zeitung, 16.12.1920 (M)
31. Frankfurter Zeitung, 16.12.1920 (A)
32. Frankfurter Zeitung, 17.12.1920 (A)
33. Voss. Zeitung, 18.12.1920 (M)
34. Reichstagsprotokolle. Bd. 347, S. 2083
35. Kuttner: Warum versagt die Justiz? S. 50
36. Deutsche Zeitung, 18.12.1920 (M)

Politischer Mord

1. Gumbel: Verräter verfallen der Feme, S. 30 f.
2. Nach Hoegner: Die verratene Republik, S. 88 ff.
3. G. Jasper: Schutz der Republik, S. 112
4. Gotthard Jasper: Aus den Akten der Prozesse gegen die Erzbergermörder, Vierteljahreshefte für Zeitgeschichte, Heft 4/1962 S. 441
5. Hoegner, a.a.O. S. 91
6. Dargestellt nach Langemann: Das Attentat, S. 156 ff., und Jasper: Schutz der Republik, S. 123 f.
7. Hoegner, a.a.O. S. 91
7a. Langemann, a.a.O. S. 158
8. Langemann, a.a.O. S. 143
9. Frankfurter Zeitung, 13.6.1922 (2. M)
10. Gumbel: Verschwörer, S. 45
11. Langemann, a.a.O. S. 163
12. Vossische Zeitung, 25.6.1922; zit. nach Keßler: Rathenau, S. 364 ff.
13. Reichstagsprotokolle. Bd. 355, S. 7988 ff.
14. Reichstagsprotokolle. Bd. 355, S. 8033 ff.
15. Reichstagsprotokolle. Bd. 356, S. 8042 und 8046
16. Reichstagsprotokolle. Bd. 355, S. 8058
17. Reichstagsprotokolle. Bd. 356, S. 8043
18. Reichstagsprotokolle. Bd. 356, S. 8050
19. Brammer: Das politische Ergebnis des Rathenau-Prozesses, S. 17 ff.
20. Brammer, a.a.O. S. 33
21. Brammer, a.a.O. S. 39 und 57
22. Brammer, a.a.O. S. 41 f.
23. Brammer, a.a.O. S 56
24. Brammer, a.a.O. S. 25 ff.

25. Salomon: Die Geächteten, S. 215
26. Salomon, a.a.O. S. 213
26a. Bauer, a.a.O. S. 8
27. Salomon: Der Fragebogen, S. 107 f.
28. Salomon: Der Fragebogen, S. 106
29. Brammer, a.a.O. S. 37
30. Brammer, a.a.O. S. 61
31. Mitgeteilt von Werthauer: Das Blausäureattentat auf Scheidemann, S. 44 ff.
32. Scheidemann: Memoiren. 2. Bd., S. 413
33. Hoegner: Die verratene Republik, S. 92
34. Scheidemann, a.a.O. S. 419
35. Werthauer, a.a.O. S. 24
36. Werthauer, a.a.O. S. 25 ff.
37. Dargestellt nach Gumbel: Verschwörer, S. 56 ff.
38. Das Tagebuch, 31.5.1924; zit. nach Gumbel: Verräter verfallen der Feme, S. 64 ff.
39. Dargestellt nach Salomon: Die Geächteten, S. 196 ff., und: Der Fragebogen, S. 116
40. Vorwärts, 1.4.1927
41. Salomon: Die Geächteten, S. 324
42. Vorwärts, 31.3.1927
43. Salomon: Der Fragebogen, S. 115
44. Dargestellt nach Gumbel: Verschwörer, S. 76–88
45. Zit. nach Gumbel, a.a.O. S. 76
46. Jasper in: Vierteljahresh. f. Zeitgesch., a.a.O. S. 439
47. Langemann: Das Attentat, S. 144
48. Jasper, a.a.O. S. 450
49. Salomon: Der Fragebogen, S. 332
50. Gumbel: Verräter verfallen der Feme, S. 55
51. Jasper, a.a.O. S. 433 u. 439
52. Berliner Tageblatt, 22.10.1924 (M)
53. Berliner Tageblatt, 24. 10. 1924
54. Frankfurter Zeitung, 25.10.1924 (2.M)
55. Berliner Tageblatt, 25.10.1924
56. Vorwärts, 26.10.1924
57. Kreuz-Zeitung, 25.10.1924

Der Hitler-Prozeß

1. Der Hitlerprozeß vor dem Volksgerichtshof in München, S. 7 ff.
1a. A.a.O. S. 150
2. A.a.O. S. 243
3. A.a.O. S. 25
4. A.a.O. S. 256–258
5. A.a.O. S. 47

6. A.a.O. S. 271
7. A.a.O. S. 266
8. A.a.O. S. 152
9. A.a.O. S. 153
10. A.a.O. S. 187
11. A.a.O. S. 85
12. A.a.O. S. 40
13. Seger: Der Fall Quidde, S. 25 f.
14. Hofmann: Der Hitler-Putsch, S. 246
15. D. C. Watt: Die bayerischen Bemühungen um Ausweisung Hitlers 1924. In: Vierteljahreshefte für Zeitgeschichte. Heft 3/1958

Fememord

1. Zit. nach Mertens: Verschwörer und Fememörder, S. 52 f.
2. Vgl. Gumbel: Verräter verfallen der Feme, S. 162 ff.
2a. Hoegner, Die verratene Republik, S. 104
3. Zit. nach Gumbel, a.a.O. S. 100 f.
4. Gumbel, a.a.O. S. 142
5. Zit. nach Gumbel: Verschwörer, S. 91
6. Verräter verfallen der Feme, S. 150 ff.
7. Vossische Zeitung, 25.4.1928 (M)
7a. Das Tagebuch, 5.5.1928; zit. nach Gumbel: Verräter verfallen der Feme, S. 171 f.
8. Gumbel, a.a.O. S. 155
9. A.a.O. S. 190 f.
10. Zit. nach Gumbel, a.a.O. S. 194 f.
11. A.a.O. S. 196 f.
12. Verschwörer und Fememörder, S. 67
13. Gumbel: Verräter verfallen der Feme, S. 337 ff.
14. Gumbel, a.a.O. S. 339
15. Gumbel, a.a.O. S. 296 f.
16. Gumbel, A.a.O. S. 298
17. Grimm: Rechtsgutachten, S. 80
18. Grimm, a.a.O. S. 85
19. Gumbel: Verräter verfallen der Feme, S. 301 f.
20. Zit. nach Gumbel, a.a.O. S. 302 ff.
21. A.a.O. S. 306
22. Mertens: Verschwörer und Fememörder, S. 75 f.
23. Zit. nach Gumbel: Verräter verfallen der Feme, S. 292
24. Vgl. Mamroth, in: Die Justiz. Bd. II, S. 209 f., und Falkenfeld, in: Die Justiz. Bd. II, S. 291 ff.
25. Frankfurter Zeitung, 4.11.1926 (A)
26. Frankfurter Zeitung, 12.11.1926 (M)
27. Vorwärts, 12.11.1926 (M)
28. Zit. nach Grossmann: Ossietzky, ein deutscher Patriot, S. 174
28a. Das Urteil ist abgedruckt bei Grimm: Rechtsgutachten
29. Zit. nach: Deutsche Zeitung, 27.3.1927

30. Grossmann, a.a.O. S. 178 f.
31. Vossische Zeitung, 17.4.1928 (M)
32. Vossische Zeitung, 18.4.1928 (M)
33. Mit offenem Visier, S. 113 f.
34. Deutsche Zeitung, 26.3.1927 (A)
35. Graf von der Goltz: Tributjustiz, S. 45
36. A.a.O. S. 47
37. Gumbel, in: Die Justiz. Bd. IV, S. 545
38. Paul Schulz: Meine Erschießung am 30. Juni 1934, Selbstverlag 1948; Rettungen und Hilfeleistungen an Verfolgte 1933–1945 durch Oberleutnant a. D. Paul Schulz, Selbstverlag 1967; Mitteilungen von Dr. Paul A. Schulz, dem Sohn des Oberleutnants Paul Schulz an die Verfasser.

Landesverrat

1. Bd. III, S. 200
2. Der Fall Quidde, S. 5 f.
3. A.a.O. S. 4 f.
4. Seger, a.a.O. S. 6; auch die folgenden Zitate sind Segers Schrift entnommen.
5. Gumbel in: Die Justiz. Bd. II, S. 80
6. Vom Fememord zur Reichskanzlei, S. 71
7. Gumbel, a.a.O. S. 70
8. Zit. nach Freymuth: Was ist Landesverrat? S. 17
9. Die Justiz. Bd. II, S. 85
10. Zit. nach Gumbel in: Die Justiz. Bd. II, S. 82
11. Prot. Bd. 392, S. 9171 f.
12. Das Urteil ist abgedruckt in: Die Justiz. Bd. III, S. 509 ff. und in der Amtlichen Sammlung der Entscheidungen des Reichsgerichts in Strafsachen (RGSt). Bd. 62, S. 65 ff.
13. Die Justiz. Bd. III, S. 109
14. A.a.O. S. 385
14a. Die Weltbühne v. 20.3.1928, S. 427
14b. Die Weltbühne 1928, S. 694 (Pseudonym: Ignaz Wrobel)
15. Löwenthal in: Die Justiz. Bd. III, S. 130
16. Zit. nach Grossmann: Ossietzky, ein deutscher Patriot, S. 263
17. A.a.O. S. 267
18. Die Justiz. Bd. II, S. 78 ff.
19. A.a.O. S. 86
20. Zit. nach Grossmann: Ossietzky, ein deutscher Patriot, S. 270
21. Zit. nach Grossmann, a.a.O. S. 271
22. Zit. nach Grossmann, a.a.O. S. 272
23. A.a.O. S. 273
24. Zit. nach Grossmann, a.a.O. S. 275 f.
25. Zit. nach Grossmann, a.a.O. S. 279
26. Zit. nach Grossmann, a.a.O. S. 290
26a. Kästner für Erwachsene; S. Fischer: Frankfurt 1966, S. 439
27. Zit. nach Grossmann, a.a.O. S. 498

28. Die Menschenrechte, Nr. 15/1927 (31.12.1927) S. 15
29. Zit. nach Schweitzer in: Die Justiz. Bd. II, S. 218
30. Reichstagsprotokolle. Bd. 389, S. 5607
31. Bd. II, S. 214 f.
32. Bd. V, S. 24
33. Die Justiz. Bd. VI, S. 175
34. Zit. nach Grossmann: Ossietzky, ein deutscher Patriot, S. 240
35. Zit. nach Grossmann, a.a.O. S. 241
36. Grossmann, a.a.O. S. 239
37. A.a.O. S. 245, 541
38. Zit. nach Grossmann, a.a.O. S. 247
39. Januar 1933, Bd. VIII, S. 190
40. Bd. I, S. 48

Der Jorns-Prozeß

1. Kurt Tucholsky: Deutschland, Deutschland über alles (Reinbek 1964; Faksimiledruck der Ausgabe von 1929), S. 157
1a. Der vollständige Urteilstenor ist abgedruckt in „Der Mord an Rosa Luxemburg und Karl Liebknecht; Dokumentation eines politischen Verbrechens"; herausgegeben von Elisabeth Hannover-Drück und Heinrich Hannover (Edition Suhrkamp Frankfurt 1967) S.116. Dieses Buch ist ein Jahr nach „Politische Justiz 1918-1933" entstanden und bildet eine wichtige Ergänzung und Erweiterung zu diesem Kapitel.
2. Paul Levi: Der Jorns-Prozeß, S. 40 f.
3. A.a.O. S. 31
4. A.a.O. S. 19
5. A.a.O. S. 53 f.
5a. Vossische Zeitung, 28.4.1929
6. Mitteilung von Rechtsanwalt Prof. Dr. Kaul, der die Verhandlung als junger Referendar und Gehilfe des Staatsanwalts miterlebt hat
7. RGSt 55, 129 ff.
8. Zit. nach Oborniker in: Die Justiz. Bd. VI, S. 45
9. Das Tagebuch, 1930, S. 1099
9a. Tucholsky, a.a.O. S. 157
10. Das Urteil ist abgedruckt in: Juristische Wochenschrift 1931, S. 2795 ff.
11. Grossmann: 13 Jahre »Republikanische Justiz«, S. 40
12. Blatt 112 der von uns eingesehenen Originalakten 2 D 849/31, X 1134. Die Angabe bei Kaul (Justiz wird zum Verbrechen, S. 215 f.), der Prozeß habe mit einer Verurteilung Bornsteins durch das Reichsgericht zu fünf Monaten Gefängnis geendet, trifft nicht zu.
13. Reichstagsprotokoll, S. 2398
14. Kirchheimer: Politische Justiz, S. 320
15. Kaul: Justiz wird zum Verbrechen, S. 252
16. Die Justiz. Bd. V, S. 385
17. Nach Gumbel: Vom Fememord zur Reichskanzlei, S. 59, und Gross-

mann: Ossietzky, ein deutscher Patriot, S. 441 ff.
18. Der Spiegel. Nr. 16/1962, S. 43
19. Nach einer Mitteilung von Prof. Dr. Gumbel

Justiz gegen Kommunisten

1. Flechtheim: Die KPD in der Weimarer Republik, S. 49
2. Unsere Darstellung folgt im wesentlichen Erich Mühsam: Gerechtigkeit für Max Hoelz!
3. Rosenberg: Geschichte der Weimarer Republik, S. 120
4. Mühsam, a.a.O. S. 12
5. A.a.O. S. 151
6. Vossische Zeitung, 22.5.1927 (A)
7. Gerechtigkeit für Max Hoelz! S. 10 f.
8. Freiheit, 23.6.1921
9. Gumbel: Verräter verfallen der Feme, S. 368
10. Verräter verfallen der Feme, S. 378 f.
11. Brandt: Der Tscheka-Prozeß
12. A.a.O. S. 11
13. A.a.O. S. 14 f.
14. Brandt, a.a.O. S. 18
15. A.a.O. S. 64
16. A.a.O. S. 90
17. Bd. IV, S. 305
18. Das Zuchthaus – die politische Waffe, S. 151
19. A.a.O. S. 154
20. Reichstagsprotokolle, Bd. 394, S. 11902
21. Völkischer Beobachter, 25.4.1925
22. Zit. nach: Die Justiz. Bd. II, S. 282
23. Die Justiz. Bd. II, S. 282
24. Die Justiz. Bd. II, S. 281
25. Die Justiz. Bd. II, S. 281
26. Reichstagsprotokolle. Bd. 392, S. 9173
27. Moritz Liepmann: Kommunistenprozesse, S. 62
27a. Flechtheim: Die KPD in der Weimarer Republik, S. 117
28. Reichstagsprotokolle. Anlagen Bd. 397, Nr. 201
29. Reichstagsprotokolle. Bd. 384, S. 1021
30. A.a.O. S. 1023 f.
31. A.a.O. S. 1012
32. Die Justiz. Bd. III, S. 378
33. Halle: Anklage gegen Justiz und Polizei, S. 77
34. Halle, a.a.O. S. 57
35. Zit. nach Halle, a.a.O. S. 25
36. A.a.O. S. 26
37. Zit. nach Halle, a.a.O. S. 20
38. A.a.O. S. 21 f.
39. Zit. nach Halle, a.a.O. S. 96

Justiz gegen Literatur und Kunst

1. Bd. VII, S. 13
2. Zit. nach: Das Zuchthaus – die politische Waffe, S. 184
3. Das vollständige Urteil ist abgedruckt in: Das Zuchthaus – die politische Waffe, S. 159 ff.
4. Das Tagebuch, 1925, S. 31; zit. nach: Das Zuchthaus – die politische Waffe, S. 158 f.
5. Jeder Deutsche hat das Recht..., S. 17 f.
6. Berliner Tageblatt, Nr. 379; zit. nach: Politische Justiz gegen Kunst und Literatur, S. 17
7. Jeder Deutsche hat das Recht..., S. 17 f.
8. Politische Justiz gegen Kunst und Literatur, S. 8
9. Politische Justiz gegen Kunst und Literatur, S. 6 f.
10. Jeder Deutsche hat das Recht..., S. 8; Politische Justiz gegen Kunst und Literatur, S. 11
11. Jeder Deutsche hat das Recht..., S. 8
12. Bd. II, S. 350 ff.
13. Das Zuchthaus – die politische Waffe, S. 171
14. Ebenda S. 175
15. Jeder Deutsche hat das Recht..., S. 24
16. Zit. nach: Jeder Deutsche hat das Recht..., S. 25; eine offensichtliche Wortverstellung (»Die innere Freiheit für die Verantwortung...«) wurde hier sinngemäß berichtigt.
17. Abendblatt v. 28.2.1927; übereinstimmend: Vorwärts, Morgenblatt v. 1.3.1927
18. Frankfurter Zeitung, 1.3.1927 (2.M)
19. Vorwärts, 1.3.1927 (M)
20. Jeder Deutsche hat das Recht..., S. 24
21. Jeder Deutsche hat das Recht..., S. 26
22. Die Justiz. Bd. VI, S. 552, 554
23. Juristische Wochenschrift, 1930, S. 2136; Ansgar Skriver: Gotteslästerung, S. 90
24. Die Justiz. Bd. VI, S. 556
25. A.a.O. S. 230 f.
26. Die Justiz. Bd. VI, S. 552 ff.
27. Die Justiz. Bd. VI, S. 557
28. Felix Halle: Anklage gegen Justiz und Polizei, S. 48
29. A.a.O. S. 49
30. A.a.O. S. 49
31. Ernst Toller: Prosa, Briefe, Dramen, Gedichte, S. 177 f.
32. Kaul: Es knistert im Gebälk, S. 37
33. Kaul, a.a.O. S. 40
34. Nach Hermann Brill in: Die Justiz. Bd. VI, S. 360 f.; vgl. auch: Juristische Wochenschrift. 1931, S. 98 ff.
35. Nach Hermann Brill, a.a.O. S. 361
36. A.a.O. S. 362 f.

37. Nach Hermann Brill, a.a.O. S. 365
38. A.a.O. S. 365
39. Nach Hermann Brill, a.a.O. S. 366
40. Hans Rüdesheim in: Die Justiz. Bd. VII, S. 21 ff.
41. Die Darstellung folgt Kurt R. Grossmann: Ossietzky, S. 346 f.

Republikfeindschaft und Antisemitismus

1. In: Central-Vereins-Zeitung. 5. Jahrg., Nr. 33; zit. nach: Das Zuchthaus – die politische Waffe, S. 92
2. Zarnow: Gefesselte Justiz. Bd. II, S. 73; Die Justiz. Bd. I, S. 528 f.
3. Die Justiz. Bd. I, S. 516
4. Zarnow, a.a.O. S. 72
5. Prot. Bd. 392, S. 9209
6. Vgl. Ilse Staff: Justiz im Dritten Reich, S. 17 ff.; Die Justiz. Bd. I, S. 519 ff.
6a. Urteil vom 15.1.1929; zit. nach Richard Schmid: Die Haltung der Richterschaft, S. 60
7. Prot. Bd. 358, S. 9628
8. Entscheidungen des Reichsgerichts in Strafsachen (RGSt), Bd. 57, S. 185
9. Vgl. die Darstellungen des Falles bei Hirschberg: Das Fehlurteil im Strafprozeß, S. 141 f.; Kirchheimer: Politische Justiz, S. 122 ff.; Kaul: Justiz wird zum Verbrechen, S. 140 ff.; Landsberg in: Die Justiz. Bd. I, S. 124 ff.; Brammer: Der Prozeß des Reichspräsidenten
10. Fritz Vilmar in: Werkhefte 4/1965, S. 133
11. Die Justiz. Bd. I, S. 196
12. Vgl. Das Zuchthaus – die politische Waffe, S. 230; Eyck: Die Stellung der Rechtspflege zu Juden und Judentum, S. 37; Hoegner: Die verratene Republik, S. 268
13. Das Zuchthaus – die politische Waffe, S. 183; Eyck, a.a.O. S. 38
14. Höchstrichterliche Rechtsprechung 1932, Nr. 576
15. Eyck, a.a.O. S. 39
16. Bescheid vom 27.9.1926. Zit. n. Eyck, a.a.O. S. 39
17. Eyck, a.a.O. S. 47
18. Eyck, a.a.O. S. 40
19. RGSt 32,352 und 34,268 (270)
20. Eyck, a.a.O. S. 43
21. Urteil v. 12.1.1917 (RGSt 50,324); ähnlich: Urt. v. 7.10.1919 (RGSt 54,27)
22. Eyck, a.a.O. S. 60
23. Eyck, a.a.O. S. 43
24. Eyck, a.a.O. S. 43
25. Hoegner: Die verratene Republik, S. 268; Kuttner: Bilanz der Rechtsprechung, S. 15; Das Zuchthaus – die politische Waffe, S. 232

26. Die Justiz. Bd. I, S. 80 ff.
27. A.a.O. S. 62
28. Rechtsprechung des Deutschen Reichsgerichts in Strafsachen (Rspr. RGSt), Bd. 1, S. 292
29. Rspr. RGSt 3,606
30. Die Justiz. Bd. IV, S. 381 f.; Eyck, a.a.O. S. 50
31. Justiz im Dritten Reich, S. 25 f.
32. Das Fehlurteil im Strafprozeß, S. 143
33. Die Justiz. Bd. VIII, S. 106 ff. (113)
34. A.a.O. S. 94

Justiz und Nationalsozialismus

1. Hitler, Reichswehr und Industrie, S. 42
2. S. 325
3. Mein Kampf. 2. Bd., S. 740
4. A.a.O. S. 773
5. Hitler, a.a.O. S. 775
6. Schlagzeile im ›Völkischen Beobachter‹ vom 26.1.1932, zu einem Bericht über eine Rede Alfred Rosenbergs
7. Hoegner: Die verratene Republik, S. 194
8. Das Gesicht des Dritten Reiches. München 1963, S. 161
9. Das vollständige Urteil ist abgedruckt in: Die Justiz. Bd. VI, S. 187 ff.
10. Bd. VI, S. 62 ff.
11. Laßt Köpfe rollen, S. 4
12. Gumbel, a.a.O. S. 5
13. Gumbel, a.a.O. S. 6
14. Bd. V, S. 678 ff.; abgedruckt bei Ilse Staff: Justiz im Dritten Reich, S. 36 ff.
15. Nach Wolfgang Heine in: Die Justiz. Bd. VII, S. 158
16. Vom Kaiserhof zur Reichskanzlei, S. 203 f.
17. Kreuz-Zeitung, 26.11.1931
18. Die Justiz. Bd. VII, S. 154 ff.
19. A.a.O. S. 195 ff.
20. A.a.O. S. 195
21. Vossische Zeitung, 29.10.1931 (A)
22. Der Angriff, Nr. 184, 25.9.1931; zit. nach Robert M. W. Kempner (Eike von Repkow): Justizdämmerung, S. 32 f.
23. Justizdämmerung, S. 33
24. Erst 1964 begann auf Grund von Anzeigen Dr. Kempners die Generalstaatsanwaltschaft beim Kammergericht in Berlin die Frage zu prüfen, ob die richterlichen Beisitzer Freislers nicht als Mordkomplicen Freislers anzuklagen sind. (Mitteilung von Dr. Kempner)
25. Vorwärts, 9.10.1931 (A)

26. Vorwärts, 12.10.1931 (A)
27. Vorwärts, 27.10.1931 (A)
28. Justizdämmerung, S. 39
29. Vorwärts, 23.9.1931 (M)
30. Kaul: Es knistert im Gebälk, S. 377
31. Überschrift in der Kreuz-Zeitung vom 10.2.1932
32. Vossische Zeitung, 10.2.1932
33. Germania, 10.10.1931
34. Vossische Zeitung, 8.11.1931
35. S. 176
36. Auch das Badische Unterrichtsministerium behandelte Betätigung für die NSDAP in einem Beschluß vom 30.7.1930 als Dienstvergehen; vgl. Die Justiz. Bd. VI, S. 385 ff.
37. Beschluß vom 9.3.1931; mitgeteilt in: Die Justiz. Bd. VI, S. 455 ff.
38. Deutsche Juristen-Zeitung. 1932, Sp. 1359 f.
39. In: Matthias und Morsey: Das Ende der Parteien 1933. S. 130 f.
40. Frankfurter Zeitung, 20.7.1932
41. Frankfurter Zeitung, 22.7.1932
42. Thilo Vogelsang: Reichswehr, Staat und NSDAP, S. 476.
43. In: Der Weg in die Diktatur, S. 88
44. Vom Reichsbanner zum Hakenkreuz, S. 30
45. A.a.O. S. 121
46. Bracher: Die Auflösung der Weimarer Republik, S. 735
47. Vom Kaiserhof zur Reichskanzlei, S. 131
48. A.a.O. S. 132
49. Nach: Frankfurter Zeitung, 21.7.1932 (2.M)
50. In: Das Ende der Parteien 1933, S. 144
51. Die Auflösung der Weimarer Republik, S. 600
52. Das Folgende ist ein wörtlicher Auszug aus dem Urteil; zit. nach: Kluke in: Vierteljahreshefte für Zeitgeschichte. 1957, S. 289 f.
53. Frankfurter Zeitung, 24.8.1932 (A/1.M)
54. Frankfurter Zeitung, 25.8.1932 (A/1.M)
55. Zit. nach: Frankfurter Zeitung, 26.8.1932 (A/1.M)
56. Frankfurter Zeitung, 23.8.1932 (2.M)
57. Vorwärts, 23.8.1932 (M)
58. Zit. nach: Vorwärts, 23.8.1932 (M)
59. Zit. nach Thilo Vogelsang: Reichswehr, Staat und NSDAP, S. 479 f.
60. Zit. nach: Frankfurter Zeitung, 24.8.1932 (2.M)
61. Frankfurter Zeitung, 25.8.1932 (2.M)
62. Zit. nach: Frankfurter Zeitung, 18.8.1932 (A/1.M)
63. Frankfurter Zeitung, 9.9.1932 (A/1.M)

LITERATURVERZEICHNIS

Aufsätze in Zeitschriften und Zeitungen sind nicht in das Literaturverzeichnis aufgenommen. Die Fundstellen sind in den Anmerkungen angegeben.

I. Zur politischen Justiz

BRAMMER, KARL: Der Prozeß des Reichspräsidenten. Berlin 1925
–, Verfassungsgrundlagen und Hochverrat. Berlin 1922
–, Das politische Ergebnis des Rathenau-Prozesses. Berlin 1922
BRANDT, ARTHUR: Der Tschekaprozeß. Berlin 1925
BREUER, ROBERT: Der Hitler-Ludendorff-Prozeß vor dem Münchener Volksgericht. Berlin 1924
DUDERSTADT, HENNING: Der Schrei nach dem Recht; die Tragödie von Mechterstädt. Marburg/Lahn 1920
EYCK, ERICH: Die Krisis der deutschen Rechtspflege. Berlin 1926
–, Die Stellung der Rechtspflege zu Juden und Judentum. In: Jacques Stern, Erich Eyck, Bruno Weil: Deutsches Judentum und Rechtskrisis. Berlin 1927
FRAENKEL, ERNST: Zur Soziologie der Klassenjustiz. Berlin 1927
FREYMUTH, ARNOLD: Was ist Landesverrat? Rudolstadt 1929
GRAF VON DER GOLTZ, RÜDIGER: Tribut-Justiz. Ein Buch um die deutsche Freiheit. Berlin 1932
GRIMM, FRIEDRICH: Grundsätzliches zu den Femeprozessen. Zeugenaussagen und Verteidigungsrede des Rechtsanwalts Professor Dr. Grimm, Essen-Münster, in der Femesache Reim. München 1928
–, (Bearbeiter: Hermann Schild) Mit offenem Visier. Leoni 1961
–, Rechtsgutachten in der Strafsache des Oberleutnants a. D. Paul Schulz aus Berlin. München 1928
–, 40 Jahre Dienst am Recht. Politische Justiz, die Krankheit unserer Zeit. Bonn 1953
GROSSHUT, F. S.: Staatsnot, Recht und Gewalt. Nürnberg 1962
GROSSMANN, KURT R.: 13 Jahre »republikanische Justiz«. Berlin 1931
–, Ossietzky. Ein deutscher Patriot. München 1963
GUMBEL, EMIL JULIUS: Zwei Jahre Mord. Berlin 1921
–, Vier Jahre politischer Mord. Berlin 1922
–, Denkschrift des Reichsjustizministers zu »Vier Jahre politischer Mord«. Berlin 1924
–, Verräter verfallen der Feme. Berlin 1929
–, Laßt Köpfe rollen. Berlin 1932
–, Vom Fememord zur Reichskanzlei. Heidelberg 1962
HALLE, FELIX: Deutsche Sondergerichtsbarkeit 1918–1921. Berlin, Leipzig 1922

–, Anklage gegen Justiz und Polizei. Zur Abwehr der Verfolgungen gegen das proletarische Hilfswerk der politischen Gefangenen und deren Familien. Berlin 1926
HIRSCHBERG, MAX: Das Fehlurteil im Strafprozeß. Zur Pathologie der Rechtsprechung. Stuttgart 1960 und Frankfurt 1962 [Fischer Bücherei, Band 492]
Der Hitler-Prozeß vor dem Volksgericht in München. München 1924
HOEGNER, WILHELM: Die verratene Republik. München 1958
JASPER, GOTTHARD: Der Schutz der Republik. Tübingen 1963
Jeder Deutsche hat das Recht ... Die deutsche Rechtsprechung im Klassenkampf gegen linksgerichtete Literatur. Denkschrift der Vereinigung linksgerichteter Verleger. Berlin 1926
KAUL, FRIEDRICH KARL: Justiz wird zum Verbrechen. Der Pitaval der Weimarer Republik. 1. Band. Berlin 1962 (3. Auflage)
–, Es knistert im Gebälk. Der Pitaval der Weimarer Republik. 3. Band. Berlin 1961 (1. Auflage)
KEMPNER, ROBERT M. W. (Pseud.: Eike von Repkow): Justizdämmerung. Berlin 1932 (Nachdruck 1963)
KIRCHHEIMER, OTTO: Politik und Verfassung. Frankfurt/M. 1964
–, Politische Justiz. Neuwied und Berlin 1965
KUTTNER, ERICH: Klassenjustiz. Berlin 1913
–, Warum versagt die Justiz? Berlin 1921
–, Bilanz der Rechtsprechung. Berlin 1922
LANGEMANN, HORST: Das Attentat. Hamburg 1956
LEHMANN, LUTZ: Legal & Opportun. Berlin 1966
LEVI, PAUL: Der Jorns-Prozeß. Rede des Verteidigers. Berlin 1929
LIEPMANN, MORITZ: Kommunistenprozesse. München 1928
LOEWENFELD, PHILIPP: Das Strafrecht als politische Waffe. Berlin 1933
MÜHSAM, ERICH: Gerechtigkeit für Max Hoelz! Berlin 1926
Politische Justiz gegen Kunst und Literatur. Berlin 1925
POSSER, DIETHER: Politische Strafjustiz aus der Sicht des Verteidigers. Karlsruhe 1961
Die Prozesse des Geiselmordes. Zusammengestellt nach den Berichten sämtlicher Münchener Zeitungen. (Ohne Verfasserangabe) München 1920
SCHIFFER, EUGEN: Die deutsche Justiz. Grundzüge einer durchgreifenden Reform. Berlin 1928. (2. Auflage. München und Berlin 1949)
SCHMID, RICHARD: Die Haltung der Richterschaft im Spiegel bedeutsamer Strafprozesse. In: Friedrich-Ebert-Stiftung: Politische Strafprozesse. Hannover 1962
–, Einwände. Kritik an Gesetzen und Gerichten. Stuttgart 1965
SEGER, GERHART: Der Fall Quidde. Tatsachen und Dokumente, herausgegeben von der Deutschen Liga für Menschenrechte. Leipzig 1924
SKRIVER, ANSGAR: Gotteslästerung? Hamburg 1962
STAFF, ILSE: Justiz im Dritten Reich. Frankfurt/M 1964 [Fischer Bücherei, Bd. 559]
TOLLER, ERNST: Justizerlebnisse. Berlin 1927

ZARNOW, GOTTFRIED (Ewald Moritz): Gefesselte Justiz. Politische Bilder aus deutscher Gegenwart. Zwei Bände. München 1931/1932
Das Zuchthaus – die politische Waffe. Acht Jahre politische Justiz. Eine Denkschrift der Deutschen Liga für Menschenrechte e. V. Berlin 1927

II. Allgemeine Geschichte und Biographisches

ABENDROTH, WOLFGANG: Aufstieg und Krise der deutschen Sozialdemokratie. Frankfurt/M. 1964
BAUER, FRITZ: Die Wurzeln faschistischen und nationalsozialistischen Handelns. Frankfurt/M 1965
BRACHER, KARL DIETRICH: Die Auflösung der Weimarer Republik. 3. Auflage. Villingen 1960
BRACHER, KARL DIETRICH u. WOLFGANG SAUER u. GERHARD SCHULZ: Die nationalsozialistische Machtergreifung. 2. Aufl. Köln u. Opladen 1962
BRAMMER, KARL: Fünf Tage Militärdiktatur. Berlin 1920
DUDERSTADT, HENNING: Vom Reichsbanner zum Hakenkreuz. Wie es kommen mußte. Ein Bekenntnis. Stuttgart, Berlin, Leipzig 1933
ERNST, JOSEF: Kapptage im Industriegebiet. Hagen i. W. 1921
FLECHTHEIM, OSSIP K.: Die Kommunistische Partei Deutschlands in der Weimarer Republik. Offenbach 1948
FRÖLICH, PAUL (Pseud.: Paul Werner): Die bayerische Räterepublik. Leipzig 1920
GOEBBELS, JOSEPH: Vom Kaiserhof zur Reichskanzlei. München 1934
GÖPPINGER, HORST: Der Nationalsozialismus und die jüdischen Juristen. Die Verfolgung der Juristen jüdischer Abstammung durch den Nationalsozialismus. Villingen 1963
GREBING, HELGA: Geschichte der deutschen Arbeiterbewegung. München 1966
GROSZ, GEORGE: Ein kleines Ja und ein großes Nein. Hamburg 1955
GUMBEL, E. J.: Verschwörer. Beiträge zur Geschichte und Soziologie der nationalistischen Geheimorganisationen seit 1918. Berlin 1924
HALLGARTEN, GEORGE W. F.: Hitler, Reichswehr und Industrie. Frankfurt am Main 1962
HAMMER, WALTER: Hohes Haus in Henkers Hand; Rückschau auf die Hitlerzeit, auf Leidensweg und Opfergang deutscher Parlamentarier. Frankfurt/M 1956
HITLER, ADOLF: Mein Kampf. 2 Bände. (1. Bd.: 11. Aufl. 2. Bd. 14. Aufl.) München 1933
HOEGNER, WILHELM: Die verratene Republik. München 1958
HOFMANN, HANNS HUBERT: Der Hitlerputsch. München 1961
KESSLER, HARRY GRAF: Walther Rathenau. Sein Leben und sein Werk. Berlin 1928
KOGON, EUGEN: Der SS-Staat. 5. Auflage. Frankfurt/M 1959

Kolb, Eberhard: Die Arbeiterräte in der deutschen Innenpolitik 1918 bis 1919. Düsseldorf 1962
Levi, Paul: Unser Weg. Wider den Putschismus. 2. Aufl. Berlin 1921
Matthias, Erich u. Rudolf Morsey: Das Ende der Parteien 1933. Düsseldorf 1960
Mertens, Carl: Verschwörer und Fememörder. Charlottenburg 1926
Noske, Gustav: Von Kiel bis Kapp. Berlin 1920
Rathenau, Walther: Schriften und Reden. Frankfurt/M. 1964
Revermann, Klaus: Die stufenweise Durchbrechung des Verfassungssystems der Weimarer Republik in den Jahren 1930 bis 1933. Münster 1959
Rosenberg, Arthur: Geschichte der Weimarer Republik. Frankfurt am Main 1961
Salomon, Ernst von: Die Geächteten. Reinbek b. Hamburg 1962 [rororo Nr. 461/462]
–, Der Fragebogen. Reinbek b. Hamburg 1961 [rororo Nr. 419/420/421]
Scheidemann, Philipp: Die rechtsradikalen Verschwörer. Berlin 1923
–, Memoiren eines Sozialdemokraten. 2 Bände. Dresden 1928
Scheringer, Richard: Das große Los unter Soldaten, Bauern und Rebellen. Hamburg 1959
Severing, Carl: 1919/1920 im Wetter- und Watterwinkel. Bielefeld 1927
Schüddekopf, Otto-Ernst: Das Heer und die Republik. Hannover u. Frankfurt/M. 1955
Toller, Ernst: Prosa, Briefe, Dramen, Gedichte. Reinbek b. Hamburg 1961 [Rowohlt Paperback, Band 1]
Vogelsang, Thilo: Reichswehr, Staat und NSDAP. Stuttgart 1962
Der Weg in die Diktatur 1918–1933. Zehn Beiträge. (Eschenburg, Fraenkel, Sontheimer, Matthias, Morsey, Flechtheim, Bracher, Krausnick, Rothfels, Kogon) München 1962
Die Weimarer Republik: Ihre Geschichte in Texten, Bildern und Dokumenten. Hrsg. v. F. A. Krummacher u. A. Wucher. München 1965

Über die Autoren

Heinrich Hannover, geboren 1925 in Anklam (Vorpommern), seit 1954 Rechtsanwalt in Hannover.
Buchveröffentlichungen: Politische Diffamierung der Opposition (1962); Der Mord an Rosa Luxemburg und Karl Liebknecht (zusammen mit Elisabeth Hannover-Drück, 1967); Lebenslänglich – Protokolle aus der Haft (zusammen mit K. Antes und C. Ehrhardt, 1972); Klassenherrschaft und Politische Justiz (1978); Die unheimliche Republik (zusammen mit Günter Wallraff, 1982) – Kinderbücher: Das Pferd Huppdiwupp; Die Birnendiebe vom Bodensee; Der müde Polizist; Der vergeßliche Cowboy; Schreivogels türkisches Abenteuer; Der Mond im Zirkuszelt; Der fliegende Zirkus; Der Untergang der Vineta oder Die Geige vom Meeresgrund.

Elisabeth Hannover-Drück, geboren 1928 in Maulbronn (Württemberg), Lehrerin in Bremen.
Buchveröffentlichungen: Der Mord an Rosa Luxemburg und Karl Liebknecht (zusammen mit Heinrich Hannover, 1967); Dem Reich der Freiheit werb ich Bürgerinnen – Die Frauenzeitung der Louise Otto (zusammen mit Ute Gerhard und Romina Schmitter, 1979).

Aktuelle Titel

Sieker/Kollert (Hg.)
Tschernobyl und die Folgen (Band 1)
Mit vielen Abb., Broschur
2. aktualisierte Auflage
Dezember 1986, 19,80 DM
ISBN 3-88977-110-6

»Das Buch besticht durch die Vielseitigkeit und Klarheit der Beiträge...« *NATUR*

Sieker/Kollert (Hg.)
Tschernobyl und die Folgen (Band 2) **NEU**
2. Auflage, 6,00 DM
ISBN 3-88977-116-5

Mit den Informationen, die jede/r im Jahr 1 nach dem Super-GAU braucht.

Meyer/Rabe
Unsere Stunde, die wird kommen
Rechtsextremismus unter Jugendlichen
Lamuv Taschenbuch 3
3. Auflage, 9,80 DM
ISBN 3-931521-19-X

Ausgezeichnet mit dem Preis »Das politische Buch des Jahres« (1982)

Karl-Klaus Rabe (Hg.)
Rechtsextreme Jugendliche
Gespräche mit Verführern und Verführten
Sonderausgabe, 9,80 DM
ISBN 3-921421-17-3

Dursun Akçam
Deutsches Heim – Glück allein
Wie Türken Deutsche sehen
deutsch-türkisch

Lamuv Taschenbuch 15
Originalausgabe, 16,80 DM
ISBN 3-921521-44-0

Hafner/Taylan
Alexandra: Tod in Frankfurt
Das Leben einer Drogenabhängigen
Mit vielen Abbildungen
Broschur, 19,80 DM
ISBN 3-88977-104-1

Sie wurde 21 Jahre alt. Sie starb an einer Überdosis Heroin. Ihre Lebensgeschichte: kein abgestandener Stoff. Wer meint, nach »Christiane F.« alles zu wissen, irrt...

Mandela/Magubane
Schwarz wie ich bin
Gedichte und Fotos aus Soweto
Lamuv Taschenbuch 49
2. Auflage, 9,80 DM
ISBN 3-88977-109-2

1. Preis im Janusz-Korczak-Wettbewerb

Andreas Bänziger
Die Saat der Dürre
Afrika in den achtziger Jahren
Broschur, 24,00 DM
ISBN 3-88977-101-7

Über den Katastrophenkontinent Afrika ist noch nicht das letzte Wort gesprochen worden. Der schwarze Erdteil kann überleben – aus eigener Kraft, nicht durch Entwicklungs- und Nahrungsmittelhilfe. Ein Buch, das Anregungen und Anstöße zu neuem Denken gibt, Einblick in afrikanische Wirklichkeiten vermittelt, die hierzulande vielleicht nicht geläufig sind.

Metzger/Orth/Sterzing
Das ist unser Land
Westbank und Gazastreifen unter israelischer Besatzung
Lamuv Taschenbuch 2
Originalausgabe, 14,80 DM
ISBN 3-921521-20-3

Roth/Taylan
Die Türkei
Republik unter Wölfen
Lamuv Taschenbuch 6
3. Auflage, 12,80 DM
ISBN 3-921521-24-6

Buche/Metzger/Schell
Mexiko
Die versteinerte Revolution
Lamuv Taschenbuch 41
Originalausgabe, 16,80 DM
ISBN 3-88977-032-0

»...unentbehrliche Lektüre für jeden, der über dieses Land mehr wissen will...«
Eleonore von Oertzen in: Vorwärts

Lamuv Verlag

Martinstraße 5 · 5303 Bornheim 3

Die Radikaldemokraten

Hermann Vinke
Gustav Heinemann
Herausgegeben von der
Gustav-Heinemann-Initiative
Lamuv Taschenbuch 44
12,80 DM
ISBN 3-88977-046-0

»Vergessen ist er nicht, der ernsthafte Christ und freiheitsliebende Demokrat, der engagierte Gegner des ersten Bundeskanzlers Konrad Adenauer und später allseits geschätzte 'Bürgerpräsident' Gustav Heinemann. Aber es könnte mehr von ihm die Rede sein ...
Die vom Journalisten Hermann Vinke verfaßte Biographie ... eröffnet in ansprechender Darstellung einen leichten und zugleich ergiebigen Zugang zu Heinemanns Lebensleistung und zu seinem Denken. Interessant und flüssig schildert Vinke die Lebensgeschichte ...«
Jürgen Schmude in:
Vorwärts

Heinrich Böll über Gustav Heinemann: Ein »Radikaler im öffentlichen Dienst«.

Petra K. Kelly
Um Hoffnung kämpfen
Gewaltfrei in eine grüne Zukunft
Vorwort: Heinrich Böll
4. Auflage
Lamuv Taschenbuch 29
Originalausgabe, 14,80 DM
ISBN 3-921521-95-5

Jedem, der die Intentionen der grünen Bewegung vorurteilsfrei erfahren möchte, sei dieses Buch empfohlen. Petra Kelly ist Mitglied des Bundestages. Sie erhielt 1982 in Stockholm den von Gösta von Uexküll gestifteten alternativen Nobelpreis.

Saul D. Alinsky
Anleitung zum
Mächtigsein
Ausgewählte Schriften
Lamuv Taschenbuch 36
12,80 DM
ISBN 3-88977-014-2

● »Lustig, philosophisch, kurz ein Leitfaden für Unruhestifter.«
Los Angeles Times

● »Niemand geringeres als das 'Wall Street Journal', die Börsenzeitschrift der USA, hat Saul Alinsky den besten Organisator von Bürgeraktionen genannt. Alle, die sich für mehr Gerechtigkeit einsetzen wollen, werden bei Saul Alinsky wertvolle Anregungen erhalten.«
Cornelia Wumkes im
Süddeutschen Rundfunk

● »... dies mag durchaus zu einer Art klassischer Schrift für Organisatoren werden, die für größere soziale und politische Gerechtigkeit kämpfen.«
Book-of-the-Month
Club News (USA)

● Alinsky »ist unbestechlich; niemand kann ihn einschüchtern; und er bricht alle Regeln«.
The Economist (London)

Pflichtlektüre für alle, die nach Perspektiven politischer Basisarbeit suchen!

Aktionsgemeinschaft
Dienst für den Frieden
(Hg.)
Liederbuch der
Friedensdienste
Broschur, 240 Seiten
5,00 DM
ISBN 3-921521-53-X

Das Buch enthält **110 Lieder der Hoffnung**, des Lebens – zu Themen wie AKW, Rüstung und Krieg, Frauenbewegung, Freiheitslieder und Lieder aus der internationalen Friedensbewegung. Mit sauber geschriebenen Noten, Grifftabellen für Gitarre und vollständigen Liedertexten.

Lamuv Verlag

Martinstraße 5 · 5303 Bornheim 3

Brisanter Lese-Stoff

Marcel Bühler /
Leo Locher
Geschäfte mit der Armut
Pharma-Konzerne in der Dritten Welt
medico international (Hg.)
Lamuv Taschenbuch 37
16,80 DM
ISBN 3-88977-018-5

Kasch / Leffler /
Schmitz / Tetzlaff
Multis und Menschenrechte in der Dritten Welt
Lamuv Taschenbuch 42
Originalausgabe, 18,80 DM
ISBN 3-88977-035-5

Werner Olle
Bundesdeutsche Konzerne in der Dritten Welt
medico international (Hg.)
Lamuv Taschenbuch 46
Originalausgabe, 14,80 DM
ISBN 3-88977-044-4

Siegfried Pater (Hg.)
Geld für die Welt
Bundesdeutsche Banken und Dritte Welt
Lamuv Taschenbuch 50
Originalausgabe, 16,80 DM
ISBN 3-88977-114-9

Die Banken sind hauptverantwortlich für die Verschuldungskrise der Entwicklungsländer. Das Buch untersucht die Rolle der Deutschen Bank, der Dresdner Bank und der Commerzbank...

Grefe / Heller / Herbst / Pater
Das Brot des Siegers
Das Hackfleisch-Imperium
77 Abb., Broschur, 24,00 DM
ISBN 3-88977-000-2
Über die Hamburger-Konzerne McDonald's, Burger King...

Norbert Ahrens
»Gott ist Brasilianer, doch der Papst ist Pole«
Hintergründe der Theologie der Befreiung
Lamuv Taschenbuch 47
Originalausgabe, 16,80 DM
ISBN 3-88977-107-6

»... ein politisches Buch, das in knapper, interessanter und verständlicher Form die Hintergründe der Theologie der Befreiung schildert...«
Jürgen Gressel-Hichert im Sender Freies Berlin

Neuberger /
Opperskalski
CIA in Mittelamerika
Broschur, 19,80 DM
ISBN 3-921521-88-2

Neuberger /
Opperskalski
CIA in Westeuropa
Broschur, 19,80 DM
ISBN 3-921521-59-9

Christoph Rang
Ertl kam ständig zu spät
und andere Kabinettstücke

Broschur, 18,00 DM
ISBN 3-88977-060-6

Der ehemalige Kabinettreferent Brandts und Schmidts plaudert aus dem Nähkästchen. »... ein Stück jüngster Zeitgeschichte erzählt, fesselnd und informativ zugleich.« *Helga Rothhämel im Westdeutschen Rundfunk*

Karl-Klaus Rabe
Einzelplan 14
Broschur
Sonderausgabe, 12,00 DM
ISBN 3-88977-017-7

Das Handbuch über Rüstung in der Bundesrepublik.

Olaf Achilles (Hg.)
Tiefflug
Lamuv Taschenbuch 51
Originalausgabe, 15,80 DM

Jeder zweite Bundesbürger fühlt sich vom militärischen Tiefflug belästigt. Welche Folgen er hat und wie sich Betroffene gegen ihn zur Wehr setzen können, zeigt dieses Buch.

Lamuv Verlag

Martinstraße 5 · 5303 Bornheim 3

Heinrich Böll

Rom auf den ersten Blick
Reisen – Städte – Landschaften **NEU**
gebunden, 256 Seiten
29,80 DM
ISBN 3-88977-124-6

Diese Anthologie zeigt die ganze Spannbreite der Böllschen Reiseschilderungen. Stationen des »dauernden Unterwegsseins« des Autors: Frankreich, Irland, Italien, Israel, Tschechoslowakei... Paris, Rom, Berlin, Prag, Warschau, Leningrad, Moskau, Assisi... Köln und das Rheinland.
Der Band enthält viele bisher unveröffentlichte Texte des Literaturnobelpreisträgers, insbesondere Briefe aus den Jahren 1940 bis 1943.

Das Vermächtnis
Erzählung
gebunden, 19,80 DM
ISBN 3-921521-65-3

Die Fähigkeit zu trauern
Schriften und Reden (1983–1985)
gebunden, 318 Seiten
29,80 DM
ISBN 3-88977-061-4

Bild · Bonn · Boenisch
Klappenbroschur
110. Tausend, 18,00 DM
ISBN 3-88977-008-8

Heinrich Böll/
Heinrich Vormweg
Weil die Stadt so fremd geworden ist
Gespräche
Klappenbroschur
18,00 DM
ISBN 3-88977-013-4

Heinrich Böll/
Lew Kopelew
Warum haben wir aufeinander geschossen?
Broschur, 19,80 DM
ISBN 3-921521-29-7

Heinrich Böll (Hg.)
NiemandsLand
Kindheitserinnerungen an die Jahre 1945–1949
Klappenbroschur
26,00 DM
ISBN 3-88977-031-2

Die Verwundung
und andere frühe Erzählungen
gebunden, 29,80 DM
ISBN 3-921521-98-X

Die schwarzen Schafe
Erzählung
Mit Zeichnungen von Heinz Edelmann
gebunden, 14,80 DM
ISBN 3-88977-038-X

Was soll aus dem Jungen bloß werden?
Oder: Irgendwas mit Büchern
gebunden
Sonderausgabe, 9,80 DM
ISBN 3-921521-31-9

Bölls einziger größerer autobiographischer Text.

Heinrich Böll/
Klaus Staeck
Gedichte – Collagen
Broschur, Querformat
5. Auflage, 12,80 DM
ISBN 3-921521-01-7

Gabriele Hoffmann
Heinrich Böll
gebunden, 29,80 DM
ISBN 3-88977-103-3

Die Böll-Biographie für Jugendliche, mit sehr vielen Abbildungen.

Lamuv Verlag

Martinstraße 5 · 5303 Bornheim 3

Günter Wallraff

Akteneinsicht
Bericht zur Gesinnungslage des Staatsschutzes

(Taschenbuch-Originalausgabe)

144 Seiten,
DM 7,80

Günter Wallraff hat seinen Wohnsitz nach Holland verlegt. In diesem Buch beschreibt er, warum das geschah: Begriffe wie »Exil«, »Auswanderung« und »Flucht«, die durch die Presse geisterten, weist er zurück, zeigt aber auch, wie Geheimdienste, Justiz und ihre Verbündeten in Wirtschaft und Medien ihm kaum einen anderen Ausweg ließen.

»Wenn der Eindruck entsteht, daß die Realität die Satire in den Schatten stellt und der Phantasie des Schriftstellers in vielem voraus ist, so ist das weder mein Verdienst, noch fällt es in meine Zuständigkeit. Die Mitautoren dieses Berichtes sind Staatsanwälte, Polizeikommissare und ihre Spitzel.«

Günter Wallraff

**Bitte fordern Sie unser kostenloses
Gesamtverzeichnis an!**

Steidl Verlag · Düstere Straße 4 · 3400 Göttingen